校企合作汽车专业系列丛书

互联网+创新型“十四五”精品教材

汽车构造原理与电路

（微课版）

主　编　余　炜　李伟书　师荣艳
副主编　曹　勇　崔永雷　叶景川
　　　　王一格　张文光　丁　伟
主　审　杨海强

哈爾濱工程大學出版社
Harbin Engineering University Press

内 容 简 介

本书采用图解的方式，以“实际结构入手、追溯实际原理、引出实际设计”为编写原则，全面、系统地介绍了汽车的构造、原理与技术，主要包括汽车构造、汽车发动机、汽车底盘、汽车电气设备、新能源汽车、汽车电路识读与分析。每个项目都由项目概述引入，细致讲述相关知识，每个项目最后均配有相关习题，并有任务工单供学生实训演练。

本书既可作为应用型本科、职业院校汽车专业的通用教材，也可作为汽车修理厂、汽车类相关专业人员的参考用书。

图书在版编目（CIP）数据

汽车构造原理与电路 ：微课版 / 余炜，李伟书，师荣艳主编. —哈尔滨 ：哈尔滨工程大学出版社，2024.5

ISBN 978-7-5661-4372-3

I. ①汽… II. ①余… ②李… ③师… III. ①汽车－构造②汽车－电气设备－电路 IV. ①U463

中国国家版本馆 CIP 数据核字（2024）第 092521 号

汽车构造原理与电路（微课版）

QICHE GOUZAO YUANLI YU DIANLU（WEIKE BAN）

策划编辑 张林峰

责任编辑 田　婧

出版发行 哈尔滨工程大学出版社

社　　址 哈尔滨市南岗区南通大街 145 号

邮政编码 150001

发行电话 0451-82519328

传　　真 0451-82519699

经　　销 新华书店

印　　刷 唐山唐文印刷有限公司

开　　本 889 mm×1 194 mm　1/16

印　　张 14

字　　数 403 千字

版　　次 2024 年 5 月第 1 版

印　　次 2024 年 5 月第 1 次印刷

书　　号 ISBN 978-7-5661-4372-3

定　　价 49.80 元

http://www.hrbeupress.com

E-mail:heupress@hrbeu.edu.cn

前　言

党的二十大报告指出，“坚持尊重劳动、尊重知识、尊重人才、尊重创造，实施更加积极、更加开放、更加有效的人才政策”“着力形成人才国际竞争的比较优势，加快建设国家战略人才力量”“深化人才发展体制机制改革……把各方面优秀人才集聚到党和人民事业中来”。

近年来，随着我国汽车工业的飞速发展以及汽车技术的不断进步，应用在汽车上的新结构、新材料、新工艺等层出不穷，这对汽车专业的人才培养提出了更高的要求。

汽车构造原理是学习汽车知识、掌握汽车维修技术的前提；汽车电路是诊断和维修汽车系统故障的基础。为了帮助读者更好地学习汽车知识，掌握汽车维修技术，特编写此书。

本书按汽车构造从外到内编排，共分为六个项目，内容包括汽车构造、汽车发动机、汽车底盘、汽车电气设备、新能源汽车、汽车电路识读与分析。本书结合国家职业技能考核标准，对每个实训项目提出考核要求和评分标准，使实训与就业、实训与社会需要紧密结合，有效激发学生的学习积极性，提高学生的实践操作技能。

本书选取部分主流汽车品牌车型的汽车透视图、剖视图、分解图，对图中的具体部件和名称给予了详细注解，对比较复杂的部件配有原理示意图，让读者实景地了解现实中无法看到的汽车各系统、部件组成，更加直观地学习汽车的精密构造、工作原理与先进技术。

本书由余炜（上海市现代职业技术学校）、李伟书（沈阳交通技术学校）、师荣艳（石家庄理工职业学院）担任主编，由曹勇（菏泽市交通高级技工学校）、崔永雷（莱芜技师学院）、叶景川（赣州职业技术学院）、王一格（鹤壁汽车工程职业学院）、张文光（吉安职业技术学院）、丁伟（巨野县技工学校）担任副主编，由杨海强（德江县中等职业学校）担任主审。本书的相关资料和售后服务可扫描封底微信二维码或登录 www.bjzzwh.com 下载获得。

在本书编写过程中，编者引用了大量原厂手册及文献资料，在此向原作者们表示衷心的感谢！由于新能源汽车领域的技术日新月异，同时编者的知识和能力也存在不足，书中难免存在疏漏之处，请读者及时反馈，以便后期修订。

编　者

2024 年 3 月

目 录 CONTENTS

项目一

汽车构造

项目概述

汽车构造是一个复杂而精妙的系统工程，它涉及众多领域的知识和技术。从发动机的设计到车身的造型，从底盘的悬挂到电气设备的智能化，每一个环节都凝聚着工程师和设计师的智慧和汗水。随着科技的不断发展，未来的汽车构造将会更加先进、环保和智能。我们有理由相信，未来的汽车将会为人们带来更加便捷、舒适和安全的出行体验。

学习目标

知识目标

◆掌握汽车分类及车身参数。

◆掌握汽车构造组成。

能力目标

◆正确识读汽车发动机结构并了解其功用。

◆正确识读汽车底盘结构并了解其功用。

◆正确识读汽车车身结构并了解其功用。

◆正确识读汽车电气设备结构并了解其功用。

素质目标

◆熟练认知汽车类型，熟悉汽车整体构造，提升学生对事物的感知和分辨能力。

思政目标

◆通过专业知识学习与行业发展、技术创新等进行多维度讲解，激发学生兴趣，提升课堂教学效果。

任务工单

任务实施

1. 学生分组进行资料的收集整理，并对资料进行讨论。

问题 1：你熟知的汽车类型有哪些？

____

____

问题 2：汽车的整体构造包括哪些？

____

____

2. 按照实际操作过程，将操作内容及实施过程中遇到的问题或解决方法记录在表 1-1 中。

表 1-1　任务实施过程记录表

序号	实施的内容	遇到的问题	解决的方法
1			
2			
3			
4			
…			

任务评价

学生展示任务实施的成果，并协同老师完成表 1-2 所示的任务评价表。

表 1-2　任务评价表

评价项目	评价内容	分值	评价分值		
			自评	互评	师评
职业素养考核项目	考勤、仪容仪表	10 分			
	团队交流与合作意识	10 分			
	创新意识、纪律意识	10 分			
专业能力考核项目	积极参与教学活动并正确理解任务要求	10 分			
	认真搜集并积极讨论相关资料	10 分			
	任务实施过程记录表的完成度	10 分			
	对汽车类型的了解程度	20 分			
	对汽车整体构造的了解程度	20 分			
合计		100 分			
总评	自评（20%）+互评（20%）+师评（60%）=	综合等级	教师（签名）：		

任务一　汽车类型

一、汽车分类

汽车按级别可分为微型车、小型车、紧凑型车、中型车、中大型车、豪华车、SUV（小型 SUV、紧凑型 SUV、中型 SUV、中大型 SUV）、MPV 等。

1. 微型车（A00 级车）

微型车也称为 A00 级车，一般轴距为 2 000~2 300 mm，车身长度在 4 000 mm 之内，如图 1-1 所示。

2. 小型车（A0 级车）

小型车也称为 A0 级车，一般轴距为 2 300~2 500 mm，车身长度为 4 000~4 300 mm。比较典型的小型车有 POLO、飞度、赛欧等，如图 1-2 所示。

图 1-1　典型的微型车

图 1-2　典型的小型车

3. 紧凑型车（A 级车）

紧凑型车也称为 A 级车，一般轴距为 2 500~2 700 mm，车身长度为 4 200~4 600 mm。比较典型的紧凑型车有高尔夫、科鲁兹、福克斯等，如图 1-3 所示。

4. 中型车（B 级车）

中型车也称为 B 级车，一般轴距为 2 700~2 900 mm，车身长度为 4 500~4 900 mm。比较典型的中型车有宝马 3 系、雅阁、迈腾等，如图 1-4 所示。

图 1-3　典型的紧凑型车

图 1-4　典型的中型车

5. 中大型车（C 级车）

中大型车也称为 C 级车，一般轴距为 2 800~3 000 mm，车身长度为 4 800~5 000 mm。比较典型的中大型车有奥迪 A6L、奔驰 E 级、丰田皇冠、宝马 5 系 Li、沃尔沃 S80L 等，如图 1-5 所示。

6. 豪华车（D 级车）

豪华车也称为 D 级车，一般轴距超过 3 000 mm，车身长度超过 5 000 mm。比较典型的豪华车有奔驰 S 级、奥迪 A8L、宝马 7 系、雷克萨斯 LS、迈巴赫、劳斯莱斯幻影等，如图 1-6 所示。

图 1-5　典型的中大型车

图 1-6　典型的豪华车

7. 运动型多功能车

运动型多动能车（sport utility vehicle，SUV），是一辆拥有旅行车般的舒适性，并具有一定越野能力的车型。现在的 SUV 一般是指以轿车平台为基础生产，在一定程度上既具有轿车的舒适性，又有越野车的通过性的车型，如图 1-7 所示。

图 1-7　兰博基尼 SUV Urus 全新哑光漆特别版

① 小型 SUV。小型 SUV 车长一般为 3 850～4 350 mm，轴距小于 2 670 mm。典型车型有现代 ix25、雪铁龙 C3、本田 XR-V 等。

② 紧凑型 SUV。紧凑型 SUV 车长一般为 4 300～4 750 mm，轴距为 2 600～2 760 mm。典型车型有途观、哈弗 H6、宝马 X1、标致 2008、本田 CR-V 等。

③ 中型 SUV。中型 SUV 车长一般为 4 400～4 850 mm，轴距为 2 650～2 800 mm。典型车型有奥迪 Q5、奔驰 GLC 级、牧马人、沃尔沃 XC60 等。

④ 中大型 SUV。中大型 SUV 车长一般为 4 750～5 150 mm，轴距为 2 790～3 050 mm。典型车型有路虎揽胜、丰田普拉多、大众途锐、宝马 X5、奥迪 Q7、兰德酷路泽等。

二、汽车车身参数

汽车车身参数主要包括车身长度、车身宽度、车身高度、轴距、前轮轮距、后轮轮距、最小离地距离、接近角、离去角等。

知识拓展

汽车轻量化设计

汽车轻量化设计是指利用高强度钢、铝合金和合成材料等轻量化材料来制造车身，优化车身结构，并采用可以减轻车身重量的先进生产工艺，最终达到减轻车身重量、降低燃油消耗、减少排放污染的目的。

车身上的不同位置有不同的特点，可以分别用不同的材料来制造，比如前、后翼子板和前、后保险杠，可以采用合成材料或塑料制造；发动机舱盖、车门外板等车身蒙板，可以采用普通钢板或铝板制造；而 A 柱、B 柱、C 柱、车顶和车底横梁等驾乘室骨架，则应采用高强度钢板制造。

任务二　汽车构造组成

汽车总体结构主要由发动机、汽车底盘、汽车车身和汽车电气设备四部分组成，如图 1-8 所示。

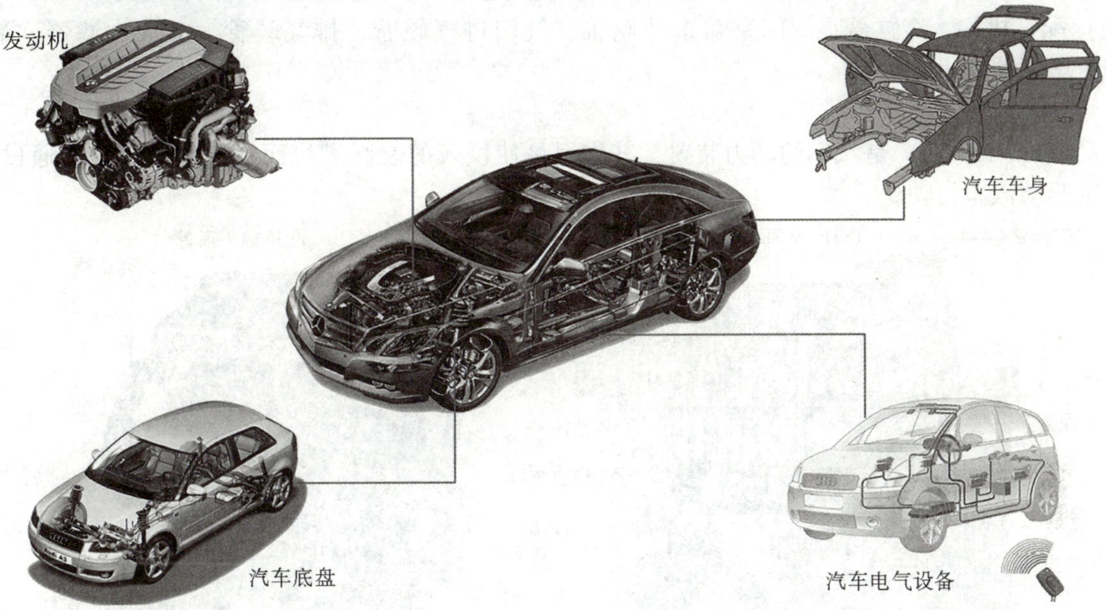

图 1-8　汽车总体结构

典型的 SUV 结构图，如图 1-9 所示。

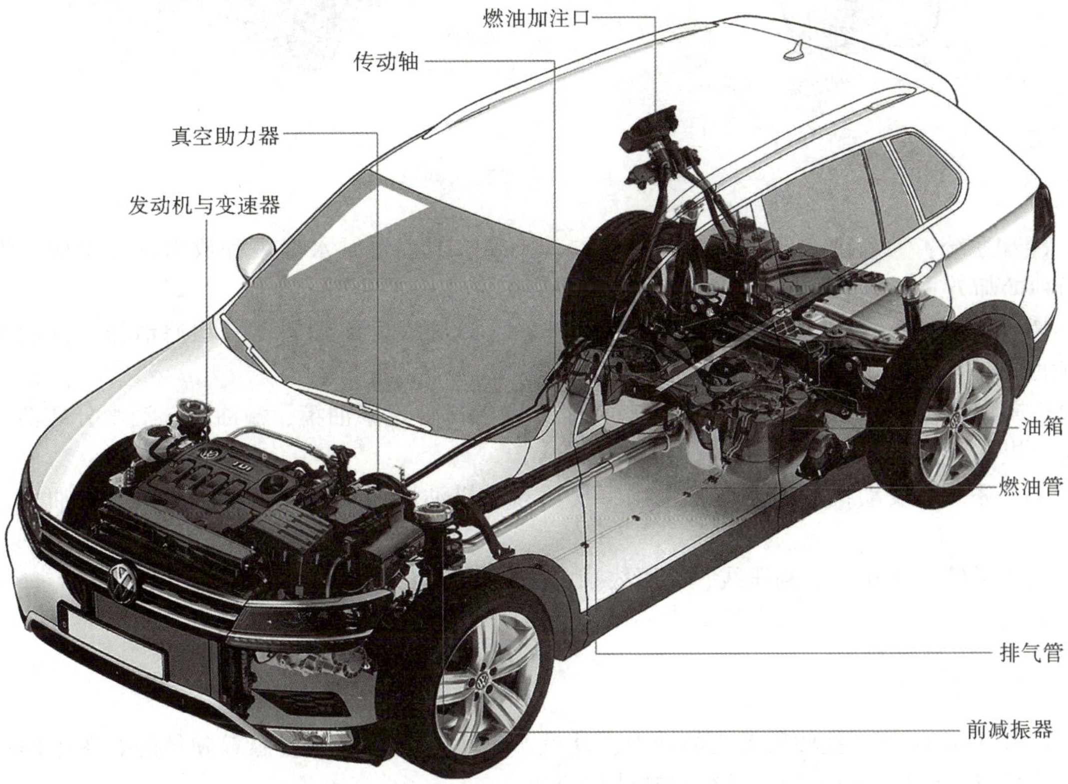

图 1-9　典型的 SUV 结构图

一、汽车发动机

汽车构造组成

发动机由2大机构5大系统组成：曲柄连杆机构、配气机构、冷却系、燃料供给系、润滑系、点火系、启动系组成，但是柴油机比汽油机少一个点火系统。

1. 两大机构

（1）曲柄连杆机构：连杆、曲轴、轴瓦、飞轮、活塞、活塞环、活塞销、曲轴油封。

（2）配气机构：汽缸盖、气门室盖罩凸轮轴、气门进气歧管、排气歧管、空气过滤器、消音器、三元催化增压器。

2. 五大系统

发动机（图1-10）是汽车的动力装置，其作用是使供入的燃料燃烧而发出动力。动力通过底盘的传动系统驱动汽车行驶。

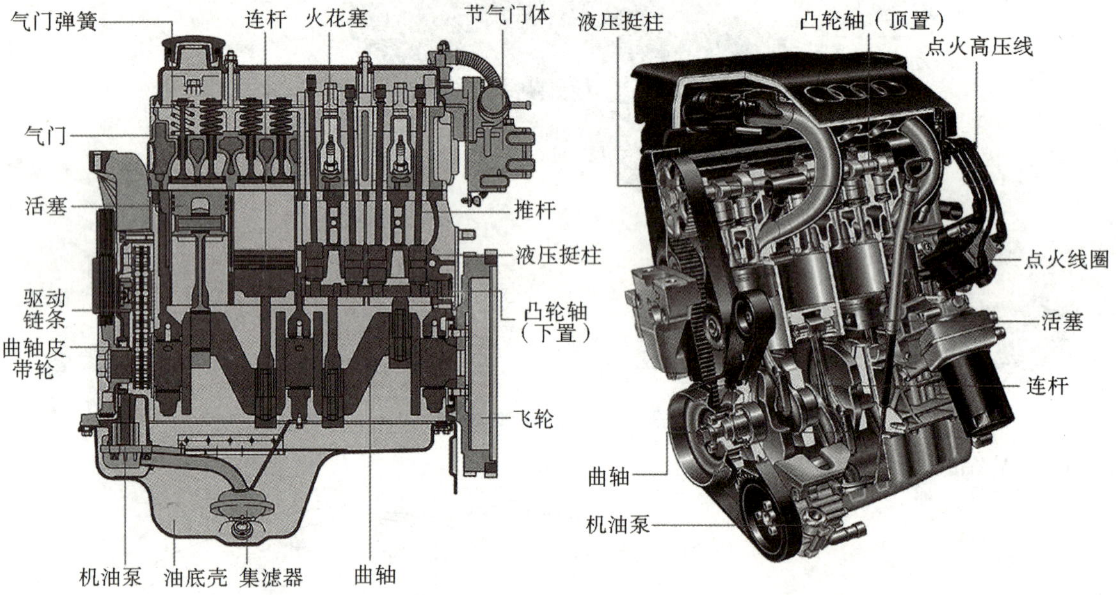

（a）　（b）

图1-10　汽车发动机构造

（1）冷却系统：一般由水箱、水泵、散热器、风扇、节温器、水温表和放水开关组成。汽车发动机采用两种冷却方式，即空气冷却和水冷却。一般汽车发动机多采用水冷却。

（2）燃油供给系统：汽油机燃油系统包括汽油箱、汽油表、汽油管、汽油滤清器、汽油泵、化油器、空气滤清器等。

柴油机燃油系统包括喷油泵、喷油器和调速器等主要部件及柴油箱、输油泵、油水分离器、柴油滤清器、喷油提前器和高、低压油管等辅助装置。

（3）润滑系统：发动机润滑系由机油泵、集滤器、机油滤清器、油道、限压阀、机油表、感压塞及油尺等组成。

（4）点火系统：火花塞、高压线、高压线圈、分电器、点火开关。

（5）启动系统：起动机、蓄电池。

二、汽车底盘

汽车底盘（图1-11）接收发动机的动力，使汽车产生运动，并能按照驾驶员的意图正确行驶。底盘包括传动系统、行驶系统、转向系统和制动系统。

图 1-11　汽车底盘结构图

1. 传动系统

汽车发动机所发出的动力靠传动系传递到驱动车轮。传动系具有减速、变速、倒车、中断动力、轮间差速和轴间差速等功能，与发动机配合工作，能保证汽车在各种工况条件下的正常行驶，并具有良好的动力性和经济性。主要是由离合器、变速器、万向节、传动轴和驱动桥等组成。

2. 行驶系统

行驶系由车架、车桥、悬架和车轮等部分组成。

3. 转向系统

汽车上用来改变或恢复其行驶方向的专设机构称为汽车转向系统。转向系统的基本组成包括转向操纵机构和转向器。

4. 制动系统

汽车上用以使外界（主要是路面）在汽车某些部分（主要是车轮）施加一定的力，从而对其进行一定程度的强制制动的一系列专门装置统称为制动系统。其作用是：使行驶中的汽车按照驾驶员的要求进行强制减速甚至停车；使已停驶的汽车在各种道路条件下（包括在坡道上）稳定驻车；使下坡行驶的汽车速度保持稳定。

知识拓展

真正的“后置后驱”方式

只有将发动机放置在后轴的后面，并采用后轮驱动的布局形式，才能称为真正的“后置后驱”（rear engine rear drive，RR）。由于这种布局形式过于独特，现在只有在保时捷 911 等高性能车型上才会采用。这种布局形式有以下三大特点。

（1）起步和加速性能更优秀。因为发动机、变速器等重量集中于车辆后部，又采用后轮为驱动轮，所以在车辆起步和加速时，后轮上的强大抓地力会得到充分的利用，发动机的动力会得到淋漓尽致的发挥。

（2）传动效率较高。由于发动机和驱动轮非常近，省去了前置后驱车型上那根长长的传动轴，它的动力传递会更直接。

（3）转向更灵敏。重量主要集中在车辆尾部，使车头的重量减少，前轮的负载更小，因此车头的转向会变得异常灵活，方向盘的响应也更灵敏。

三、汽车车身

汽车车身（图 1-12）是形成驾驶员和乘客乘坐空间的装置，也可以存放行李等物品。因此要求车身既能为驾驶员提供方便的操作条件，又要为乘客提供舒适的环境。

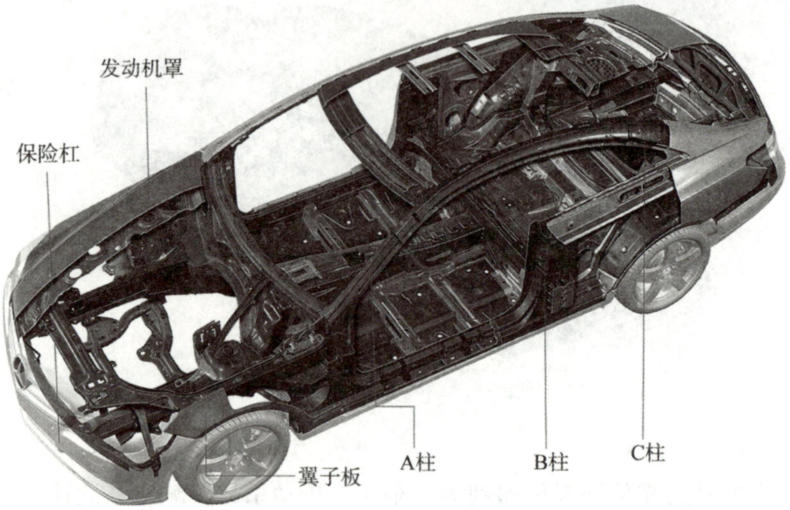

图 1-12　汽车车身

汽车车身结构主要包括以下几个方面。

1. 车身壳体

车身壳体是一切车身部件的安装基础，通常是指纵、横梁和支柱等主要承力元件以及与它们相连接的钣件共同组成的刚性空间结构。客车车身多数具有明显的骨架，而汽车车身和货车驾驶室则没有明显的骨架。车身壳体通常还包括在其上敷设的隔音、隔热、防振、防腐、密封等材料及涂层。

2. 车门

车门是通过铰链安装在车身壳体上、保证车身的使用性能的重要部件，其结构较复杂。这些钣制件形成了容纳发动机、车轮等部件的空间。

3. 车身外部装饰件

车身外部装饰件主要是指装饰条、车轮装饰罩、标志和浮雕式文字等。散热器面罩、保险杠、灯具以及后视镜等附件亦有明显的装饰性。

4. 车内部装饰件

车内部装饰件包括仪表板、顶篷、侧壁、座椅等表面覆饰物以及窗帘和地毯。在汽车上广泛采用天然纤维或合成纤维的纺织品、人造革或多层复合材料、连皮泡沫塑料等表面覆饰材料；在客车上则大量采用纤维板、纸板、工程塑料板、铝板、花纹橡胶板以及复合装饰板等覆饰材料。

5. 车身附件

车身附件包括门锁、门铰链、玻璃升降器、各种密封件、风窗刮水器、风窗洗涤器、遮阳板、后视镜、拉手、点烟器和烟灰盒等。在现代汽车上常常装有无线电收放音机和杆式天线，在有的汽车车身上还装有无线电话机、电视机或加热食品的微波炉和小型电冰箱等附属设备。

6. 车身内部的通风、暖气、冷气以及空气调节装置

车身内部的通风、暖气、冷气以及空气调节装置是维持车内正常环境、保证驾驶员和乘客安全舒适的重要装置。

7. 座椅

座椅也是车身内部重要装置之一。座椅由骨架、座垫、靠背和调节机构等组成。座垫和靠背应具有一定的弹性。调节机构可使座位前后或上下移动以及调节座垫和靠背的倾斜角度。某些座椅还有弹性悬架和减震器，可对其弹性悬架加以调节以便在驾驶员们不同的体重作用下仍能保证座垫离地板的高度适当。在某些货车驾驶室和客车车厢中还设置适应夜间长途行车需要的卧铺。

8. 其他

为保证行车安全，在现代汽车上广泛采用对乘员施加约束的安全带、头枕、气囊以及汽车碰撞时防

止乘员受伤的各种缓冲和包垫装置。按照运载货物的不同种类，货车车箱可以是普通栏板式结构、平台式结构、倾卸式结构、闭式车箱、气、液罐以及运输散粒货物（谷物、粉状物等）所采用的气力吹卸专用容罐或者是适于公路、铁路、水路、航空联运和国际联运的各种标准规格的集装箱。

四、汽车电气设备

汽车电气设备是汽车的重要组成部分，它包括电源、电源保护分配装置（熔丝、继电器）、照明和信号装置、空调、仪表和报警系统以及电动门窗/门锁等装置。电气设备可提高汽车驾驶的安全性和舒适性。

课后练习

一、填空题

1. 汽车按级别可分为________、________、________、________、中大型车、豪华车、SUV、MPV 等。

2. 中大型车也称为 C 级车，一般轴距为________mm，车身长度为 4 800~5 000 mm。比较典型的中大型车有奥迪 A6L、奔驰 E 级、丰田皇冠、宝马 5 系 Li、沃尔沃 S80L 等。

3. 汽车总体结构主要由________、________、________和汽车电气设备四部分组成。

4. 汽车底盘包括________、________、________和制动系统。

二、简答题

1. 汽车按级别分为哪些类型？

2. 汽车车身主要包括哪些参数？

项目二

汽车发动机

项目概述

汽车发动机系统是汽车的“心脏”，为车辆提供动力，使其得以行驶。该系统由多个关键部件组成，每个部件都扮演着至关重要的角色，共同确保发动机的高效、平稳运行。随着技术的不断进步和创新，我们有理由相信未来的汽车发动机系统将更加高效、环保和智能，为人们的出行带来更加便捷、舒适的体验。

学习目标

知识目标

◆了解汽车发动机的概念及分类。

◆掌握曲连杆结构的构造原理。

◆掌握配机结构的构造原理。

◆掌握燃油供给系统的构造原理。

◆掌握进排气系统及排气进化装置的构造原理。

◆掌握冷却系统和润滑系统的构造原理。

◆掌握点火与启动系统的构造原理。

能力目标

◆正确识读发动机各组件构造，能够拆装和检测，并运用到实际工作中。

素质目标

◆培养学生科学严谨的工作态度及一丝不苟的专业精神。

思政目标

◆通过对汽车发动机各组件的学习，帮助学生正视发展中存在的问题，不盲目乐观。树立不忘初心、勇于担当的品质。

任务工单

任务实施

1. 学生分组进行资料的收集整理，并对资料进行讨论。

问题 1：什么是汽车发动机？

____

____

问题 2：汽车发动机各系统的工作原理是什么？

____

____

2. 按照实际操作过程，将操作内容及实施过程中遇到的问题或解决方法记录在表 2-1 中。

表 2-1　任务实施过程记录表

序号	实施的内容	遇到的问题	解决的方法
1			
2			
3			
4			
…			

任务评价

学生展示任务实施的成果，并协同老师完成表 2-2 所示的任务评价表。

表 2-2　任务评价表

<table>
<tr><th rowspan="2">评价项目</th><th rowspan="2" colspan="2">评价内容</th><th rowspan="2">分值</th><th colspan="3">评价分值</th></tr>
<tr><th>自评</th><th>互评</th><th>师评</th></tr>
<tr><td rowspan="3">职业素养考核项目</td><td colspan="2">考勤、仪容仪表</td><td>10 分</td><td></td><td></td><td></td></tr>
<tr><td colspan="2">团队交流与合作意识</td><td>10 分</td><td></td><td></td><td></td></tr>
<tr><td colspan="2">创新意识、纪律意识</td><td>10 分</td><td></td><td></td><td></td></tr>
<tr><td rowspan="5">专业能力考核项目</td><td colspan="2">积极参与教学活动并正确理解任务要求</td><td>10 分</td><td></td><td></td><td></td></tr>
<tr><td colspan="2">认真搜集并积极讨论相关资料</td><td>10 分</td><td></td><td></td><td></td></tr>
<tr><td colspan="2">任务实施过程记录表的完成度</td><td>10 分</td><td></td><td></td><td></td></tr>
<tr><td colspan="2">对汽车发动机构造的了解程度</td><td>20 分</td><td></td><td></td><td></td></tr>
<tr><td colspan="2">对汽车发动机各系统工作原理的了解程度</td><td>20 分</td><td></td><td></td><td></td></tr>
<tr><td colspan="3">合计</td><td>100 分</td><td></td><td></td><td></td></tr>
<tr><td rowspan="2">总评</td><td rowspan="2">自评（20%）+互评（20%）+师评（60%）=</td><td>综合等级</td><td rowspan="2" colspan="4">教师（签名）：</td></tr>
<tr><td></td></tr>
</table>

任务一　汽车发动机概述

一、概述

发动机是汽车的动力源，为汽车提供动力。简单讲，发动机就是一个能量转换机构，将汽油（柴油）在密封气缸内燃烧，气体膨胀时，推动活塞做功转变为机械能。

汽车发动机概述

二、发动机分类

目前汽车中常用的发动机按照所用燃料，可分为汽油发动机、柴油发动机和燃气发动机。本书重点介绍前两种发动机。

1. 汽油发动机

汽油发动机所使用的燃料为汽油，汽油发动机的每个工作循环都经历进气、压缩、做功、排气四个行程。在进气行程中燃油喷射系统将汽油喷入气缸，与进入气缸的空气混合成可燃混合气。可燃混合气在压缩行程中被压缩，达到一定温度和压力，再使用火花塞点燃，使可燃混合气膨胀做功，将汽油的化学能转化为机械能，并通过传动系统驱动车辆行驶。汽油发动机如图 2-1 所示。

2. 柴油发动机

柴油发动机所使用的燃料为柴油，每个工作循环同样经历进气、压缩、做功、排气四个行程。与汽油发动机不同的是，柴油发动机进气行程只吸入空气，在压缩行程中先加压空气，空气被压缩产生一定的温度时，将柴油喷入气缸，压缩空气的温度足以点燃柴油，因此柴油发动机无需火花塞。柴油发动机如图 2-2 所示。

图 2-1　汽油发动机

图 2-2　柴油发动机

三、发动机基本术语

发动机基本术语包括上/下止点、活塞行程、燃烧室容积、工作容积、气缸容积等，如图 2-3 所示。除此之外，发动机术语还包含以下几个。

1. 工作循环

在气缸内进行的每一次将燃料燃烧的热能转化为机械能的一系列连续的过程（进气、压缩、做功、排气）称为发动机的工作循环。

2. 压缩比

气缸工作容积与燃烧室容积之比称为压缩比。压缩比的大小表示活塞由下止点运动到上止点时，气缸内的气体被压缩的程度。压缩比越大，压缩终了时气缸内的气体压力和温度就越高。

3. 工况

发动机在某一时刻的运行状况称为工况。

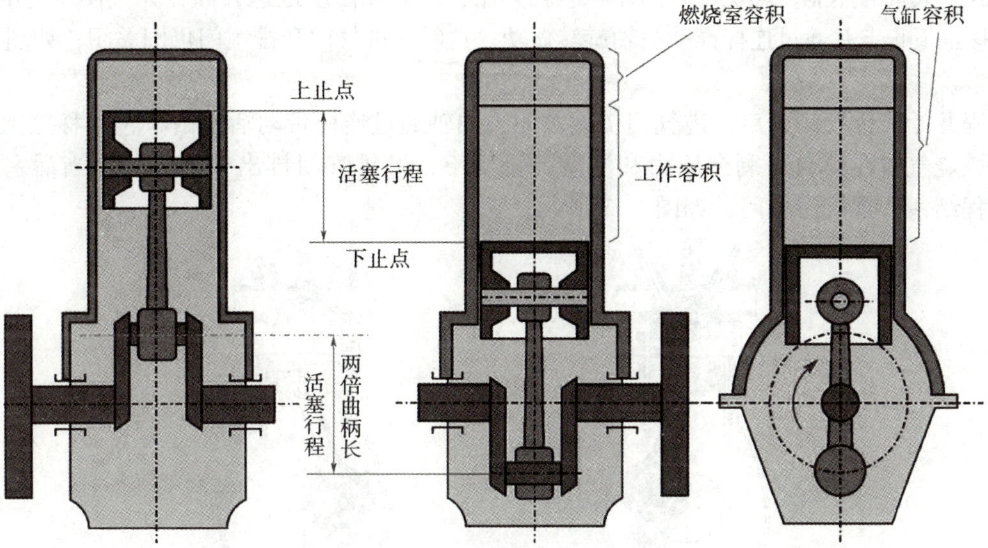

图 2-3　发动机基本术语

四、发动机的工作原理

目前汽车多采用四行程水冷汽油发动机，本任务就以汽油发动机为例，介绍以下行程发动机的工作原理。

1. 进气行程

活塞在曲轴的带动下由上止点移至下止点，此时排气门关闭，进气门开启。在活塞移动过程中，气缸容积逐渐增大，气缸内形成一定的真空度。空气和汽油的混合物通过进气门喷入气缸，并在气缸内进一步混合形成可燃混合气，如图 2-4 所示。

2. 压缩行程

进气行程结束后，曲轴继续带动活塞由下止点移至上止点，这时进气门和排气门均关闭。随着活塞的移动和气缸容积的不断缩小，气缸内的可燃混合气体被压缩，其压力和温度同时升高，如图 2-5 所示。

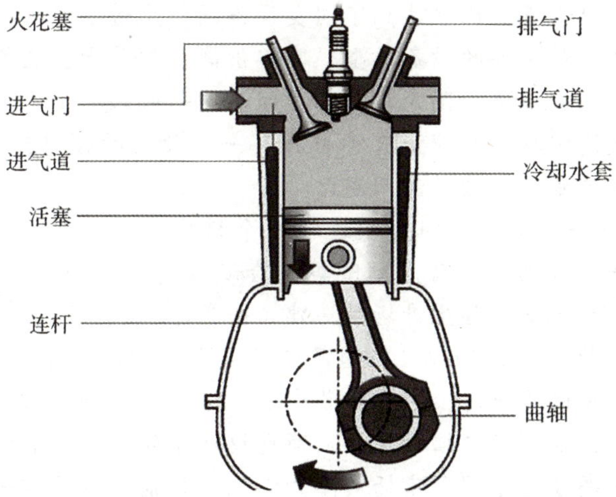

图 2-4　进气行程

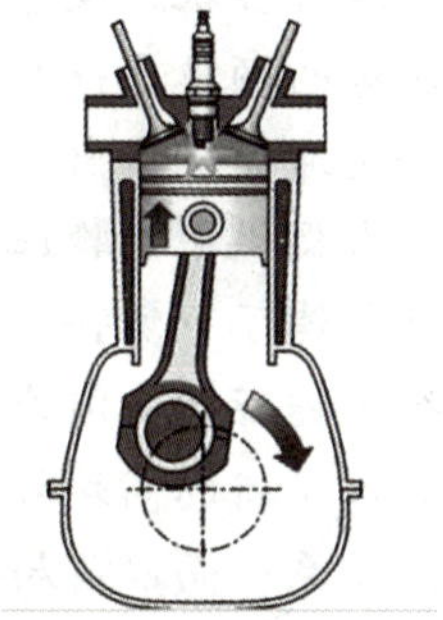

图 2-5　压缩行程

3. 做功行程

压缩行程结束时，气缸盖上的火花塞产生电火花，将气缸内可燃混合气体点燃，火焰迅速传遍整个燃烧室，同时放出大量的热能。燃烧气体的体积急剧膨胀，压力和温度迅速升高，在气体压力的作用下，活塞由上止点移至下止点并通过连杆推动曲轴旋转做功。这时，进气门和排气门仍旧关闭，如图 2–6 所示。

4. 排气行程

排气行程开始，排气门开启，进气门仍然关闭，曲轴通过连杆带动活塞由下止点移至上止点，此时膨胀过后的燃烧气体在其自身剩余压力和活塞的推动下，经排气门排出气缸之外。当活塞到达上止点时，排气行程结束，排气门关闭，如图 2–7 所示。

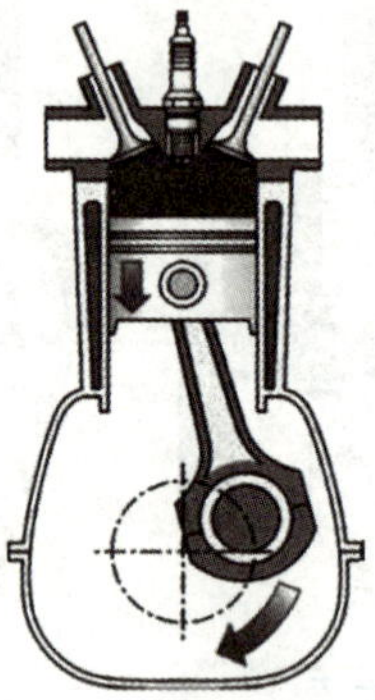

图 2–6　做功行程

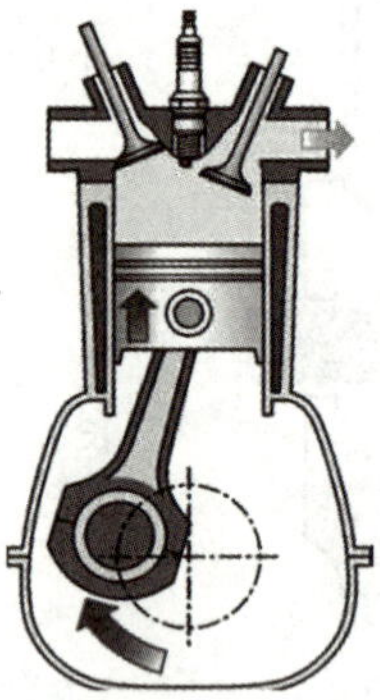

图 2–7　排气行程

知识拓展

中国制造业展现蓬勃“向新力”

中试，就是把处在试制阶段的新产品转化到产业化应用的过渡性试验，也被称为科技成果转化应用的“最后一公里”。这是把科技成果“由生变熟”的关键一环，也是困难重重的一环。

汽车发动机被称为汽车的“心脏”。生产发动机零部件的高端数控机床，定位精度要达到微米级，相当于头发丝的 1%。我国是世界第一的汽车产销大国，但用于生产汽车动力总成的中高端数控机床大多依赖进口。如今，这一现状正在被改变。在上海通用汽车的这间工厂里，由数台国产高端数控机床组成的动力总成加工中心，投入规模化应用已有近两年时间。

技术人员介绍，根据从系统库里面截取的去年一年的国产化设备的故障率表现来看，它完全满足内控标准，部分指标反超同类型的进口设备，已经达到了同类设备国际先进水平。

动力总成加工中心是发动机生产线里最重要的设备类型，其单价高、用量大，占据了整条生产线成本的一半左右。由于工艺要求高，一直以来，国产厂商很少涉足这一领域。要做第一个吃螃蟹的人，上汽通用汽车动力总成设备开发高级技术经理张应淳当时有一个最大的顾虑，“当时最担忧的还是高端数控机床设备稳定性和加工质量的可靠性的问题”。

张应淳的顾虑是行业普遍面临的一个矛盾。如何突破这样一个科技成果转化的困境呢？2017 年，上海交通大学提出，建立一条“汽车动力总成智能制造集成验证线”，为国产数控机床等装备和相关技术提供中试验证平台，按照汽车工业实际生产场景搭建了一条验证线。

中试打消了下游企业“不敢用、不愿用”的顾虑，打通了科技成果转化的“最后一公里”。当这台历经千锤百炼的国产高端数控机床走向市场时，也在合作中实现了共赢。通过中试验证，汽车主机厂引入了新的高端数控机床供应商，实现降本增效；供应商也培养了研发能力和技术人才，打入供应链体系；而以前局限于实验室的高校也了解到市场实际的需求。目前，基于这一模式转化的技术成果开始进入航空航天等更加广泛的领域。

任务二 燃油供给系统

一、概述

燃油供给系统的功用是根据发动机各工况的不同要求，准确地计量空气与燃油的混合比，并将一定数量和压力的燃油喷射到进气歧管或直接喷射进气缸中。燃油供给系统主要由燃油箱、燃油泵、燃油滤清器、燃油管、燃油分配轨和喷油器等组成，如图 2-8 所示。

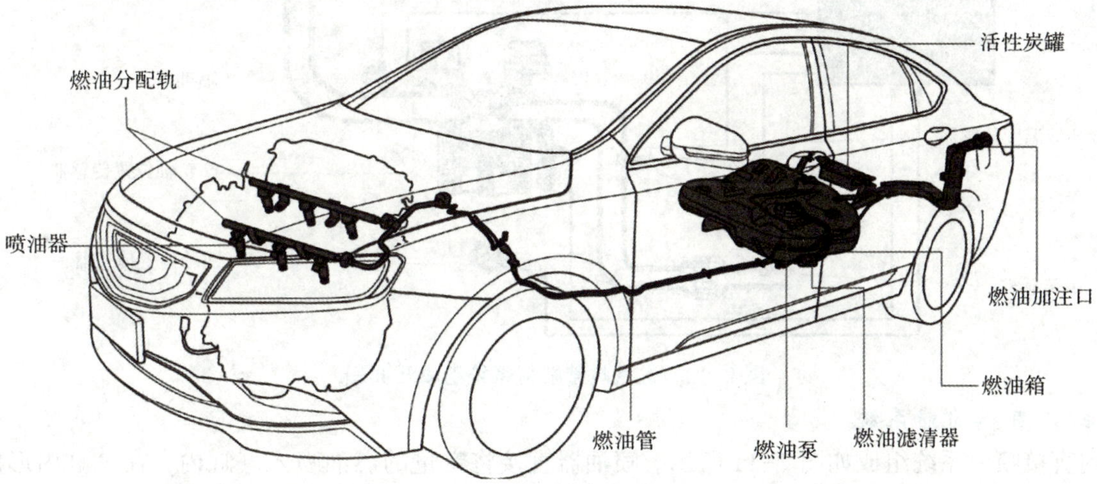

图 2-8 燃油供给系统组成

二、燃油喷射系统原理

燃油供给系统按照喷油器的安装位置不同可分为进气歧管喷射式和缸内直接喷射式，如图 2-9 所示。

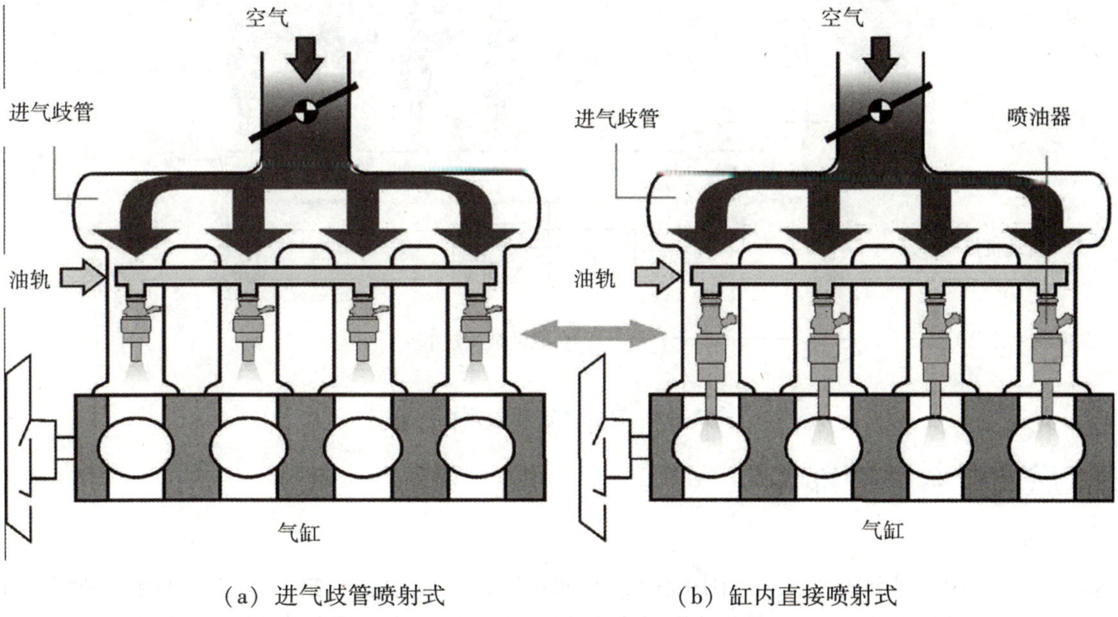

图 2-9 进气歧管喷射式和缸内直接喷射式

1. 进气歧管喷射系统

发动机控制单元根据各传感器信号计算和修正喷油量，将燃油喷射到进气歧管内，与空气形成可燃混合气吸入气缸，如图 2-10 所示。

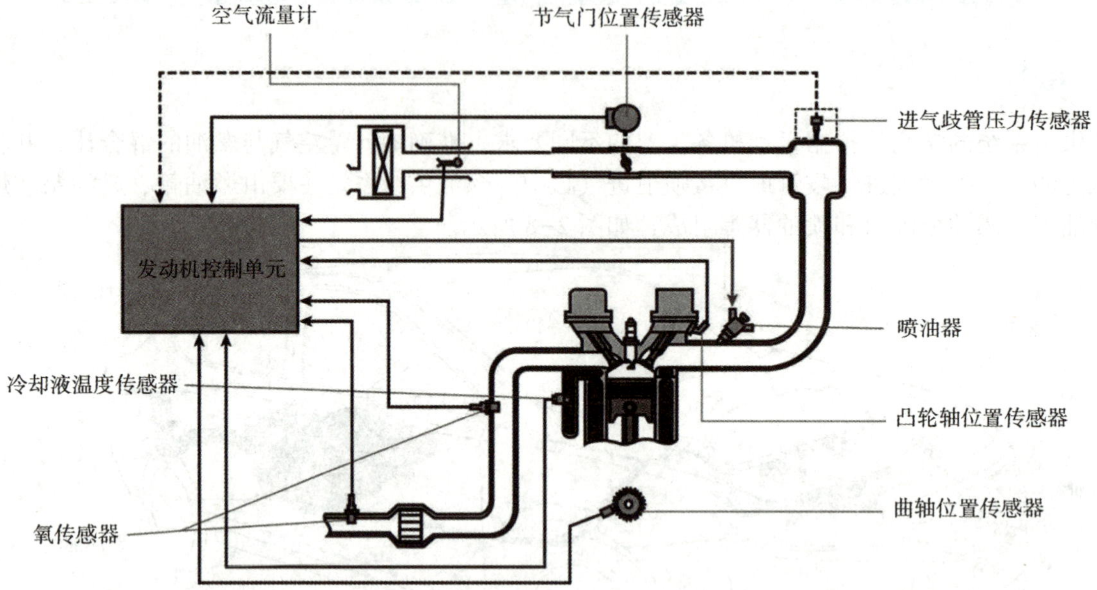

图 2-10　进气歧管喷射系统组成及原理

2. 缸内直接喷射系统

缸内直接喷射系统组成如图 2-11 所示。喷油器直接将定量的燃油喷入气缸内，在气缸内形成可燃混合气，可精确调节燃油的喷射时间和流量。

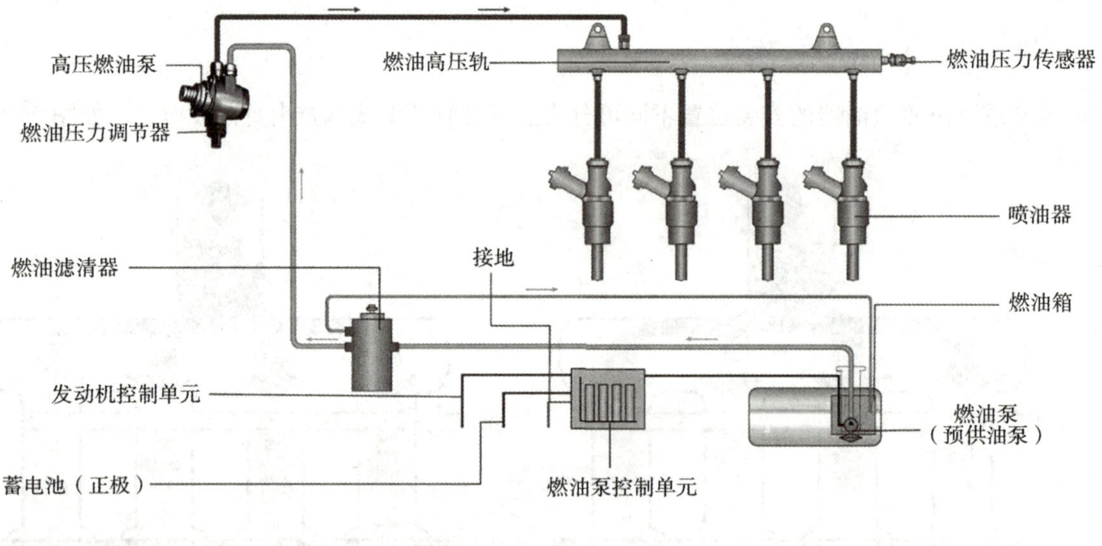

图 2-11　缸内直接喷射系统组成

三、燃油供给系统部件

1. 电动燃油泵

电动燃油泵的功用是将燃油从油箱中吸出，并通过喷油器供给各气缸。电动燃油泵一般安装在油箱内，浸在汽油中。目前多采用叶片式电动燃油泵，如图 2-12 所示。部分车型的电动燃油泵还内置了燃油滤清器，内置燃油滤清器和无内置燃油滤清器的电动燃油泵，如图 2-13 所示。

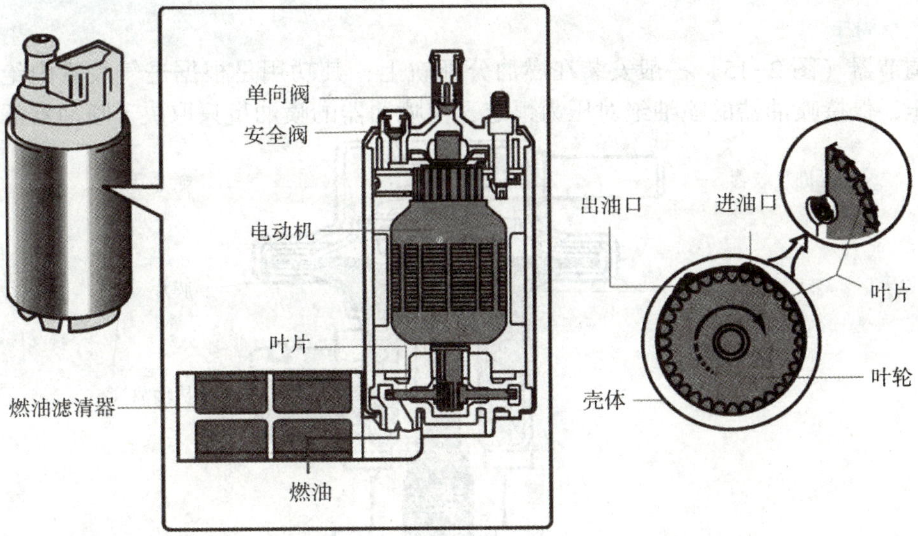

图 2-12　叶片式电动燃油泵

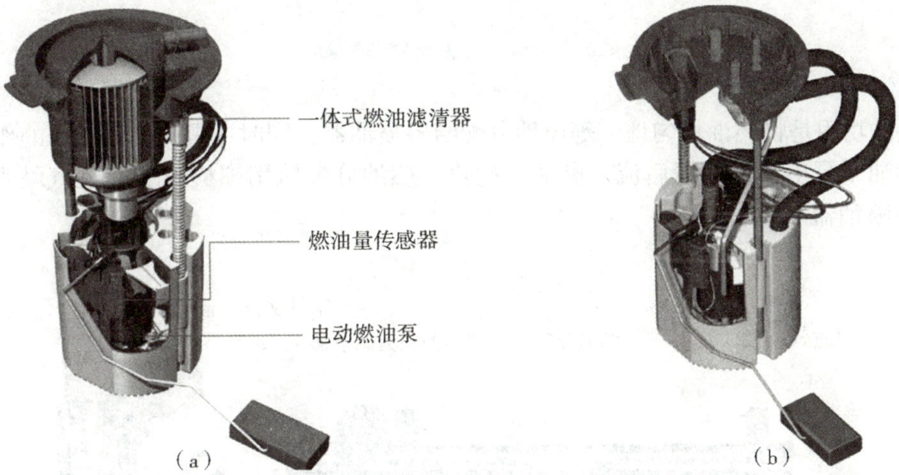

图 2-13　内置燃油滤清器和无内置燃油滤清器的电动燃油泵

2. 燃油箱

燃油箱用来存储燃油，其大小与车型和发动机排量有关，如图 2-14 所示。目前汽车燃油箱多采用耐油硬塑料制成。燃油箱上一般装有翻车防漏阀，防止翻车时燃油溅出。内部还安装有防晃隔板，防止汽车行进中燃油在燃油箱内晃动。

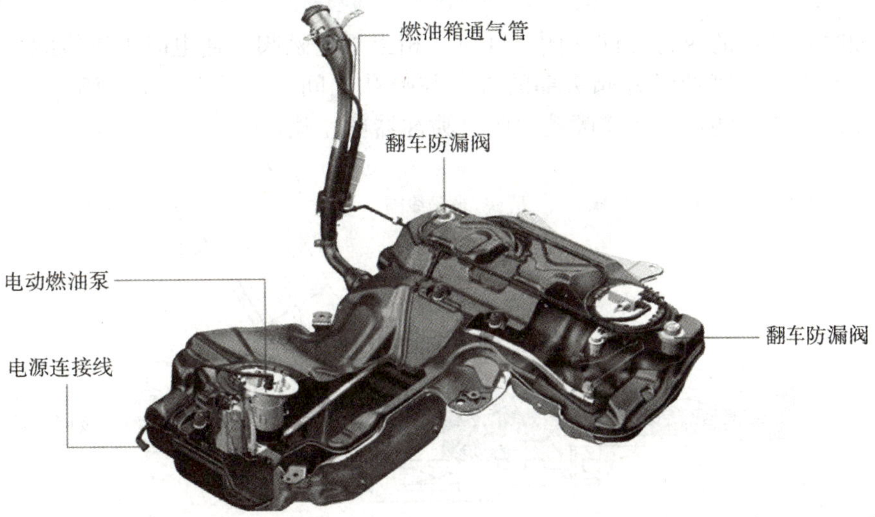

图 2-14　燃油箱

3. 燃油压力调节器

燃油压力调节器（图 2-15）一般安装在燃油分配轨上，其功用是根据进气歧管内绝对压力的变化来调节系统油压，保持喷油器的喷油绝对压力恒定，使喷油器的喷油量只取决于喷油器的开启时间。

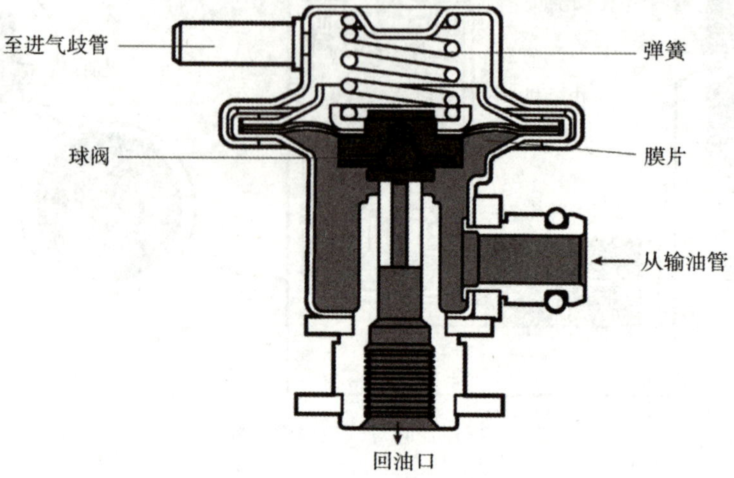

图 2-15　燃油压力调节器

4. 燃油分配轨与喷油器

燃油分配轨的功用是将燃油均匀地、等压地分配给各喷油器，同时还具有储油续压的作用，如图 2-16 所示。燃油从燃油泵泵出，经滤清后流入燃油分配轨。燃油分配轨用螺栓安装在进气歧管下部的固定座上，其上安装有喷油器。

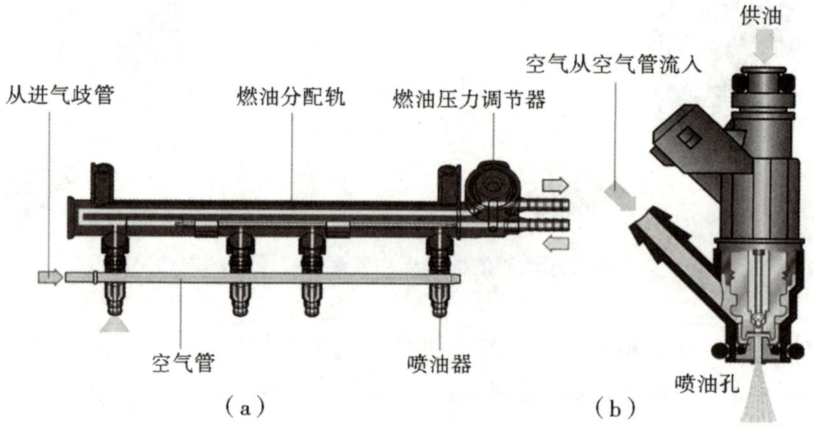

图 2-16　燃油分配轨与喷油器

喷油器是燃油喷射系统的执行元件（图 2-17），相当于电磁阀，通电时电磁线圈产生电磁力，将衔铁及针阀吸起，打开喷孔，燃油经针阀头部的轴针与喷孔之间的环形间隙高速喷出；断电时电磁力消失，衔铁及针阀在回位弹簧的作用下将喷孔封闭，喷油器停止喷油。

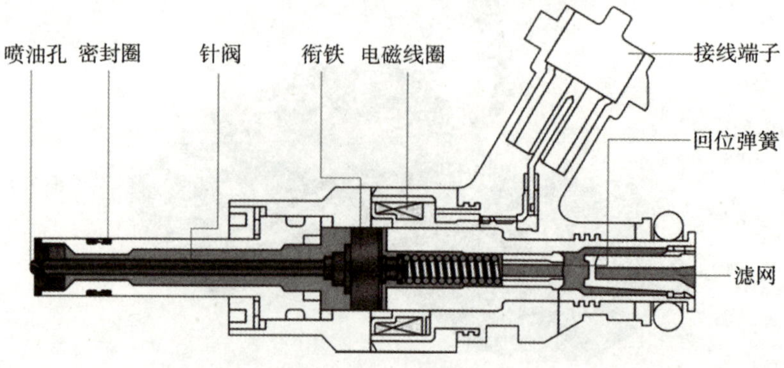

图 2-17　喷油器

5. 高压泵

缸内直接喷射系统中安装有高压泵（图 2-18），高压泵一般安装在气缸盖上，由凸轮轴上一个三联凸轮驱动，可产生 3~12 MPa 的燃油压力。

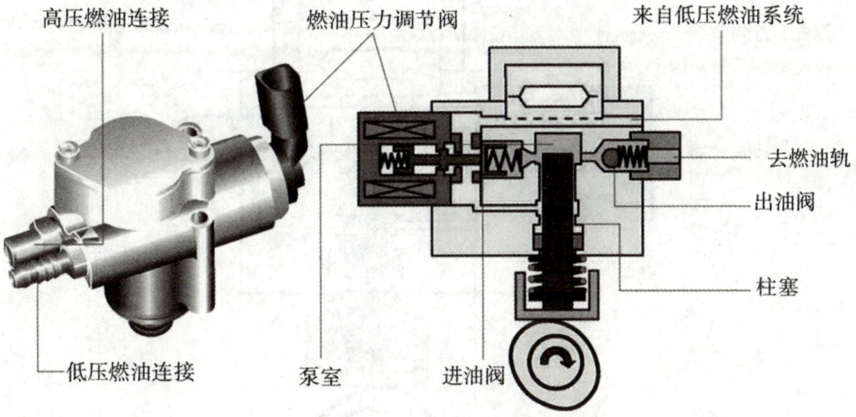

图 2-18 高压泵

高压泵通过吸油行程、回油行程和供油行程将低压油变为高压油。吸油行程，如图 2-19 所示，燃油压力调节阀未通电，低压阀被保持在打开状态。凸轮的形状和活塞弹簧力使柱塞向下运动。由于泵内容积增大，以及预工作压力的作用，燃油就跟着流入。

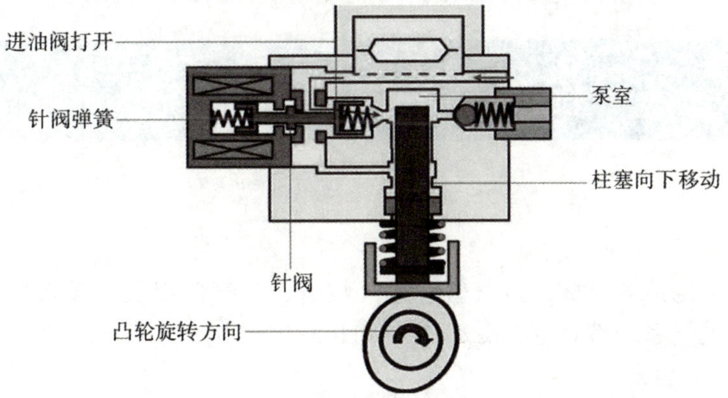

图 2-19 吸油行程

回油行程，如图 2-20 所示，凸轮上行，将柱塞向上推。此时燃油压力调节阀仍未通电，还不能建立起压力，可防止进油阀关闭。燃油被送回到低压系统和高压泵的压力缓冲腔内。

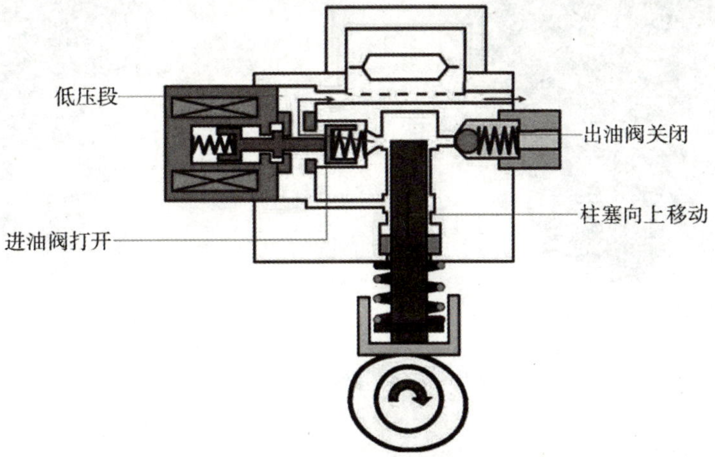

图 2-20 回油行程

供油行程如图 2-21 所示，当凸轮上行到最高位置时，发动机电子控制单元（ECU）给燃油压力调节阀通上规定的电流，衔铁被吸紧。泵内的压力将进油阀压入其座内。如果泵内的压力超过油轨内的压力，那么出油阀就会被推开，燃油就会进入油轨。

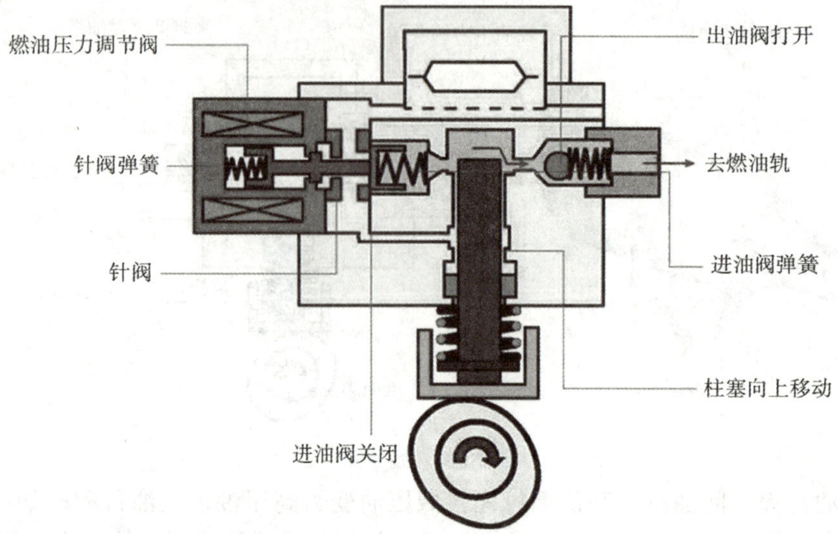

图 2-21　供油行程

任务三　进排气系统

一、进气系统

进气系统主要由空气滤清器总成、进气管、进气歧管、节气门以及相关传感器等组成，如图 2-22 所示。涡轮增压发动机进气系统带有空气冷却器，如图 2-22（b）所示。

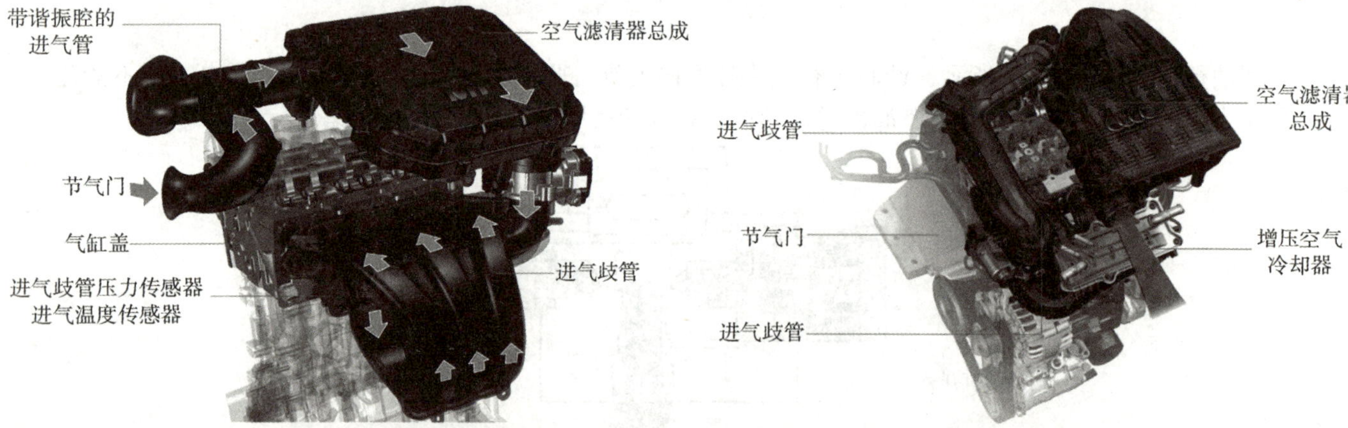

（a）不带涡轮增压的进气系统　　（b）带涡轮增压的进气系统

图 2-22　进气系统

知识拓展

空气是被活塞下行时产生的真空吸入的。当活塞下行时，气缸内压力低于外部压力，当节气门和进气门打开时，空气便会在压力差的作用下进入气缸。空气进入气缸路径：进气口→空气滤清器→节气门→进气歧管→气门→气缸。

不管发动机有几个气缸，它们的进气最初都是从统一的进气口进来的，然后统一通过空气滤清器过滤，再统一通过节气门。但在进入每个气缸之前，就要利用进气歧管将空气分开，空气在此产生“分歧”，然后分别进入各个气缸。

二、排气系统

排气系统的功用是将发动机燃烧后的废气排出气缸，同时通过净化装置减少废气中的危害物，并降低排气噪声。排气系统主要由排气歧管、三元催化器、主消声器、排气管及氧传感器等组成，如图 2-23 所示。V 型发动机一般有两个排气歧管，采用双排气装置，如图 2-24 所示。

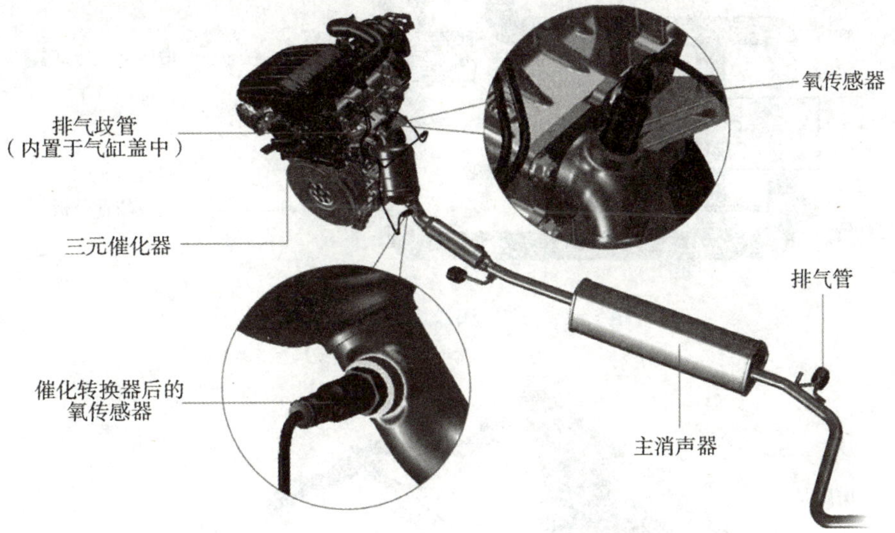

图 2-23　排气系统组成

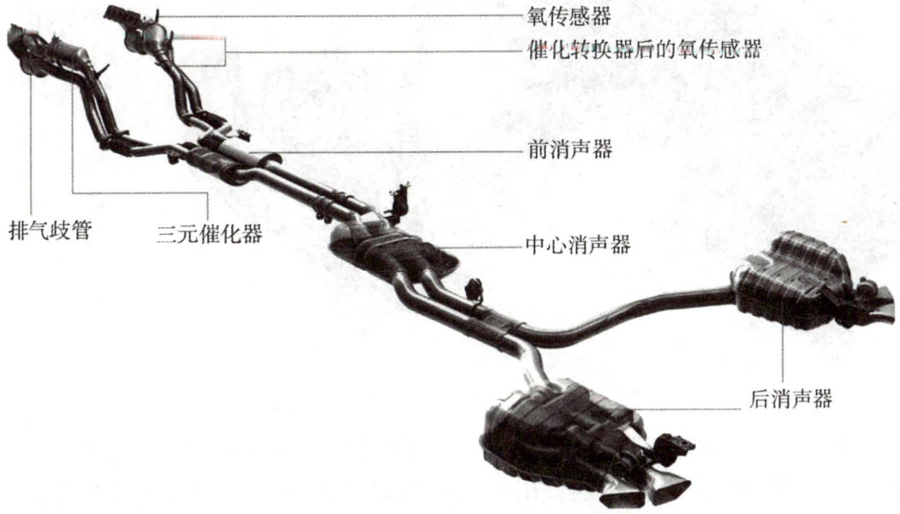

图 2-24　V 型发动机的双排气装置

三、进气增压系统

1. 废气涡轮增压系统

废气涡轮增压系统是利用发动机排气的动力使进气增压，提高发动机充气效率。涡轮增压系统对吸入的空气进行压缩，增大气体密度，增加每个进气行程进入燃烧室的空气量，增加供油量，达到提高燃烧效率和燃油经济性的目的。废气涡轮增压系统示意图如图 2-25 所示。废气涡轮增压器一般安装在进气歧管上，如图 2-26 所示。

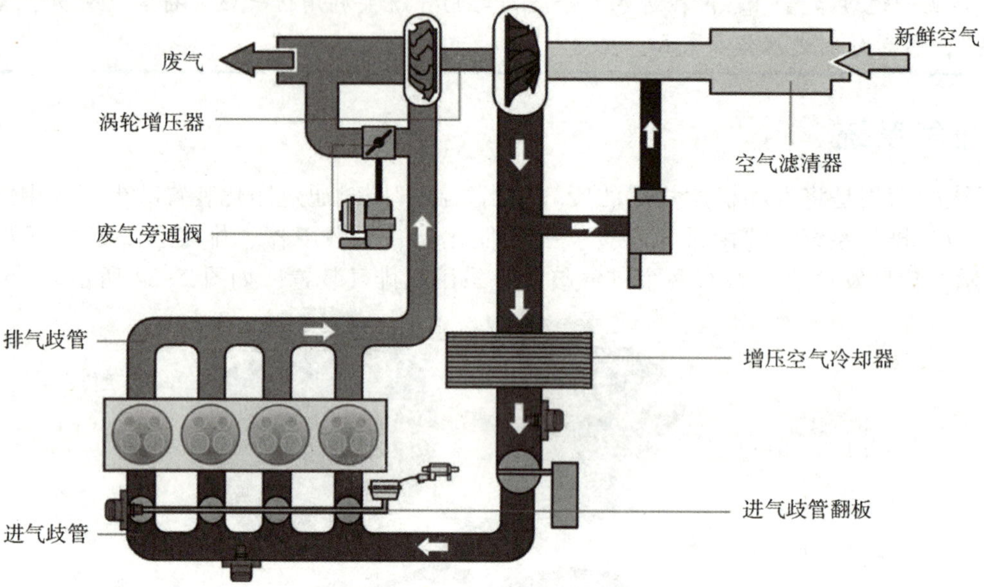

图 2-25　废气涡轮增压系统示意图

图 2-26　废气涡轮增压器

涡轮增压器主要由蜗壳、涡轮、压缩机叶片、增压压力调节器等组成。涡轮增压器外观及剖面如图 2-27 所示。蜗壳入口与发动机排气口相连，出口与排气总管连接。压缩机入口与空气滤清器后方的进气管连接，出口与进气歧管或进气中冷装置连接。发动机排出的废气驱动涡轮旋转，带动压缩机叶片旋转，将进气增压后压入发动机。

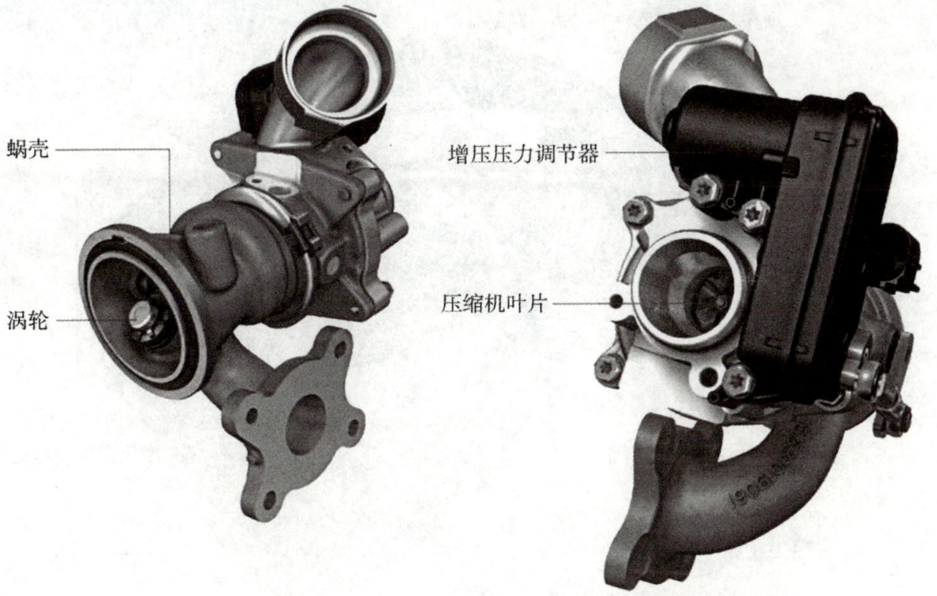

（a）涡轮增压器外观

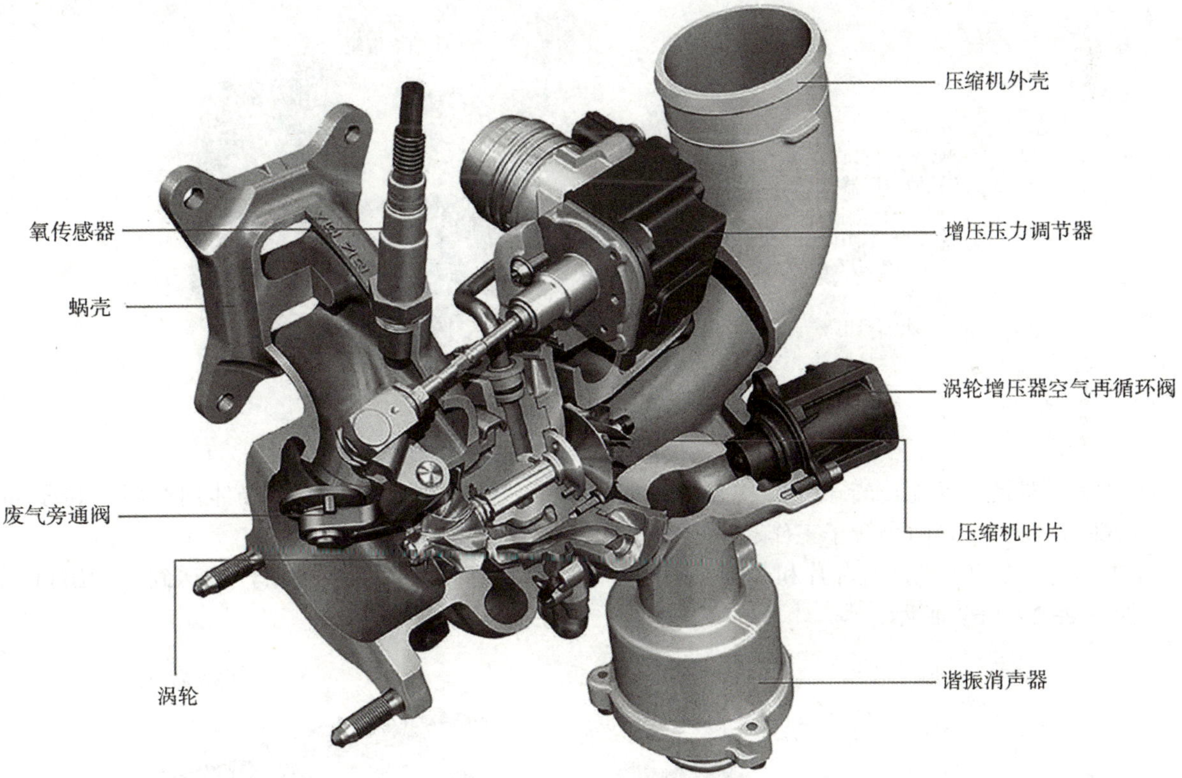

（b）涡轮增压器剖面

图 2-27 涡轮增压器外观及剖面

2. 机械增压系统

机械增压器采用皮带与发动机曲轴皮带轮连接，利用发动机转速来带动机械增压器内部叶片，以产生增压空气送入发动机进气歧管内，工作温度界于 70~100 ℃。机械增压系统，如图 2-28（a）所示，机械增压器驱动，如图 2-28（b）所示。

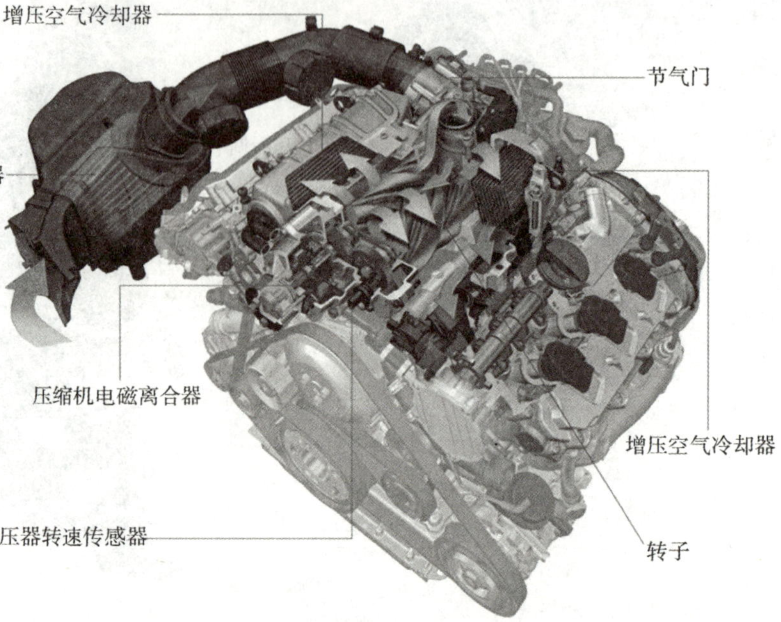

（a）机械增压系统

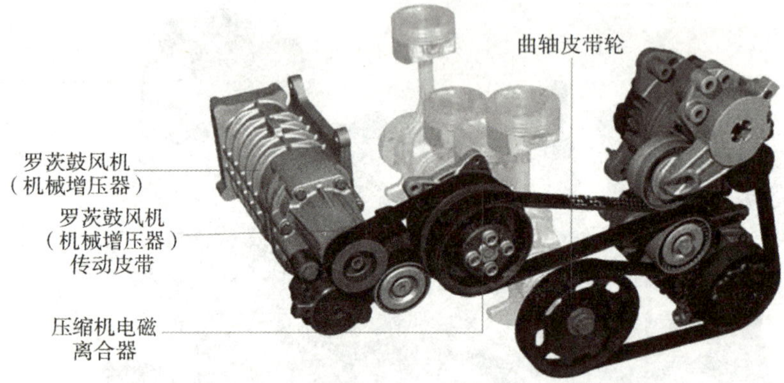

（b）机械增压器驱动

图 2-28　机械增压系统和机械增压器驱动

机械增压器是一种旋转转子式结构装置，如图 2-29（a）所示。增压器壳体内有两个转子同步转动，但方向相反，于是两个转子工作起来就像在“彼此啮合”。

在工作时（转子转动），叶片和外壁之间的空气就被从空气入口（吸入侧）输送到空气出口（压力侧），如图 2-29（b）所示。

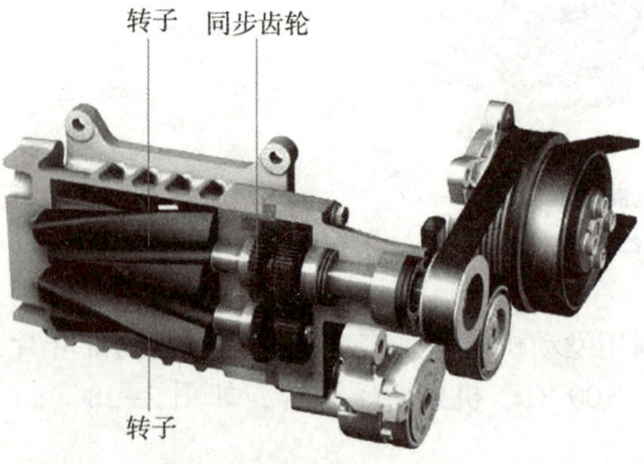

（a）机械增压器结构

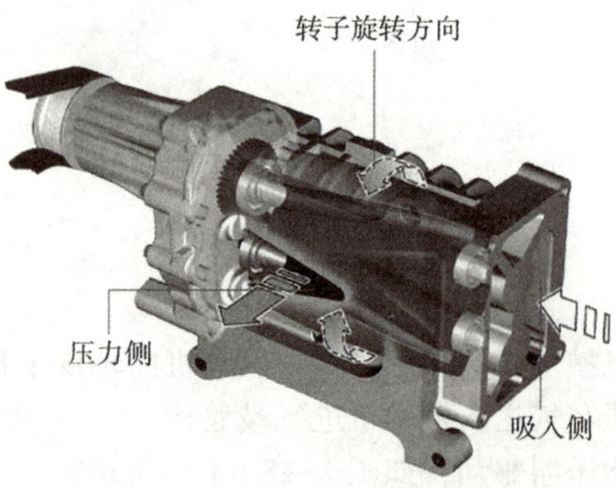

（b）机械增压器工作原理

图 2-29　机械增压器结构及工作原理

增压器通过电磁离合器与发动机曲轴连接或断开，如图 2-30 所示。部分发动机还带有增压空气冷却器，增压后的空气流经增压冷却器，冷却后被吸入气缸，如图 2-31 所示。

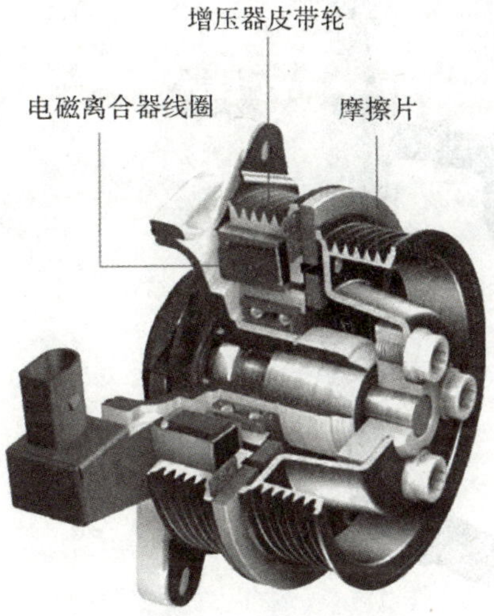

图 2-30　电磁离合器

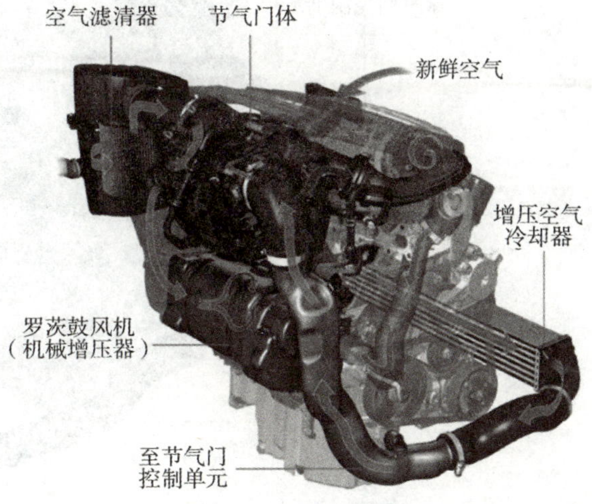

图 2-31　增压空气冷却器

3. 双增压系统

双增压系统是指把机械增压和涡轮增压结合在一起的增压系统，如图 2-32 所示。目的是为了更好地解决两种技术各自的不足，同时解决低速扭矩和高速功率输出的问题。双增压系统空气冷却示意图如图 2-33 所示。

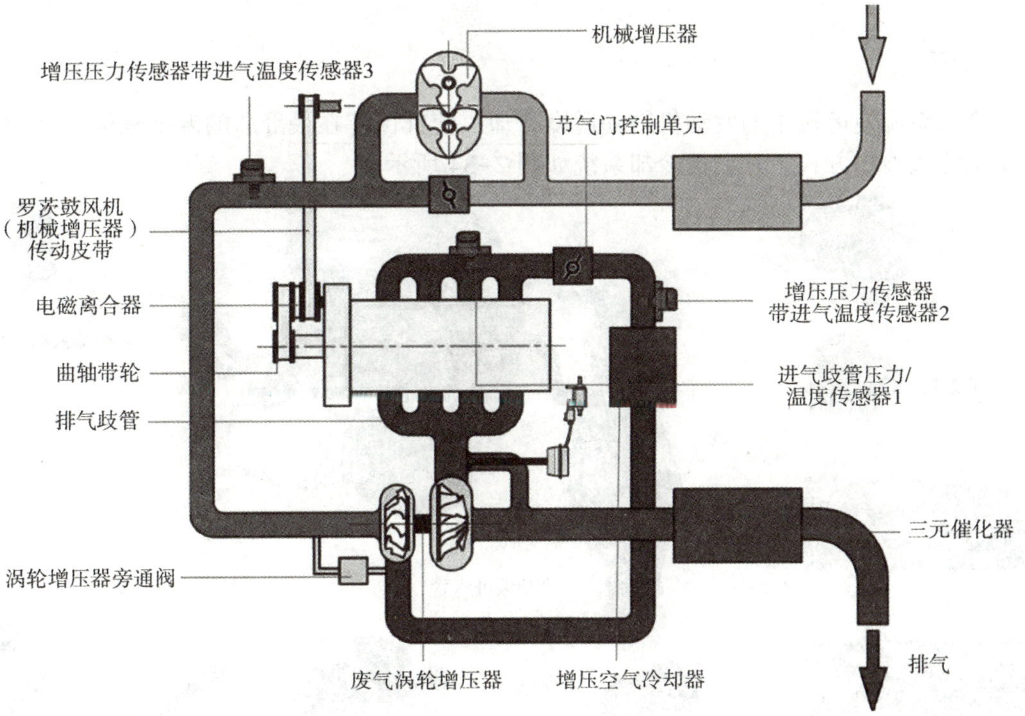

图 2-32　双增压系统

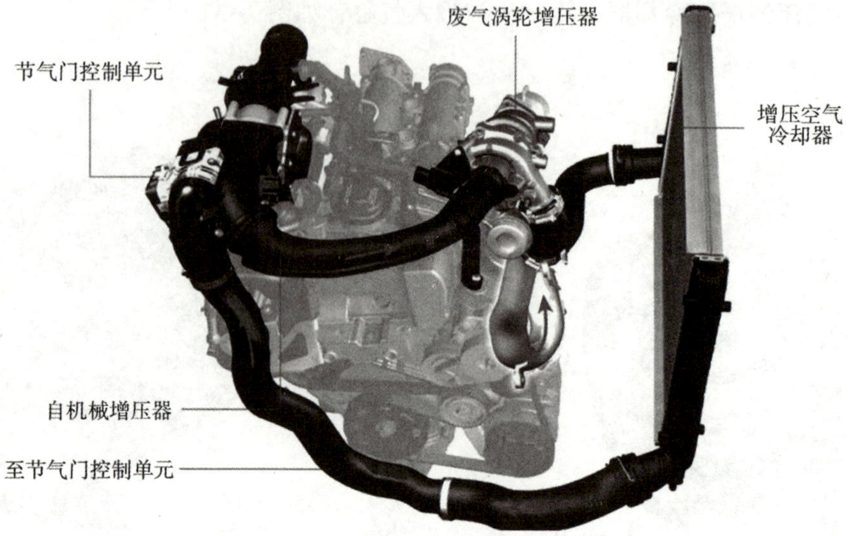

图 2-33　双增压系统空气冷却示意图

任务四　冷却系统

一、概述

发动机冷却系统使运转中的发动机得到适度冷却，使其保持在最舒适的温度范围内工作。目前汽车发动机采用水冷式冷却方式。发动机冷却系统如图 2-34 所示。

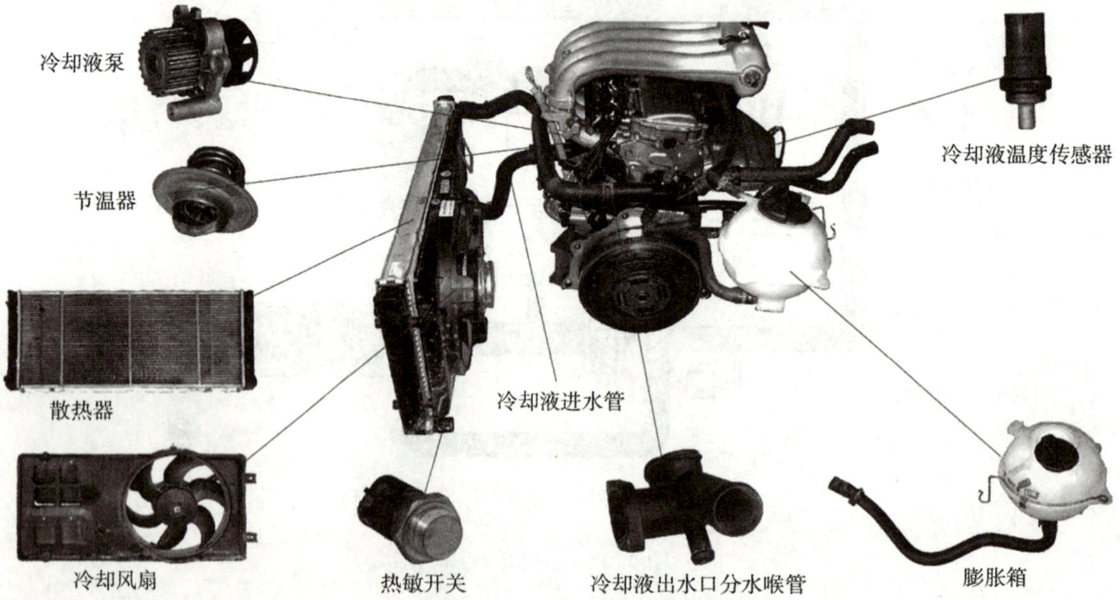

图 2-34　发动机冷却系统

二、冷却系统工作原理

1. 普通冷却系统

发动机冷却液循环由节温器控制，当发动机冷却液温度较低时，冷却液不能进入散热器，只能通过冷却液泵进行小循环（图 2-35）。当冷却液达到一定温度时，节温器阀门打开，冷却液进入散热器进行大循环（图 2-36）。

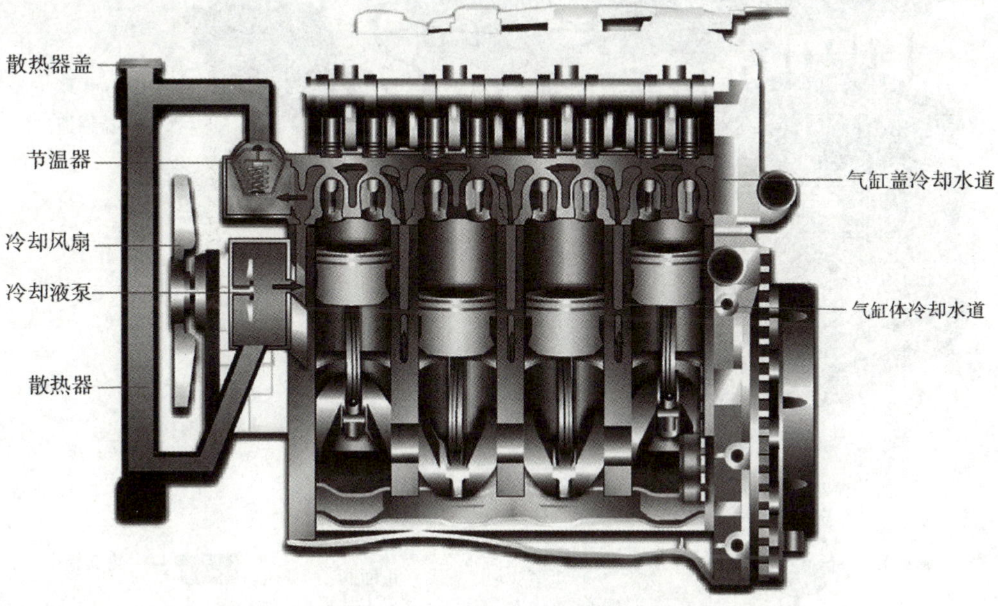

图 2-35　冷却液小循环

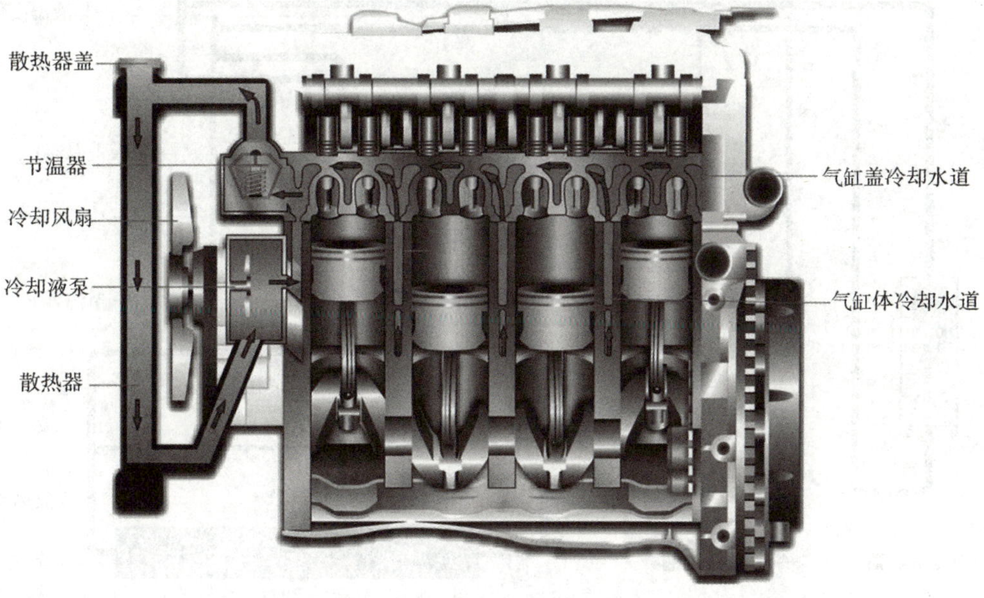

图 2-36　冷却液大循环

2. 双回路冷却系统

双回路冷却系统的冷却液泵将冷却液，通过两个节温器分别泵送到气缸盖和气缸体中，实现冷却液分流，可以单独控制气缸体和气缸盖的温度。双回路冷却系统组成和连接，如图 2-37 所示。

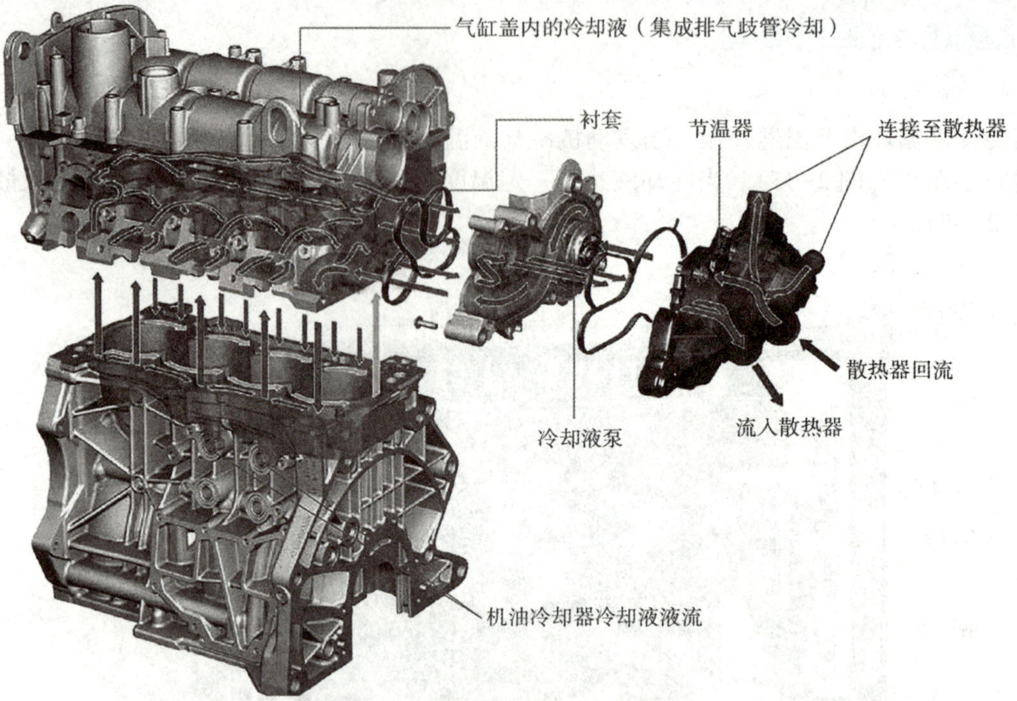

（a）双回路冷却系统组成

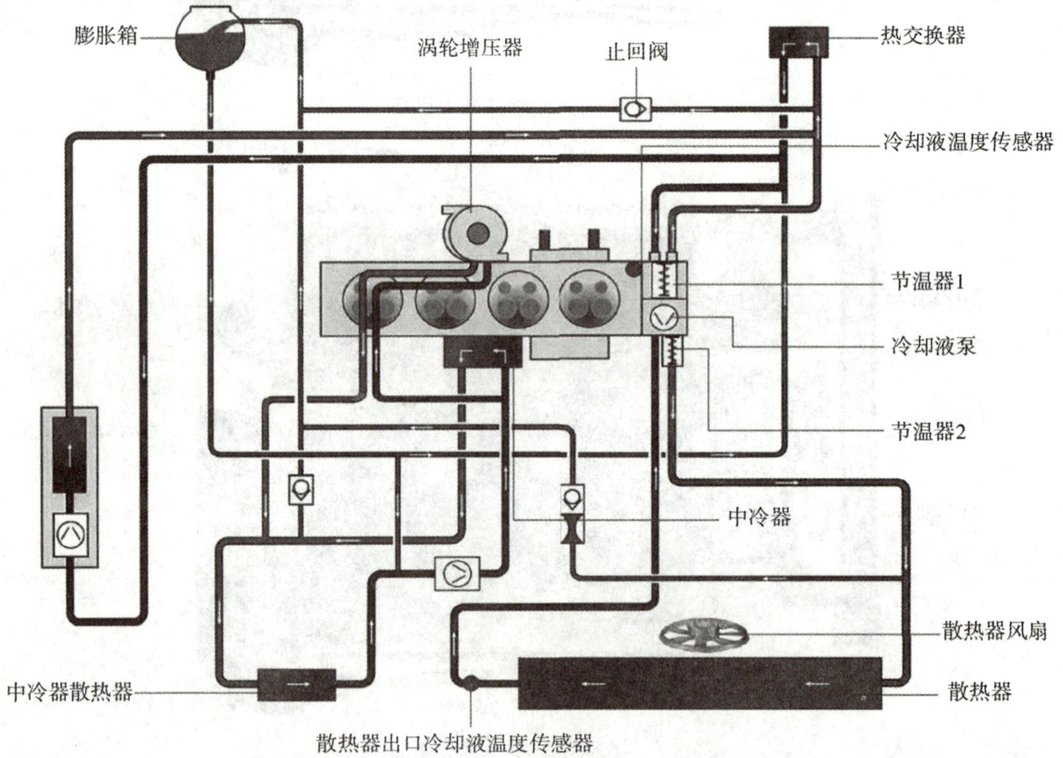

（b）双回路冷却系统连接

图 2-37　双回路冷却系统组成及连接

双回路冷却系统节温器集成在节温器壳体内，如图 2-38 所示。当温度达到 87 ℃时，节温器 1 打开，允许冷却液自散热器流入冷却液泵。当温度达到 105 ℃时，节温器 2 打开，允许冷却液从气缸体流至散热器，整个冷却系统循环打开。

冷却液泵集成在节温器壳体内，通过螺栓连接在气缸盖上。冷却液泵由排气凸轮轴的齿形皮带驱动，如图 2-39 所示。

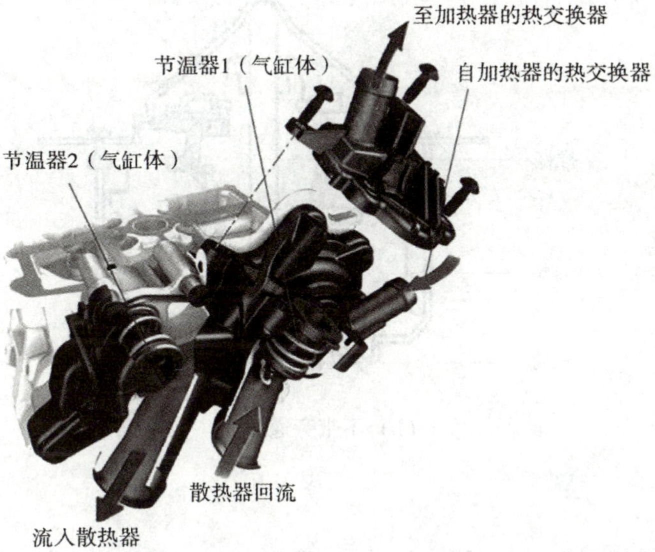

图 2-38 双回路冷却系统节温器

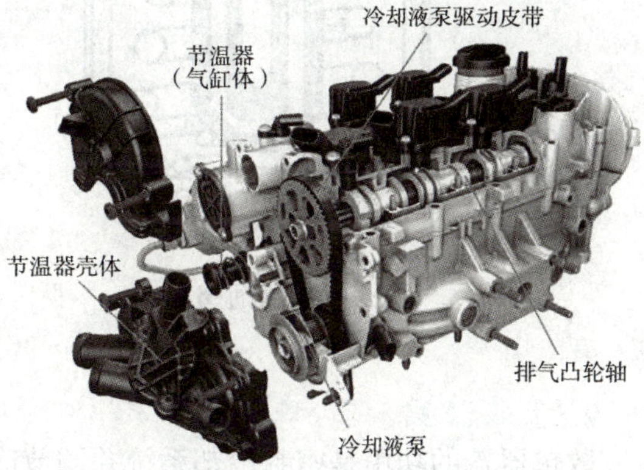

图 2-39 双回路冷却系统冷却液泵

在气缸盖上，冷却液从燃烧室周围的进气侧流到排气侧。在此处，冷却液分为两个区域，排气歧管的上方和下方。冷却液流经多重管道以吸收热量。冷却液自气缸盖流入节温器壳体，并与剩余的冷却液混合，如图 2-40 所示。

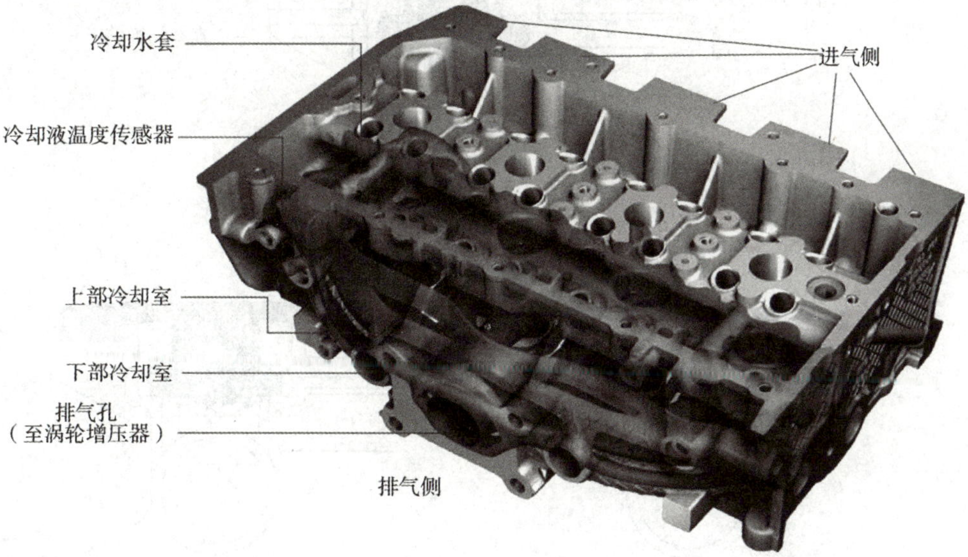

图 2-40 气缸盖内的冷却液管道

三、冷却系统主要零部件

1. 节温器

冷却液温度较低时石蜡呈固态，主阀门在弹簧的作用下关闭冷却液流向散热器的通道，冷却液进行小循环。当冷却液温度达到一定值时，石蜡融化，打开冷却液流向散热器的通道，冷却系统开始大循环。节温器分为带旁通阀和不带旁通阀两种类型，如图 2-41 所示。

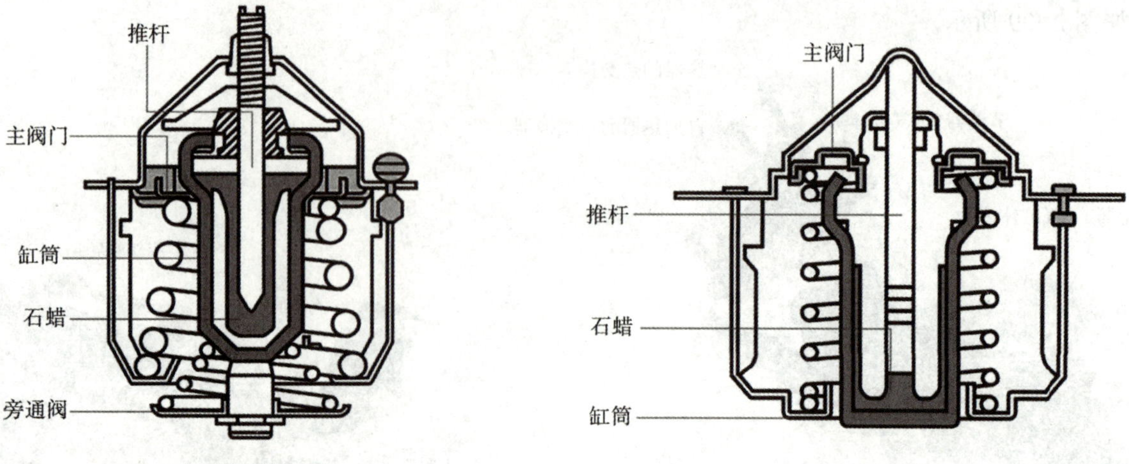

（a）带旁通阀　　（b）不带旁通阀

图 2-41　节温器

2. 散热器盖

散热器盖的功用是密封冷却系统并调节冷却系统压力，如图 2-42（a）所示。冷却液温度升高，压力上升到一定程度时压力阀开启，冷却液回流至膨胀箱，如图 2-42（b）所示。发动机停机，冷却液温度下降，压力值也随之下降，当压力低于大气压力时，真空阀开启，冷却液回流至散热器，如图 2-42（c）所示。

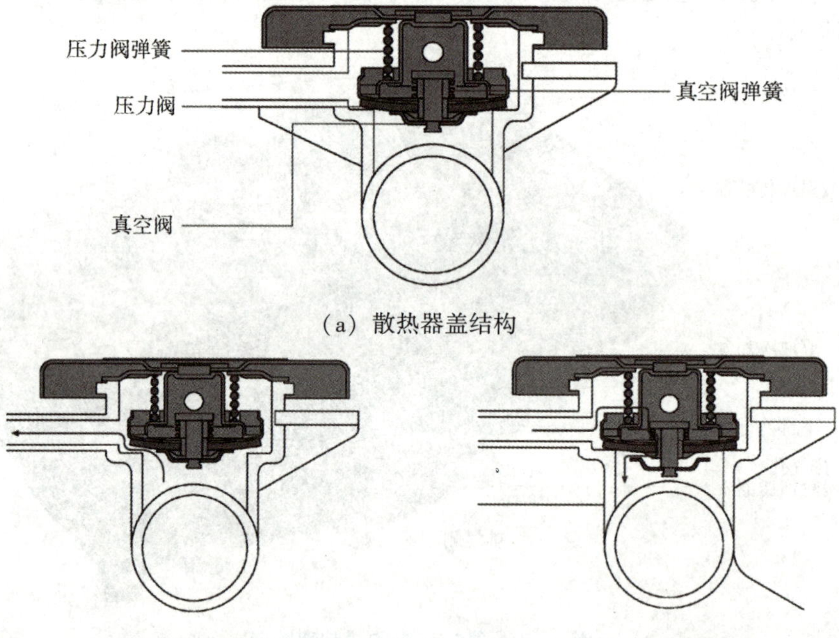

（a）散热器盖结构

（b）压力阀开启　　（c）真空阀开启

图 2-42　散热器盖

3. 冷却液泵

冷却液泵的功用是对冷却液加压，强制其在冷却系统中循环流动，如图 2-43 所示。当冷却液泵叶片旋转时，冷却液被叶轮/叶片带动一起旋转，并在离心力的作用下被甩向冷却液泵壳体的边缘，同时产生一定的压力，然后从出水管流出。

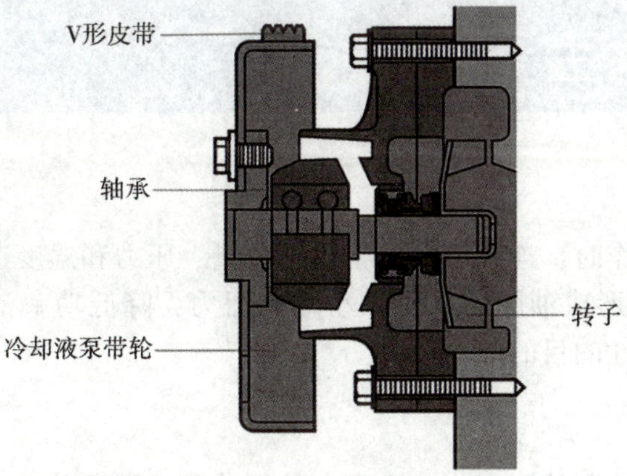

图 2-43 冷却液泵

4. 冷却风扇

散热（冷却）风扇促进散热器通风，提高散热器热交换能力，如图 2-44 所示。散热风扇安装在散热器的后面，风扇的位置一般布置在散热器中间。散热风扇由蓄电池供电，风扇转速与发动机转速无关。发动机工况不同，散热风扇转速也不同。散热风扇的控制形式有热敏电阻开关控制和发动机 ECU 控制两种。

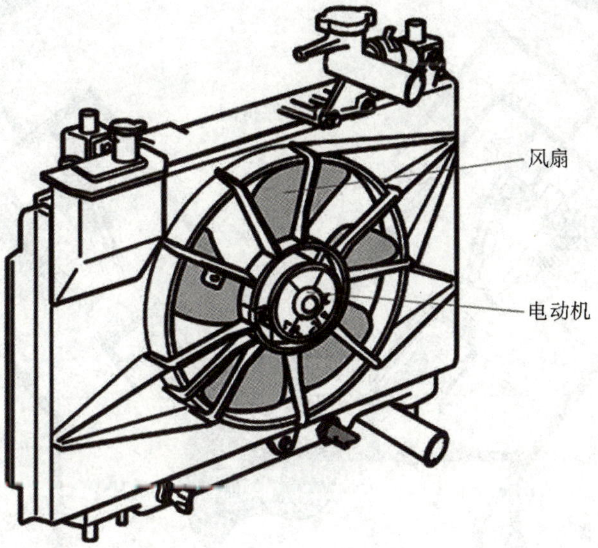

图 2-44 冷却风扇

知识拓展

发动机内部温度和能量浪费

在发动机内部，当发动机以极高速度运转时，它的最高燃烧温度可达 2 500 ℃，最低也要超过 1 000 ℃。然而可惜的是，这些热量很难被有效利用，不仅如此，它还会使与其接触的机械部件受热膨胀，因此还必须消耗机械能使其降温。据测试，燃油燃烧产生的总热量的 1/3 会被吹散到大气中，这部分能量被白白浪费掉。

任务五　润滑系统

一、概述

发动机润滑系统的功用是在发动机工作时，连续不断地将足够数量、压力和温度适宜的清洁机油输送到运动副的摩擦表面，并在摩擦表面间形成油膜，从而减小摩擦阻力、降低功率消耗、减轻机件磨损，以达到提高发动机工作可靠性和耐久性的目的。

二、润滑系统工作原理

发动机运转时，带动机油泵，利用机油泵的压力将油底壳内的机油压送到发动机的各个部位。润滑后的机油会沿着气缸壁等位置流回油底壳。配气机构的液压挺柱及可变配气相位执行机构，也是依靠润滑系统具有一定压力的机油进行工作的。润滑系统工作原理如图 2-45 所示。

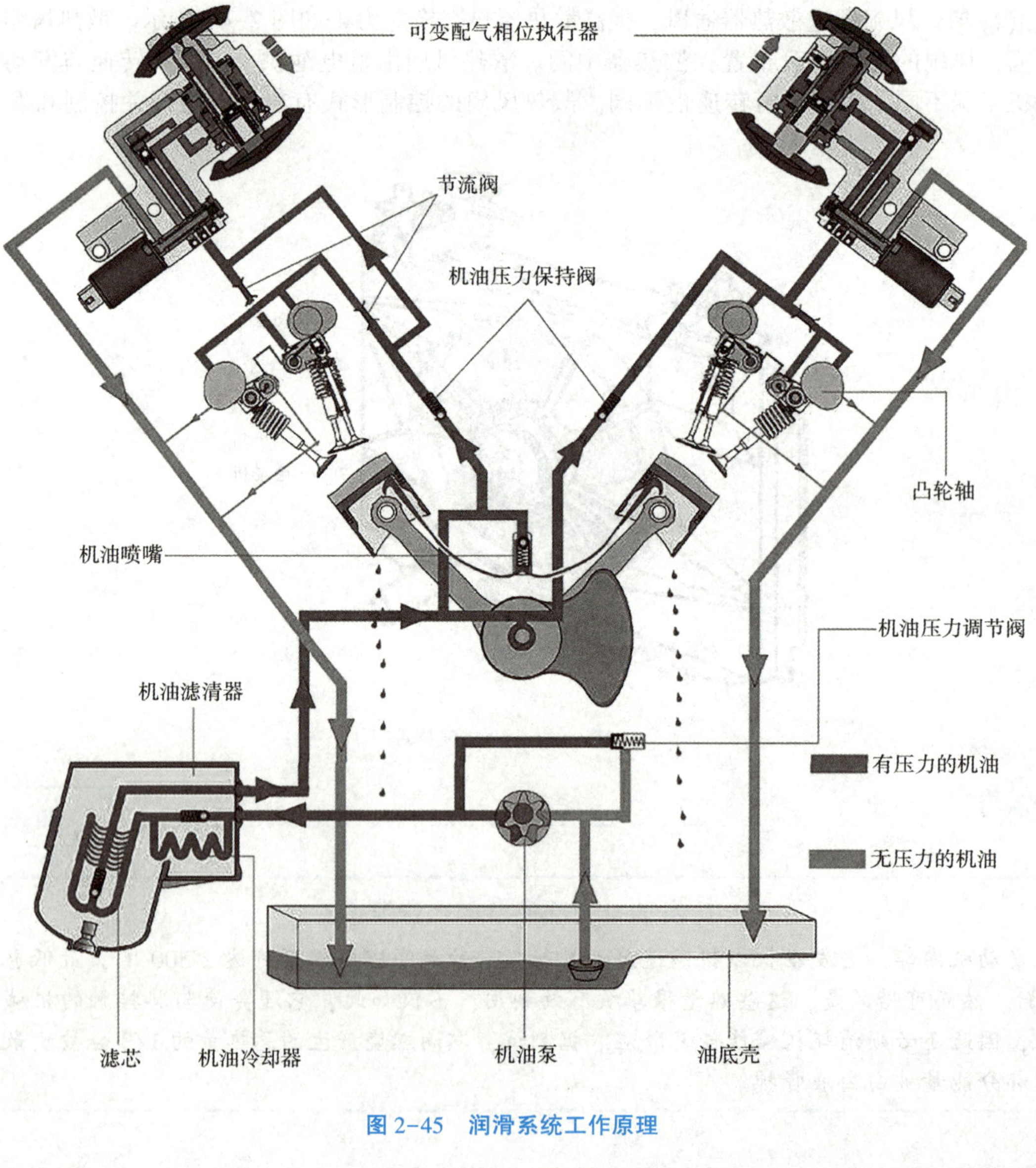

图 2-45　润滑系统工作原理

三、可变排量润滑系统

可变排量润滑系统可根据发动机转速及负荷情况调节润滑系统的压力。机油压力根据机油泵泵送的机油量进行调节。可变排量润滑系统采用的两级调节器式机油泵和工作原理，如图 2-46 所示。可变排量润滑系统工作原理如图 2-47 所示。

图 2-46 两级调节器式机油泵和工作原理

提示： 如图 2-46（a）所示，控制活塞和滑动装置会通过控制通道对来自机油回路的机油进行施压，泵送的机油量和机油压力会发生变化。如图 2-46（b）所示，机油泵送的油量取决于滑动装置的位置、两个泵轮相互啮合的位置，以及发动机转速。图 2-46 中两个泵轮处于完全啮合位置，在当前发动机转速下最大的机油量被泵送到机油回路中。如图 2-46（c）所示，控制活塞移动导致两个腔室压力不同，滑动装置推动泵轮 2 向右移动，此时两个泵轮不再完全相互啮合，泵送的机油量减少，机油压力也随之降低。

提示： 如图 2-47（a）所示，①机油压力控制阀由发动机控制单元通过接地激活，并打开腔室 2 的控制通道。②压缩弹簧将控制活塞压向高压级的止动位置。③腔室 3 和 4 内的机油压力总计低于 1.8 bar（1 bar=10^5 Pa，下同），这对滑动装置的位置没有影响。压缩弹簧将滑动装置压向全流的止动位置。

如图 2-47（b）所示，①机油压力控制阀由发动机控制单元通过接地激活，并打开腔室 2 的控制通道。②随着发动机转速增加，腔室 1 和 2 内的压力提高至 1.8 bar 以上，并且控制活塞顶着弹簧力被推向左侧。从而打开腔室 4 到油底壳回流的通道。③腔室 3 内的压力超过 1.8 bar 后，滑动装置顶着弹簧力被略微推向右侧。腔室 4 的机油被压回油底壳。两个泵轮不再互相啮合，泵送的机油量减少，机油压力也随之降低。

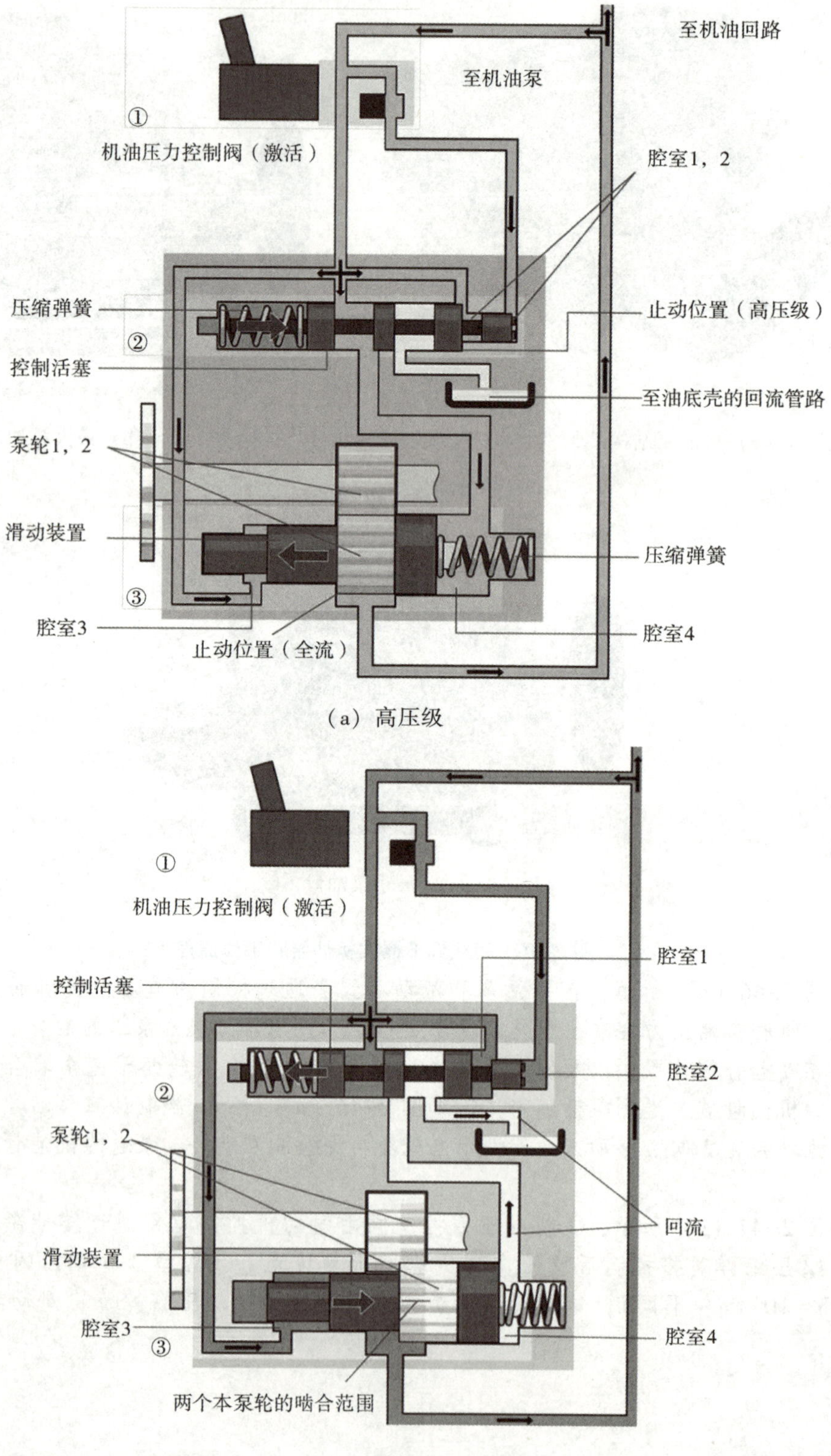

图 2-47　可变排量润滑系统工作原理

四、润滑系统相关部件

1. 机油泵

机油泵的功用是保证机油在润滑系统内循环流动，并在发动机任何转速下都能以足够高的压力向润滑部位输送足够数量的机油。发动机的机油泵有转子式机油泵（图 2-48）和齿轮式机油泵（图 2-49）两种。

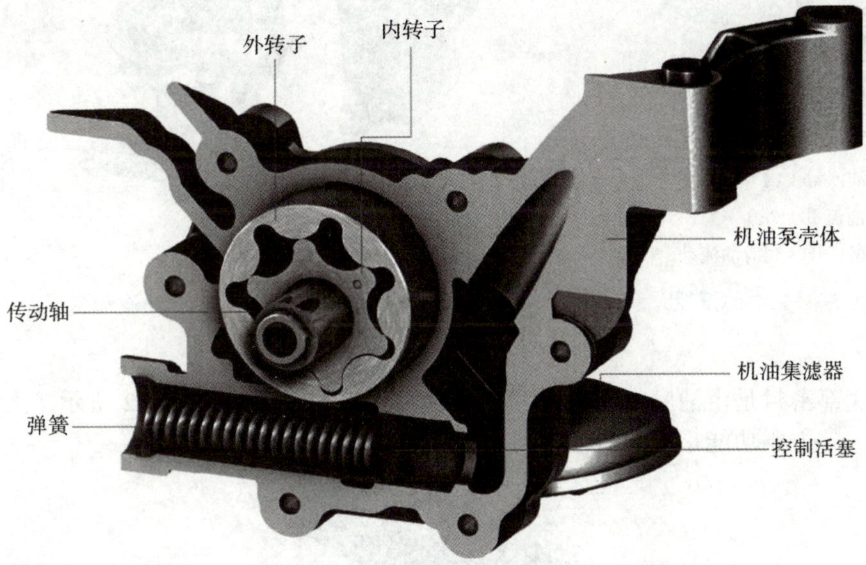

图 2-48　转子式机油泵

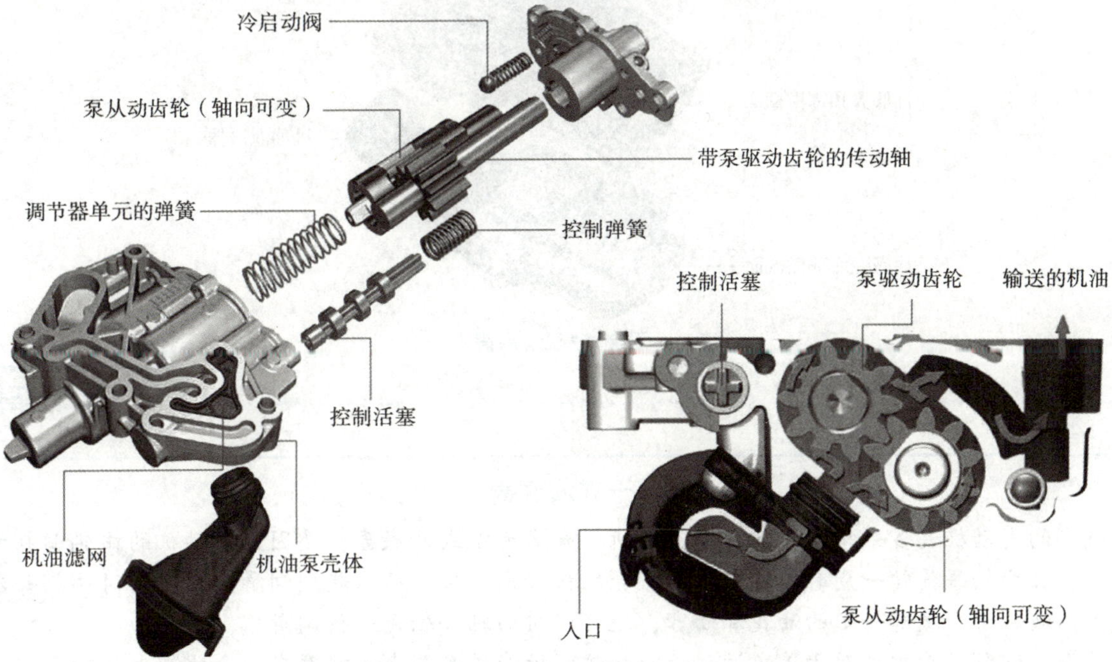

图 2-49　齿轮式机油泵

2. 机油滤清器与机油冷却器

机油滤清器（图 2-50）串联在机油油路中，过滤掉机油内的金属碎屑和积炭渣。机油冷却器（图 2-51）串接于机油泵与主油道之间。利用发动机冷却液流经散热片缝隙而带走机油热量，冷却后的机油再流入主油道。

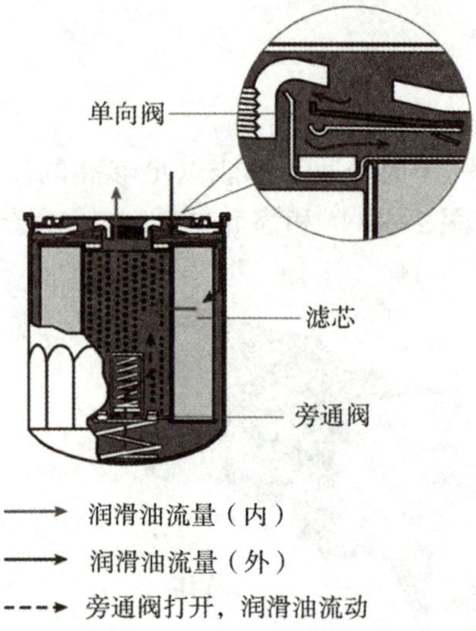

图 2-50　机油滤清器

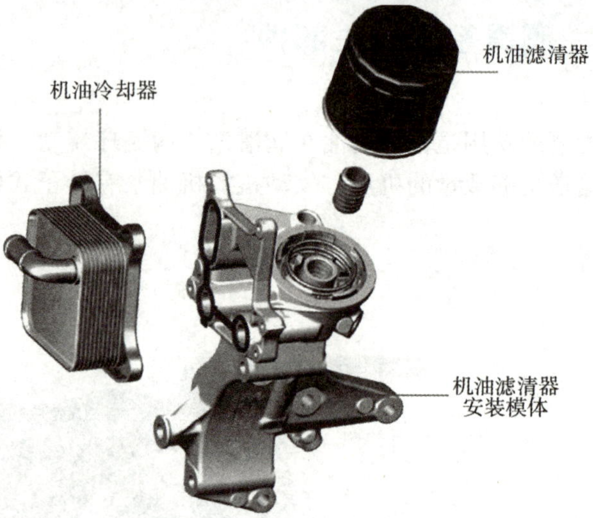

图 2-51　机油冷却器

3. 油底壳

汽车发动机底部密封是由油底壳（又称为下曲轴箱）实现的，如图 2-52 所示。大多数发动机采用的是湿式油底壳，其主要功能是存储机油并封闭曲轴箱。

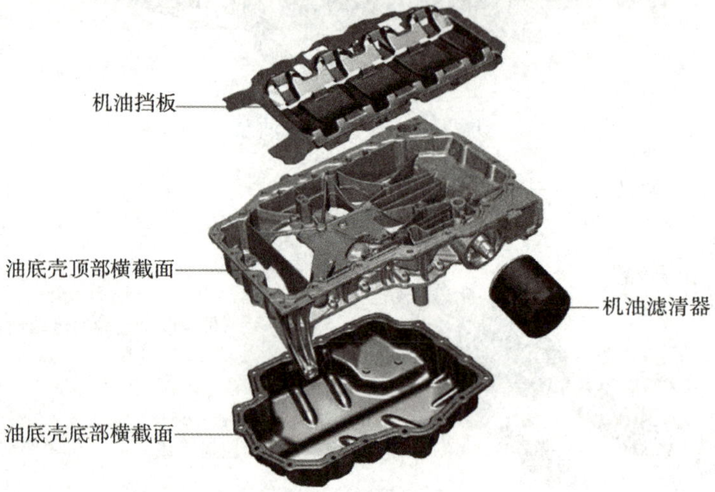

图 2-52　油底壳

知识拓展

干式油底壳

汽车的发动机大多采用湿式油底壳。之所以命名为湿式油底壳，是因为发动机的曲轴曲拐和连杆大头，在曲轴每旋转一周时都会浸入油底壳的机油内一次，从而起到润滑作用，同时曲拐每次高速浸入油液时都会激起一定的油花和油雾，还可以对曲轴和轴瓦进行润滑。

然而，这种润滑方式对于追求运动性能和越野性能的车型来讲就存在一个比较大的问题：当汽车高速过弯或者在极限越野中车身倾斜很大时，由于离心力或者重力作用而造成机油聚集于油底壳的一个局部，导致部分曲拐不能浸入油液，从而影响润滑。

为了解决这个问题，就把发动机底部的油底壳取消，改成独立安装一个机油箱，利用机油泵的压力强制将机油送到各个润滑处，并将润滑后的机油回送到机油箱，这种润滑方式就称为干式油底壳。

4. 曲轴箱通风与排气

通过曲轴箱通风装置（图 2-53）实现曲轴箱的清洗，并因此减少机油中冷凝水的形成。通过空气滤清器到止回阀（安装在凸轮轴箱中）之间的软管实现新鲜空气的通风。

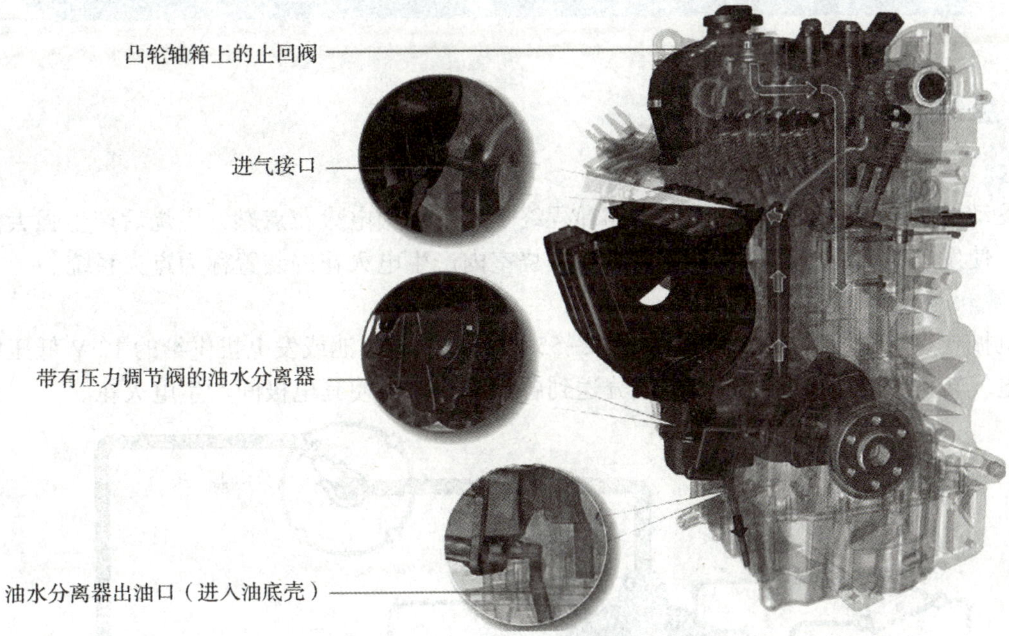

图 2-53 曲轴箱通风装置

曲轴箱排气装置（图 2-54）在发动机内部运行，被机油清洗过的气体通过气缸体中的通道流向进气歧管，并均匀地分配给各个气缸。

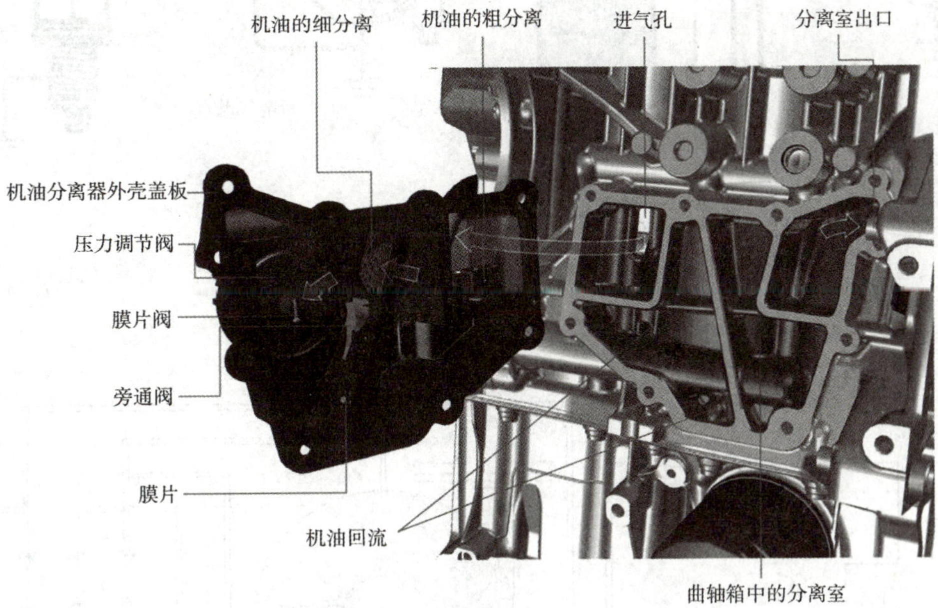

图 2-54 曲轴箱排气装置

任务六　点火与启动系统

一、点火系统

1. 概述

汽油发动机气缸内的可燃混合气在压缩冲程终了时，利用电火花点燃，燃烧后产生强大能量，推动活塞运动，使发动机完成做功冲程。能适时在燃烧室内产生电火花的装置称为点火系统。

2. 传统机械式点火系统

传统机械式点火系统结构与原理，如图 2-55 所示。由蓄电池或发电机供给的 12 V 低压电，经点火线圈和断电气转变为高压电，再经配电气分送到各缸火花塞，使其电极间产生电火花。

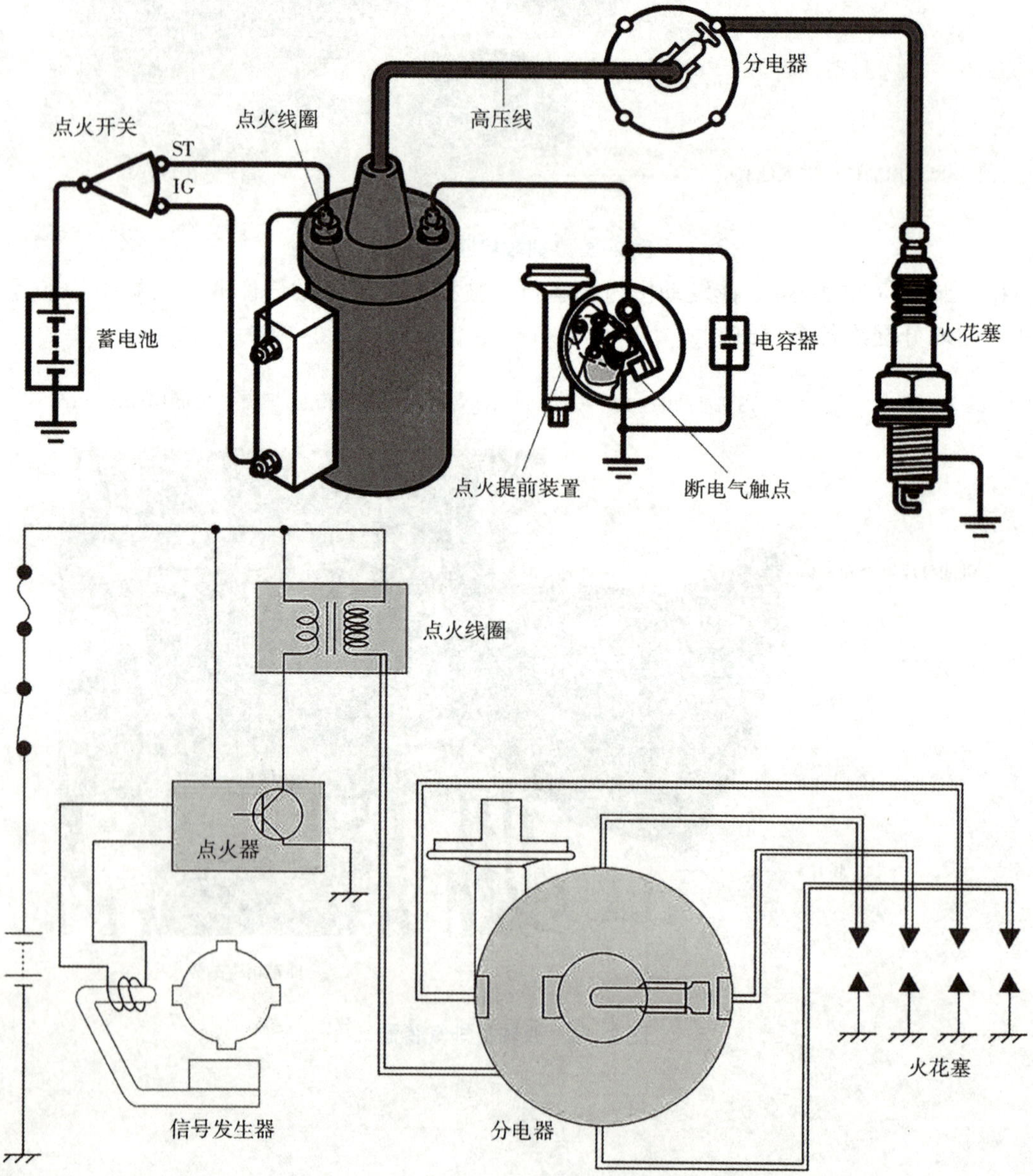

图 2-55　传统机械式点火系统结构与原理

提示：信号发生器产生点火信号，点火器接收点火信号，并使初级线圈的初级电流间断地流动。流往点火线圈的初级电流被突然切断时，由次级线圈产生高电压电流分电器向火花塞分配由次级线圈所产生的高电压电流，火花塞接收高电压电流，并引燃可燃混合气。

3. 微机控制直接点火系统

微机控制直接点火系统由发动机控制单元根据各传感器提供的信号，确定点火时刻，并发出点火控制信号，点火器根据发动机控制单元指令，控制点火线圈初级回路的导通和截止，如图 2-56 所示。

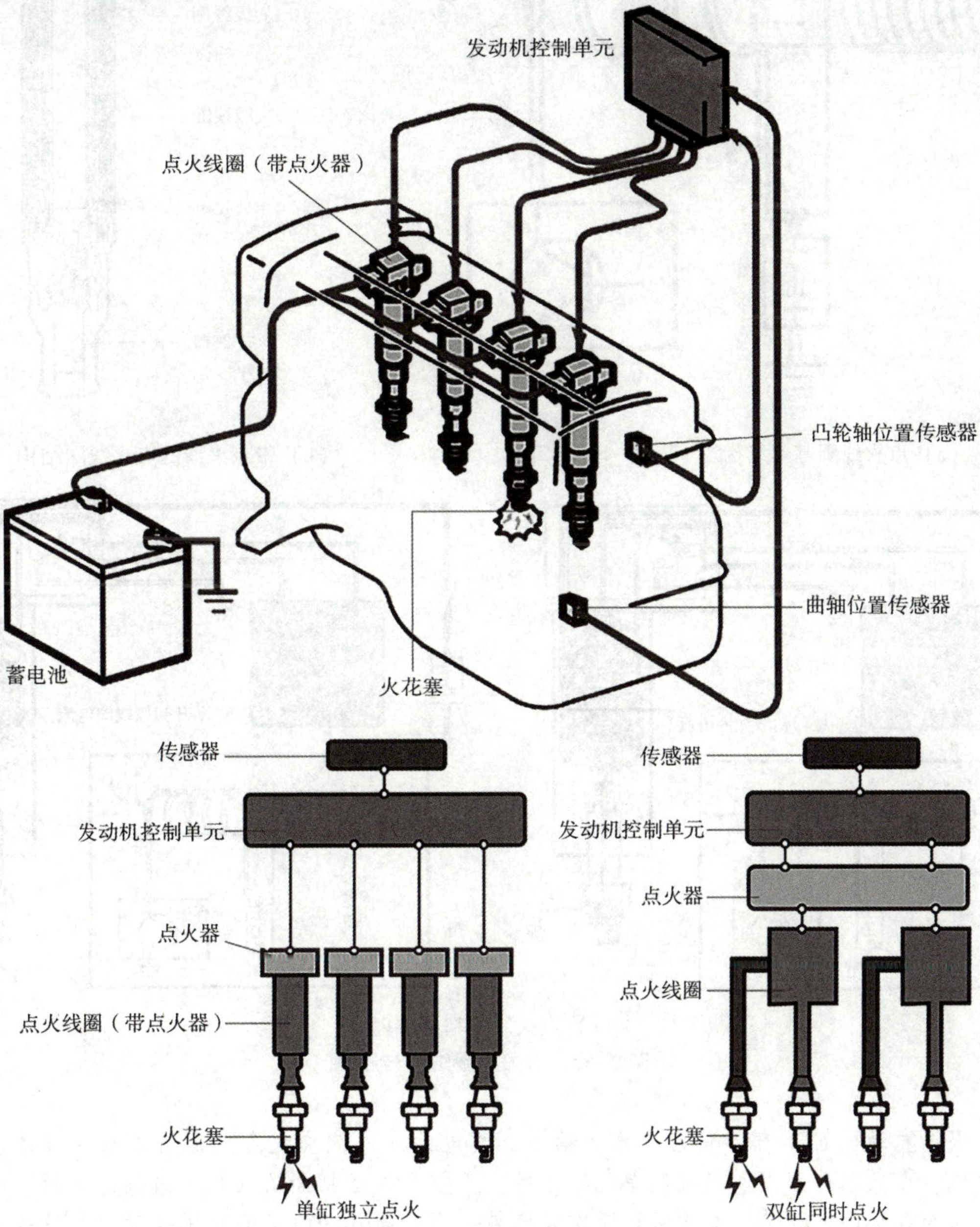

图 2-56 微机控制直接点火系统

4. 点火线圈与火花塞

（1）点火线圈

点火线圈在点火器的控制下，通过自感和互感产生高压电，使火花塞产生火花。点火线圈基本结构，如图 2-57（a）所示。目前发动机常用的带点火器的点火线圈结构，如图 2-57（b）所示，点火线圈基本原理，如图 2-57（c）所示。

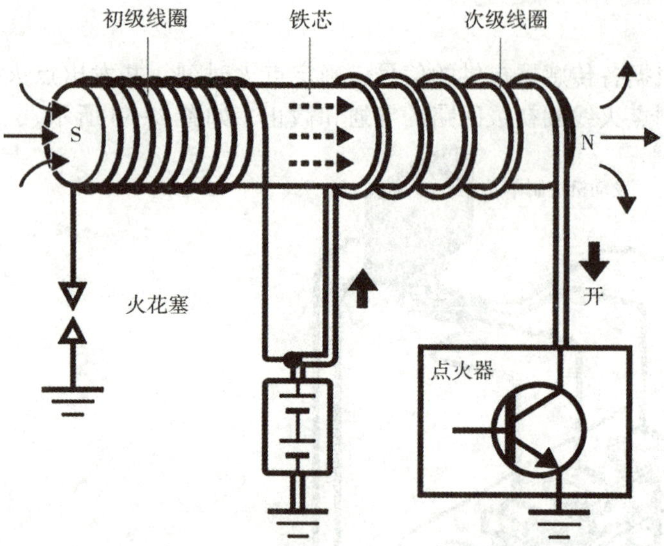

（a）点火线圈基本结构

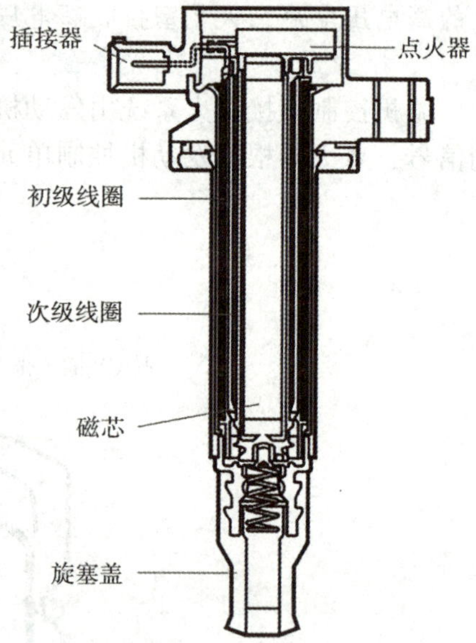

（b）带点火器的点火线圈结构

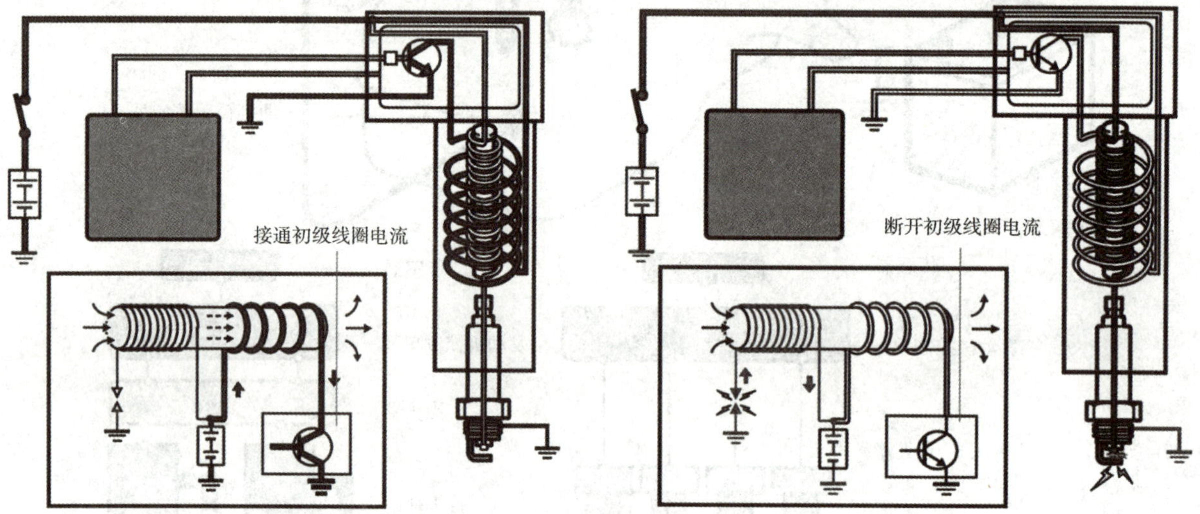

（c）点火线圈基本原理

图 2-57　点火线圈结构与原理

提示：根据发动机 ECU 输出的点火正时信号，蓄电池的电流通过点火器流到初始线圈。在线圈周围产生磁力线。点火器按照发动机控制单元输出的点火信号快速切断流往初级线圈的电流。初级线圈自感效应产生约 500 V 的电动势，而次级线圈在互感效应下产生约 30 kV 的高压电动势，这样火花塞就产生火花。

（2）火花塞

火花塞结构如图 2-58 所示。其作用是将点火线圈产生的高压电引入燃烧室，并在两极之间产生电火花以点燃可燃混合气。

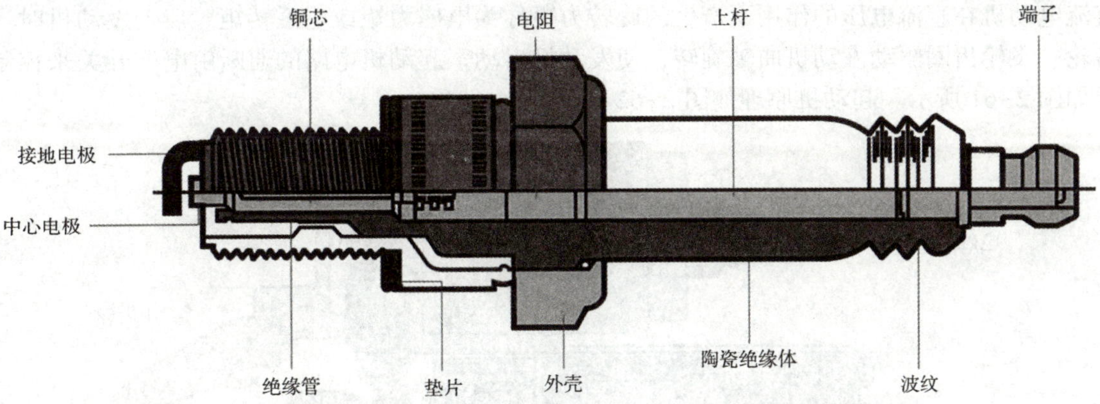

图 2-58　火花塞结构

火花塞点火原理如图 2-59 所示。火花穿过可燃混合气后从中心电极到接地电极，可燃混合气沿着火花的路径被触发，形成火焰中心。火焰中心触发周围的可燃混合气。火焰中心的热量向外扩展（称为火焰传播）点燃可燃混合气。

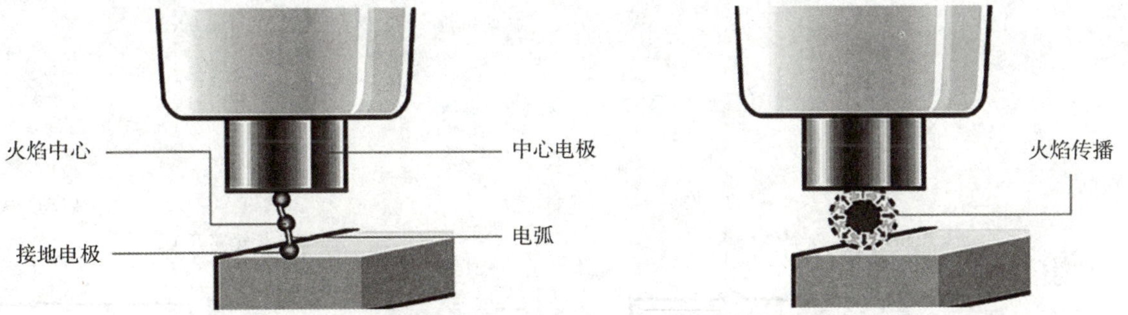

图 2-59　火花塞点火原理

圆形电极放电困难，方形或尖形电极放电较容易。火花塞经过长时间的使用，电极成了圆形造成放电困难，因此火花塞应定期更换。火花塞放电性能如图 2-60 所示。

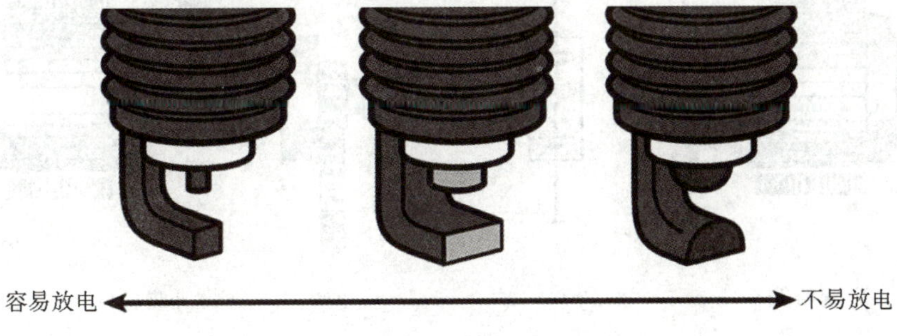

图 2-60　火花塞放电性能

二、启动系统

1. 概述

启动系统由直流起动机、传动机构、控制机构等组成。启动系统的功用是通过起动机将蓄电池的电能转变为机械能，启动发动机运转。

2. 启动系统工作原理

直流电动机在直流电压的作用下产生的旋转力矩称为电磁力矩或电磁转矩。启动发动机时，它通过驱动齿轮、飞轮齿圈驱动发动机曲轴旋转，使发动机启动。起动机电路的通断由电磁开关来控制。起动机组成如图 2-61 所示。起动机原理如图 2-62 所示。

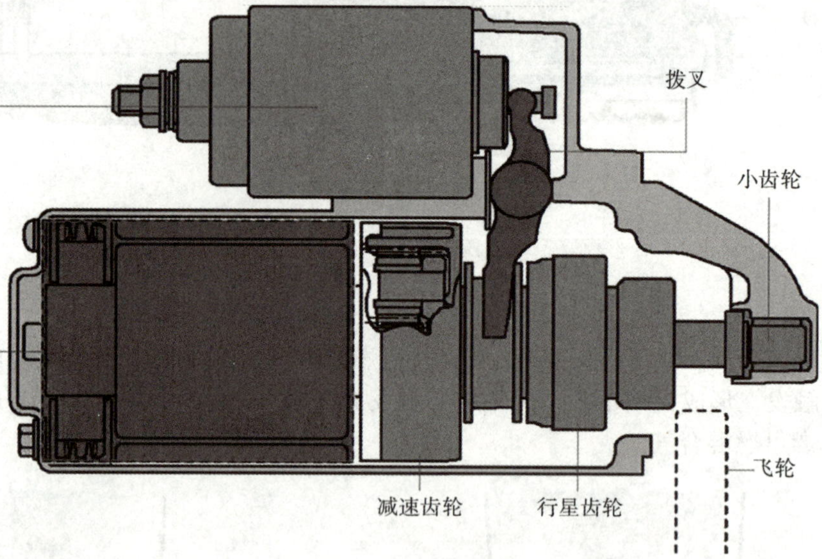

图 2-61　起动机组成

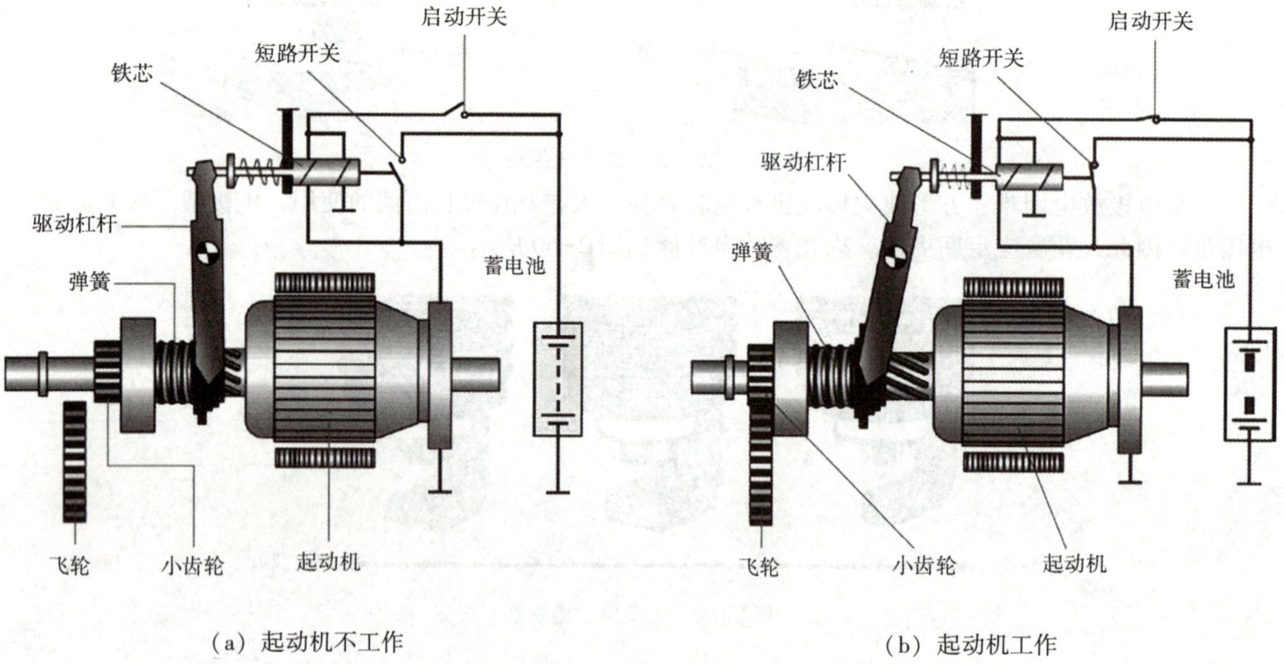

图 2-62　起动机原理

提示：启动开关未打下（断开）时：短路开关断开，起动机不工作；齿轮与飞轮分离。启动开关被打下（闭合）时：铁芯右移，短路开关闭合，起动机转动；齿轮左移，齿轮与飞轮啮合。

任务七　曲柄连杆机构

一、概述

曲柄连杆机构安装在机体组中，是发动机实现工作循环、完成能量转换的主要运动零件。它主要由机体组、连杆组和飞轮组等组成。气缸排列形式不同，曲柄连杆机构形式也不同，直列5缸、直列4缸和W12发动机曲柄连杆机构分别如图2-63（a）至图2-63（c）所示。

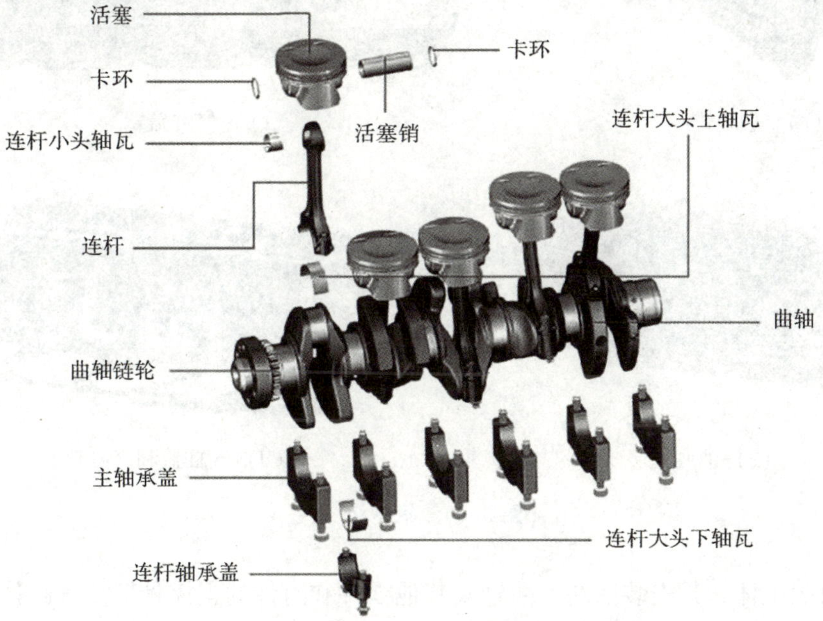

（a）直列5缸发动机曲柄连杆机构

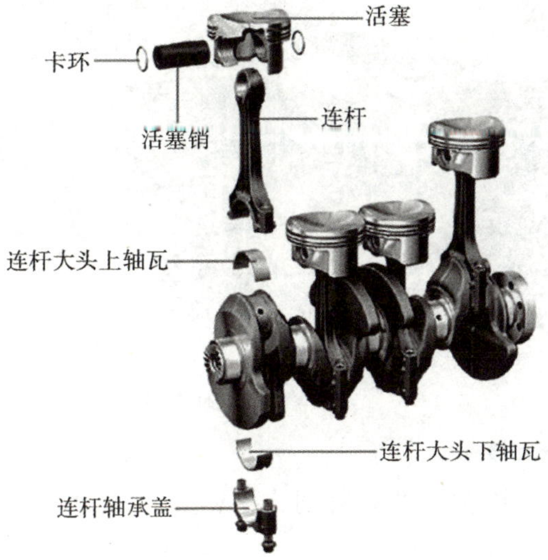

（b）直列4缸发动机曲柄连杆机构

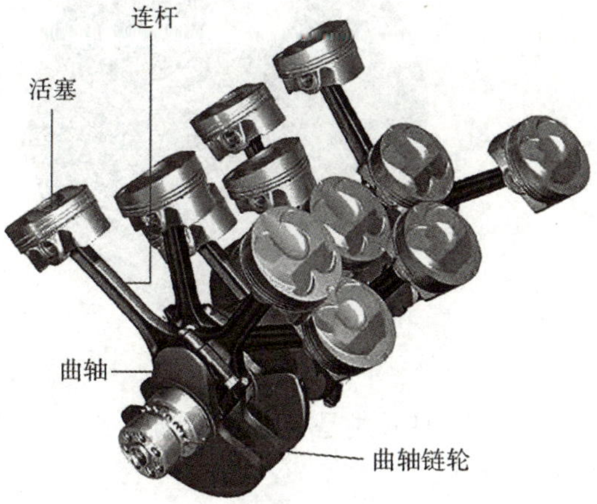

（c）W12发动机曲柄连杆机构

图2-63　曲柄连杆机构

二、机体组

机体是发动机的骨架和外壳，许多零部件和辅助系统的元件都安装在机体上。它是发动机的固定件，是发动机形状尺寸的主要决定因素。机体组由汽缸体、气缸盖罩、油底壳、气缸盖和气缸垫等零件组成，如图 2-64 所示。

（a）气缸体

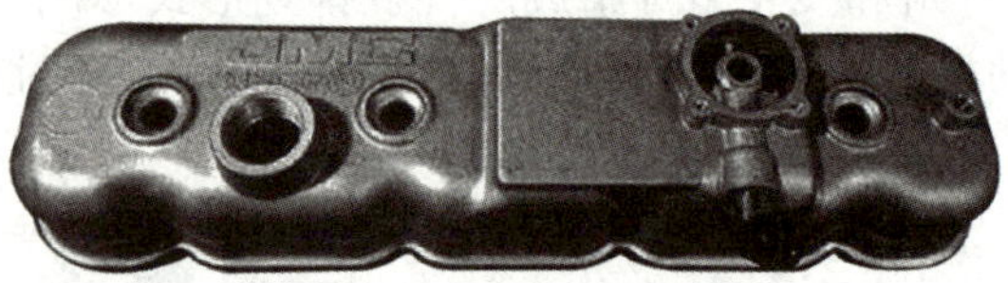

（b）气缸盖罩

（c）油底壳

（d）气缸盖和气缸垫

图 2-64　机体组

1. 气缸体

气缸体是发动机的主体，是安装活塞、曲轴及其他零件和附件的支撑骨架。气缸体内部活塞做往复运动的圆柱形空腔称为气缸。气缸体内部有冷却水套，用以冷却气缸。气缸体的组成如图 2-65 所示。

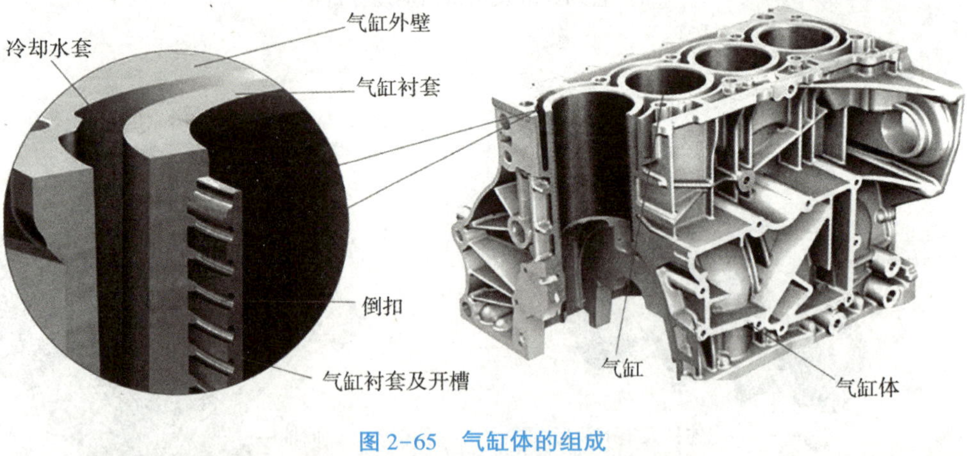

图 2-65　气缸体的组成

气缸排列形式是指多缸发动机各个气缸的排列形式。目前主流的有直列式、V 型、VR 型、W 型和水平对置式。

（1）直列式

所有气缸呈直线排列并与曲轴垂直（图 2-66），特点是机体的宽度小而高度高、长度大，一般适用于 6 缸及以下的发动机。直列式 6 缸发动机的平衡性好，发动机工作时产生的震动小。

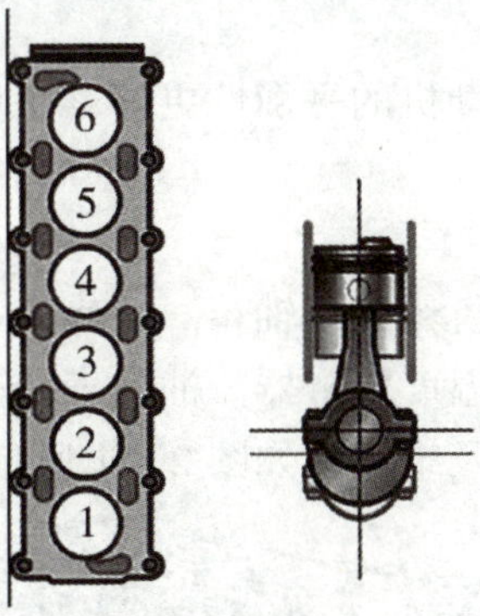

(a) 示意图

(b) 实物图

图 2-66　直列式 6 气缸发动机排列

(2) V 型

两列气缸排列成 V 形的称为 V 型气缸排列（图 2-67）。采用这种气缸排列形式的发动机称为 V 型发动机，目前主要有 V6、V8、V10、V12 等。V 型发动机机体宽大，而长度和高度小，形状比较复杂。但机体的刚度大，质量和外观尺寸较小。

(3) VR 型

为满足在中低档车辆上横向安装大功率发动机的需要，VR 型发动机由此诞生。6 个气缸互成 15°偏置布置，如图 2-68 所示。

图 2-67　V 型发动机气缸排列

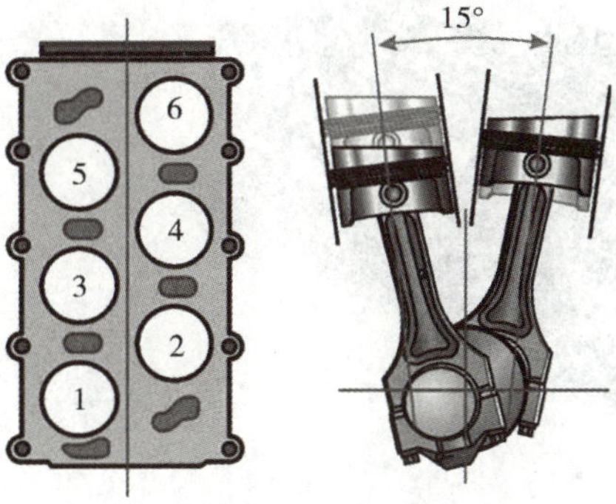

图 2-68　VR 型发动机气缸排列

(4) W 型

W 型发动机气缸排列形式可以看作糅合了两个“VR 气缸组”。单个气缸组内气缸之间的夹角为 15°，两个 VR 气缸组支架的夹角为 72°，如图 2-69 所示。

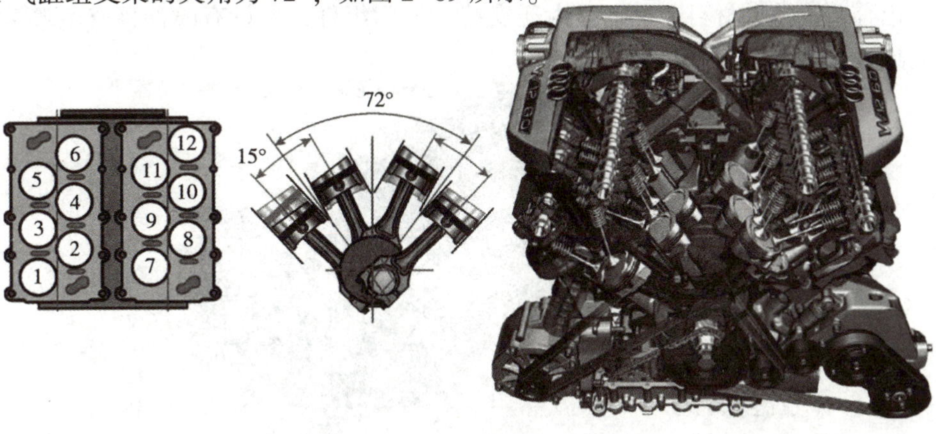

图 2-69　W 型发动机气缸排列

（5）水平对置式

两列气缸水平相对排列，优点是重心低，而且水平对置式发动机的平衡性更好。机体由左右两个气缸体用螺栓紧固在一起，如图 2-70 所示。

2. 油底壳

油底壳安装在发动机的底部，其主要作用是储存机油和封闭机体或曲轴箱。油底壳上固定有机油尺导管，并安装有放油螺栓，部分发动机的油底壳上还安装有机油温度传感器。油底壳一般采用薄钢板冲压或铝铸造而成，也可以由上下两个部件组成。油底壳安装位置及结构，如图 2-71 所示。

图 2-70　水平对置式发动机气缸排列

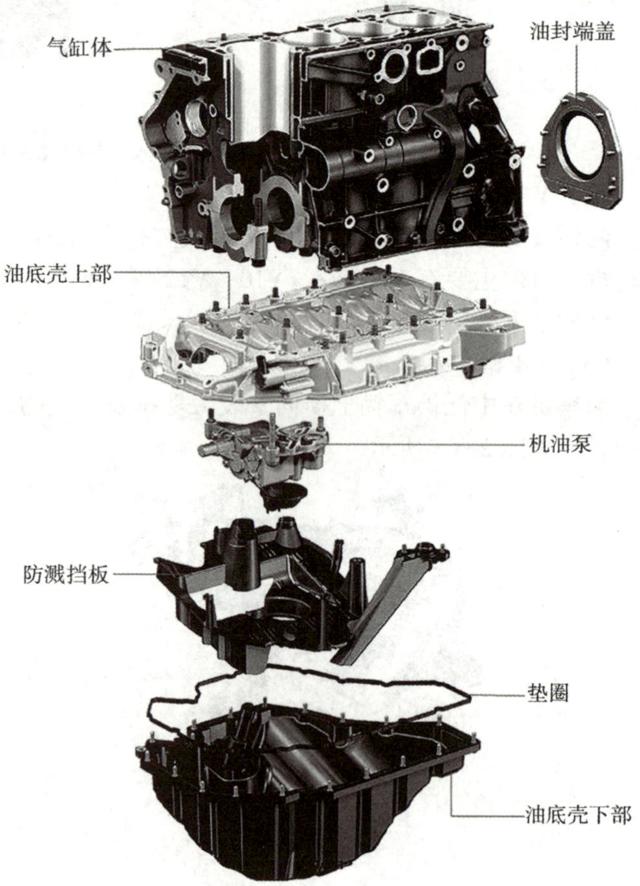

图 2-71　油底壳安装位置及结构

3. 气缸盖与气缸垫

气缸盖主要用来密封气缸上部，构成燃烧室，并作为凸轮轴、摇臂或挺柱及进、排气歧管的支撑。气缸体一般采用铝合金或铸铁材料。气缸盖内还安装有气门组件，并设有喷油器（直喷发动机）、火花塞安装位置。气缸盖如图 2-72 所示。

图 2-72　气缸盖

气缸垫安装在气缸盖与气缸体之间（图 2-73），其作用是保证气缸盖与气缸体结合面间的密封，防止漏水、漏气和漏油。气缸垫有金属石棉衬垫、金属复合材料衬垫和纯金属衬垫等多种，发动机大修时需更换气缸垫。

图 2-73　气缸垫安装位置

三、活塞连杆组

活塞连杆组包括活塞组和连杆组两部分。在发动机做功行程中，活塞组把气缸内高压气体产生的作用力通过连杆组传递给曲轴，将活塞的往复直线运动转变为曲轴的旋转运动，如图 2-74 所示。

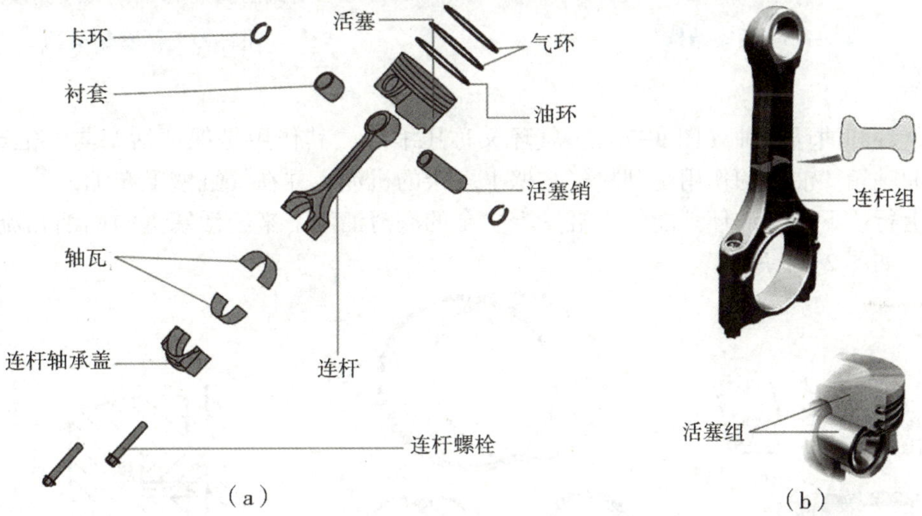

图 2-74　活塞连杆组结构图

1. 活塞组

活塞组由活塞和活塞销等组成，如图 2-75 所示。其作用是承受混合气燃烧后产生的压力，并将此压力通过活塞销传给连杆以推动曲轴旋转。

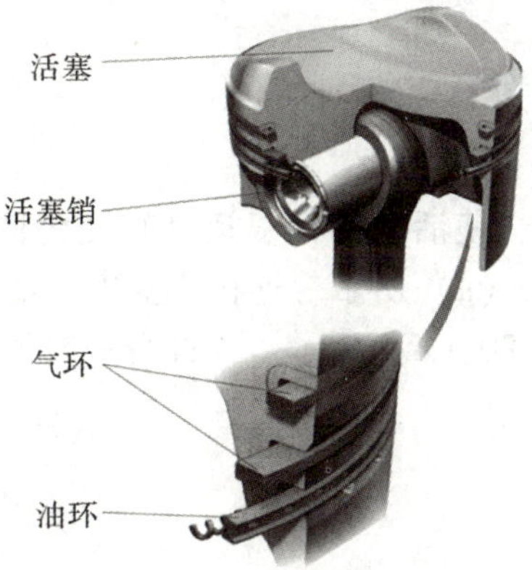

图 2-75　活塞组

（1）活塞

活塞的主要作用是承受气缸中的燃烧压力，并将此压力通过活塞销和连杆传递给曲轴。此外，活塞还与气缸盖、气缸壁共同组成燃烧室。

活塞由活塞顶、活塞头和活塞裙三部分组成，如图 2-76 所示。活塞头是燃烧室的组成部分，其形状与燃烧室形状有关，是活塞顶至最后一道活塞环槽之间的部分。活塞环槽以下的部分称为活塞裙，负责活塞在气缸内直线运动，其类型如图 2-77 所示。

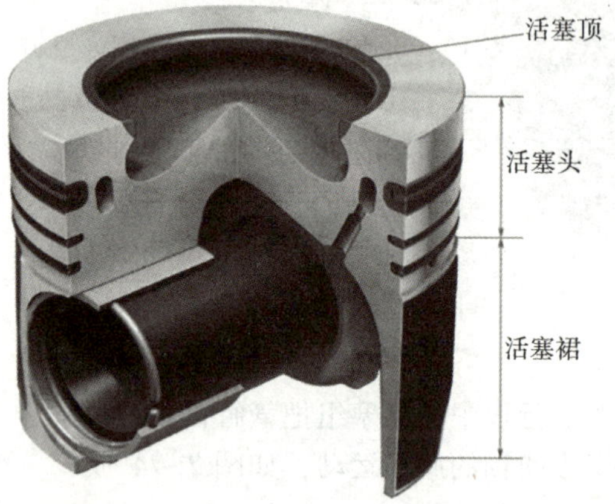

图 2-76　活塞结构

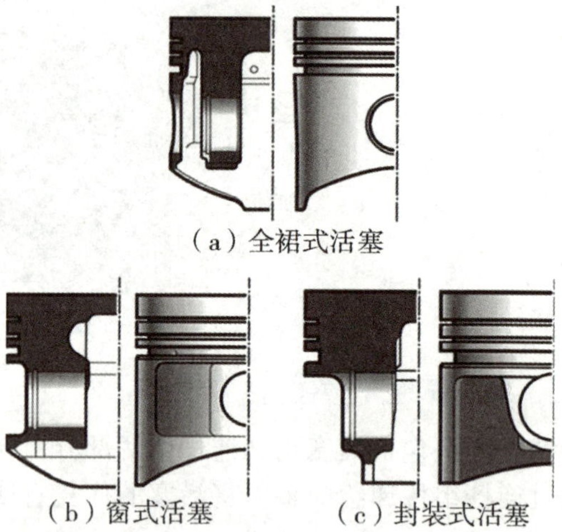

图 2-77　活塞裙类型

（2）活塞环

活塞环有气环和油环两种（图 2-78）。气环又称压缩环，其作用是保证活塞与气缸壁之间的密封，防止燃气窜入曲轴箱。油环的作用是刮除气缸壁上多余的机油，并在气缸壁上布油。

无论活塞上行或下行，油环都能将汽缸壁上多余的润滑油刮下来经活塞上的回油孔流回油底壳。油环的刮油进程，如图 2-79 所示。

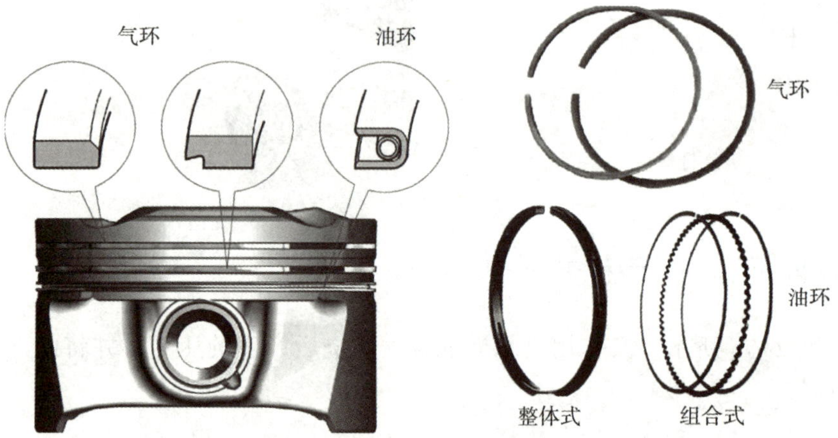

图 2-78　活塞环

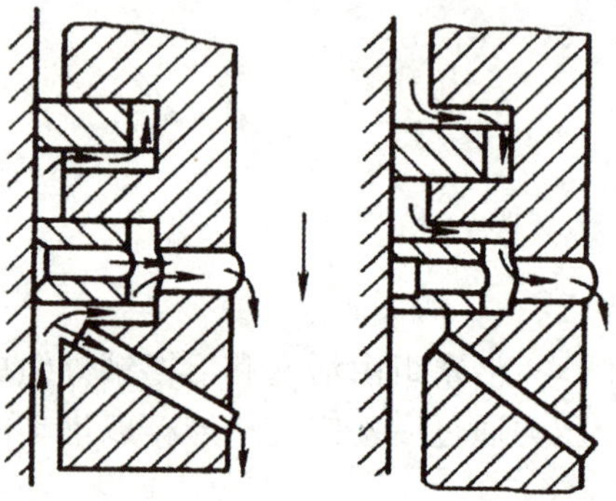

图 2-79　油环的刮油进程

2. 连杆组

连杆将活塞承受的力传递给曲轴，使活塞的往复运动转变为曲轴的旋转运动。连杆组由连杆小头、连杆身和连杆大头等组成，如图 2-80（a）所示。连杆小头安装活塞销以连接活塞，连杆大头通过连杆轴瓦与曲轴的连杆轴颈连接，如图 2-80（b）所示。连杆身一般做成“工”字形或“H”形，以便在满足刚度和强度的基础上减轻质量。

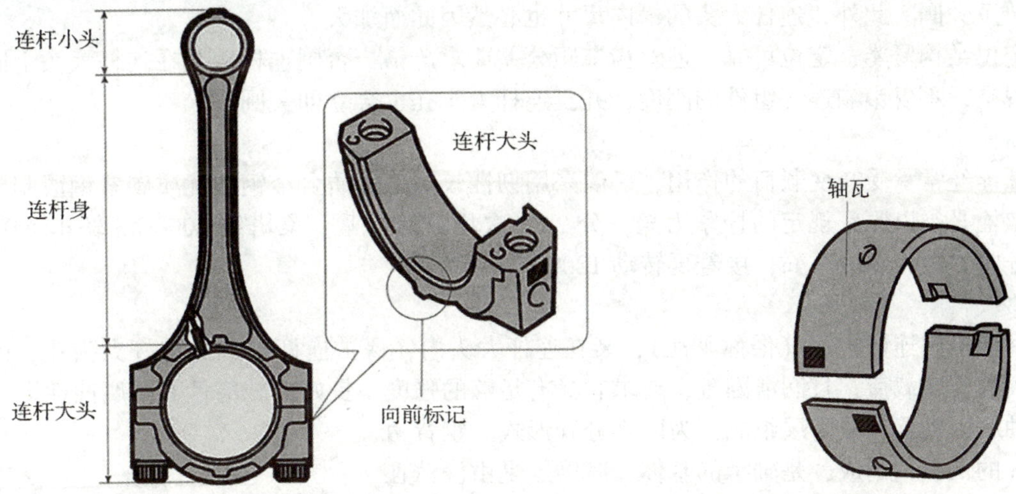

（a）连杆组结构　　（b）轴瓦

图 2-80　连杆组

连杆大头与曲轴的连杆轴颈连接。为便于安装，连杆大头一般做成剖分式，被分开的部分称作连杆盖，用连杆螺栓紧固在连杆大头上。连杆盖与连杆大头是组合加工的，为防止装配时配对错误，在同一侧刻有配对记号，如图 2-81 所示。

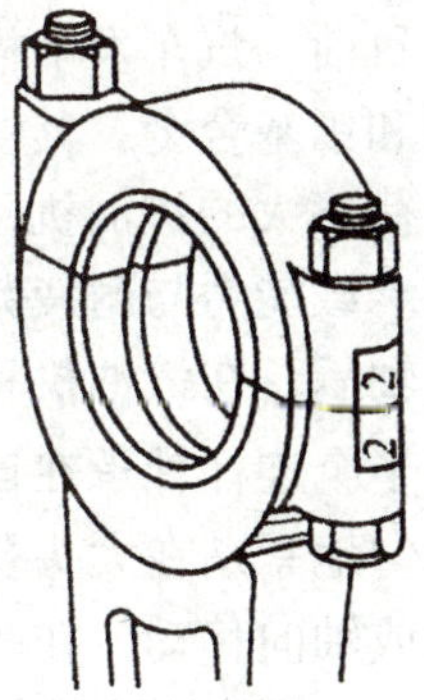

图 2-81　配对记号

连杆大头上还铣有连杆轴承的定位凹坑。有的连杆大头连同轴承还钻有喷油孔，将润滑油导向缸壁以改善润滑状况。

连杆大头的切口形式分为平切口和斜切口两种。平切口连杆的剖分面垂直于连杆轴线，一般汽油机连杆大头尺寸小于汽缸直径，可以采用平切口。柴油机连杆受力较大，尺寸往往超过汽缸直径，为使连杆大头能通过汽缸，拆装方便，一般采用斜切口。

连杆大头与连杆盖必须定位，常用的方法分别为止口定位、套筒定位、锯齿形定位，如图 2-82 所示。平切口的定位是利用连杆螺栓上精加工的圆柱凸台或光圆柱部分，与经过精加工的螺栓孔来保证的。斜切口连杆的大头剖分面与连杆轴线成 30°～60°的夹角，在工作中受到惯性力的拉伸，在切口方向有一个较大的横向分力，必须采用可靠的定位措施。

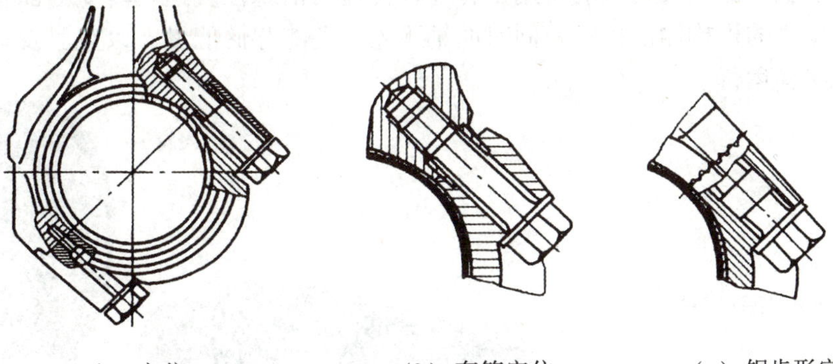

（a）止口定位　　（b）套筒定位　　（c）锯齿形定位

图 2-82　斜切口连杆的定位方式

止口定位工艺简单，但定位不大可靠，只能单向定位，对连杆盖止口向外变形或连杆大头止口向内变形均无法防止。

套筒定位是在连杆盖的每一个螺栓孔中压配一个短套筒。它与连杆大头有精度很高的配合间隙，故拆装连杆盖时也很方便。它的缺点是定位套筒孔的工艺要求高，若孔距不够准确，则可能因为定位而造成大头孔严重失圆，此外，连杆大头的横向尺寸也必然因此而加大。

锯齿定位结构紧凑，定位可靠。但对齿节距公差要求严格，否则连杆盖装在连杆大头上时，中间会有几个齿脱空，不仅影响连杆组件的刚度，并且连杆大头孔也会立即失圆。

3. 连杆螺栓

连杆螺栓经常承受交变载荷的作用，一般采用韧性较高的优质合金钢或优质碳素钢锻制成型。拆装时，连杆螺栓必须以原厂规定的拧紧力矩，分 2~3 次均匀地拧紧。桑塔纳 2000GSi 轿车 AJR 发动机连杆螺栓的拧紧力矩为 30 N·m，接着再转动 180°。

4. 连杆轴承

连杆轴承也称连杆轴瓦（俗称小瓦），装在连杆大头内，保护连杆轴颈和连杆大头孔。由于其工作时承受较大的交变载荷，且润滑困难，要求它具有足够的强度、良好的减磨性和耐腐蚀性。

连杆轴承由钢背和减磨层组成，为两半分开形式。钢背由厚 1~3 mm 的低碳钢制成，是轴承的基体，减磨层是由浇铸在钢背内圆上厚为 0.3~0.7 mm 的薄层减磨合金制成，减磨合金具有保持油膜，减少摩擦阻力和易于磨合的作用，如图 2-83 所示。

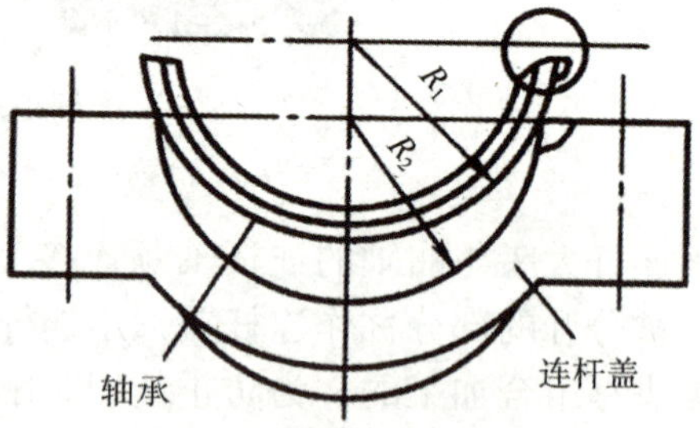

图 2-83　连杆轴承

目前，汽车发动机的轴承减磨合金主要有巴氏合金、铜铅合金和铝基合金，其中巴氏合金轴承的疲劳强度较低，只能用于负荷不大的汽油机，而铜铅合金或高锡铝合金轴承均具有较高的承载能力与耐疲劳性。锡的质量分数在20%以上的高锡铝合金轴承，在汽油机和柴油机上均得到广泛应用。

半个连杆轴承在自由状态下并不是半圆形，即 $R_1>R_2$。当它们装入连杆大头孔内时，又有过盈，故能均匀地紧贴在大头孔壁上及连杆盖上，具有很好的承载和导热能力。为了防止连杆轴承在工作中发生转动或轴向移动，在两个连杆轴承的剖分面上，分别冲压出高于钢背面的两个定位凸唇。装配时，这两个凸唇分别嵌入在连杆大头和连杆盖上的相应凹槽中。在连杆轴承内表面上还加工有油槽，用以储油，保证可靠润滑。

四、曲轴飞轮组

曲轴飞轮组主要由曲轴、飞轮、带轮（带有扭转减震器）等组成，如图 2-84 所示，部分发动机曲轴飞轮组还带有平衡轴。曲轴飞轮组的作用是将连杆传递的活塞往复运动转变为曲轴的旋转运动，为汽车行驶和其他需要动力的机构输出扭矩。同时曲轴飞轮组还能存储能量，以克服发动机非做功行程的运动阻力，使发动机平稳运行。

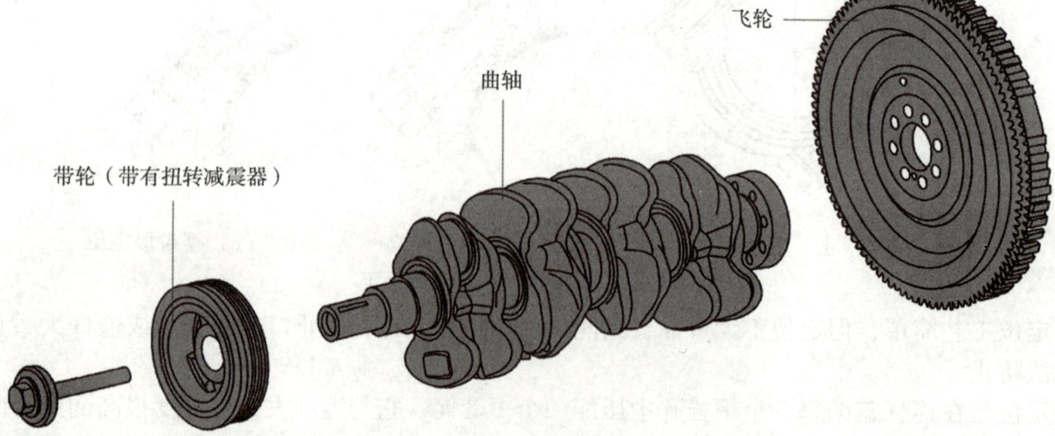

图 2-84　曲轴飞轮组

1. 曲轴

曲轴的主要功用是将活塞连杆组传来的气体压力转变为转矩，然后通过飞轮输出。另外还用来驱动发动机的配气机构以及其他辅助装置（如发电机、冷却风扇、水泵、动力转向泵/空调压缩机等）。

曲轴主要由前端轴、主轴颈、连杆轴颈、曲柄、平衡块和后端凸缘等组成，如图 2-85 所示。

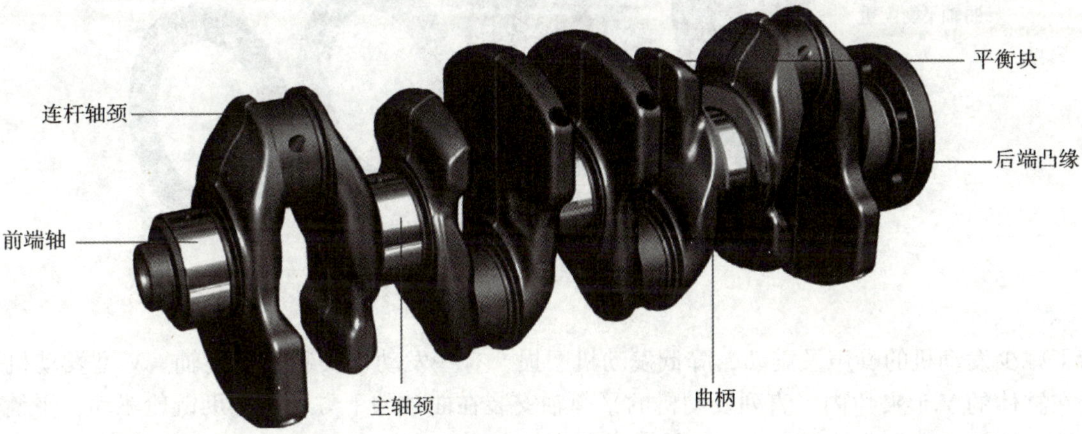

图 2-85　曲轴

2. 飞轮

飞轮是一个转动惯量很大的圆盘，其作用是储存做功冲程的一部分能量，以克服各辅助冲程的阻力，使曲轴均匀旋转，使发动机具有克服短时超载的能力。现代发动机一般采用双质量飞轮（图 2-86）。双质量飞轮将传动飞轮的质量块分为初级飞轮质量和次级飞轮质量。初级飞轮质量与曲轴连接，继续补偿发动机的惯量；次级飞轮质量与变速箱相连，负责提高变速箱的惯量。

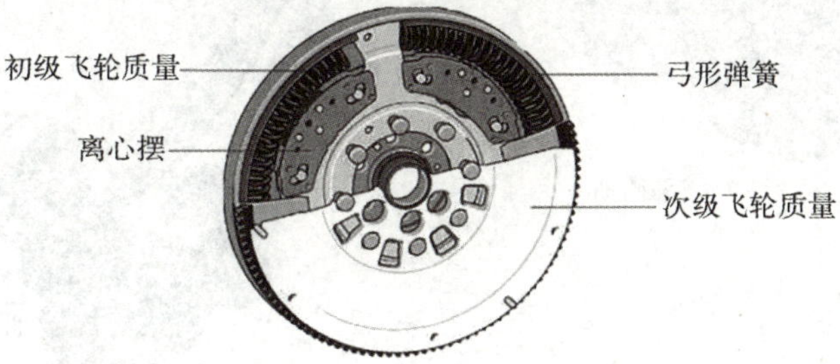

（a）

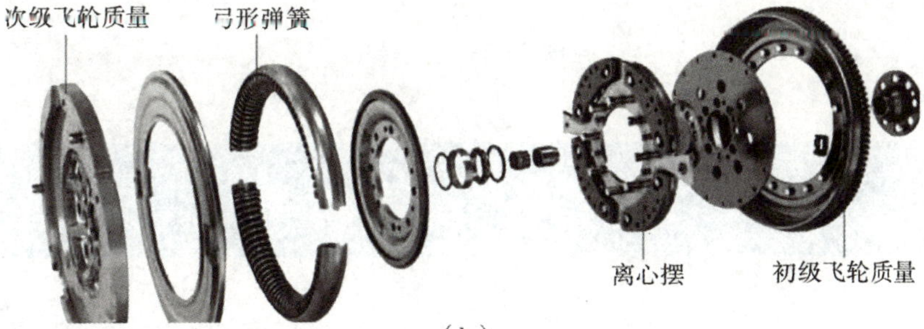

（b）

图 2-86　双质量飞轮

3. 扭转减震器

在发动机的工作过程中，连杆只有在做功冲程产生作用在曲轴上的力，因此这个作用力是呈周期性变化的，从而会造成曲轴的扭转震动。为了消除曲轴的扭转震动，在曲轴的前端安装了扭转减震器（图 2-87），扭转减震器通常与曲轴前端带轮组合在一起。

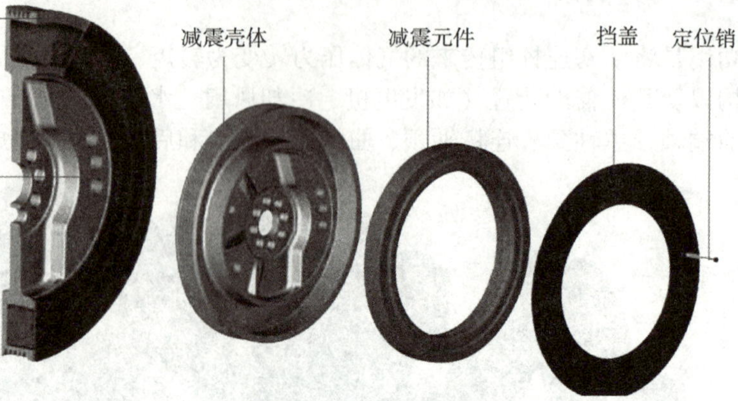

图 2-87　扭转减震器

4. 平衡轴

为了减少发动机的噪声及震动，降低发动机磨损，有些发动机安装了平衡轴。V 型发动机平衡轴一般安装在缸体的 V 形夹角内，直列发动机的平衡轴安装在曲轴的下方，用辅助链轮驱动，平衡轴与曲轴转速相同，旋转方向与曲轴相反。平衡轴有单平衡轴和双平衡轴两种，如图 2-88 所示。

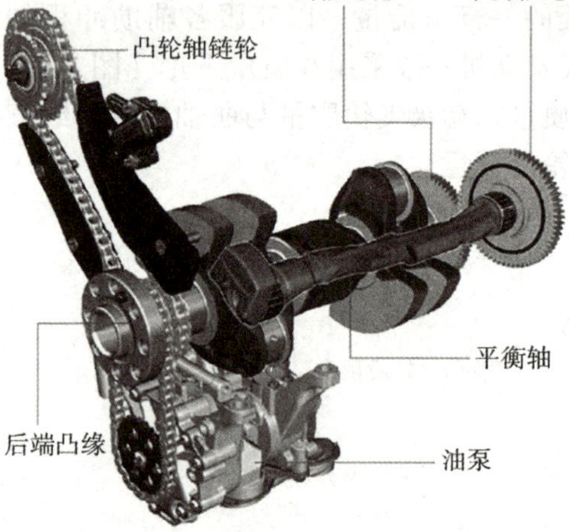

（a）单平衡轴

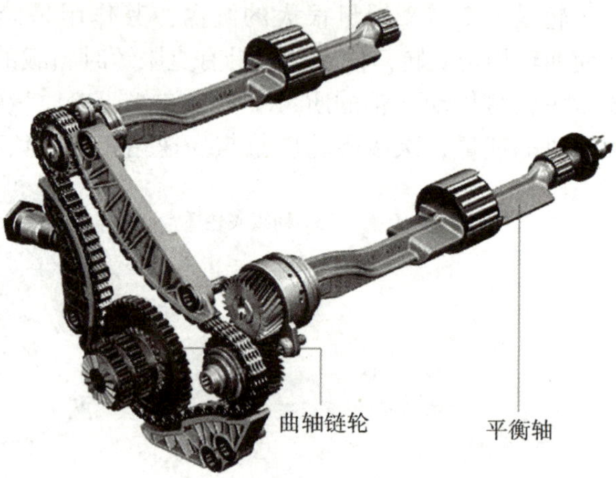

（b）双平衡轴

图 2-88　平衡轴

任务八　配气机构

一、概述

配气机构是发动机进气和排气的控制机构，汽车发动机一般采用气门式配气机构。配气机构按照发动机的工作顺序和工况要求，准时打开和关闭各气缸的进、排气门，使新鲜的可燃混合气或空气能充分地进入气缸，做功后产生的废气能及时、彻底地排出。当进、排气门关闭时，能保证气缸密封。

目前，汽车发动机多采用顶置气门（即进、排气门置于气缸盖内，倒挂在气缸顶上），单或双顶置凸轮轴式配气机构，如图 2-89 所示。

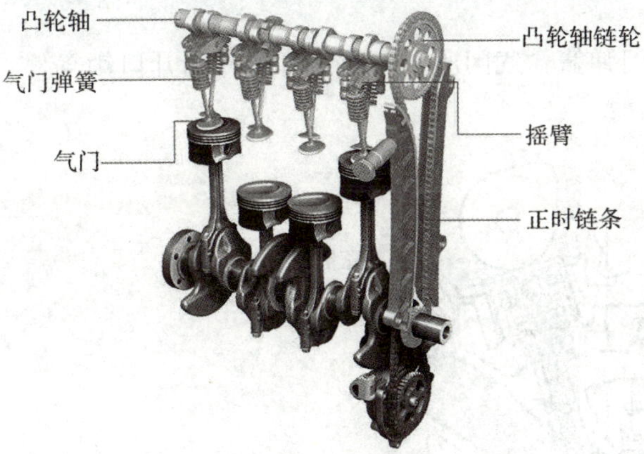

(a) 单顶置凸轮轴式配气机构

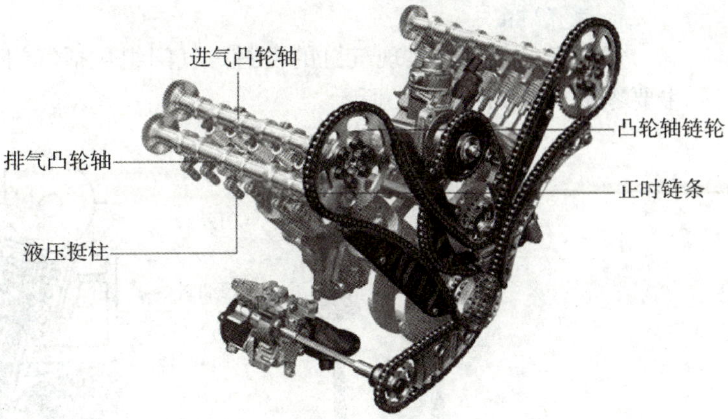

(b) 双顶置凸轮轴式配气机构

图 2-89　配气机构

二、配气机构的组成

配气机构主要由气门组和气门传动组组成。气门组和气门传动组零部件在气缸盖中的安装位置，如图 2-90 所示。

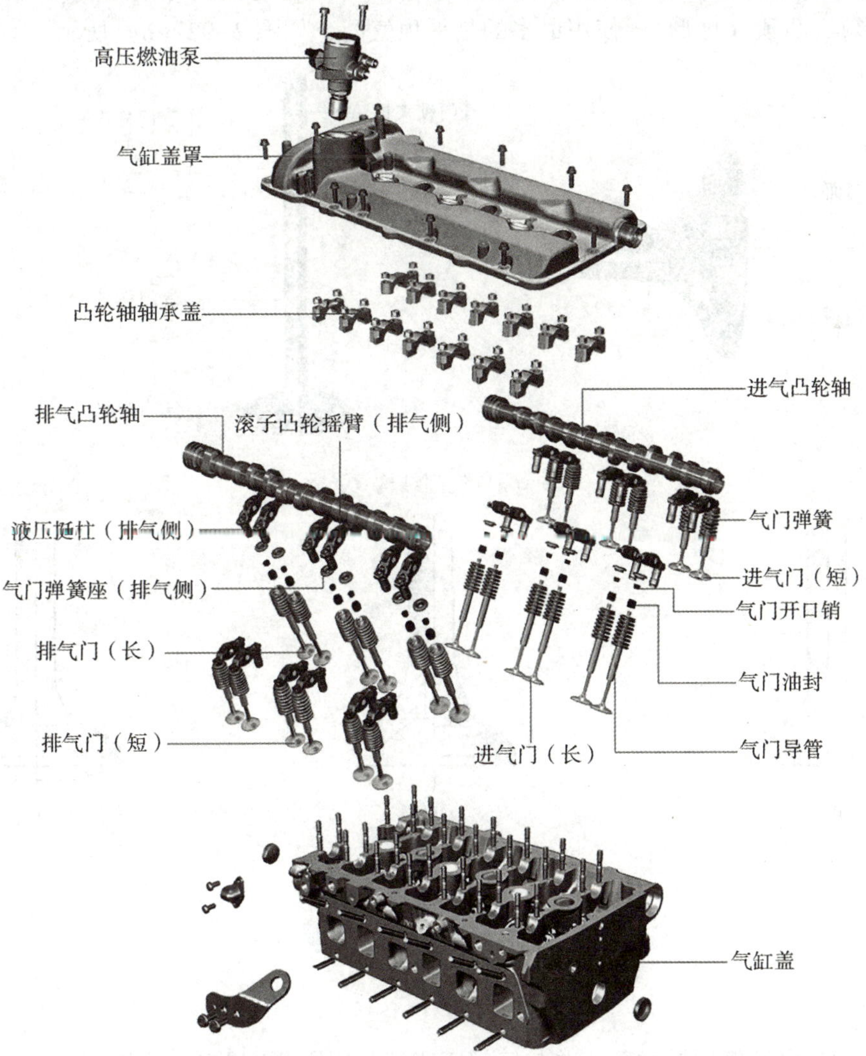

图 2-90　气门组和气门传动组零部件在气缸盖中的安装位置

1. 气门组

气门组的作用是实现气缸的密封。气门组包括气门、气门弹簧、气门座、气门导管和气门开口销等主要零部件，如图 2-91 所示。

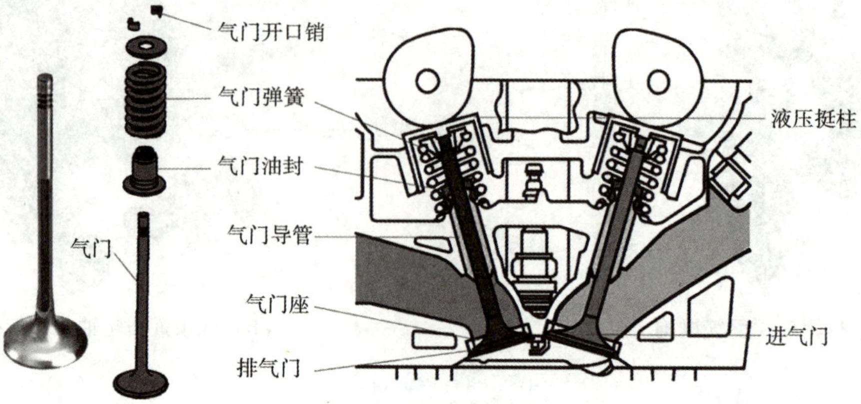

图 2-91　气门组

（1）气门

气门的功用是与气门座相配合，对气缸进行密封。气门由头部和杆部两部分组成，如图 2-92（a）所示。头部用来密封气缸的进、排气通道；杆部用来为气门的运动提供导向作用。气门头部形状有平顶、凹顶（喇叭形）、凸顶（球形）。使用最多的是平顶气门，如图 2-92（b）所示。

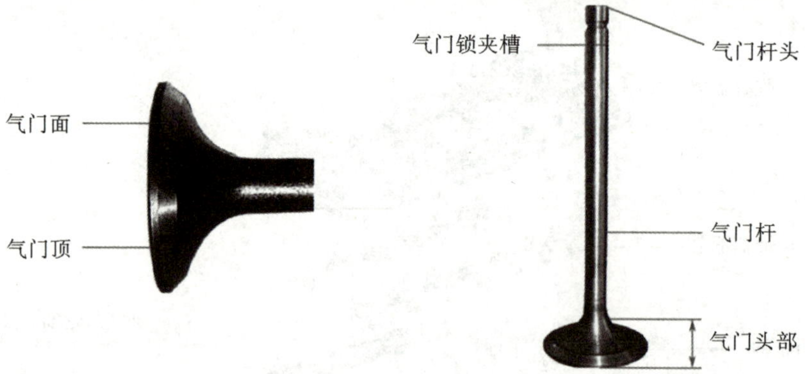

（a）气门结构

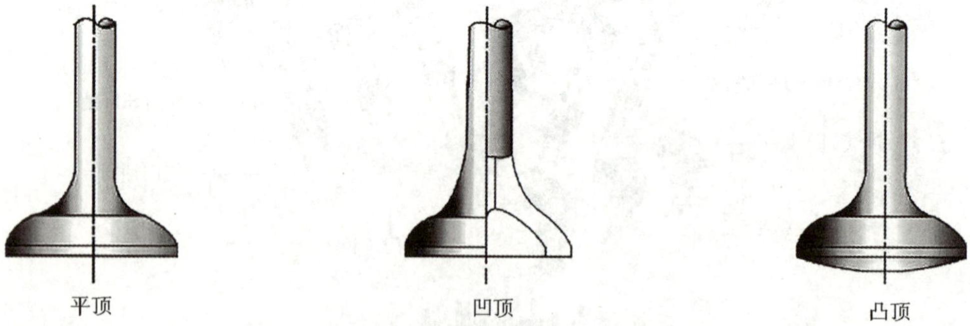

（b）气门头部顶形状

图 2-92　气门结构和气门顶形状

（2）气门弹簧

气门弹簧的功用是保证气门及时落座并与气门座或气门座圈紧密贴合，同时也可防止气门在发动机震动时因跳动而破坏密封。气门弹簧多为螺旋弹簧，向气门关闭方向施加张力。大多数发动机每个气门用一个气门弹簧，但有的发动机每个气门用两个弹簧（同心安装内外两个弹簧）。为防止发动机高速运转时气门震动，常用不等螺距弹簧或双弹簧，如图 2-93 所示。

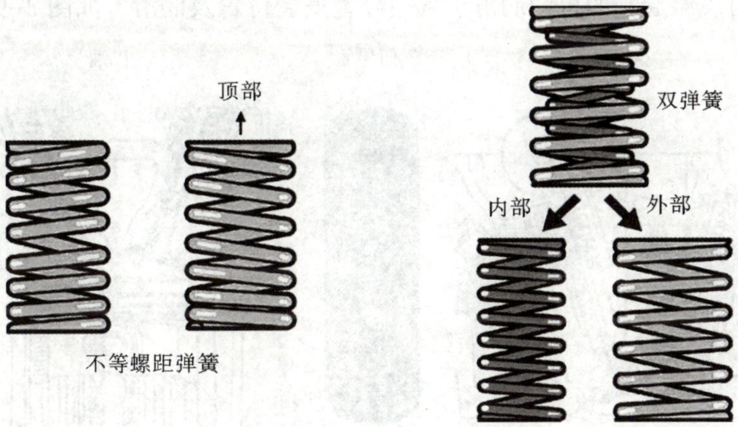

图 2-93 气门弹簧

（3）气门座

气门座多数是将合金钢或合金铸铁制成座圈，以适当过盈量压入汽缸盖，如图 2-94 所示，能延长使用寿命，便于维修；但导热性较差，如过盈量选择不当，座圈易脱落或胀裂气门座。有的可直接在汽缸盖上镗出，因汽缸盖材料限制，故使用寿命短。气门座靠其内锥面与气门外锥面紧密贴合密封汽缸。

（a）

（b）

图 2-94 气门座

气门座锥角由三部分组成，如图 2-95 所示，气门座锥角与气门密封锥角相同的接触宽度为 1.0~2.5 mm；有的气门锥角比气门座锥角小 0.50°~1.0°（称密封干涉角），它可使气门与气门座研磨后形成一条较窄的座合面密封带，更有利于密封。

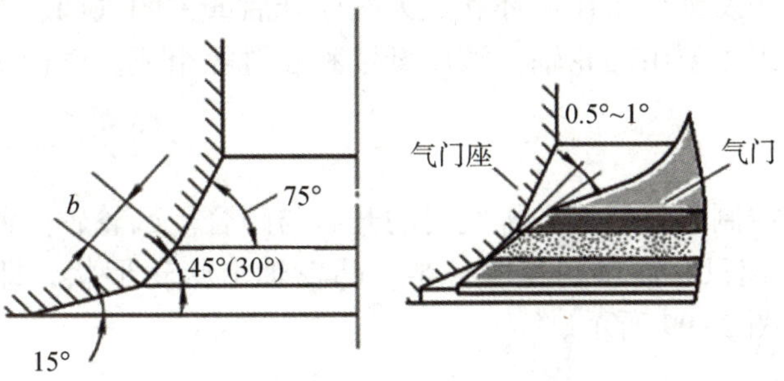

图 2-95 气门座锥角

（4）气门导管

气门导管的功用是为气门的运动提供导向作用，保证气门做直线往复运动，使气门与气门座能正确贴合。气门杆与气门导管之间一般留有 0.05～0.12 mm 的间隙，使气门杆能在导管中自由运动。气门导管依靠配气机构工作时飞溅起来的机油润滑。气门导管安装位置及润滑，如图 2-96 所示。

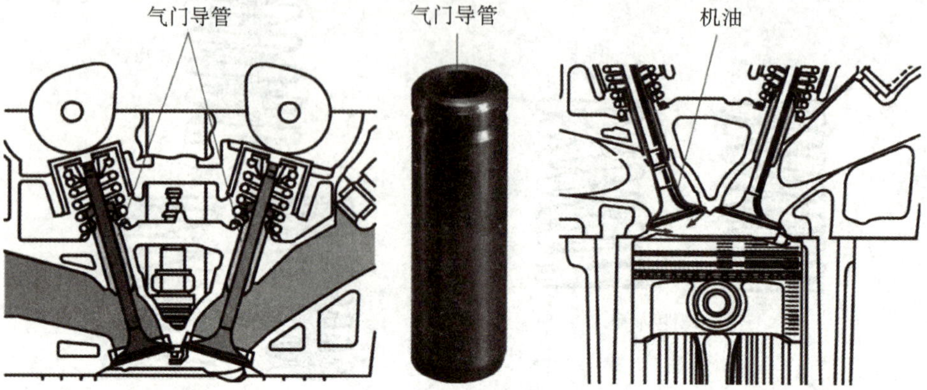

图 2-96　气门导管安装位置及润滑

（5）气门锁块（气门开口销）

气门锁块（气门开口销）安装在气门杆头下方的气门锁夹槽中，用来连接气门弹簧和气门，确保气门不会跌落。气门锁块的连接方式有夹紧式和非夹紧式两种，如图 2-97 所示。

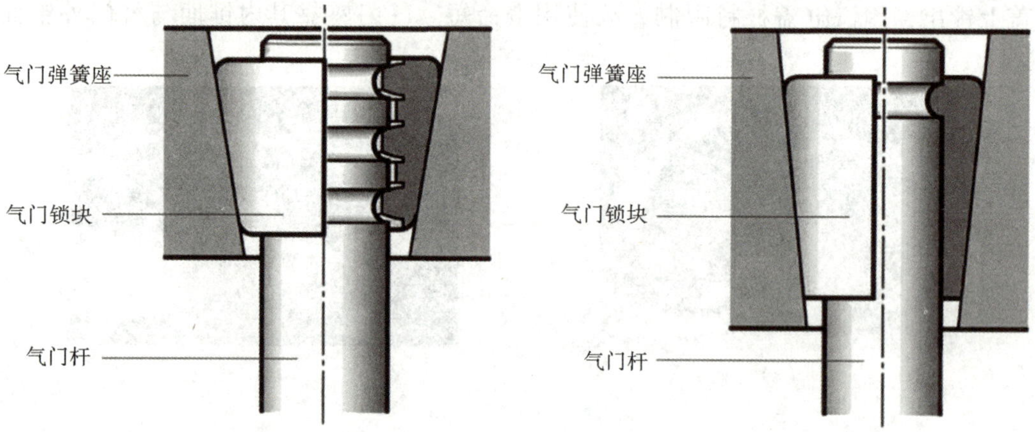

（a）夹紧式气门锁块　　（b）非夹紧式气门锁块

图 2-97　气门锁块安装示意图

2. 气门传动组

气门传动组的功用是按照发动机工作循环和点火次序开启或关闭气门，并保证气门有足够的开度和适当的气门间隙。气门传动组主要由凸轮轴、液压挺柱和摇臂等组成。气门传动组组成及在气缸盖内的安装位置，如图 2-98 所示。

（1）凸轮轴

凸轮轴的功用是驱动及控制各气缸进、排气门的开启与闭合。凸轮轴由曲轴驱动，其转速与曲轴转速之比为 1∶2，即凸轮轴转速只有曲轴转速的一半。凸轮轴上凸轮形状，即凸轮横截面轮廓决定了气门行程。凸轮轴及凸轮，如图 2-99 所示。

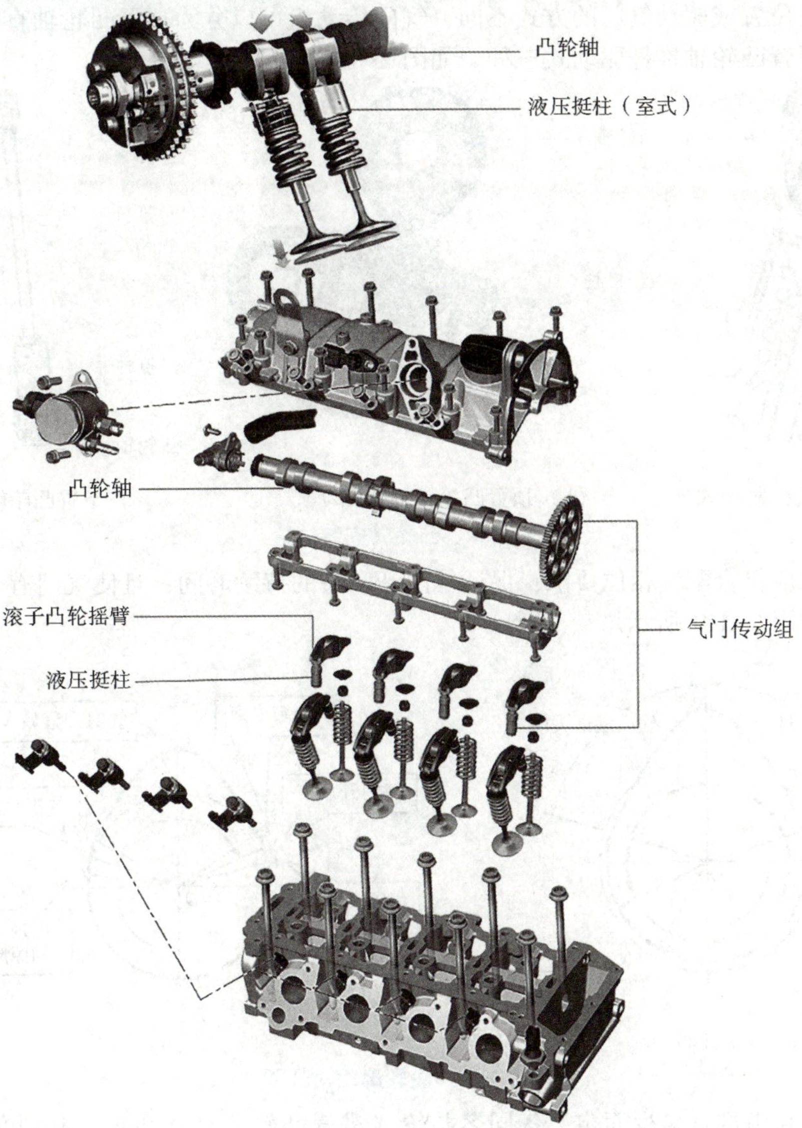

图 2-98 气门传动组组成及在气缸盖内的安装位置

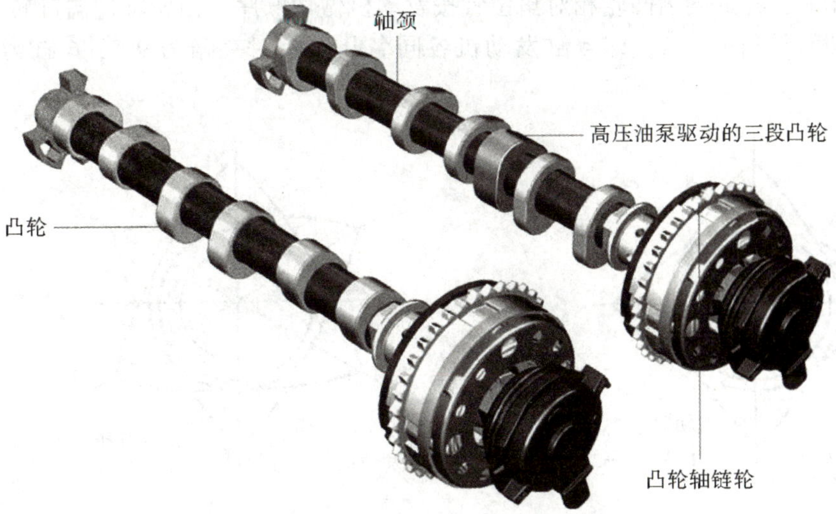

图 2-99 凸轮轴及凸轮

根据凸轮轴安装位置或驱动气门的方式不同，气门传动组可以分为顶置凸轮轴直接驱动式、顶置凸轮轴摇臂驱动式和下置凸轮轴推杆驱动式三种，如图 2-100 所示。

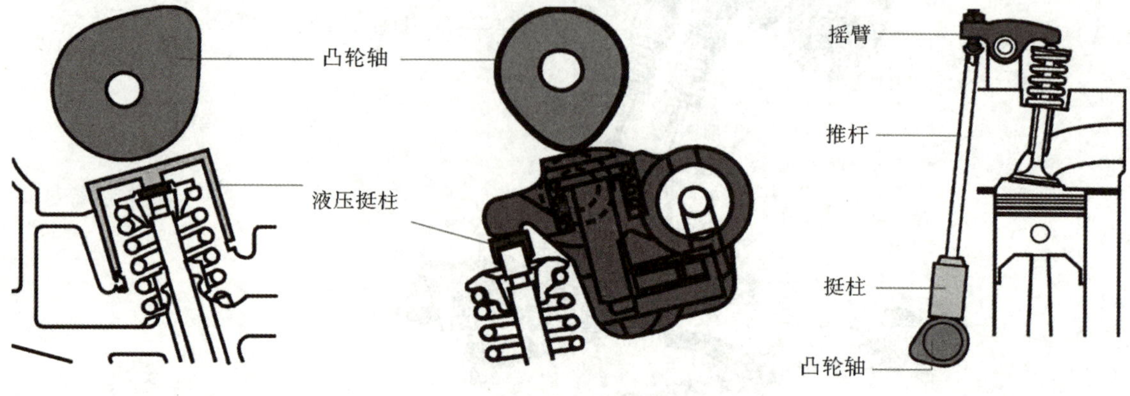

（a）顶置凸轮轴直接驱动式　（b）顶置凸轮轴摇臂驱动式　（c）下置凸轮轴推杆驱动式

图 2-100　凸轮轴安装位置

凸轮轮廓的形状应符合配气相位要求；保证气门开和关的持续时间；且使气门有合适、平稳的升程和升降运动规律，如图 2-101 所示。

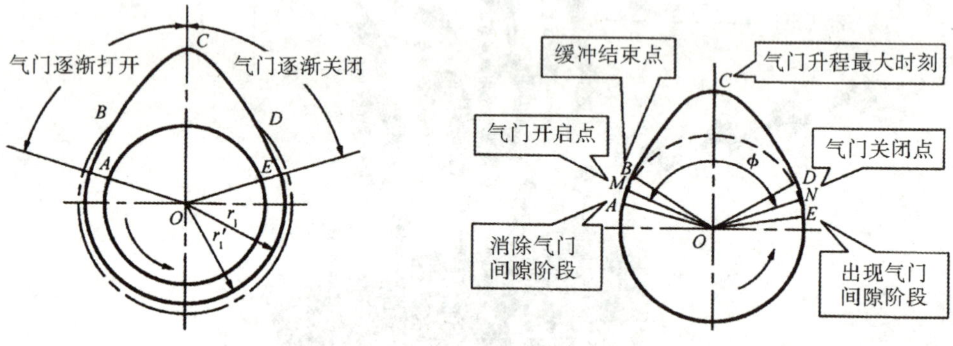

（a）　（b）

图 2-101　凸轮轮廓相对位置

凸轮轴上凸轮数目由汽缸多少而定。各同名凸轮（进气凸轮或排气凸轮）相对角位置与凸轮轴旋转方向、各缸顺序、做功顺序及汽缸数有关。

从发动机前端看，各缸同名凸轮相对角位置按发动机做功顺序，凸轮轴逆向旋转方向排列；同名凸轮夹角为曲轴做功间隔角的 1/2，即 4 缸发动机各同名凸轮相对夹角为 90°，6 缸为 60°，如图 2-102 所示。

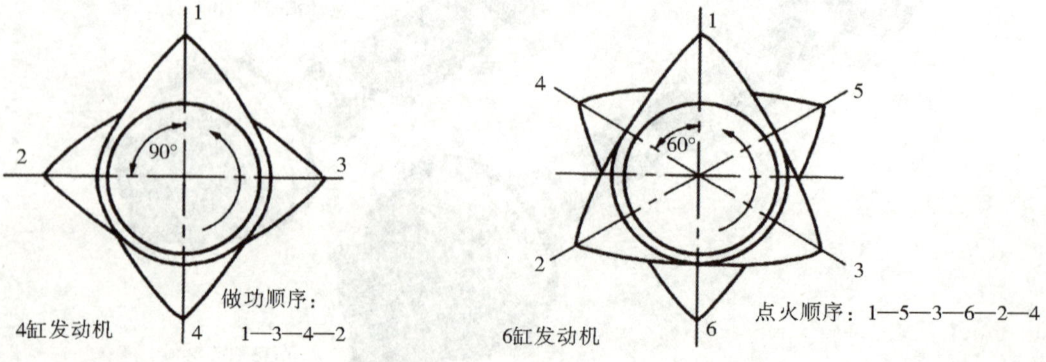

（a）　（b）

图 2-102　各缸同名凸轮相对角位置按发动机做功顺序

（2）液压挺柱

挺柱的作用是把凸轮传来的作用力传给推杆或气门。挺柱分为机械挺柱和液压挺柱（也称气门间隙调节器），现代发动机大部分采用液压挺柱，如图 2-103 所示。液压挺柱可以确保发动机在所有运行条件下气门间隙始终为零，即使发动机长时间运行后也无需进行气门间隙调节。

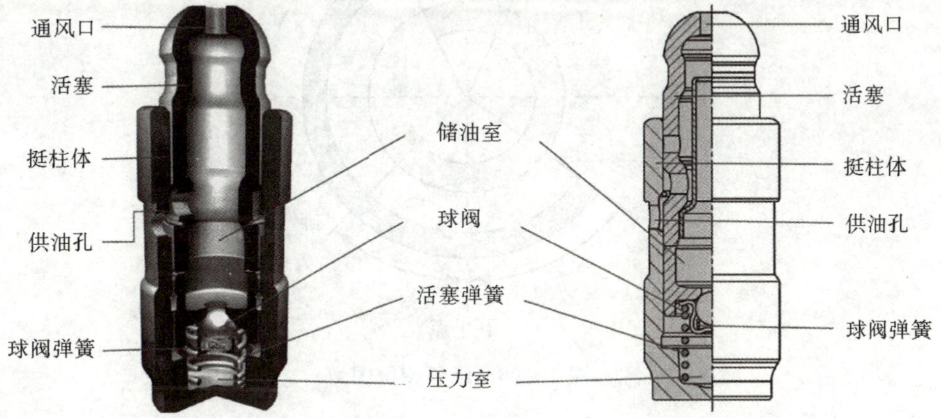

图 2-103　液压挺柱

（3）摇臂

摇臂的作用是将推杆或凸轮轴传来的力改变方向，作用到气门杆尾部以推开气门。摇臂实际上是一个中间带有圆孔的不等长双臂杠杆。下置凸轮轴式气门驱动机构的摇臂短臂端与推杆相连，并有螺栓孔，用来安装气门调整螺栓，长臂端驱动气门，如图 2-104（a）所示。目前常用的滚子凸轮摇臂，如图 2-104（b）所示，摇臂的一端支撑在液压挺柱上，另一端靠在气门上，凸轮轴的凸轮从上面压向摇臂中间的滚子上。

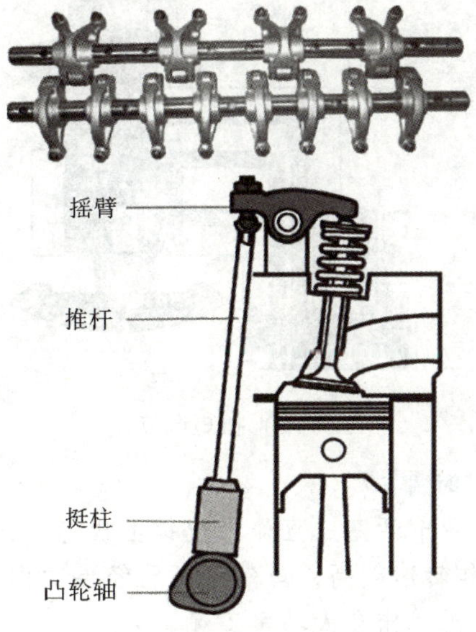

（a）下置式凸轮轴摇臂

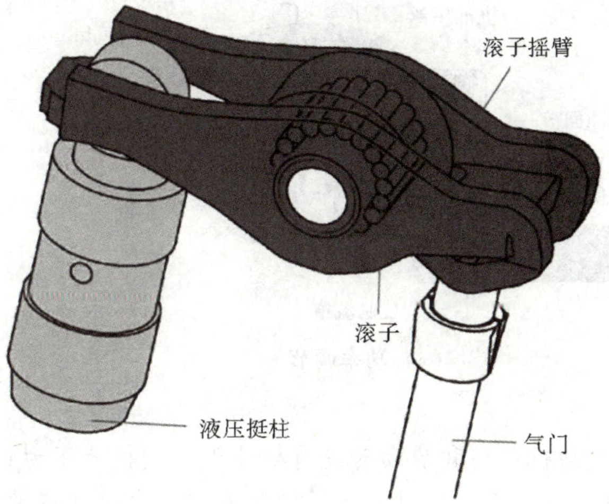

（b）滚子凸轮摇臂

图 2-104　摇臂

3. 配气相位

配气相位是指气门从开启到关闭所对应的曲轴转角或持续的时间，配气相位常用环形图表示，该图称配气相位图，如图 2-105 所示。

配气相位图反应发动机工作过程，为了保证气门具有尽可能大的通过能力，使汽缸进气充分、排气彻底，故发动机进、排气门实际开启和关闭时间并不在活塞理想的上、下止点，而是适当提前或滞后。

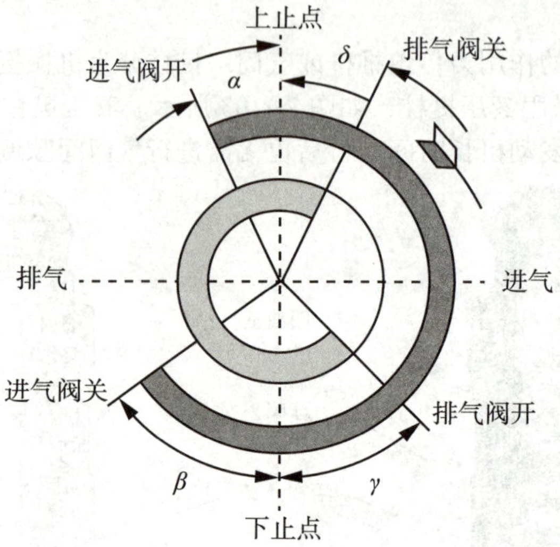

图 2-105　配气相位图

三、可变正时与可变气门升程技术

可变配气相位技术可以根据发动机转速和工况不同进行调节，使得发动机在高速和低速下都能获得理想的进气和排气效率。

1. 链条张紧式凸轮轴正时调节

链条张紧式凸轮轴正时调节机构，通过改变凸轮轴链条的张紧度从而改变配气正时，该机构只能对凸轮轴进行调节。该机构由凸轮轴调节阀、调节活塞、链条张紧器滑块、止动销等组成，如图 2-106 所示。

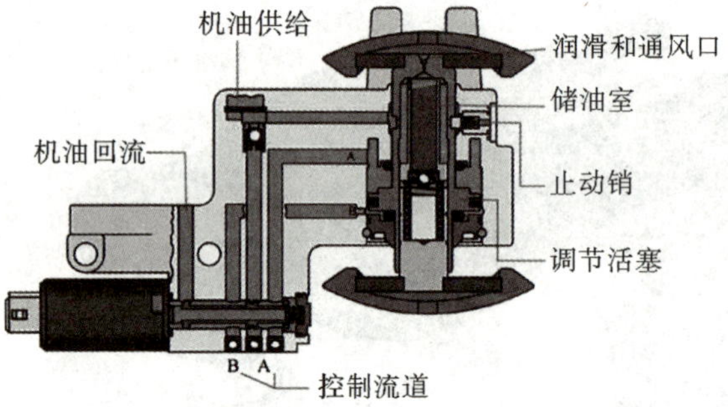

（a）功率调节

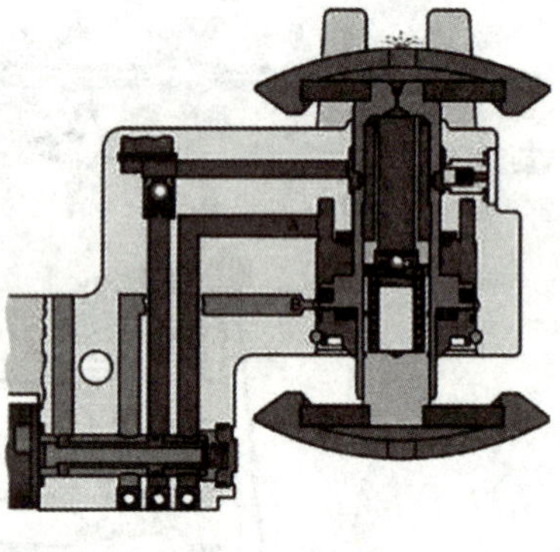

（b）扭矩调节

图 2-106　链条张紧式凸轮轴正时调节

提示：发动机关闭和启动时没有机油压力或机油压力低，调节活塞一直处于被锁止状态，该位置称为基本位置/滞后位置。此时进气门延时关闭，由于气流速度和转速较高，虽然活塞已经再次向上运动，但燃油和空气的混合仍然继续涌向气缸，充气效率更好，发动机工作在大功率工况。

当机油压力达到一定值时，机油压力就作用到锁止螺栓面上，机油压力作用方向与弹簧力作用方向相反。于是止动销松开调节活塞，这样就可按发动机控制单元的控制指令向“提前”方向进行调节。在中低速工况，发动机可获得最大的扭矩输出。

2. 叶片式凸轮轴正时调节装置

叶片式凸轮轴调节装置安装在每个需要调节的凸轮轴上，与凸轮轴链轮组合在一起。调节器由转子、定子、油压分配器阀门、弹簧锁销等组成。转子焊接在进气凸轮轴上，定子直接作用在控制链条上，分配器阀门用一个带左旋螺纹的螺钉固定在凸轮轴上。

发动机控制单元使用空气流量计和发动机转速传感器的信号作为用来计算所需要调整的主信号，除此之外，还将冷却液温度传感器的信号作为修正信号，将霍尔传感器信号作为识别到进气凸轮位置的反馈信号。

调节器的位置由凸轮轴调节的电磁阀门来确定，是由发动机控制单元通过一个脉冲宽度的调制信号进行控制的。

停车后，调节器就锁定在延后位置上，这个功能通过弹簧锁销来实现。当发动机油压超过 0.5 bar 时便会解锁。调节系统组成及调节器结构，如图 2-107 所示。

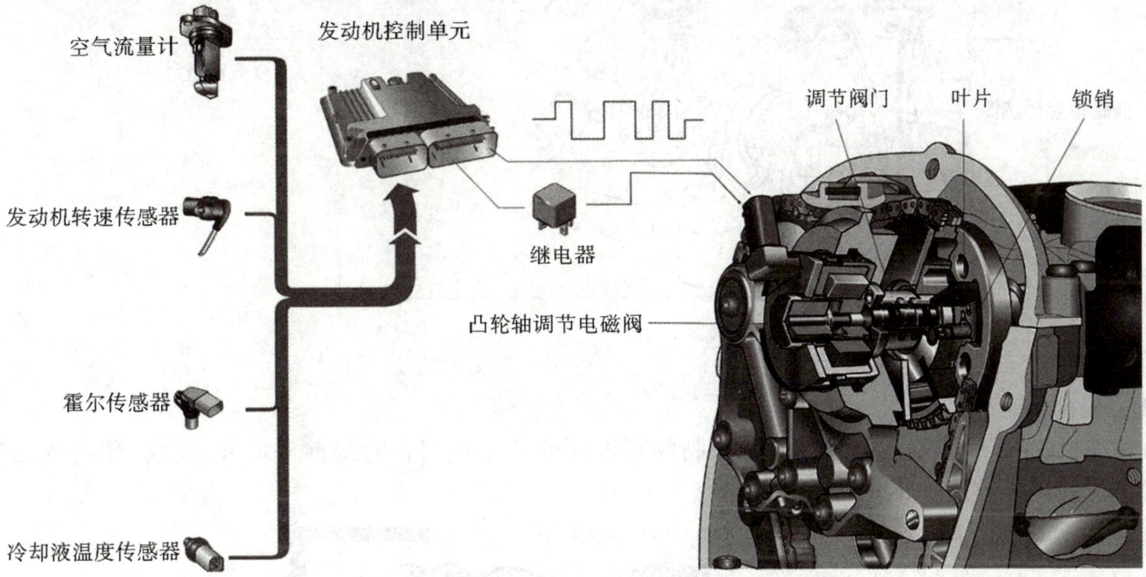

图 2-107　调节系统组成及调节器结构

3. 丰田 VVT-i（智能可变气门正时）系统

丰田 VVT-i 系统利用油压来调节进、排气凸轮轴的转角，使气门正时得到优化。丰田 VVT-i 系统部件主要包含可以调节凸轮轴转角的控制器和凸轮轴正时控制阀，如图 2-108 所示。控制器由凸轮轴正时链条驱动的外壳和固定在凸轮轴上的叶片组成。凸轮轴正时控制阀由发动机 ECU 的占空比控制，控制着流向控制器提前或延迟侧的油压，如图 2-109 所示。

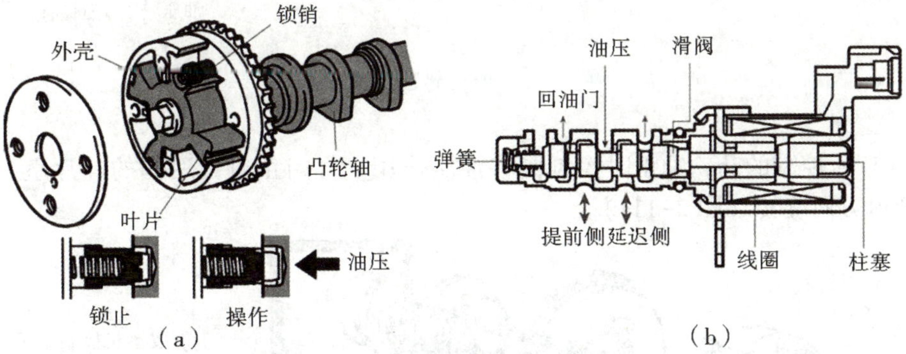

图 2-108　丰田 VVT-i 系统组件

提示： 由来自进气凸轮轴提前或者延迟侧的通道传送的油压使得 VVT-i 控制器的叶片沿圆周方向旋转，从而连续不断地改变进气气门正时。当发动机停止时，进气凸轮轴被调整（移动）到最大延迟状态以维持启动性能。在发动机启动后，油压并未立即传到 VVT-i 控制器时，锁销便锁定 VVT-i 的机械动作部件以防撞击产生噪声。

发动机 ECU 根据发动机转速、进气量、节气门位置和冷却液温度来计算出各种运行条件下的最佳气门正时，使用凸轮轴位置传感器和曲轴位置传感器信号用来计算实际气门正时，并进行反馈控制以达到预定的目标气门正时。丰田 VVT-i 控制系统组成如图 2-109 所示。

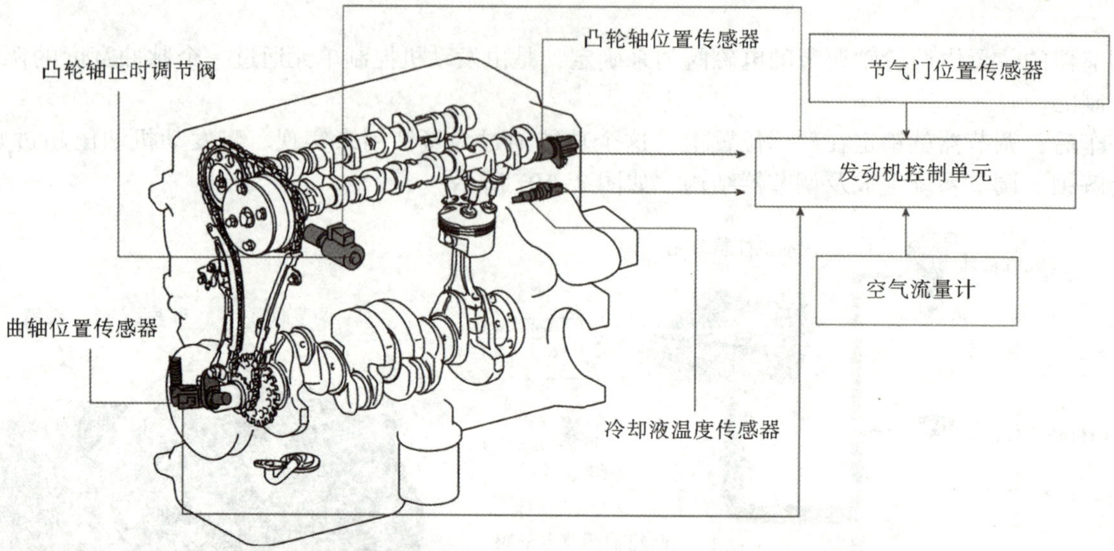

图 2-109　丰田 VVT-i 控制系统组成

（1）提前

由发动机 ECU 所控制的凸轮轴正时控制阀将油压作用于气门正时提前侧的叶片室，使进气凸轮轴向气门正时的提前方向旋转（图 2-110）。

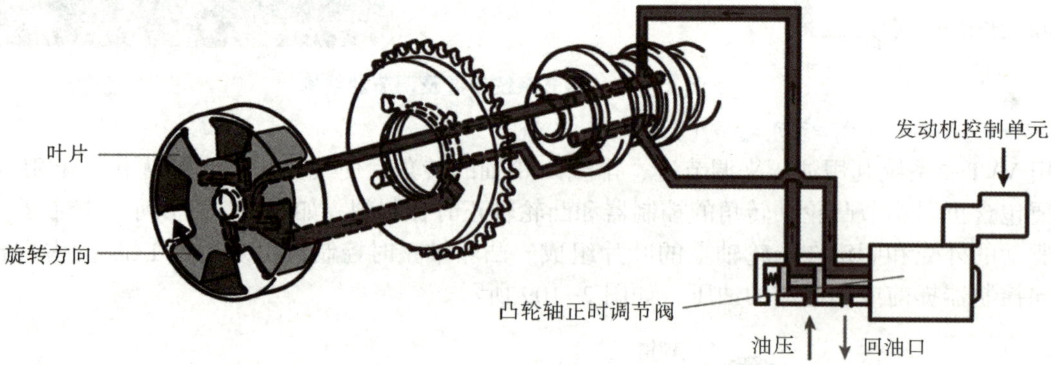

图 2-110　气门正时提前调节

（2）延迟

由发动机 ECU 所控制的凸轮轴正时控制阀将油压作用于气门正时延迟侧的叶片室，使进气凸轮轴向气门正时的延迟方向旋转（图 2-111）。

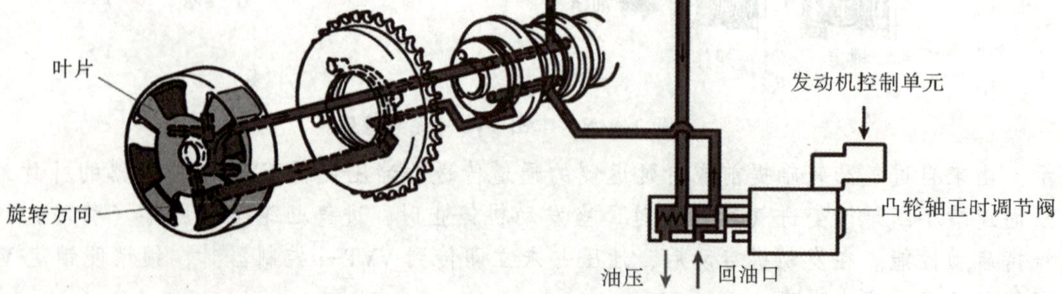

图 2-111　气门正时延迟调节

（3）保持

发动机 ECU 根据具体的运作参数进行处理，并计算出目标气门正时角度，当达到目标气门正时以后，凸轮轴正时机油控制阀通过关闭油道来保持油压，以保持当前的气门正时状态（图 2-112）。

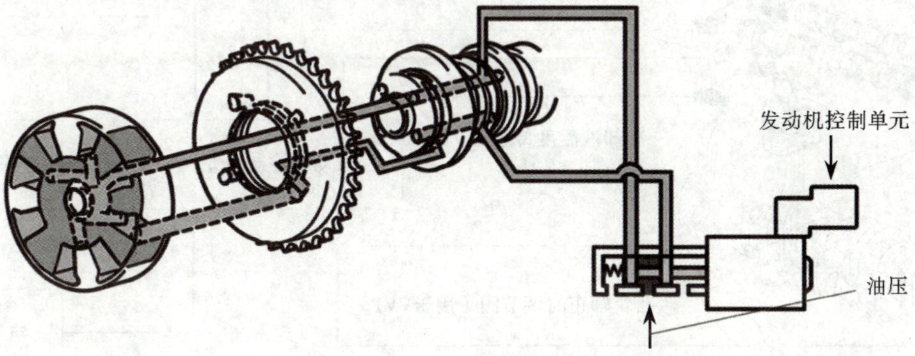

图 2-112 气门正时保持当前状态

4. 丰田 VVTL-i（智能可变气门正时和升程）系统

丰田 VVT-i 系统只改变气门正时，VVTL-i 系统在此基础上增加了改变气门升程的控制机构。VVTL-i 系统的基本结构和运作与 VVT-i 系统基本相同，但采用了能转换两个不同升程量的凸轮装置，用于改变气门的升程。

VVTL-i 系统的特殊部件是用于 VVTL-i 系统的凸轮轴正时调节阀、凸轮轴和摇臂，如图 2-113 所示。

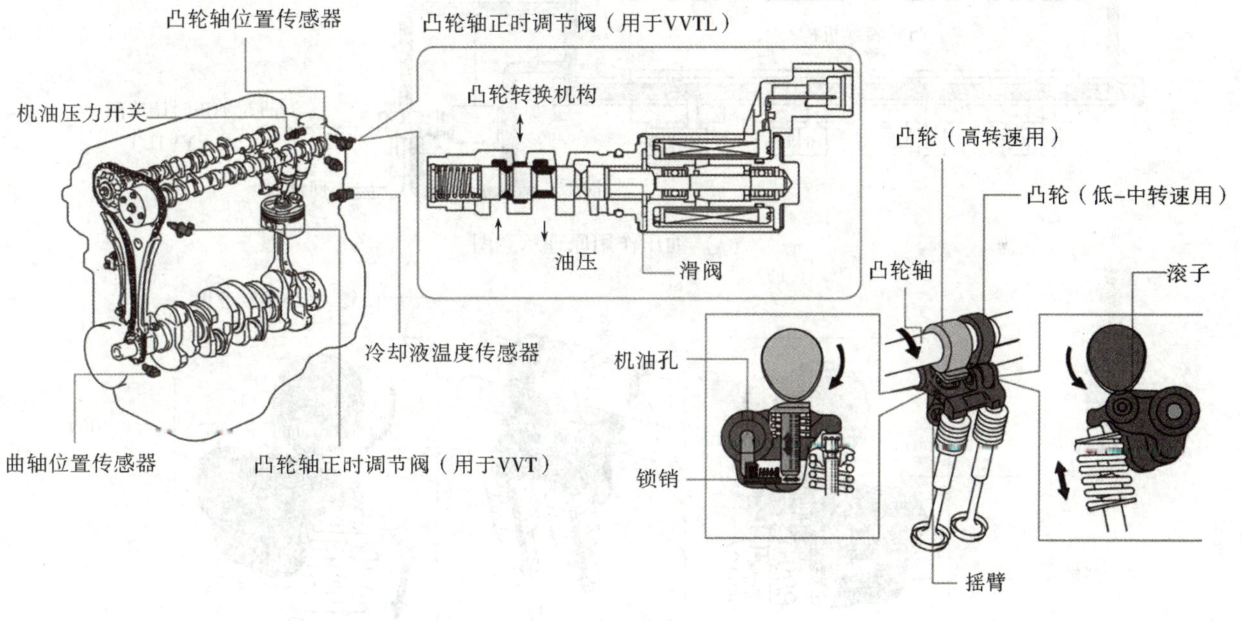

图 2-113 丰田 VVTL-i 系统零件组成

于丰田 VVTL-i 系统采用的是凸轮转换机构，发动机 ECU 依据冷却液温度传感器和曲轴位置传感器传来的信号，作为参数进行处理，并利用凸轮轴正时调节阀（用于 VVTL）在两个凸轮之间进行转换控制，如图 2-114 所示。

（1）低-中转速时的调节

凸轮轴正时调节阀（用于 VVTL）打开回油口，油压不能作用在凸轮的转换机构上，如图 2-115（a）所示。油压没有作用在锁销上，因此，弹簧将锁销推到未锁定方向。在这种情况下，垫块丧失互顶作用，这时由凸轮（低-中转速用）提升气门，如图 2-115（b）所示。

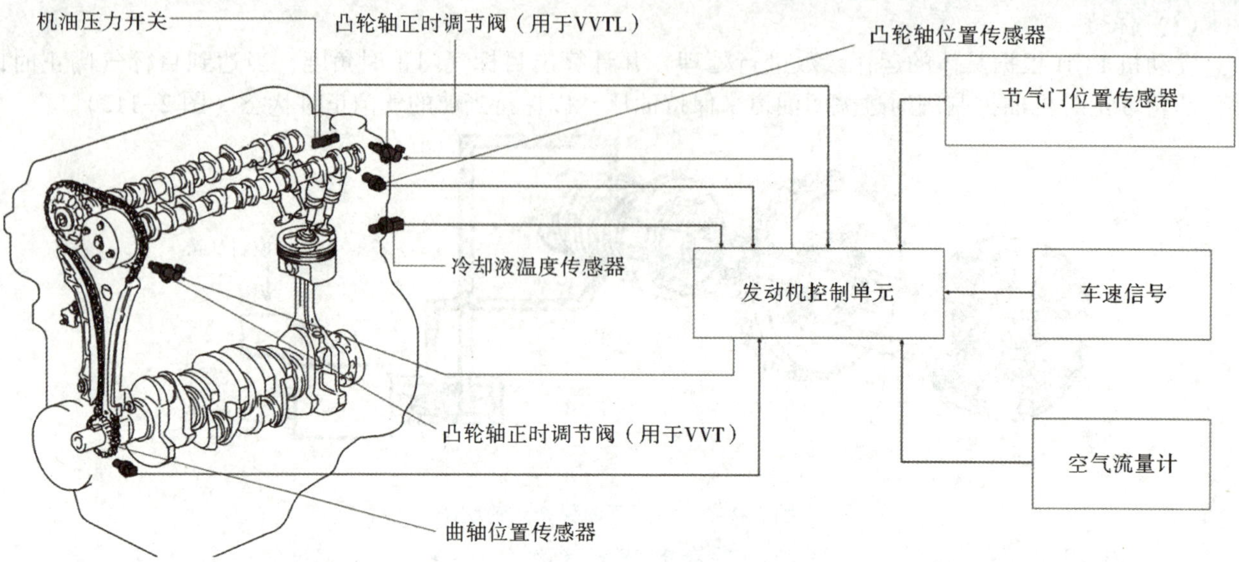

图 2-114　丰田 VVTL-i 系统控制原理图

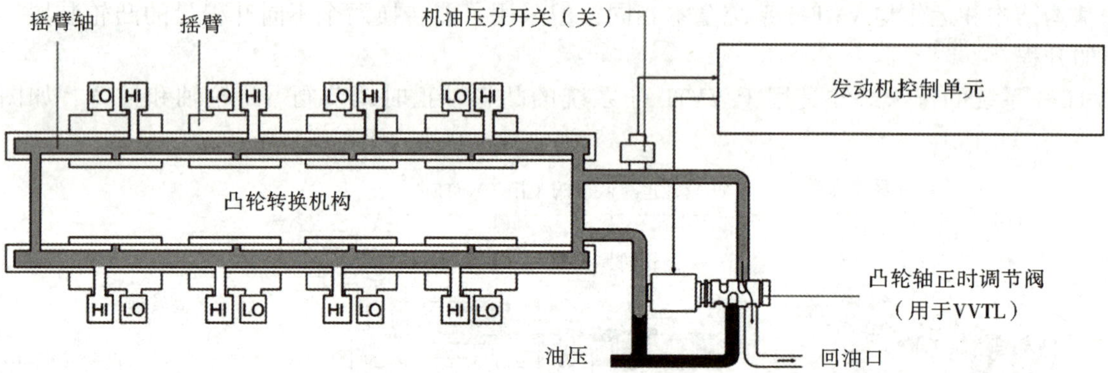

（a）油压作用原理示意图

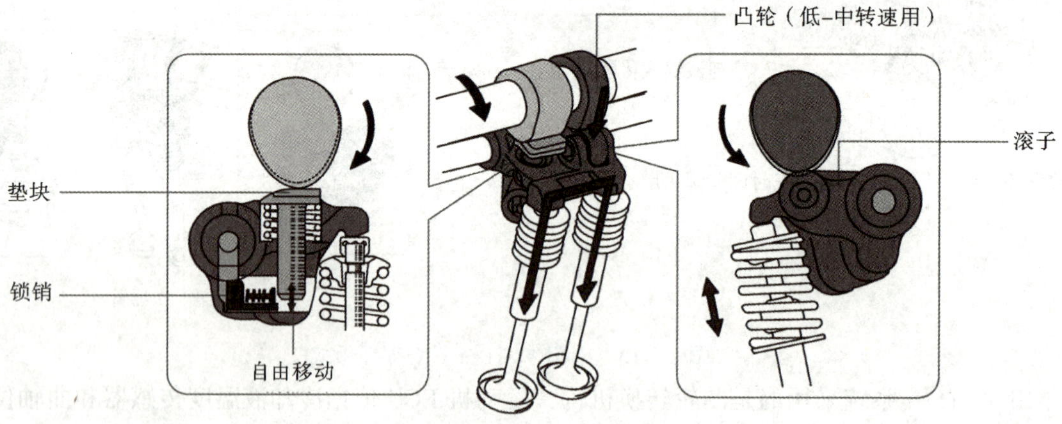

（b）凸轮、摇臂工作图

图 2-115　低-中转速时的调节

（2）高转速时的调节

机油控制阀关闭回油口，以使油压作用于凸轮转换机构的高速用凸轮上，如图 2-116（a）所示。此时如图 2-116（b）所示，在摇臂内部，油压将锁销推到垫块的下方，以使垫块作用于摇臂。所以，在凸轮（低-中转速用）推下（作用于）滚子之前，凸轮（高速转用）已先作用于摇臂，这时由凸轮

（转高速用）推动气门提升气门升程。

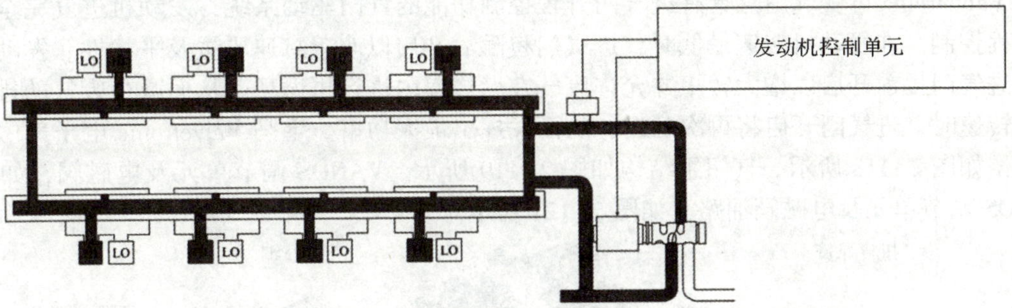

（a）油压作用原理示意图

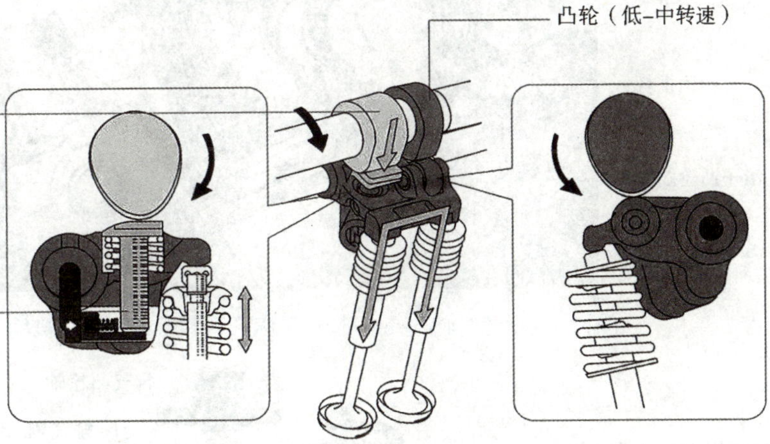

（b）凸轮、摇臂工作图

图 2-116　高转速时的调节

5. 本田 i-VTEC 可变气门正时和升程技术

本田 i-VTEC 可变气门正时和升程技术，采用三根摇臂和三个凸轮。通过三根摇臂的分离与结合，来实现高低角度凸轮的切换。

发动机低负荷时，三根摇臂处于分离状态，此时由低升程凸轮驱动摇臂，压开气门，气门升程较小。当发动机处于高负荷时，三根摇臂通过卡销连接在一起，高升程凸轮先于低升程凸轮推开气门，此时气门升程较大，如图 2-117 所示。

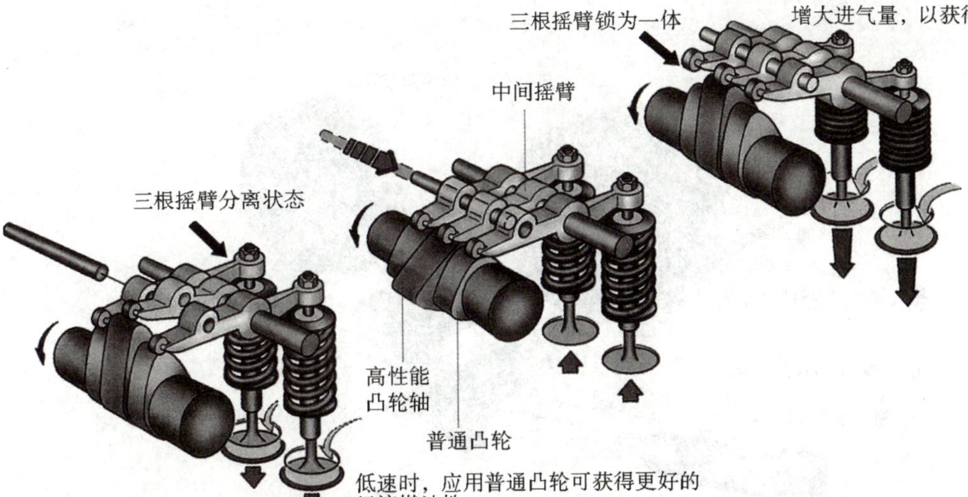

图 2-117　本田 i-VTEC 可变气门正时和升程技术

6. 宝马 Valvetronic 电子气门调节系统

宝马 Valvetronic 可变气门是具有进气门升程控制功能的气门驱动系统，发动机进气完全由无级可变进气门升程控制。在发动机转速最低时，进气门将随后开启以改善怠速质量及平稳性。发动机处于中等转速时，进气门提前开启以增大转矩并允许废气在燃烧室内进行再循环，从而减少废气的排放。当发动机处于高转速时，进气门开启将再次延迟，从而发挥出最大功率。宝马 Valvetronic 电子气门调节系统的气门机构，如图 2-118 所示。气门组结构如图 2-119 所示。VANOS 调节单元及电磁阀，如图 2-120 所示。VANOS 调节单元及电磁阀油路，如图 2-121 所示。

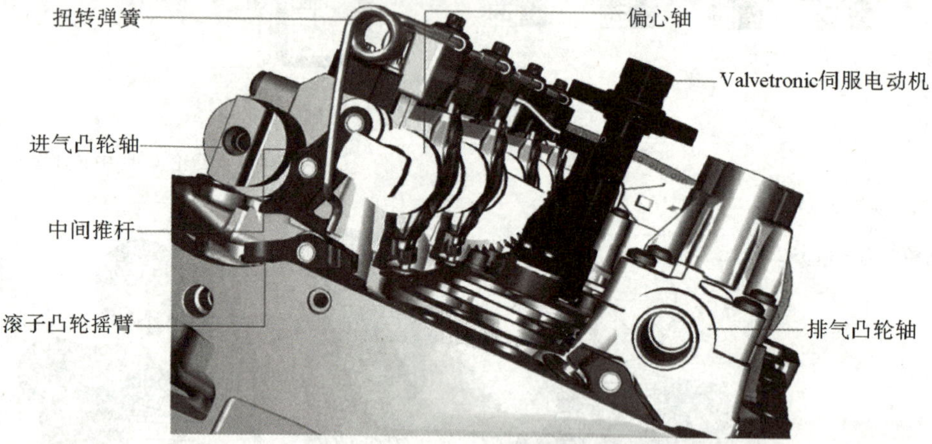

图 2-118　宝马 Valvetronic 电子气门调节系统的气门机构

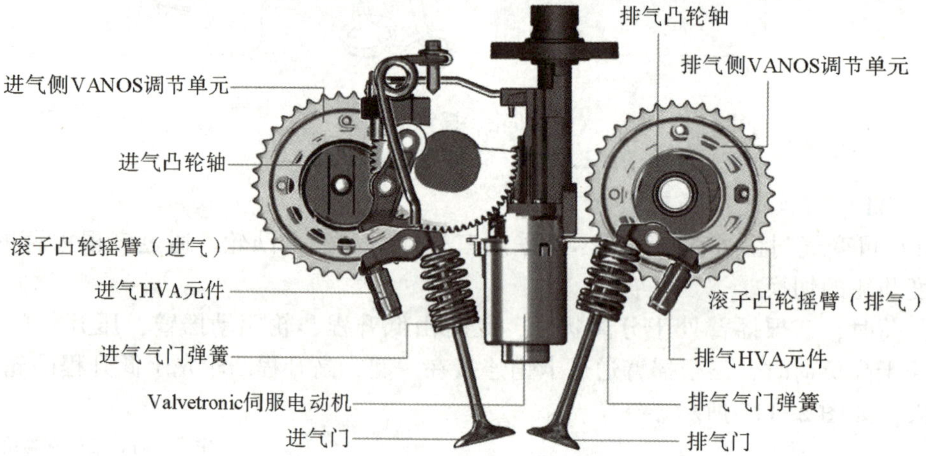

图 2-119　气门组结构

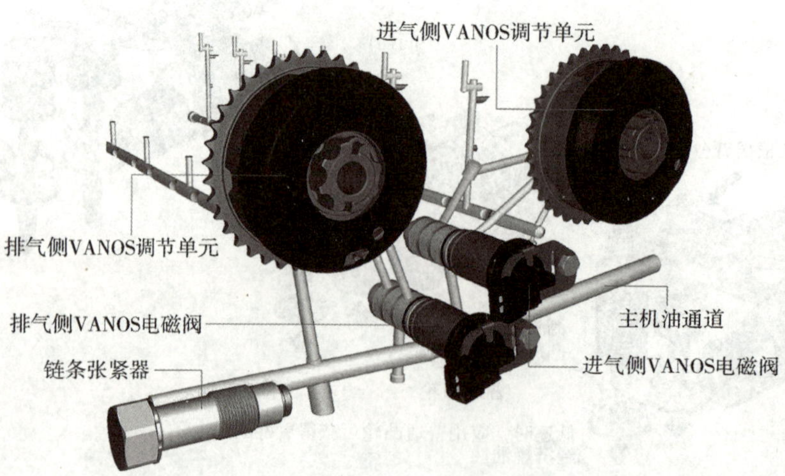

图 2-120　VANOS 调节单元及电磁阀

图 2-121　VANOS 调节单元及电磁阀油路

7. AVS 可变气门升程系统

通过排气凸轮轴上的电子气门升程切换，以及进气和排气凸轮轴上的可变气门正时，可实现对每个气缸气体交换的优化控制，较小的凸轮轮廓仅用于低转速。AVS 原理示意图，如图 2-122 所示。

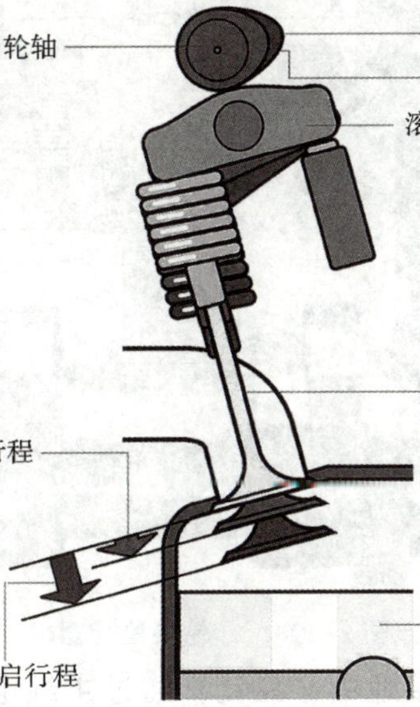

图 2-122　AVS 原理示意图

AVS 可变气门升程系统有以下优点。

(1) 优化气体交换。

(2) 防止废气回流到之前的气缸。

(3) 入口打开时间更早，填充程度更佳。

(4) 通过燃烧室内的正压差减少余气。

(5) 提升响应性。

(6) 在较低转速和较高增压压力下达到更高的扭矩。

为了在排气凸轮轴上两个不同的气门升程之间相互切换，此凸轮轴有四个可移动的凸轮件（带有内花键），如图 2-123 所示。每个凸轮件上都装有两对凸轮，其凸轮升程是不同的，通过电执行器对两种升程进行切换。电执行器接合每个凸轮件上的滑动槽，并移动凸轮轴上的凸轮件，每个凸轮件有两个执行器用于在两种升程之间来回切换。

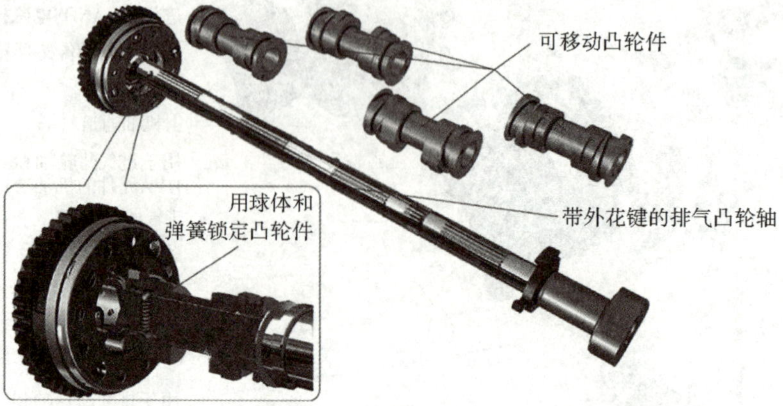

图 2-123　凸轮轴结构

凸轮轴中的弹簧加载式球体将凸轮件锁定在其各自的端部位置。凸轮轴的滑动槽和轴向推力轴承会限制凸轮件的移动。因为设计包含了凸轮轴上的一对凸轮，所以滚轮摇臂棘爪的接触面更窄小。

在两个执行器（气缸的排气凸轮执行器 A 和 B）的辅助下，每个凸轮件在排气凸轮轴上的两个切换位置之间被来回推动。每个气缸的一个执行器切换到更大的气门升程，另一个执行器切换到更小的气门升程，如图 2-124 所示。

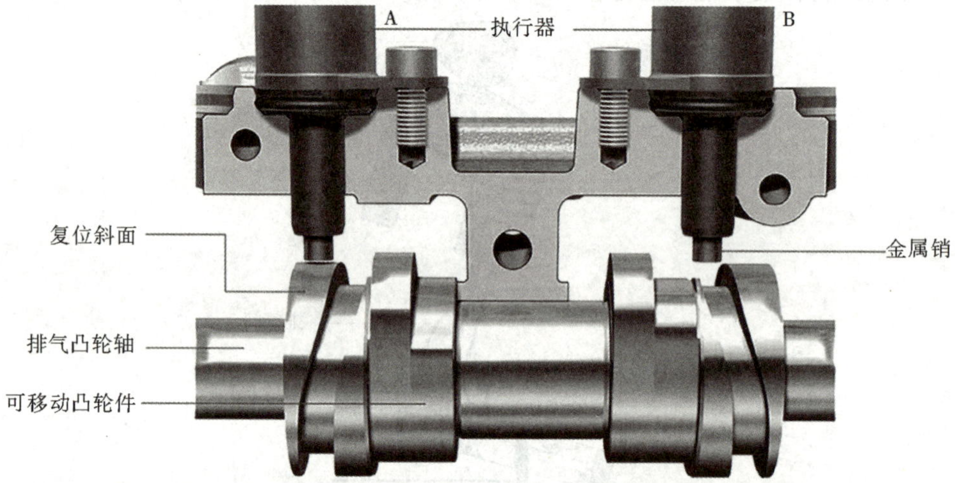

图 2-124　凸轮轴执行器

每个执行器由发动机控制单元的接地信号启动，通过主继电器提供电压，执行器的电流消耗约为 3 A。

低发动机转速范围下的凸轮轴位置，如图 2-125 所示。为了使这个负载范围内的气体交换性能更佳，发动机管理系统通过凸轮轴调节器将进气凸轮轴提前，将排气凸轮轴延迟。气门升程切换至更小的排气凸轮轮廓，而且右侧执行器移动金属销，它接合滑动槽，并将凸轮件移至小凸轮轮廓。

气门沿着较小的气门轮廓上下移动。两个小凸轮的位置在某种程度上是交错的，确保气缸的两个排气门的开启时间是错开的。这两项措施会导致在废气被从活塞中排到涡轮增压器中时，废气气流的脉动减小，从而可在低转速范围内达到较高的增压压力，如图 2-126 所示。

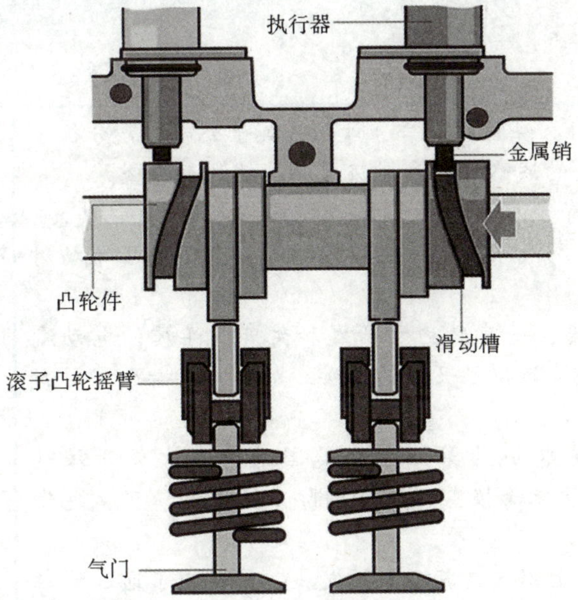

图 2-125　低发动机转速范围下的凸轮轴位置（1）

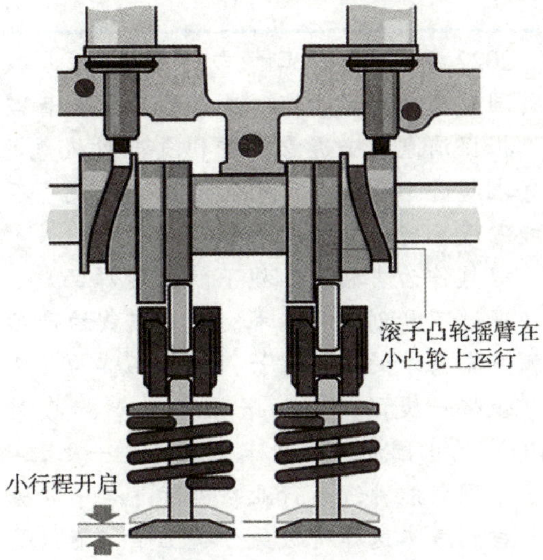

图 2-126　低发动机转速范围下的凸轮轴位置（2）

部分负载和全负载下的凸轮轴位置，如图 2-127 所示。驾驶员使车辆加速，并从部分负载改变为全负载，所以气缸内的气体交换必须适应更高的性能需求。

发动机管理系统通过凸轮轴调节器将进气凸轮轴提前，将排气凸轮轴延迟。为达到最佳的气缸填充性能，排气门需要最大的气门升程。为了达到此目的，左执行器被启动，由左执行器移动其金属销。金属销通过滑动槽将凸轮件移向大凸轮，排气门以最小的升程打开和关闭。凸轮件也通过凸轮轴中的弹簧加载式球体被固定在此位置，如图 2-128 所示。

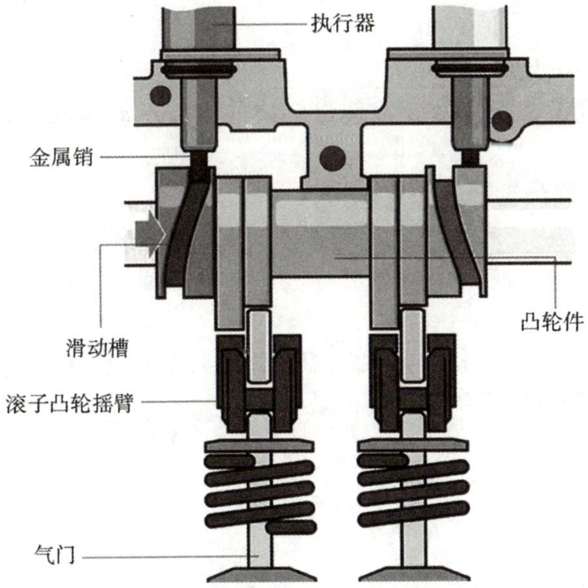

图 2-127　部分负载和全负载下的凸轮轴位置（1）

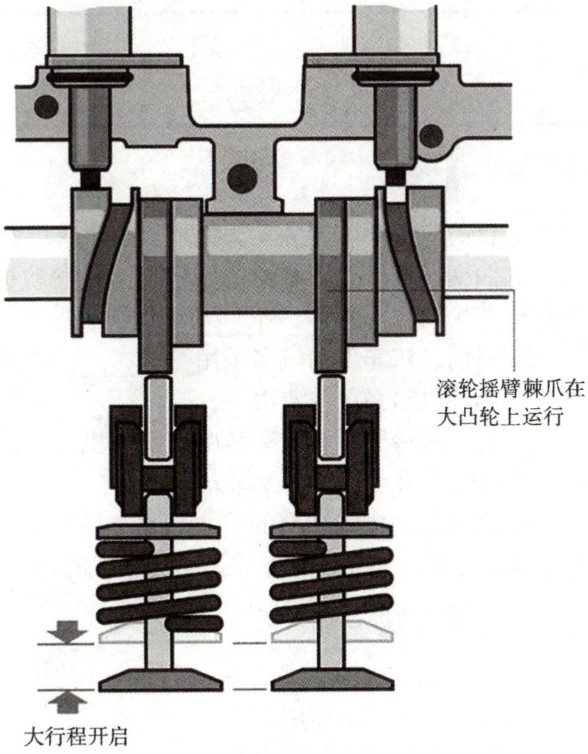

图 2-128　部分负载和全负载下的凸轮轴位置（2）

思政链接

2022 年 12 月 13 日，吉利汽车港交所发布了一则引人注目的公告，计划将其子公司极氪分拆并在美国交易所上市。这一决策背后蕴含着吉利汽车宏大的战略规划和对极氪品牌的高度期望。

根据消息人士透露，吉利汽车对极氪的上市计划寄予厚望，预计募资规模将超过 10 亿美元，并寻求超过 100 亿美元的估值。这一数字不仅体现了吉利汽车对极氪品牌的信心，也反映了市场对新能源汽车行业的持续看好。

极氪作为吉利汽车旗下的新能源品牌，自成立以来，一直致力于研发和生产高品质的电动汽车。通过不断创新和技术突破，极氪的产品在市场中逐渐赢得了良好的口碑。如今，随着全球对新能源汽车需求的不断增长，极氪品牌的发展前景更加广阔。

值得一提的是，如果极氪能够如期赴美上市，它将成为第四家在美国进行首次公开募股（IPO）的中国新势力造车企业。这一里程碑事件不仅意味着极氪品牌在国际市场上的认可，也代表了中国新能源汽车行业在国际竞争中的崛起。

吉利汽车选择将极氪分拆上市，不仅是为了筹集资金以支持其未来的发展，更是为了通过资本市场进一步推动极氪品牌的独立成长。此举有望为极氪带来更多的资金支持和市场关注，从而加速其在新能源汽车领域的拓展步伐。

然而，上市并非一蹴而就的过程。极氪需要面临诸多挑战，如市场竞争的加剧、技术创新的压力以及消费者需求的变化等。因此，吉利汽车和极氪团队需要紧密合作，制定切实可行的战略计划，以确保上市后的稳健发展。

总之，吉利汽车计划分拆极氪在美国交易所上市，是其在新能源汽车领域布局的重要一步。通过这一举措，吉利汽车有望为极氪品牌注入更多的活力和动力，推动其在国际市场上取得更大的成功。同时，这也将为中国新能源汽车行业树立一个新的里程碑，展示中国品牌在全球竞争中的实力和魅力。

课后练习

一、填空题

1. 目前汽车中常用的发动机一般按照所用燃料可分为________、________和燃气发动机。

2. 曲柄连杆机构安装在机体组中，是发动机实现工作循环、完成能量转换的主要运动零件。它主要由________、________和________等组成。

3. 目前，汽车发动机多采用________，单或双顶置凸轮轴式配气机构。

4. 燃油供给系统主要由________、________、__________、________、________和喷油器等组成。

5. 发动机冷却系统使运转中的发动机得到适度冷却，使其保持在最舒适的温度范围内工作。目前汽车发动机采用________冷却方式。

6. 汽油发动机气缸内的可燃混合气在压缩冲程终了时，利用电火花点燃，燃烧后产生强大能量，推动活塞运动，使发动机完成做功冲程。能适时在燃烧室内产生电火花的装置称为________。

二、简答题

1. 简述发动机的工作原理。
2. 简述活塞环的作用。
3. 简述配气机构的概念及作用。
4. 简述燃油压力调节器的功用。
5. 简述进、排气系统的结构组成。

项目三 汽车底盘

项目概述

汽车底盘是汽车的重要组成部分，承载着车身、发动机和传动系统等关键部件，同时也是汽车行驶过程中的基础支撑。本项目将对汽车底盘的组成和原理进行详细的介绍和分析。通过本项目的学习，帮助读者可以更好地理解和欣赏汽车的魅力所在。同时，对于汽车维护和保养也具有重要的指导意义。

学习目标

知识目标

◆正确识读汽车底盘组成结构。

◆掌握汽车传动系统和离合器的构造原理。

◆掌握汽车变速器的构造原理。

◆掌握传动轴与万向节的构造原理。

◆掌握车身、车桥、车轮与悬架的构造原理。

◆掌握汽车转向系统与制动系统的构造原理。

能力目标

◆理解汽车底盘结构以及它们之间的相互作用和连接方式。

◆理解汽车底盘各个系统的功能与作用原理。

素质目标

◆结合汽车底盘的各组件内容，培养学生的责任意识与职业素养。

思政目标

◆培养学生从实际出发，扎实工作，不搞浮夸，不骄不躁的精神。

任务工单

任务实施

1. 学生分组，进行资料的收集整理，并对收集到的资料进行讨论。

问题 1：汽车底盘由哪些结构组成？

____

____

问题 2：汽车底盘各组成系统的工作原理是什么？

____

____

2. 按照实际操作过程，将操作内容及实施过程中遇到的问题或解决方法记录在表 3-1 中。

表 3-1　任务实施过程记录表

序号	实施的内容	遇到的问题	解决的方法
1			
2			
3			
4			
…			

任务评价

学生展示任务实施的成果，并协同老师完成表 3-2 所示的任务评价表。

表 3-2　任务评价表

评价项目	评价内容	分值	评价分值		
			自评	互评	师评
职业素养考核项目	考勤、仪容仪表	10 分			
	团队交流与合作意识	10 分			
	创新意识、纪律意识	10 分			
专业能力考核项目	积极参与教学活动并正确理解任务要求	10 分			
	认真搜集并积极讨论相关资料	10 分			
	任务实施过程记录表的完成度	10 分			
	对汽车底盘结构的了解程度	20 分			
	对汽车底盘各结构系统工作原理的了解程度	20 分			
合计		100 分			
总评	自评（20%）+互评（20%）+师评（60%）=	综合等级	教师（签名）:		

任务一　汽车底盘的组成

汽车底盘的组成

汽车底盘接收发动机动力，使汽车按照驾驶员操纵正常行驶。汽车底盘主要由传动系统、行驶系统、转向系统和制动系统组成，如图 3-1 所示。

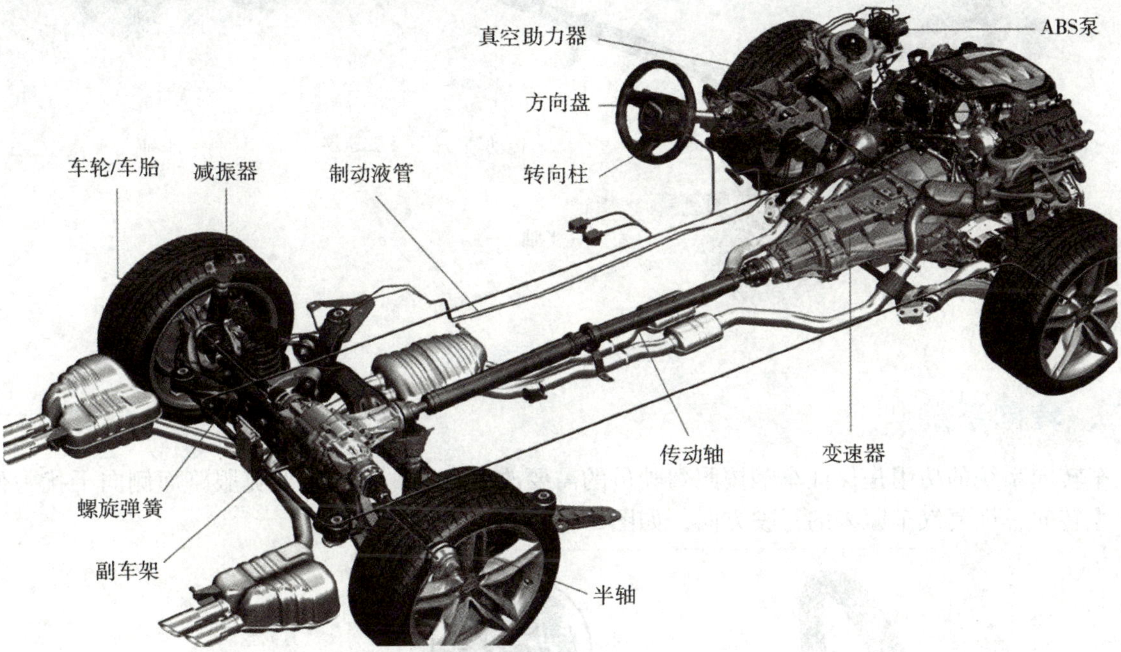

图 3-1　典型的汽车底盘（四轮驱动）

知识拓展

汽车采用四轮驱动的原因

汽车采用四轮驱动主要出于以下三大原因。

1. 提高汽车的操控性能

四轮驱动的车辆的驱动力可以分配到四个车轮上，因此它不容易出现车轮打滑现象，从而可以提高车辆的操控极限。

2. 提高汽车的安全性能

在雨雪天通过湿滑路段时，由于分配到每个车轮上的驱动力相对较小，当路面附着系数较小时，保证车轮不容易打滑，从而可以使车辆安全通过湿滑路面。

3. 彰显汽车的高级品质

普通的汽车都是两轮驱动，那么采用四轮驱动的汽车不仅性能更加卓越，而且显得比一般车辆更高级、更尊贵。

一、传动系统

汽车传动系统是指从发动机到驱动车轮之间所有动力传递装置的总称，如图 3-2 所示。传动系统的功用是将发动机发出的动力按需要传递给车轮，使汽车在各种不同的工况下均能正常行驶。

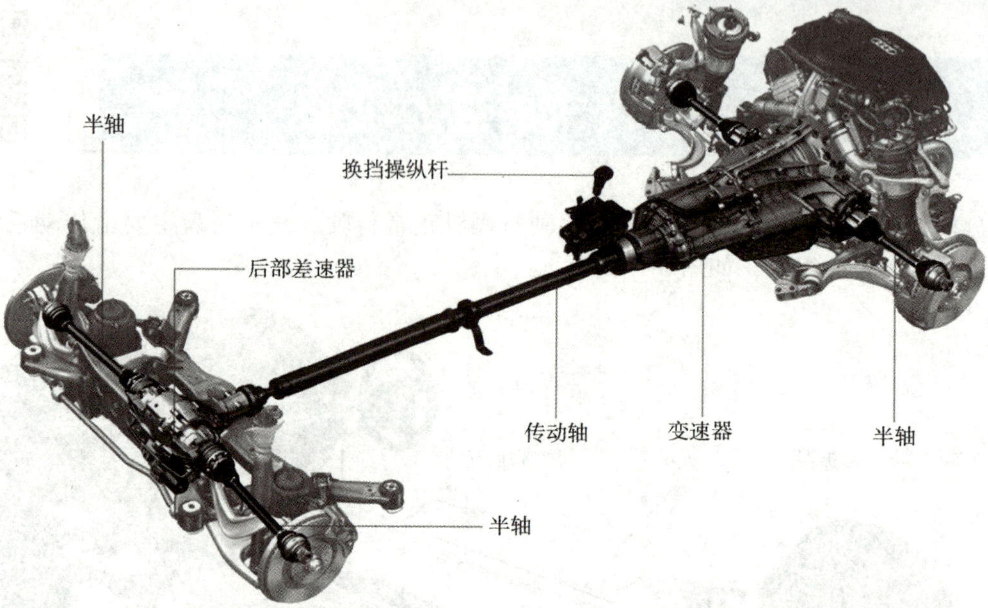

图 3-2　汽车传动系统

二、转向系统

汽车转向系统的功用是保证车辆按照驾驶员的需要改变方向，而且还要克服路面侧向干扰力使车轮自行产生转向，恢复汽车原来的行驶方向，如图 3-3 所示。

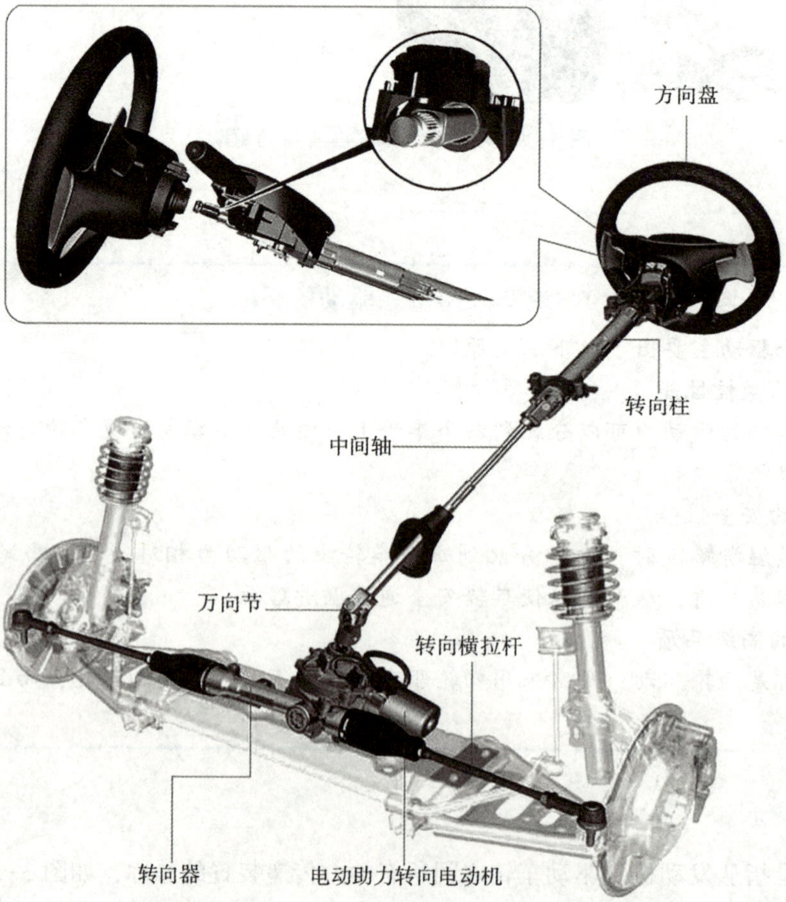

图 3-3　汽车转向系统

三、行驶系统

汽车行驶系统的功用是接收发动机转矩，并通过驱动轮与地面的附着作用产生驱动力；承受汽车总质量；传递并承受路面作用于车轮上各方向的反作用力及其力矩；减少不平路面对车身的冲击和震动，保证汽车平顺行驶，如图 3-4 所示。

图 3-4　汽车行驶系统

四、制动系统

汽车制动系统的功用是根据需要使行驶中的汽车减速或在最短的距离内停车；使下坡行驶的汽车速度保持稳定；使已停驶的汽车保持不动。制动系统可分为行车制动系统和驻车制动系统，如图 3-5 所示。

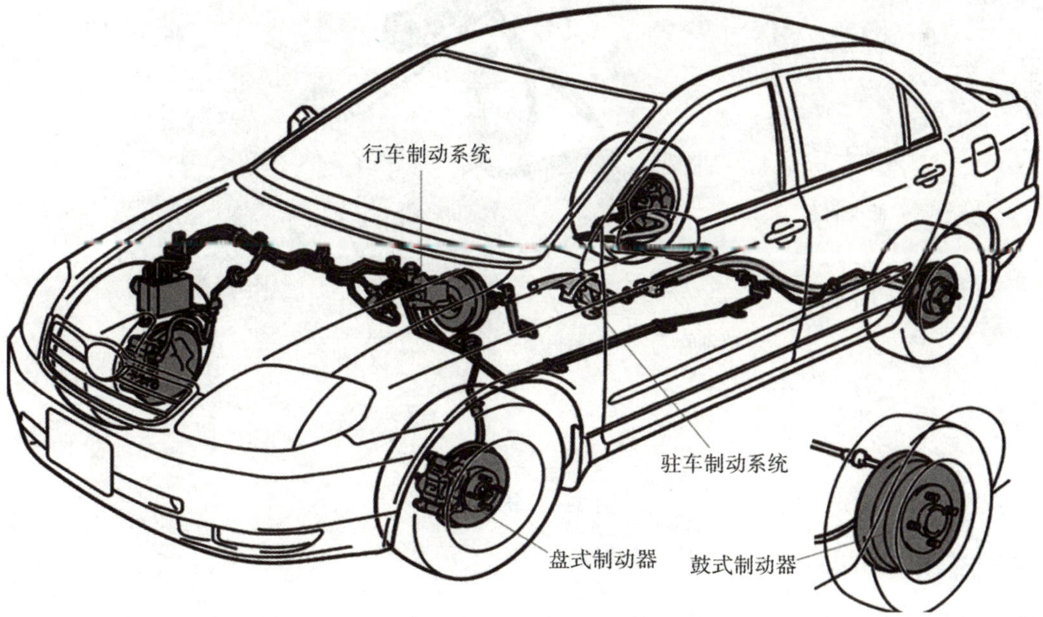

图 3-5　汽车制动系统

任务二　转向系统

一、概述

汽车在行驶中，经常需要改变行驶方向。并且当汽车直线行驶时，往往转向轮也会受到路面侧向干扰力的作用，自动偏转而改变行驶方向，此时，驾驶员需利用一套机构使转向轮向相反方向偏转，从而使汽车恢复原来的行驶方向，这一套用来改变或恢复汽车行驶方向的专设机构即称为转向系统，如图 3-6 所示。

转向系统的功用是保证汽车按照驾驶员的需要改变行驶方向，而且还可以克服路面侧向干扰力使车轮自行产生转向，恢复汽车原来的行驶方向。

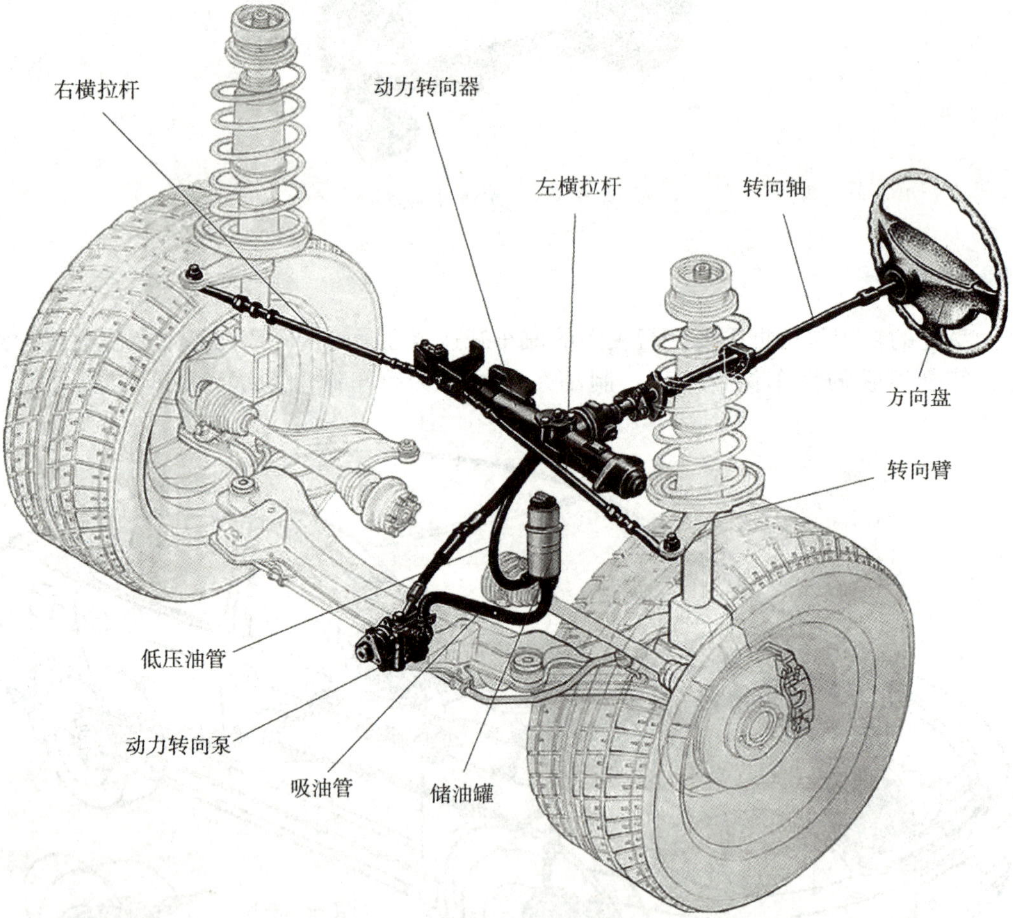

图 3-6　转向系统

二、转向器

转向器是转向系统中减速及增力传动装置，其功用是增大方向盘传到转向节的力并改变力的传递方向。目前，应用广泛的有齿轮齿条式转向器和循环球式转向器。

1. 齿轮齿条式转向器

齿轮齿条式转向器由小齿轮、转向齿条、转向横拉杆等组成，如图 3-7 所示。小齿轮安装在壳体上，并与壳体内部水平安装的转向齿条啮合。转向齿条两端安装有转向横拉杆，当方向盘转动时，小齿轮转动并带动与之啮合的转向齿条沿轴线移动，从而使左右转向横拉杆带动转向节左右转动，使转向车轮偏转，实现汽车转向。

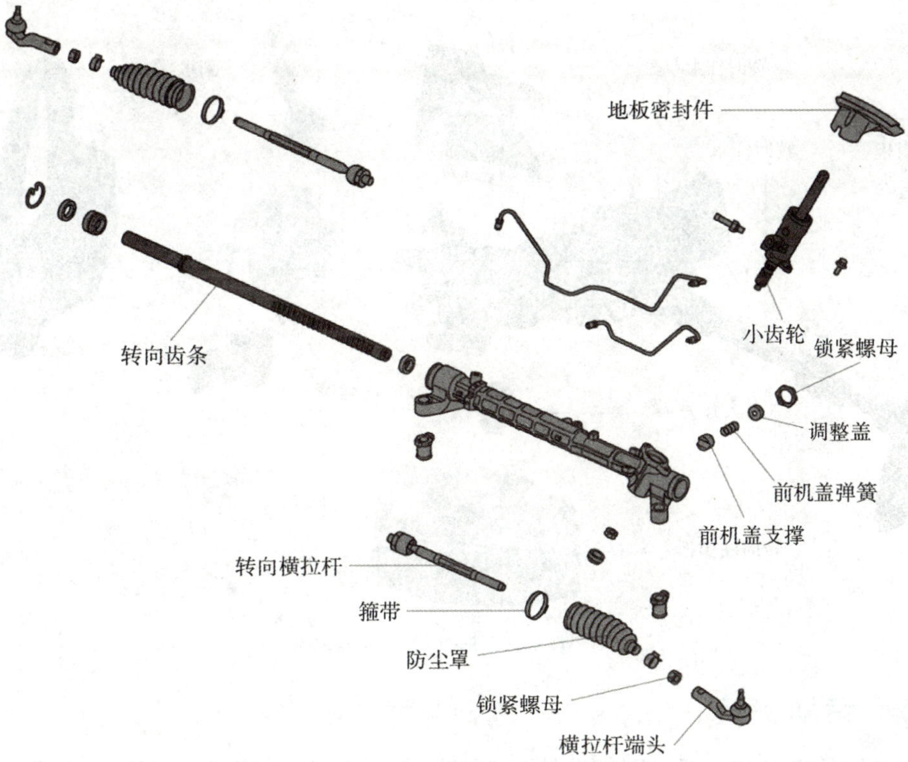

图 3-7　齿轮齿条转向器

2. 循环球式转向器

循环球式转向器由带有蜗杆的转向轴、钢球、导轨、球螺母、齿扇轴等组成，如图 3-8 所示。当带有蜗杆的转向轴在方向盘和转向柱的带动下转动时，钢球将力传递给球螺母，球螺母即沿轴向移动。同时在蜗杆与球螺母两者和钢球的摩擦力作用下，所有钢球在螺纹状管道中滚动，形成球流。转向螺母带动齿扇轴运动，齿扇轴再带动转向拉杆实现车轮转向。

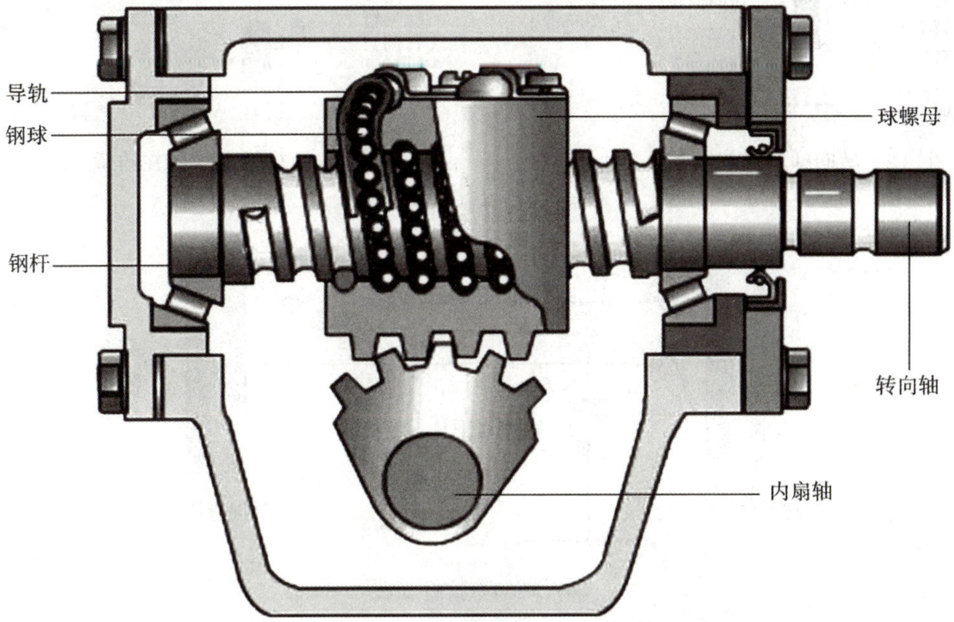

图 3-8　循环球式转向器

三、转向操纵机构

转向操纵机构由方向盘和转向柱等组成，如图 3-9 所示，它的作用是将驾驶员转动方向盘的操纵力传给转向器。

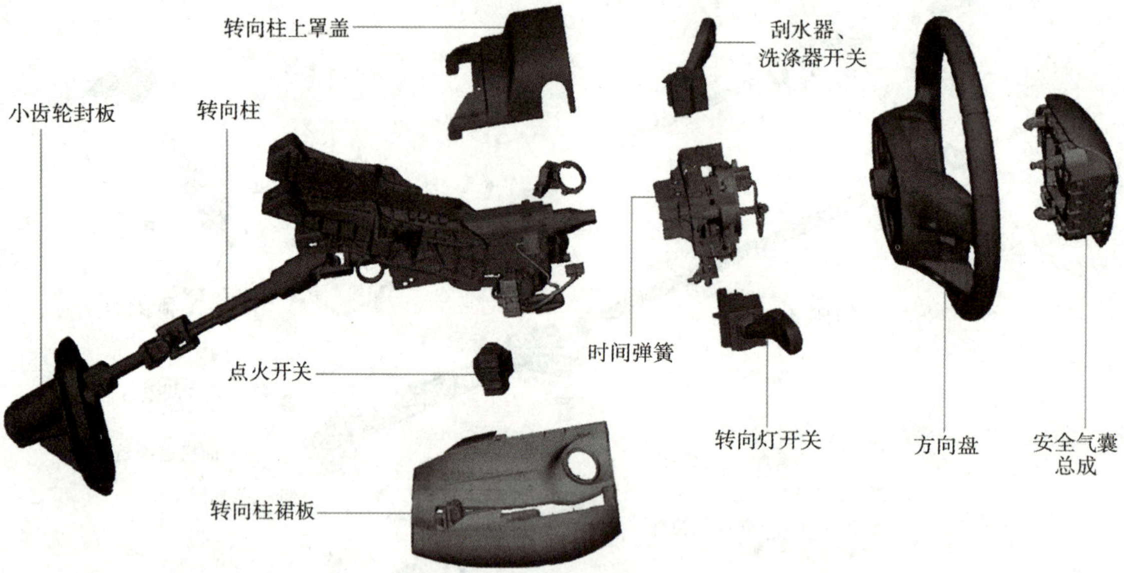

图 3-9 转向操纵机构组成

四、转向传动机构

转向传动机构的组成和布置，因转向器位置及转向桥悬架类型不同而不同。与非独立悬架配用的转向传动机构，如图 3-10 所示，与独立悬架配用的转向传动机构，如图 3-11 所示。

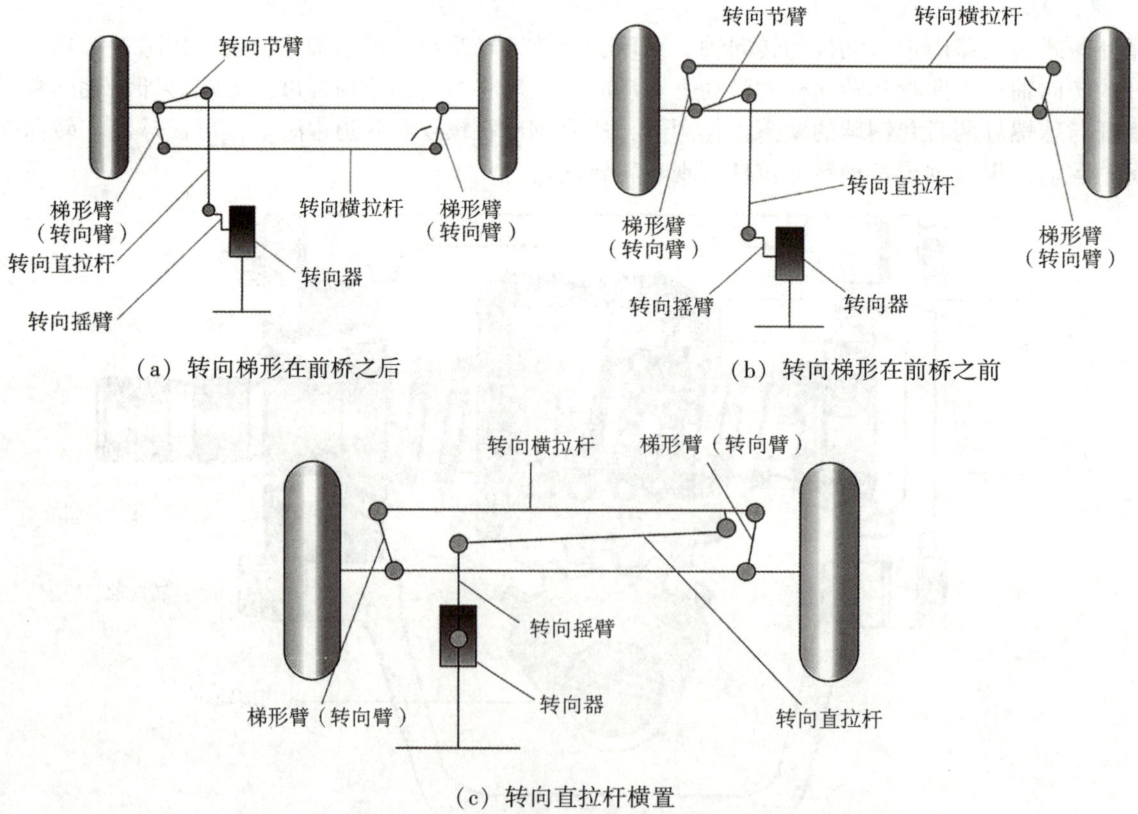

图 3-10 与非独立悬架配用的转向传动机构

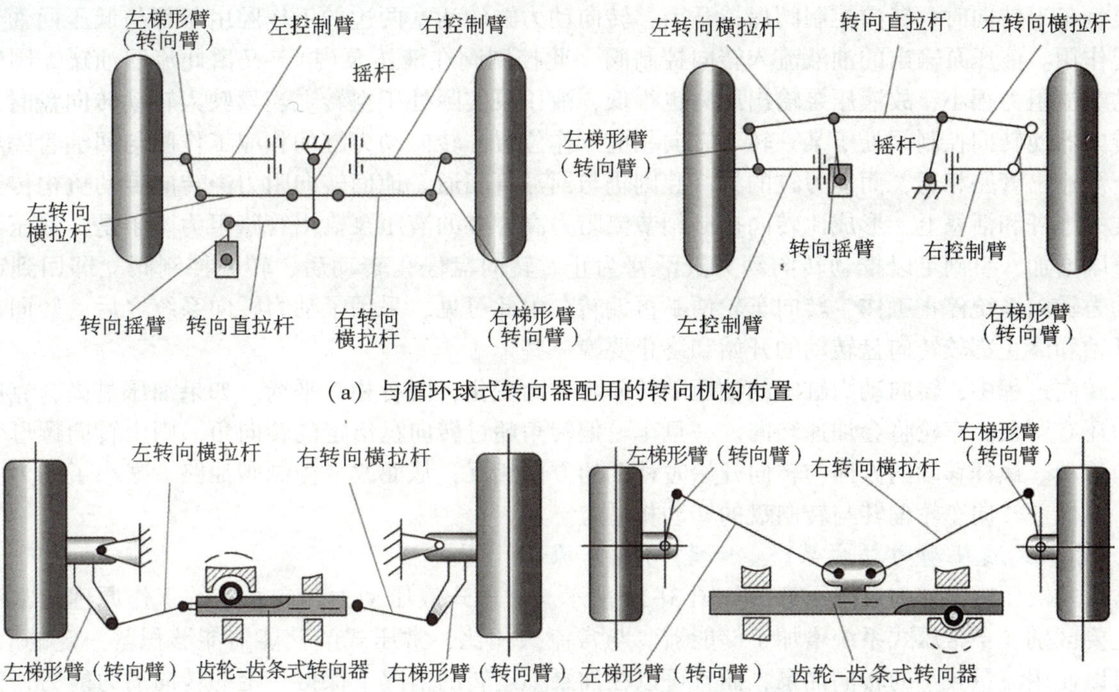

（a）与循环球式转向器配用的转向机构布置

（b）与齿轮齿条式转向器配用的转向机构布置

图 3-11　与独立悬架配用的转向传动机构

五、液压动力转向

液压动力转向系统将发动机输出的部分机械能转换为液压能，并在驾驶人的控制下，对转向器或转向传动机构的某一传动部件施加不同方向的液压作用力，以帮助完成转向。液压动力转向系统工作噪声极小，工作滞后时间短，并且能够吸收来自路面的冲击，因此广泛应用在各类汽车上。

1. 常流式液压动力转向系统的结构与工作原理

图 3-12 为常流式液压动力转向系统示意图。其主要由转向油罐、转向液压泵、控制阀、转向动力缸等组成。常流式的优点是结构简单，液压泵使用寿命长，泄漏少，消耗功率也比较少。目前，汽车上使用较多的是常流式液压动力转向系统。

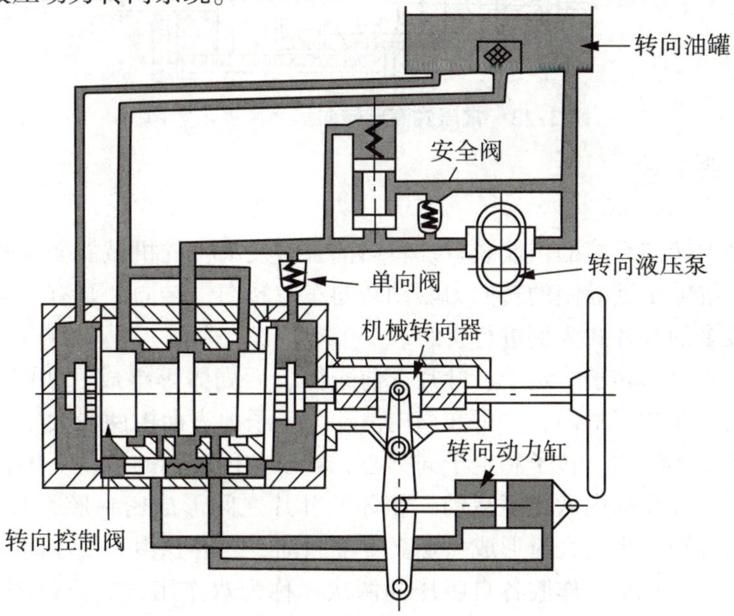

图 3-12　常流式液压动力转向系统示意图

当汽车不转向时，转向控制阀保持开启，转向动力缸的活塞两边的工作腔由于都与低压回油管相通而不起作用。液压泵输出的油液流入转向控制阀（此控制阀在液压泵内），又由此流回油罐。因转向控制阀的节流阻力很小，故液压泵输出压力也很低，液压泵实际处于空转。当驾驶人转动转向盘时，通过机械转向器使转向控制阀处于某一转弯方向相应工作位置，转向动力缸的相应工作腔与回油管隔绝，而与液压泵输出管路相通，而动力缸的另一腔则仍与回油管相通。地面转向阻力经转向传动机构传到转向动力缸的推杆和活塞上，形成比转向控制阀节流阻力高许多的液压泵输出管路阻力。于是，液压泵输出压力急剧增加，直到足以推动转向动力缸活塞为止。转向盘停止转动后，转向控制阀立即回到起始位置，动力转向系统停止工作，转向车轮便不再偏转。由此可见，采用了动力转向系统之后，转向车轮偏转的开始和终止都较转向盘转动的开始和终止要晚一些。

在转向过程中，转向动力缸中的油压随转向阻力而变化，两者相互平衡。如果油压过高，克服了转向阻力还有剩余，车轮将会加速转向。一旦车轮偏转角超过转向盘给定的转向角，则由转向螺母带动螺杆轴向移动。螺杆移动的方向与转向开始时移动的方向相反，从而改变控制阀油路，减小了动力缸中的油压，以保证转向车轮偏转与转向盘的转动相适应。

2. 常压式液压动力转向系统的结构与工作原理

常压式液压转向加力装置示意图如图 3-13 所示。常压式液压动力转向系统的工作原理与常流式相似，主要区别在于常压式系统增加了储能器。与常流式相比，常压式的储能器能够积蓄一定的液压能，因而可以使用流量较小的转向油泵，而且可以在油泵不运转的情况下保持一定的转向助力能力，使汽车有可能续驶一定距离，这一点对重型汽车而言尤为重要。但是，由于常压式动力转向油液系统一直保持较高的油压，对油液系统的密封要求高，零部件使用寿命较低，因此，目前只有少数重型汽车采用常压式转向加力装置。

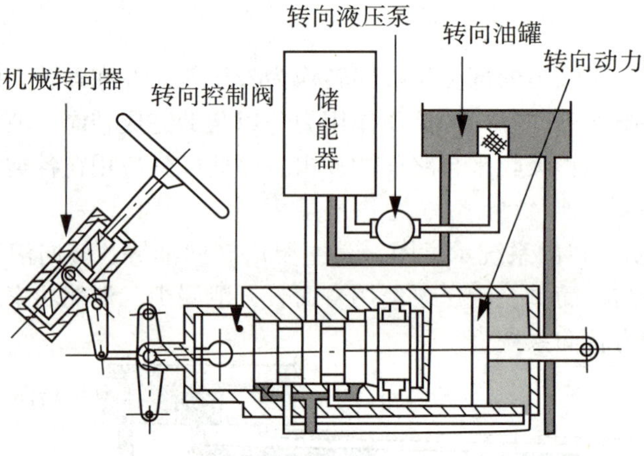

图 3-13　常压式液压转向加力装置示意图

3. 动力转向的主要部件

（1）转向油泵

转向油泵是液压助力转向系统的供能装置。转向油泵将发动机的机械能变为驱动转向动力缸工作的液压能，再由转向动力缸输出受控制的转向力驱动转向车轮转向。转向油泵有齿轮式、叶片式和转子式等，下面以目前应用较多的叶片式为例进行讲解。

叶片式动力转向泵主要由转子、定子、叶片、前壳体、后壳体等组成，如图 3-14 所示。转子上开有均匀分布槽，叶片安装在转子槽内，并可在槽内滑动。定子内表面由两段大半径的圆弧、两段小半径的圆弧和过渡圆弧组成腰形结构。转子和定子同圆心，转子在传动轴的带动下旋转，叶片在离心力和动压作用下紧贴定子表面，并在槽内做往复运动。相邻的叶片之间形成密封腔，其容积随转子由小到大、由大到小周期变化。当容积由小变大时形成一定真空度吸油；当容积由大变小时压缩油液，由压油口向外供油。转子每旋转一周，每个工作腔各自吸压油两次，称为双作用式。双作用式叶片泵两个吸油区、两个排油区对称布置，所以作用在转子上的油压作用力互相平衡。

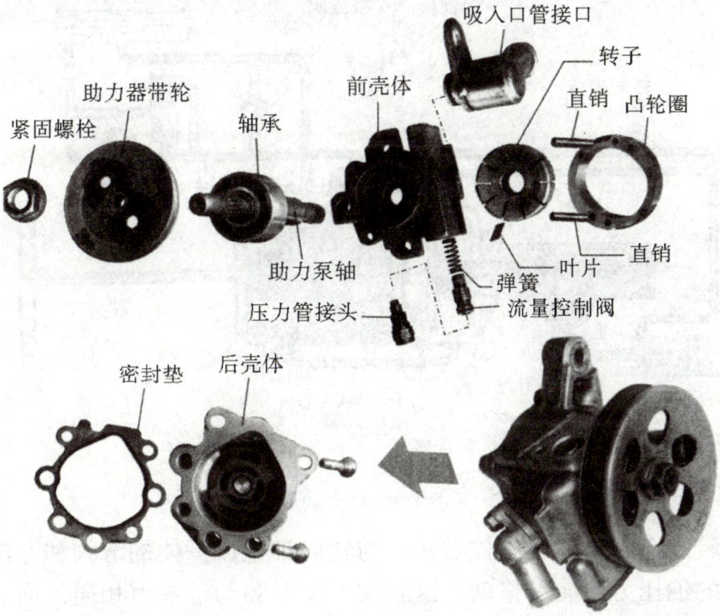

图 3-14 叶片式动力转向泵

（2）转向控制阀

转向控制阀直接安装在动力转向器总成里。控制阀的功用是引导压力油到活塞和循环球螺母总成的一侧或另一侧。当转动转向盘时，控制阀就打开相应的通道，使压力油进入活塞和循环球螺母总成需要压力油的一侧。通常采用的控制阀有两种类型，滑阀式和转阀式。

① 滑阀式转向控制阀

阀体沿轴向移动来控制油液流量的转向控制阀，称为滑阀式转向控制阀，如图 3-15 所示。

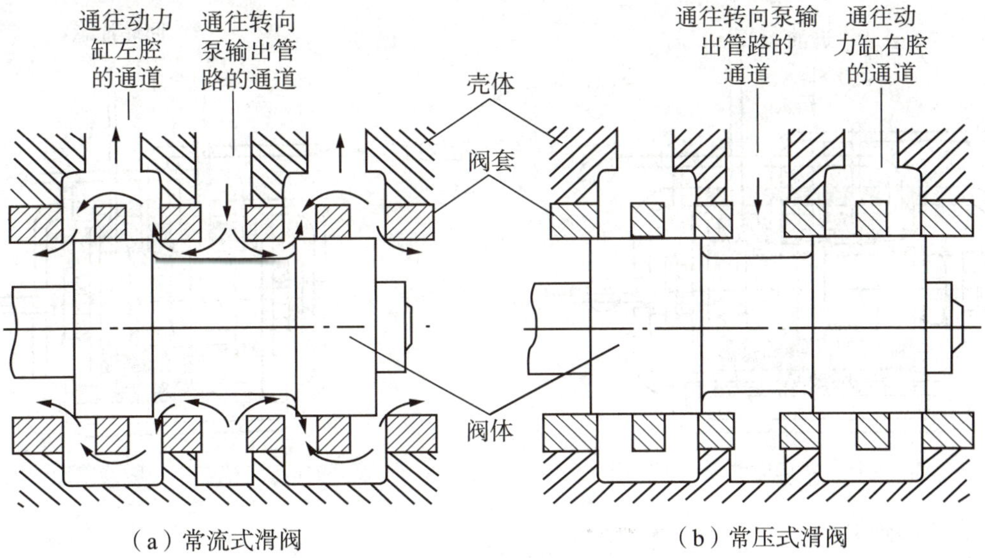

图 3-15 滑阀式转向控制阀

当汽车直线行驶时，如图 3-16 所示，滑阀依靠阀体内的定中弹簧保持在中间位置。由转向泵输送来的工作油，从滑阀和滑体环槽边缘的环形缝隙进入动力缸的左右腔室，又通过回油管流回储油罐，这时油路保持畅通，转向泵负荷小，工作油处于低压状态。

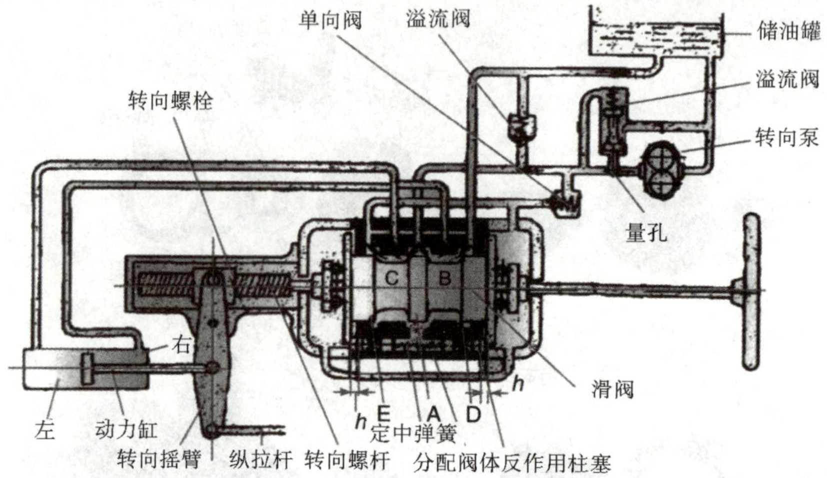

图 3-16　滑阀式转向控制阀的工作原理

当汽车右转弯时，转向盘右转，转向柱右转，与转向轴连成一体的滑阀和左旋螺杆克服回位弹簧的弹力和反作用柱塞一侧的油压力而向右移动，这时动力缸左腔与进油道相通，而右腔与回油道相通，如图 3-17 所示。

左腔油压推动动力缸内活塞向右移动，使转向摇臂做逆时针转动，从而也使转向螺母随螺杆的转动而向左移动，同时通过纵拉杆带动转向轮向右偏转。当转向盘转过一定角度保持不变时，螺母也不再继续相对于螺杆左移，但动力缸中活塞在油压作用下继续右移，从而带动螺母、螺杆和滑阀一起左移，直到滑阀位于中间稍偏右的位置。此时，活塞推力和回正力平衡，动力转向系统停止工作。当汽车左转弯时，如图 3-18 所示，滑阀左移，动力缸向相反方向加力。

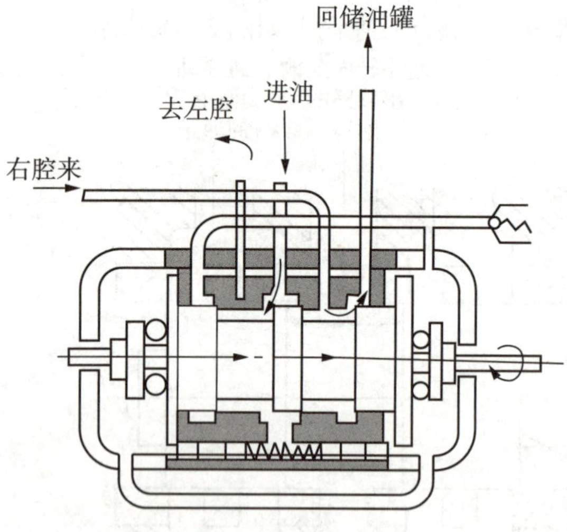

图 3-17　汽车右转向时油液的流向

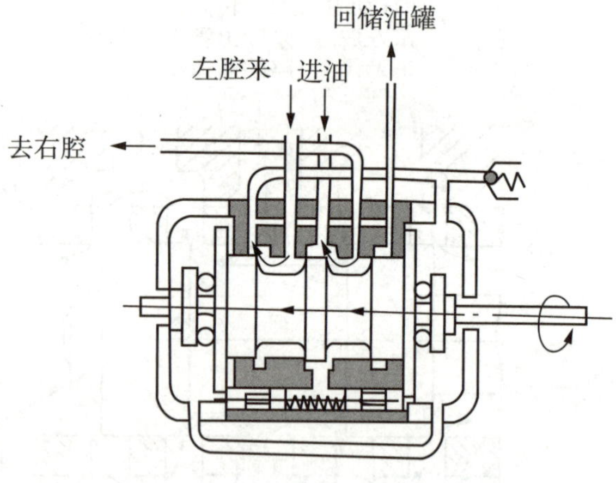

图 3-18　汽车左转向时油液的流向

② 转阀式转向控制阀

阀体绕其轴线转动来控制油液流量的转向控制阀，称为转阀式转向控制阀。我国汽车基本上都采用转阀式的整体动力转向器。

转向盘的转动通过转向管柱传递到安装在转向齿轮齿条机构上的转向阀。转向的旋转运动通过齿轮及齿条，转换成转向齿条的直线运动。在发动机运转及动力转向泵运行的情况下，转向器上有高压液流，提供转向助力。

当汽车处于直线向前行驶状态时，动力转向油液从动力转向泵流向转向阀。外圆柱滑阀上的狭槽与转子上的狭槽对齐，使得油液压力越过转向阀。部分压力施加到转向器液压缸的进液及回液侧，这部分压力被转向器液压缸两侧的活塞感知。由于转向器液压缸两侧的压力相等，转向保持在中间位置；大部分液体已经流回到储油罐里，故在活塞每一侧的压力都非常低，如图 3-19 所示。

当转向盘逆时针转动时，转子和扭力杆也向同方向旋转。转子上的狭槽位置已经改变，不在它们的中间对齐位置上，并堵塞了至转向储油罐的回流通道。来自动力转向泵的高压液体流进转子与外圆柱滑阀上新对齐的狭槽内，液体通过对齐的狭槽被引向转向器液压缸的左侧，从而使转向器左侧液压缸压力增加。转向器右侧液压缸的回流口是开启的，允许液体从转向器右侧液压缸活塞流向动力转向储油罐。转向器液压缸活塞左侧及右侧的压力差便产生转向助力，如图 3-20 所示。

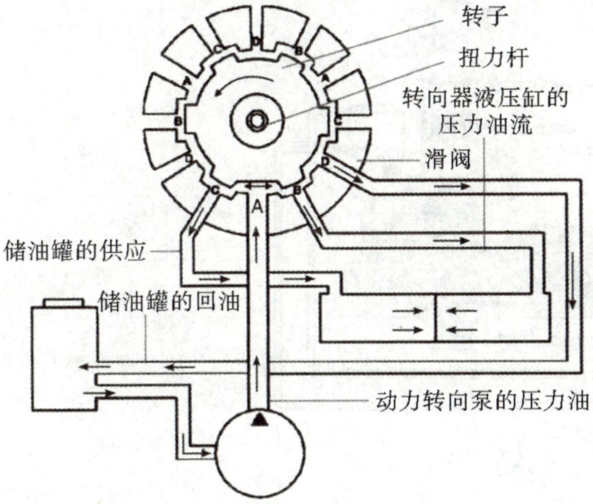

图 3-19 汽车直线行驶时油液的流向

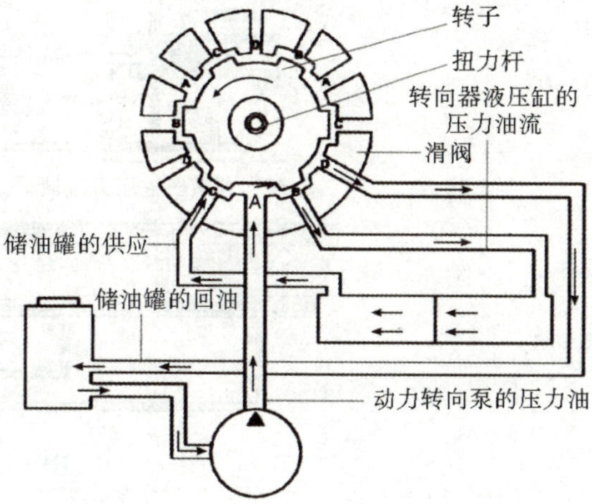

图 3-20 汽车向左行驶时油液的流向

当转向盘顺时针转动时，转子与扭力杆也向同方向旋转。转子上的狭槽位置已经改变，不在它们的中间对齐位置上，并堵塞了至转向储油罐的回流通道。来自动力转向泵的高压液体流进转子与外圆柱滑阀上新对齐的狭槽内，液体通过对齐的狭槽被引向转向器的右侧液压缸，从而使转向器右侧液压缸压力增加。液压缸左侧的回流口是开启的，允许液体从转向器左侧活塞流向转向储油罐。转向器液压缸活塞左侧及右侧的压力差便产生转向助力，如图 3-21 所示。

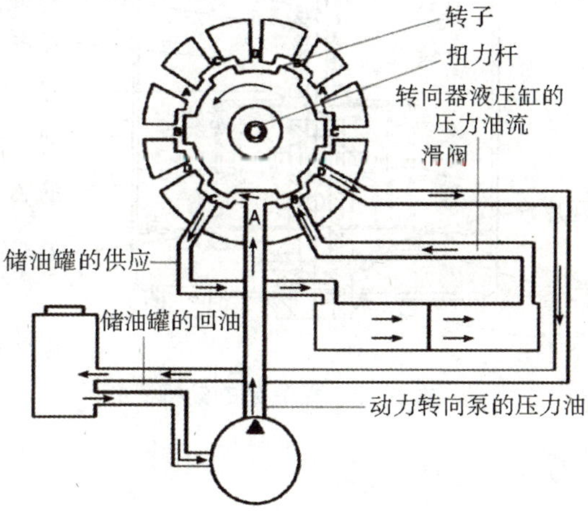

图 3-21 汽车向右行驶时油液的流向

发动机起动后，动力转向泵将储油罐中的助力油液吸入低压进油管，助力油液经过转向动力泵后，在出油口处变成高压油液，高压油液经过一根高压油管，到达转向阀。如果未施加转向力，则转向器液压缸活塞两侧的压力相等，其余的油液从转向阀经过动力转向油冷却管，返回储油罐。如果施加了向任意一侧转向的转向力，则油液的压力被引入转向器液压缸活塞相应的一侧，提供转向助力，减少所需的转向力。转向器液压缸中活塞运动而排出的转向动力油液，从转向阀经过动力转向油冷却管，返回储油罐。动力转向油冷却管可降低助力油液的温度，延长系统中软管及密封件的寿命，如图 3-22 所示。

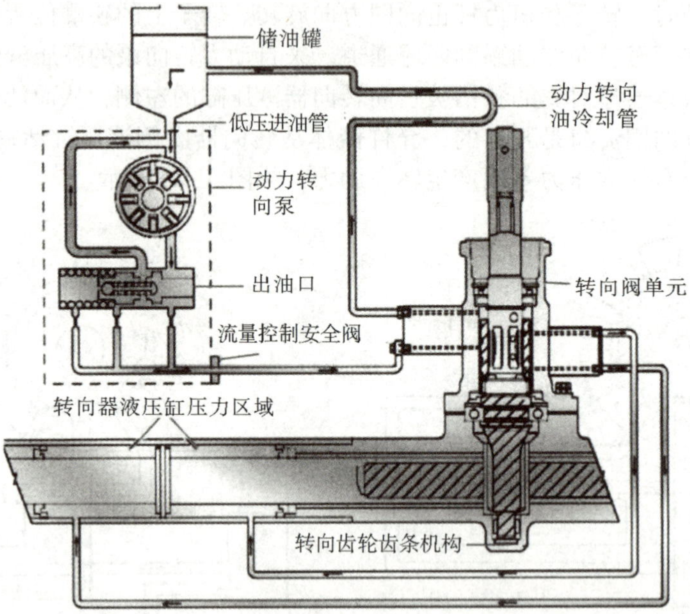

图 3-22　液力回路

（3）储油罐

储油罐的作用主要是储存、滤清并冷却液压转向加力装置的工作油液。储油罐一般是单独安装，但也有直接装在储油泵上。储油罐的结构，如图 3-23 所示。

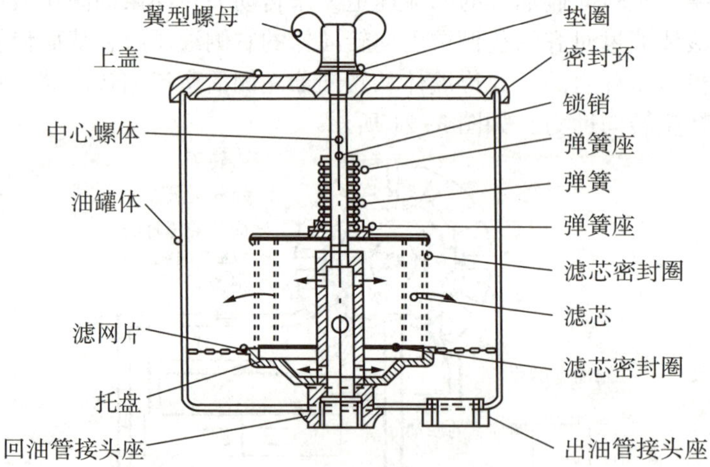

图 3-23　储油罐的结构

六、电子助力转向系统

1. 概述

电子助力转向系统（electronic power steering system，EPS）是一种直接依靠电动机提供辅助转矩的电动助力转向系统，如图 3-24 所示。此系统利用微机控制电动机电流的方向和幅值，不需要复杂的控制机构，电动机、减速机构、转向柱和转向齿轮可以制成一个整体。

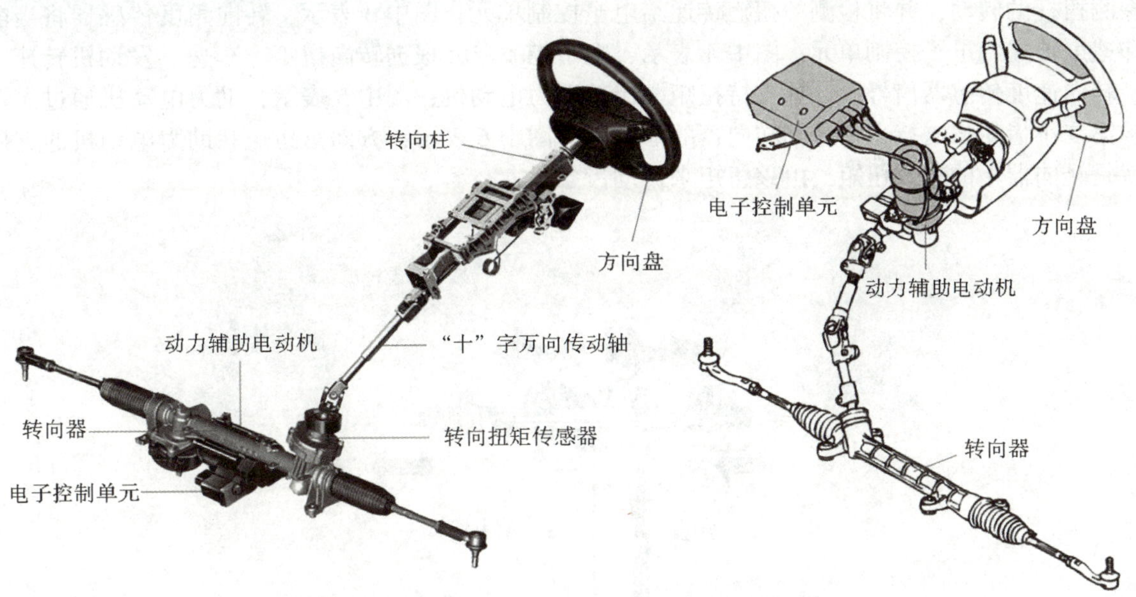

图 3-24 电子控制助力转向系统

2. 转向器结构

带有双小齿轮的电子控制助力转向系统转向器结构，如图 3-25 所示，两个小齿轮平行排列，分别与齿条啮合。第一小齿轮由方向盘通过转向柱及传动装置驱动，由助力转向电动机通过传动机构带动第二小齿轮为转向系统助力。

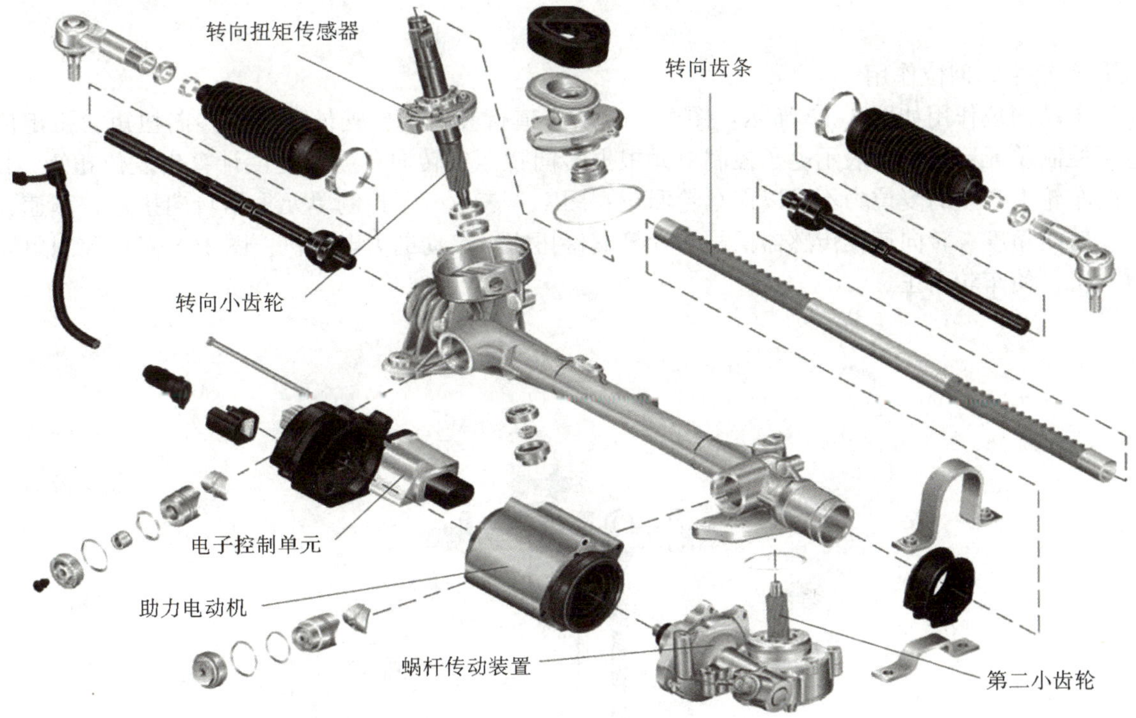

图 3-25 带有双小齿轮的电子控制助力转向系统转向器结构

3. 电子控制转向系统原理

电子控制转向系统原理如图 3-26 至图 3-29 所示。

(1) 转向过程的作用

转向过程的作用如图 3-26 所示：图中 1 表示，转动方向盘，转向助力开始；图中 2 表示，扭矩传感器探测扭杆的转动，并将检测的扭矩传递给电子控制单元；图中 3 表示，转向角度传感器将当前转向角度和速度传递给电子控制单元；图中 4 表示，电子控制单元根据转向扭矩、车速、发动机转速、转向角度、转向速度传感器信号，计算支持扭矩，启动助力电动机；图中 5 表示，助力电动机通过涡轮传动装置和第二小齿轮将支持力传递到转向器的齿条上；图中 6 表示，方向盘扭矩和助力电动机的支持扭矩综合就是转向器上的有效扭矩，由该扭矩来传动齿条。

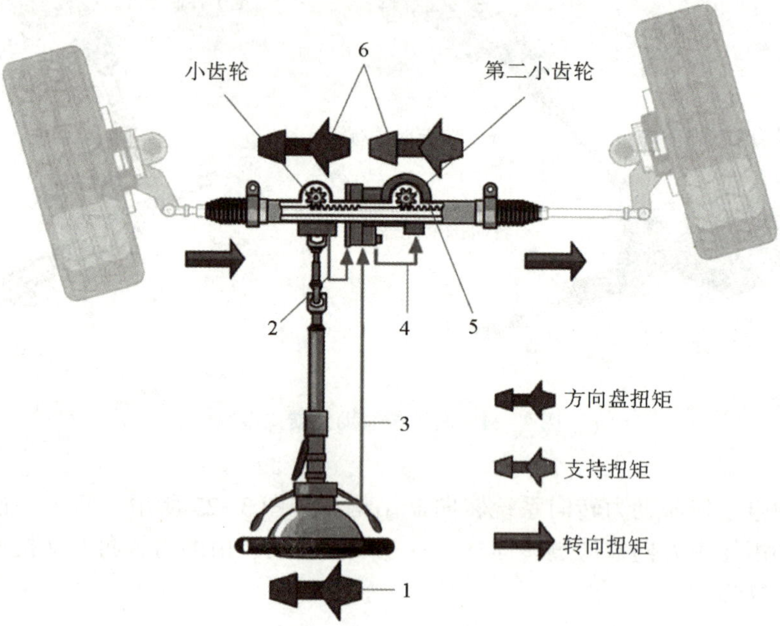

图 3-26　转向过程的作用

（2）车轮主动回位作用

车轮主动回位作用如图 3-27 所示：图中 1 表示弯道行驶时，驾驶员降低了转向扭矩，扭矩传感器通知电子控制单元；图中 2 表示电子控制单元根据转向扭矩、转向角度和速度计算出复位扭矩；图中 3 表示转向车轮上产生的复位力不足以使车轮回正；图中 4 表示电子控制单元根据转向扭矩、车速、发动机转速、转向角度、转向速度传感器信号，计算支持扭矩，启动助力电动机；图中 5 表示控制单元启动助力电动机，使车轮回正。

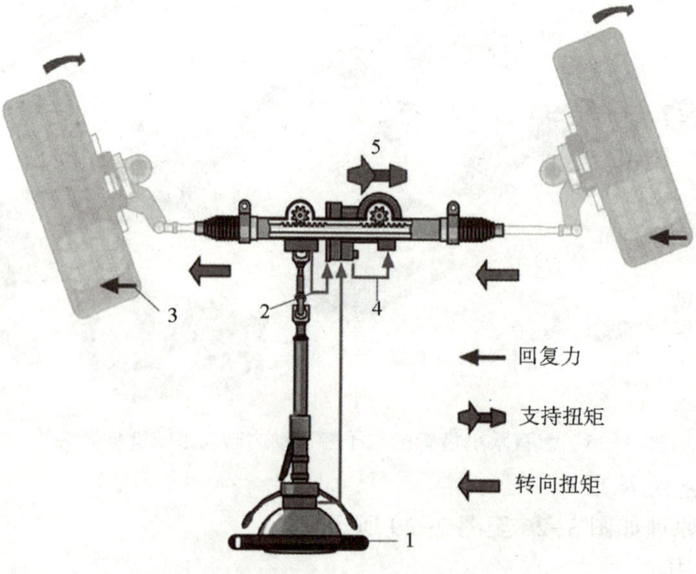

图 3-27　车轮主动回位作用

（3）市区低速行驶时的助力过程

市区低速行驶时的助力过程如图 3-28 所示：图中 1 表示市区低速行驶时转动方向盘，转向助力开始；图中 2 表示扭矩传感器探测扭杆的转动，告知电子控制单元方向盘上有一个中等的转向扭矩；图中 3 表示转向角度传感器将当前转向角度和速度传递给电子控制单元；图中 4 表示电子控制单元根据中等的转向扭矩、车速、发动机转速、中等的转向角度、转向速度传感器信号，计算中等的支持扭矩，启动助力电动机；图中 5 表示由第二小齿轮将支持力传递到转向器的齿条上；图中 6 表示方向盘扭矩和中等支持扭矩总和就是转向器上的有效扭矩，由该扭矩来传动齿条。

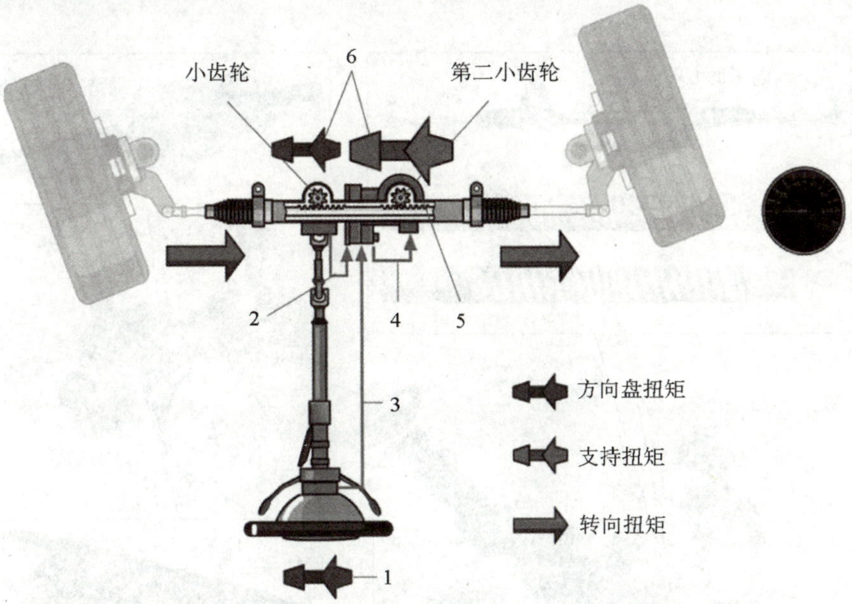

图 3-28　市区低速行驶时的助力过程

（4）高速公路高速行驶时的助力过程

高速公路高速行驶时的助力过程如图 3-29 所示：图中 1 表示在高速公路上变换车道，驾驶员轻微转动方向盘；图中 2 表示扭矩传感器探测扭杆的转动，告知电子控制单元方向盘上有一个小的扭矩；图中 3 表示转向角度传感器将小的转向角度和速度传递给电子控制单元；图中 4 所示，电子控制单元根据中等的转向扭矩、车速、发动机转速、小的转向角度、转向速度传感器信号，计算一个小的支持扭矩或无需支持扭矩，启动助力电动机；图中 5 表示由第二小齿轮将支持力传递到转向器的齿条上；图中 6 表示方向盘扭矩加上最小支持扭矩就是有效扭矩，该扭矩传动齿条。

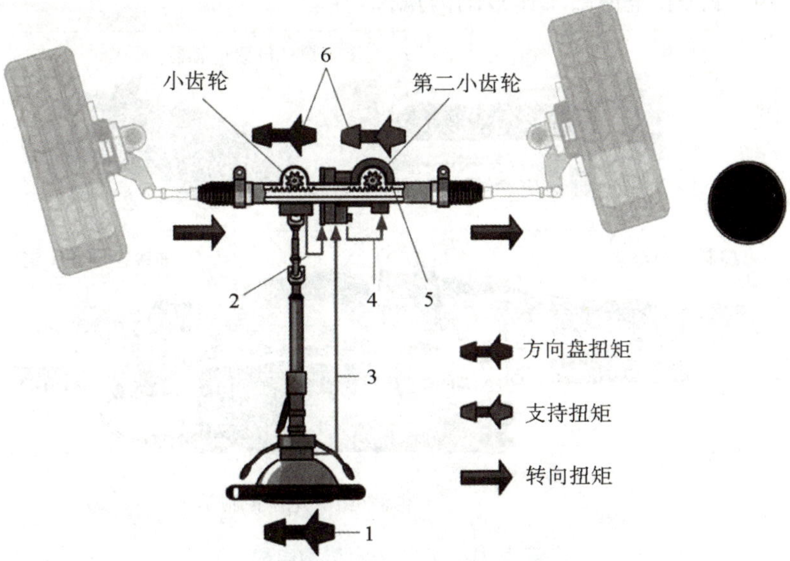

图 3-29　高速公路高速行驶时的助力过程

七、四轮转向系统

1. 概述

四轮转向系统是指除了前轮转向机构外，还在后桥上安装了一套转向系统，如图 3-30 所示。它能够使驾驶员在操纵方向盘时转动汽车前后四个车轮，不仅提高了高速时的稳定性和可控制，而且提高了低速时的机动性。在高速行驶时，使后轮与前轮同相位转向，以减小车辆转向时的旋转运动，改善高速行驶的稳定性；而在低速行驶时，使后轮与前轮逆相位转向，以改善车辆中低速行驶的操纵性，提高快速转向性。

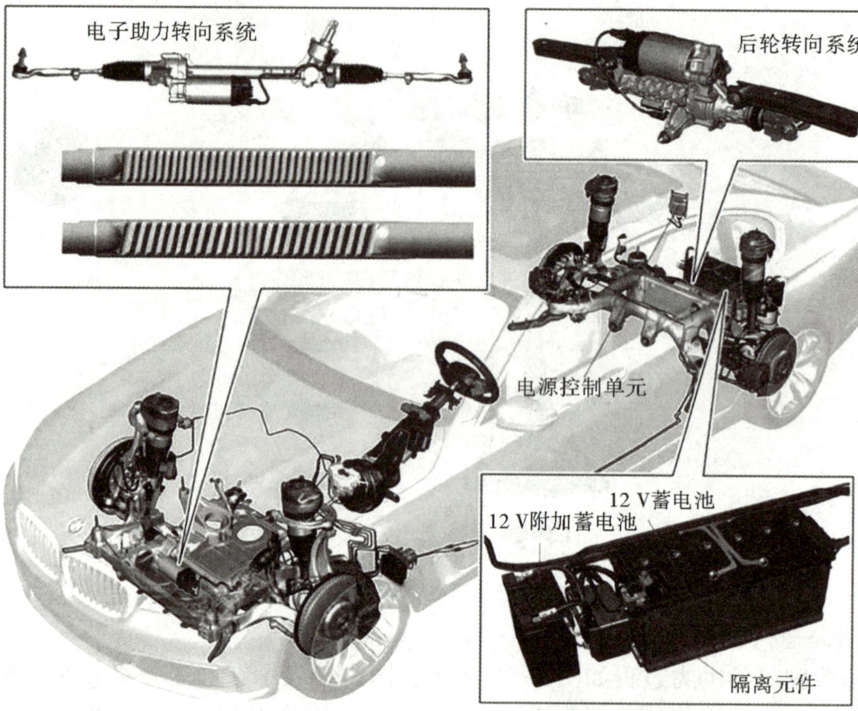

图 3-30　四轮转向系统组成

2. 后轮转向机构

后轮转向机构由电动机、电子控制单元以及前束控制臂固定架等组成，如图 3-31 所示。后轮转向机构一般可实现最大 3°的后轮转向，因此与不带后轮转向机构的车辆相比可使转弯直径减小约 1 m。一般后轮转向系统可在约 5 km/h 至最高车速范围内执行功能。

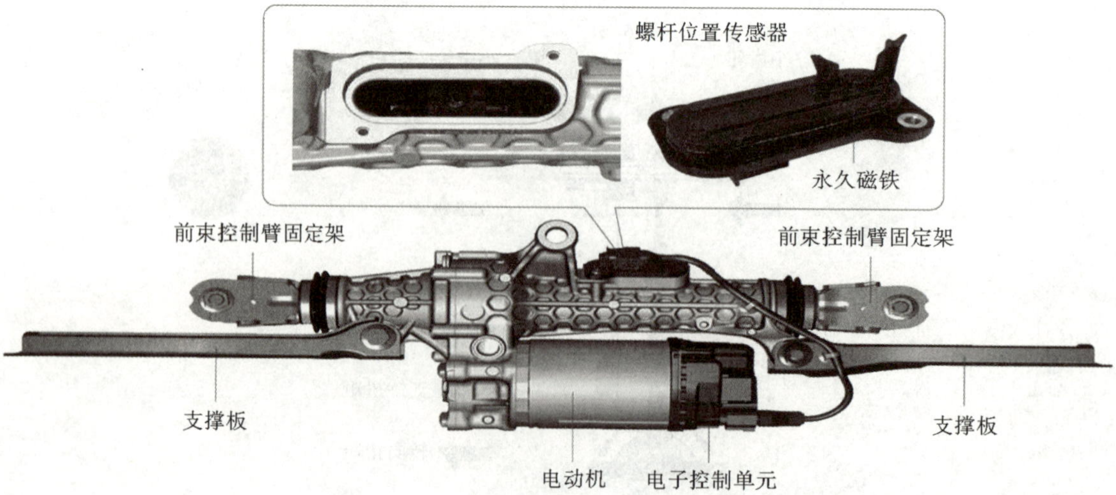

图 3-31　后轮转向机构组成

3. 四轮转向系统运行策略

（1）车速<60 km/h 时，后轮转向角度与前轮转向角度相反，这样可提高车辆的转弯性能，如图 3-32（a）所示。

（2）车速≥60 km/h 时，后轮转向角度与前轮转向角度相同，这样可使车辆保持直线行驶，如图 3-32（b）所示。

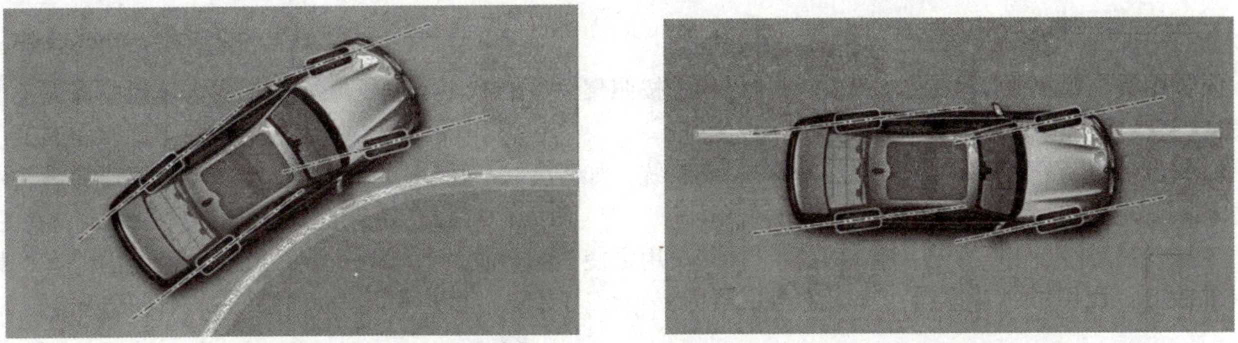

（a）转向角度相反　　（b）转向角度相同

图 3-32　前后轮转向角度

快速更换车道或转弯时，所有车辆都有明显的横摆趋势且可能导致过度转向。动态稳定控制系统（DSC）识别出驾驶员指令与车辆响应间存在偏差时，就会进行后轮转向干预并稳定车辆，如图 3-33 所示。

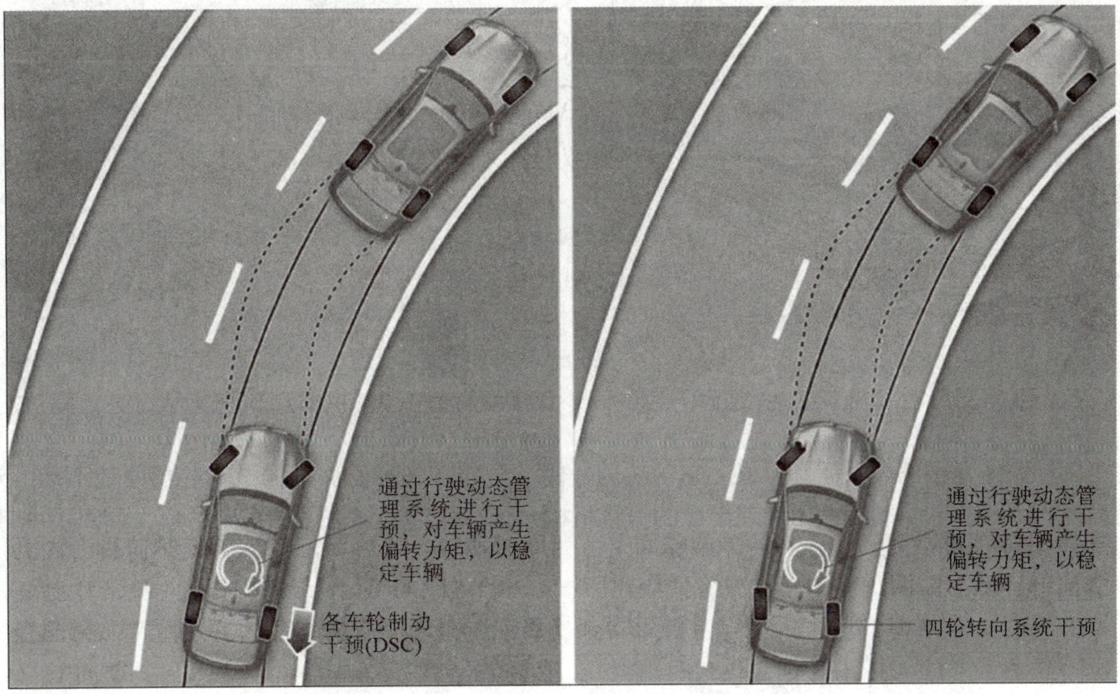

图 3-33　快速转弯时四轮转向系统工作示意图

任务三　制动系统

一、概述

制动系统的主要作用是使汽车在行驶过程中按照驾驶者的意愿减速或停车，在下坡过程中保持速度稳定行驶，使停驶的汽车在各种路况下稳定驻车。

制动系统可分为行车制动系统和驻车制动系统，如图 3-34 所示。制动器分为鼓式制动器和盘式制动器。

行车制动器是由驾驶员用脚来控制，它的功用是使正在行驶的汽车减速或在最短的距离内停车，如图 3-35 所示。

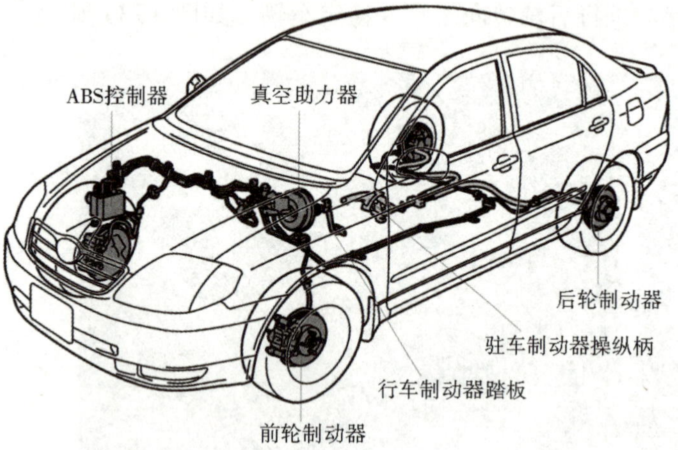

图 3-34　汽车制动系统组成

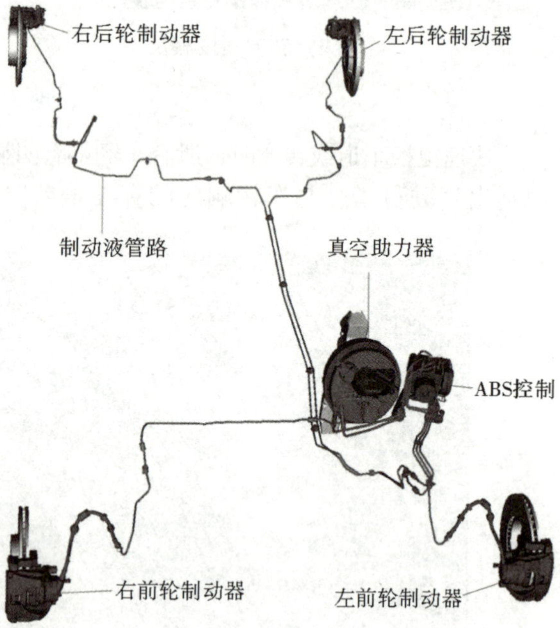

图 3-35　行车制动器组成

驻车制动系统是由驾驶员手动操纵，它的功用是使已经停在各种路面上的汽车驻留原地不动。对于驻车制动系统，一般在后轮制动器中加装必要的执行机构，使后轮制动器兼做驻车制动器，如图 3-36 所示。

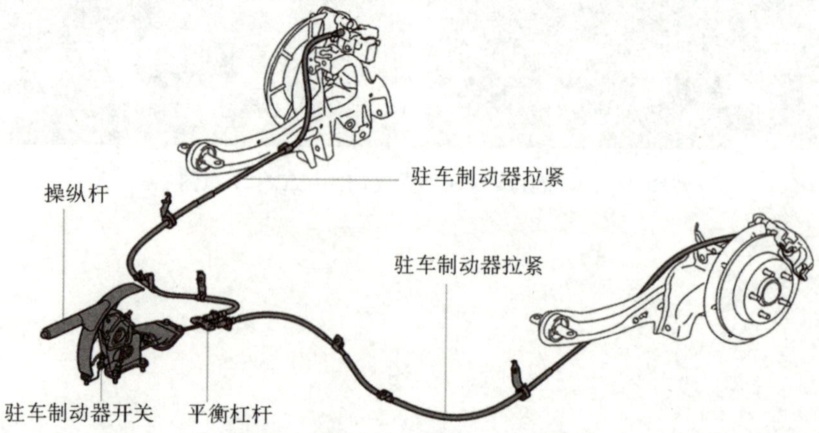

图 3-36　驻车制动系统组成

二、鼓式制动器

鼓式制动器由制动鼓、制动蹄、制动轮缸、回位弹簧等组成，如图 3-37 所示。旋转元件是制动鼓，其与车轮连接；固定元件是制动蹄。制动蹄在促动装置制动轮缸的作用下向外翻转，外表面的摩擦片压靠到制动鼓的内表面上，对制动鼓产生制动摩擦力，促使车轮减速。

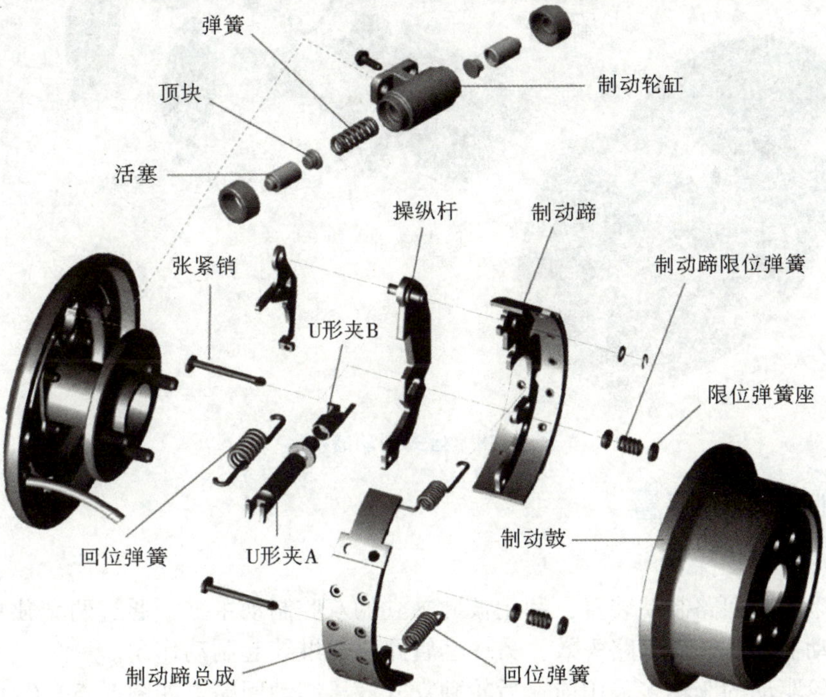

（a）鼓式制动器结构

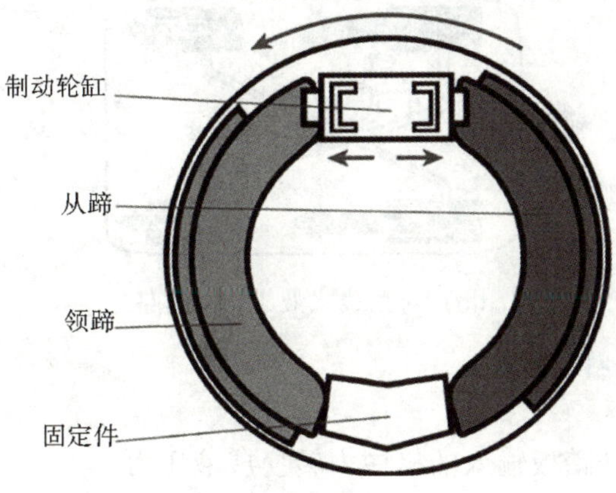

（b）领从蹄式

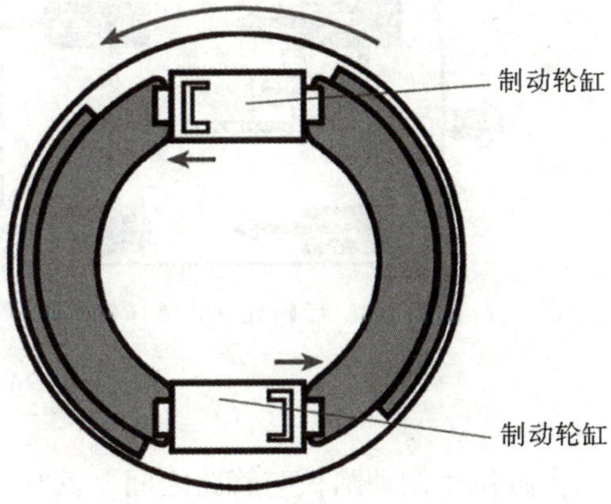

（c）双领蹄式

图 3-37　鼓式制动器组成

三、盘式制动器

盘式制动器由制动钳、制动片、活塞等组成，如图 3-38 所示。盘式制动器的旋转元件为制动盘，制动盘与车轮连接。摩擦元件为制动片，每个盘式制动器有两个制动片，制动片安装在横跨制动盘两侧的制动钳上。在制动盘的内侧设置油缸，以驱动外侧的制动片，制动片附在制动钳体上，制动时随着制动钳做轴向运动。

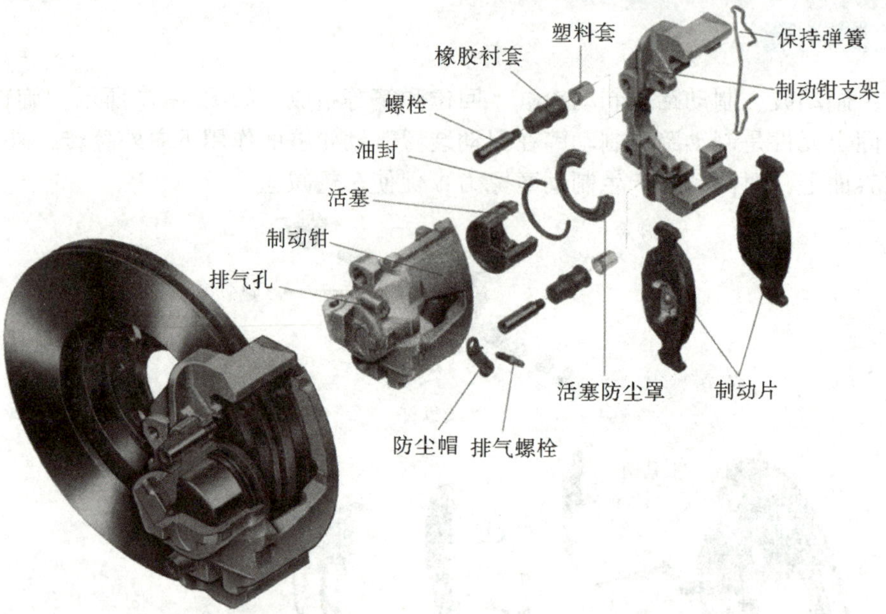

图 3-38 盘式制动器构造

四、液压制动传动装置

1. 液压制动回路

行车制动系统采用双回路制动装置，利用彼此独立的双腔制动主缸，通过两套独立的液压管路分别控制两个车轮的制动器。若一套管路失效，另一套管路仍能继续起制动作用。

发动机前置后轮驱动的车辆多采用前、后轮独立式液压制动回路，如图 3-39（a）所示。发动机前置前轮驱动的车辆多采用对角线式液压制动回路，如图 3-39（b）所示。

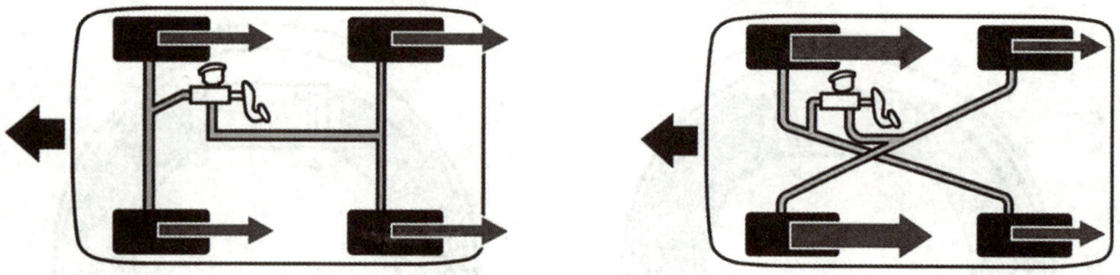

（a）前、后轮独立式液压制动回路　　（b）对角线式液压制动回路

图 3-39 液压制动回路装置

2. 制动主缸

制动主缸位于制动踏板与管路之间，其功用是将制动踏板输入的机械力转换成液压力。

制动主缸的结构及工作原理图，如图 3-40 所示，在制动主缸上端装有储油罐，制动主缸内的活塞通过真空助力器内的推杆和制动踏板相连。踩下制动踏板推动活塞运动，进油孔关闭，各制动轮缸产生制动油压。松开制动踏板，活塞恢复到初始位置，制动油压消失，制动解除。

制动液经制动主缸及液压管路到达制动轮缸。当踩下制动踏板，两活塞在主缸推杆的作用下使两活塞运动，并将进油孔关闭，在①、②工作腔内产生油压，如图 3-40（b）所示，车轮制动器产生制动力。解除制动时，活塞在弹簧的作用下复位，液压油自轮缸和管路中流回到制动主缸。当后轮制动管路发生泄漏时，如图 3-40（c）所示，在②工作腔内不能产生油压，但在①工作腔内仍会产生油压。当前轮制动管路发生泄漏时，如图 3-40（d）所示，在①工作腔内不能产生油压，活塞 A 推着活塞 B 使其顶到制动主缸缸体上，此时在②工作腔内产生油压。

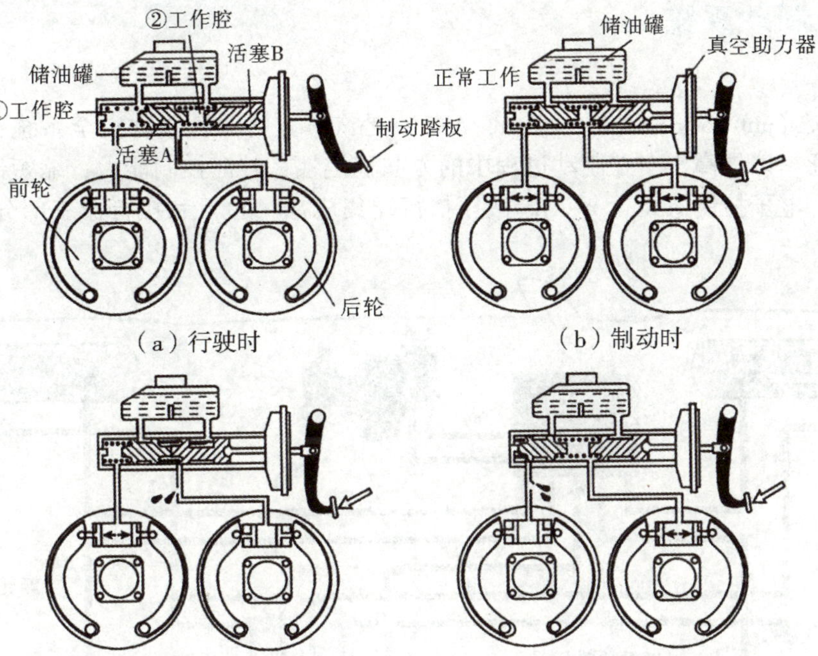

（a）行驶时　（b）制动时

（c）后轮制动管路漏油　（d）前轮制动管路漏油

图 3-40　制动主缸的结构及工作原理图

3. 真空助力器

制动助力装置能提高汽车的制动效能，减轻驾驶员的劳动强度。目前，大部分轿车采用真空助力器。真空助力器是利用真空负压对制动踏板进行助力的装置。真空助力器结构如图 3-41（a）所示；真空助力器工作原理如图 3-41（b）所示。

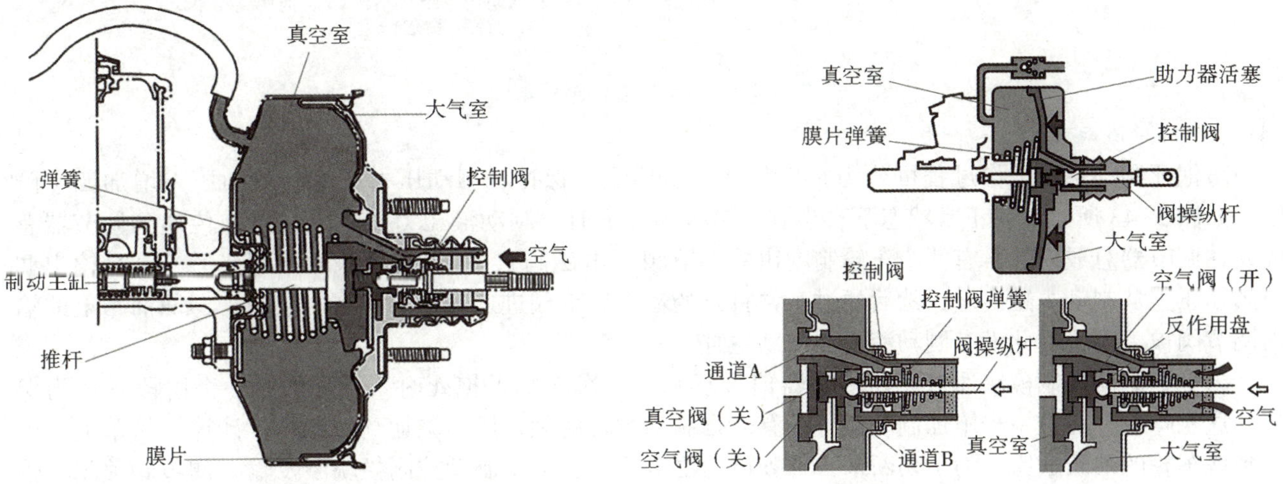

（a）真空助力器结构　（b）真空助力器工作原理

图 3-41　真空助力器

当踩下制动踏板时，阀操纵杆推动空气阀向左移动。控制阀弹簧推动控制阀向左移动，直到其接触到真空阀为止，这样阻塞通道 A 与通道 B 之间的开口。当空气阀向左更远移动时，将离开控制阀，这样让大气通过通道 B 进入大气室。真空室与大气室之间的压力差使得活塞向左移动，这样又依次使反作用盘向左移动助力器推杆并增加制动力。

五、防抱死制动系统

1. 概述

防抱死制动系统（anti-lock braking system，ABS）是汽车上的一种制动安全系统，其作用是在汽车制动时防止车轮抱死，以提高汽车在制动过程中的方向稳定性、转向控制能力，缩短制动距离。防抱死制动系统由传感器、电子控制单元（与 ABS 液压执行器集成在一起）和执行器三部分组成，如图 3-42 所示。

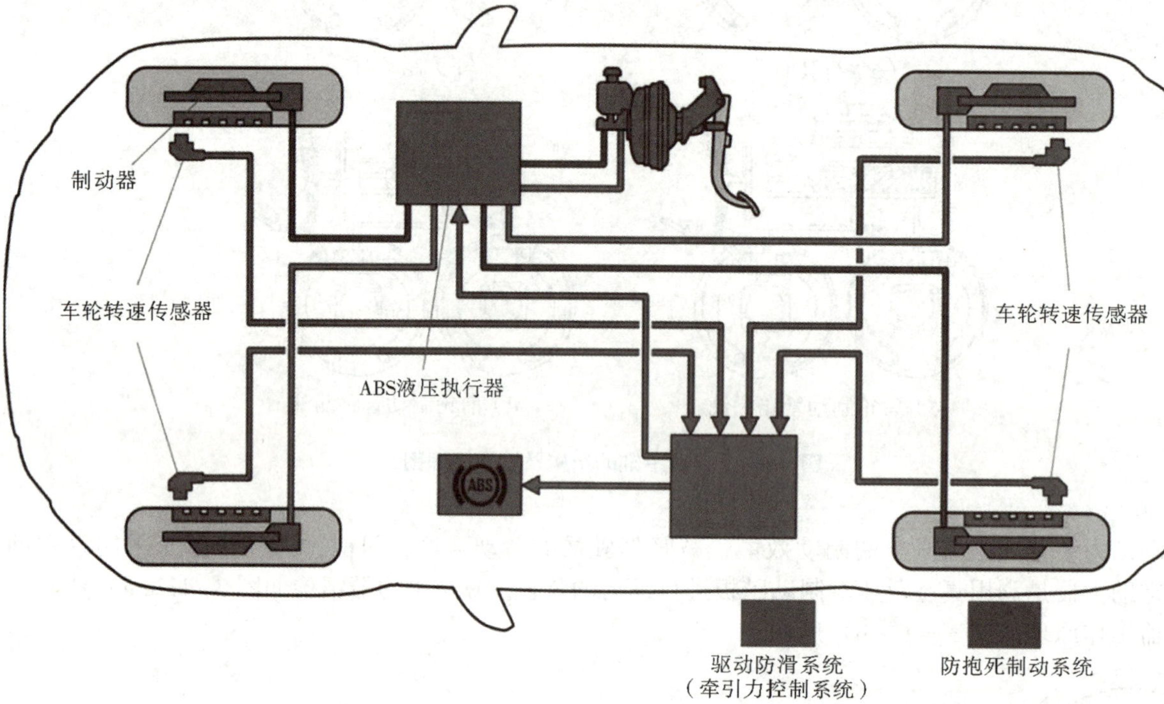

图 3-42 防抱死制动系统组成

2. 工作原理

防抱死制动系统工作过程可分为常规制动、制动压力保持、制动压力下降、制动压力增加四个阶段，如图 3-43 所示。在正常状态下，当制动踏板被踩下时，制动液压力从制动主缸被传递到调节器总成。在调节器总成内部，有两个车轮制动钳的调节阀（电磁阀），一个是输入调节阀，另一个是输出调节阀。压力从制动主缸出来，然后通过正常打开的输入调节阀进入每个制动器。在制动器回油路上的输出调节阀被关闭，因此没有制动液返回制动主缸。

当电子制动控制模块通过车轮传感器信号感知一个车轮临近抱死时，循环的第一个阶段是压力保持，这意味着，在进一步施加制动时，没有来自制动主缸的额外压力施加到该车轮，计算机简单地关闭了到该车轮的油压通路。为了切断来自驾驶员的更多压力，电子制动控制模块激发输入调节阀关闭，输出调节阀仍然关闭，因此制动器中将保持恒定的压力。如果电子制动控制模块仍然检测到右前轮将要抱死，它将激发输出调节阀，使输出调节阀从关闭状态变为打开状态。结果，制动钳中的压力开始被解除，液压制动液被送回制动主缸。

如果电子制动控制模块检测到抱死状态已被解除，则压力将需要再次增加，那么输出调节阀被解除激发而关闭，进口阀被激发而打开，此时调节阀模式和正常状态的模式相同。

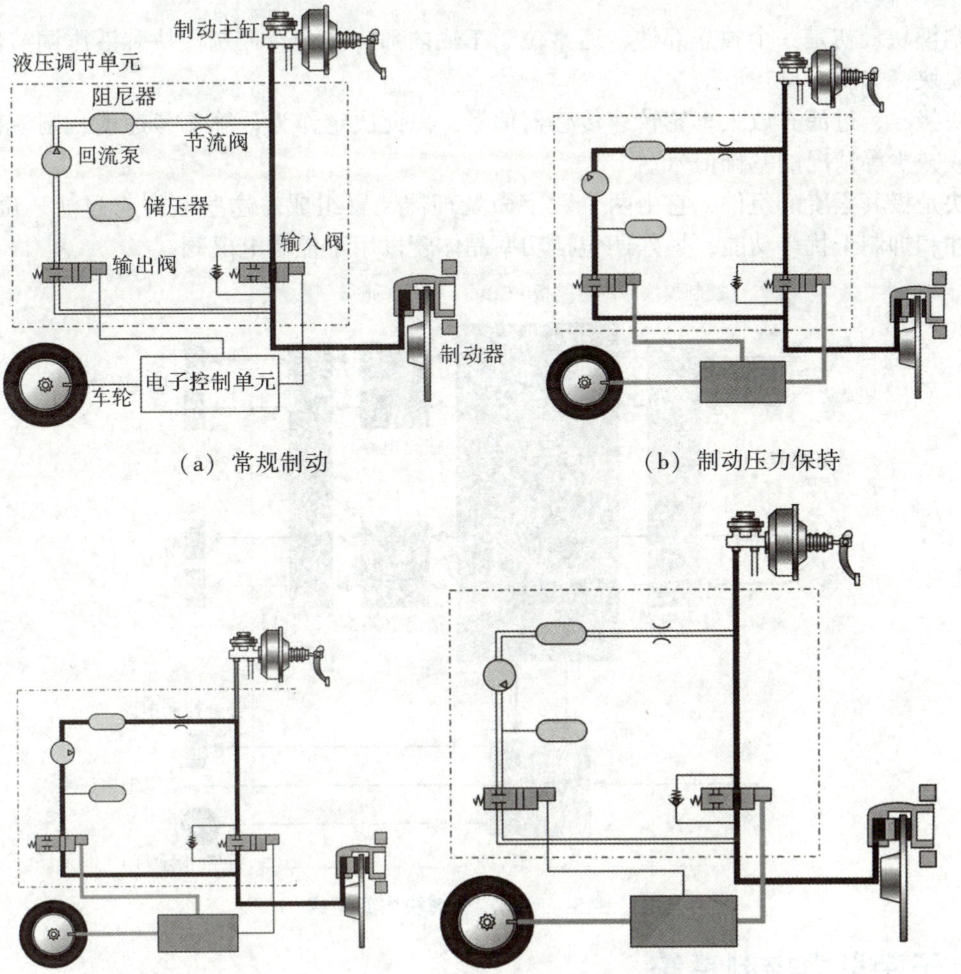

（a）常规制动　　（b）制动压力保持

（c）制动压力下降　　（d）制动压力增加

图 3-43　防抱死制动系统工作过程

3. 车轮转速传感器

车轮转速传感器的功用是检测车轮的旋转运动，ABS 电子控制单元根据此信号检测车轮是否抱死。车轮转速传感器分为被动式和主动式两种。被动式车轮转速传感器工作时不需要外界提供电源，一般为电磁式，如图 3-44（a）所示。主动式车轮转速传感器工作时需要电子控制单元提供工作电源，一般为霍尔元件式，如图 3-44（b）所示。

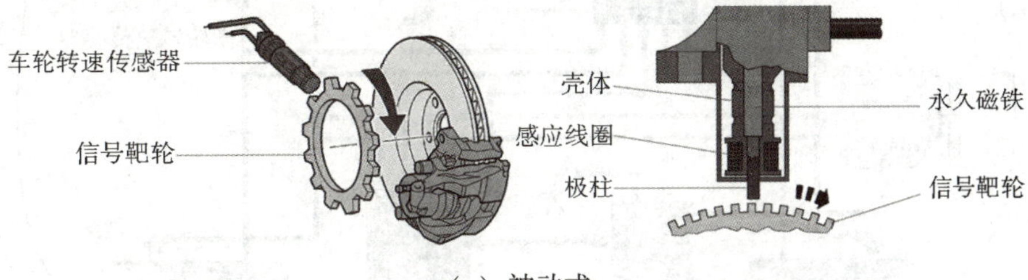

（a）被动式

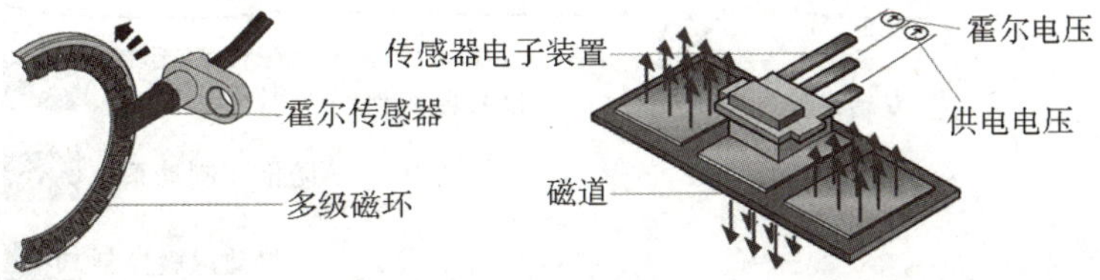

（b）主动式

图 3-44　车轮转速传感器

4. ABS 控制模块

ABS 控制模块最初是一个独立部件，通常位于车辆内部。如今，控制模块和液压调节器设计为一个完整的集成模块，如图 3-45 所示。

控制模块接收、过滤并放大车轮转速传感器信号，以此决定作为计算参考速度、制动器打滑和车辆线速度增加或减少等情况的基础信号。

控制模块是极其紧凑的组件，它由两个数字微处理器装置组成。这些装置有过滤、调节信号强度、产生参考脉冲和抑制干扰等功能，另外还包括功率晶体管以用于控制电磁阀。

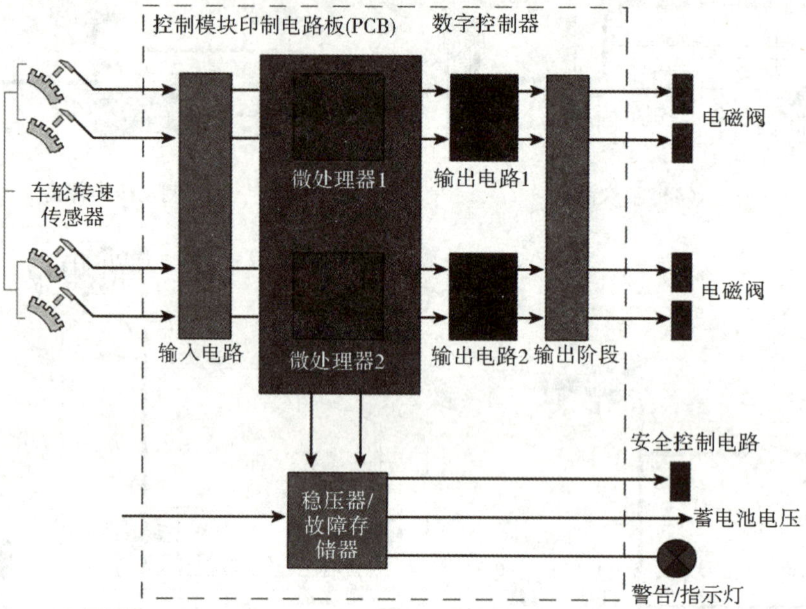

图 3-45　ABS 控制模块内部组成

六、电子牵引力控制系统

牵引力控制系统（traction control system，TCS，也称为 ASR 或 TRC）在车辆起步、加速或溜滑路面行驶时起作用，通过控制发动机的输出功率或对滑转驱动轮施以制动力等措施，防止车轮滑转，如图 3-46 所示。

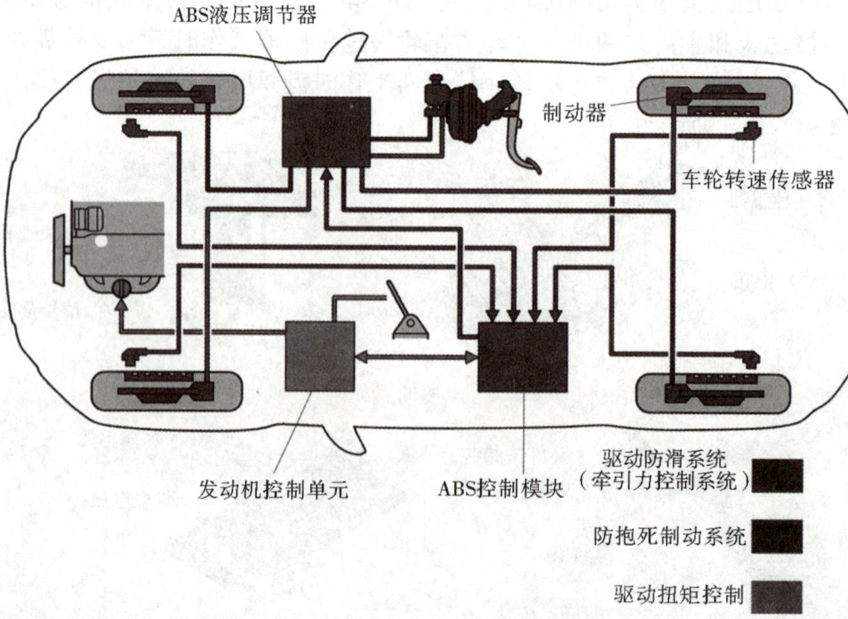

图 3-46　电子牵引力控制系统组成

ABS 与 ASR 的区别如下。

① ABS 控制车轮的拖滑，以提高制动性能；而 ASR 控制车轮的滑转，提高起步、加速及溜滑路面行驶的牵引力，确保行驶稳定性。

② ABS 控制四个车轮，而 ASR 只控制驱动轮。

③ ABS 在车轮抱死时起作用，ASR 在行驶过程中一直工作，驱动轮出现滑转时起作用，但车速高于 60 km/h 时不起作用。

④ ABS 只控制车轮，ASR 可控制发动机功率输出。

七、车身电子稳定系统

电子稳定系统（electronic stability program，ESP）组合了防抱死制动系统、电子牵引力控制系统、驱动防滑控制系统的基本功能，是一种主动安全系统，如图 3-47 所示。

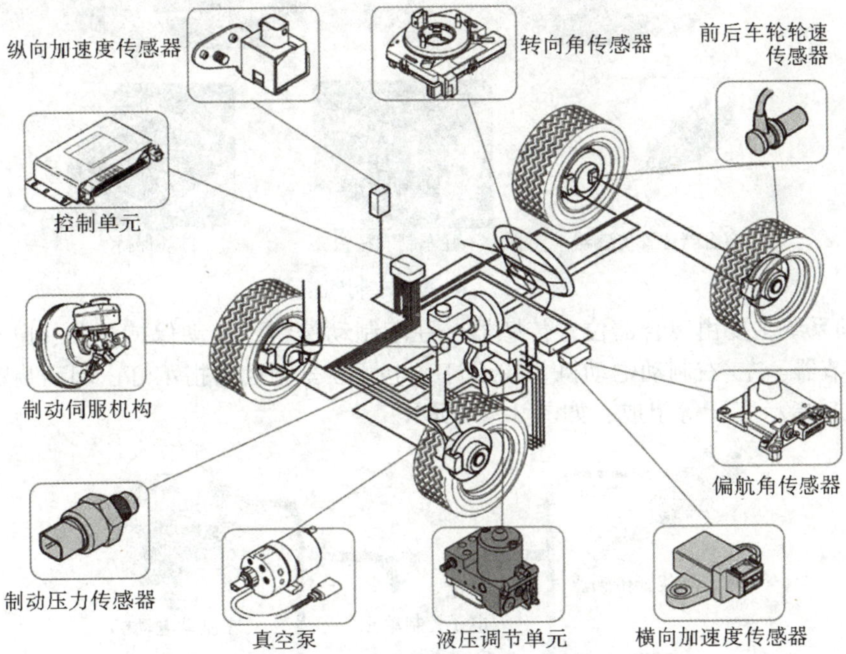

图 3-47 车身电子稳定系统组成

汽车在行驶过程中出现侧滑、甩尾，或出现明显的转向不足、转向过度引起车辆侧翻倾向时，系统指令 ABS 和 ASR 对发动机输出功率进行控制，并对相关车轮施加制动，及时纠正车辆行驶不稳定的趋势，保证正常的行驶轨迹，避免车辆失控。

电子稳定型程序的命名有所不同，ESP 是博世公司的专利。其他汽车公司也开发出了类似的系统，如丰田的车辆稳定控制系统（VSC），日产的车辆行驶动力调整系统（VDC），宝马的动态稳定控制系统（DSC）等。

八、电子驻车制动系统

1. 概述

电子驻车制动系统（electronic park brake，EPB），将机械式驻车制动系统的制动拉杆变成了电子按钮，制动盘和制动片的压紧力不是来自驾驶人的作用力，而是来自电动机转动产生的电磁转矩，并通过机械传动机构使制动盘与制动片压紧。电子驻车制动系统由电子控制器根据相关传感器和开关信号来判断是否需要驻车制动，或解除驻车制动。电子驻车制动系统一般都附带自动驻车、坡道辅助等功能，如图 3-48 所示。

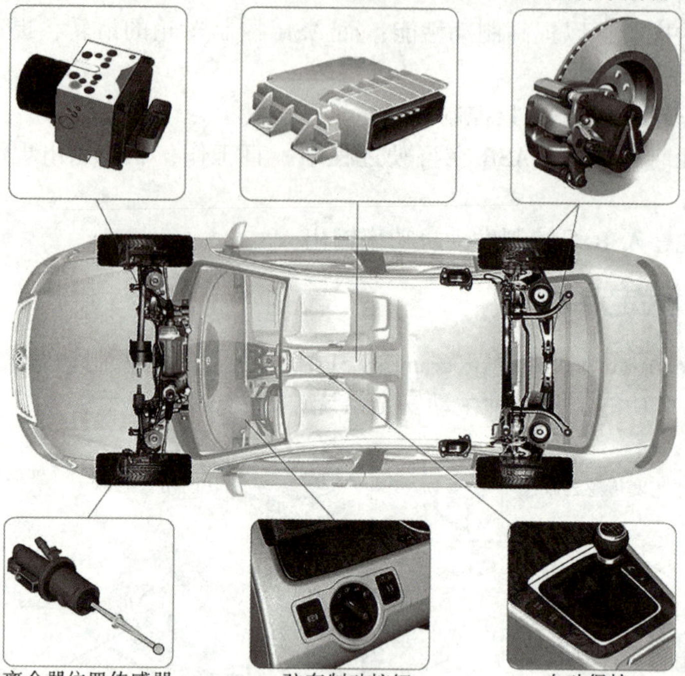

图 3-48　电子驻车制动系统

电子驻车制动系统主要由离合器位置传感器、驻车制动按钮、自动保持开关、电子控制单元、ABS控制单元/压力调节器、左/右制动电动机、指示灯（电子驻车制动器指示灯、制动装置指示灯、故障指示灯、AUTO HOLD 指示灯）等组成，如图 3-49 所示。

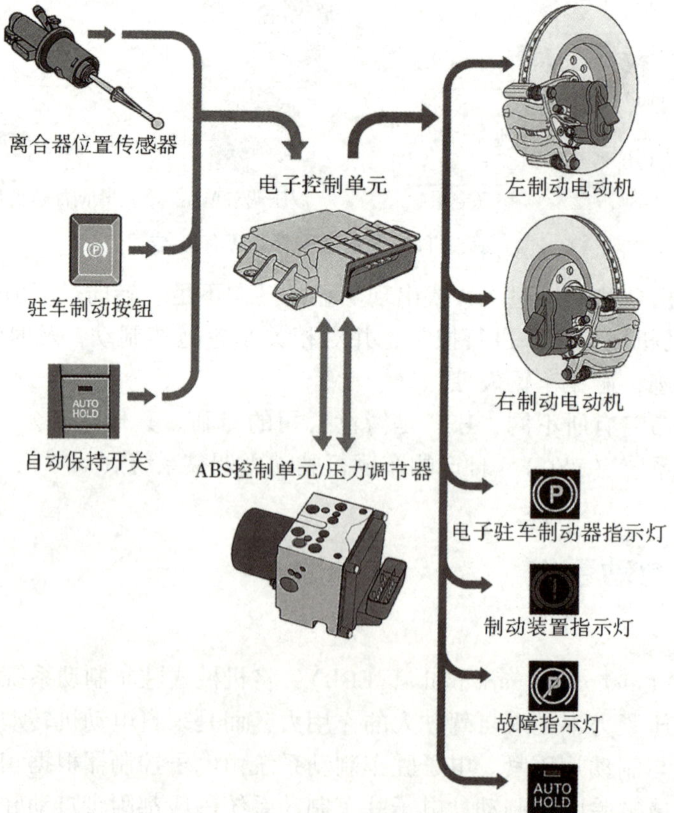

图 3-49　电子驻车制动系统组成

2. 后轮制动执行器

后轮制动执行器由制动电动机、多级变速器、制动活塞、旋转斜盘式齿轮等组成，并集成在制动钳中。拉起驻车制动器操纵按钮时，通过制动电动机、多级变速器及螺杆传动，推动制动活塞将制动片压靠在制动盘上，如图 3-50 所示。

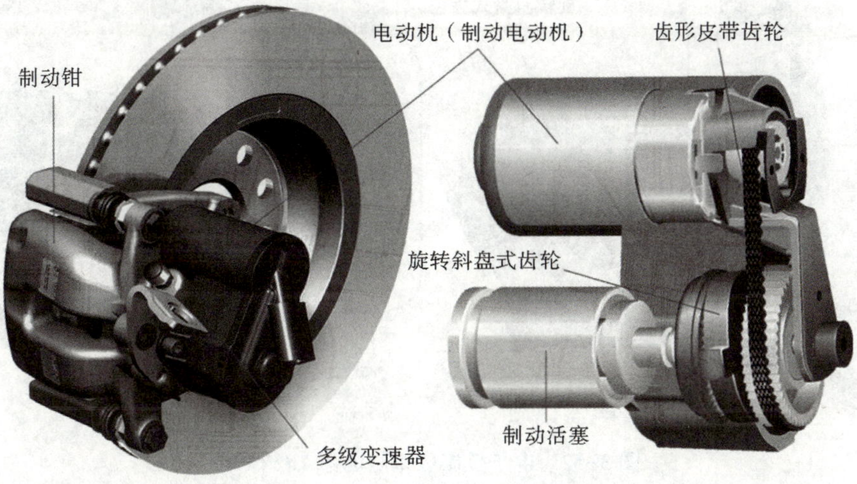

图 3-50　后轮制动执行器结构

旋转斜盘式齿轮直接传动螺杆，将电动机的旋转运动转换为冲程运动，螺杆的传动方向决定压力螺母向前或向后移动，如图 3-51 所示。

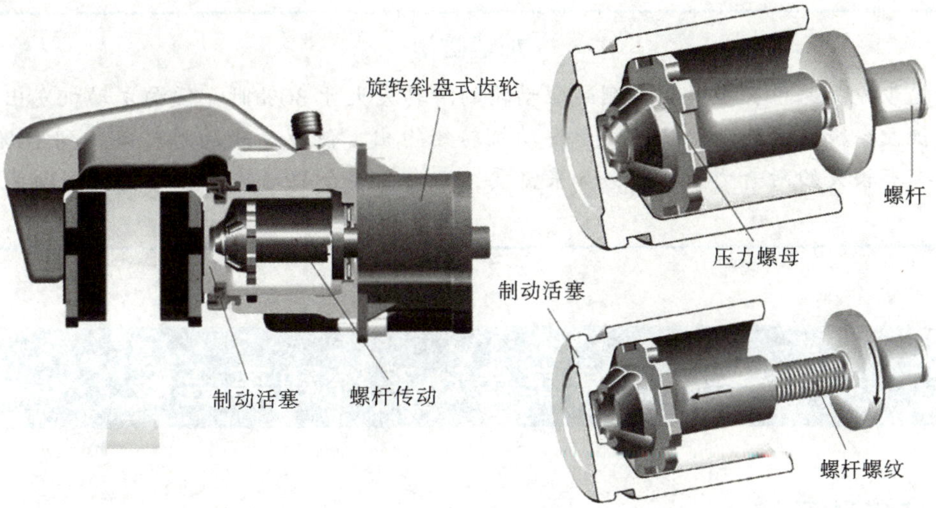

图 3-51　斜盘螺杆传动基本原理

3. 工作原理

拉起驻车制动器按钮，电子驻车制动器控制单元会启动电动机，电动机通过皮带盘和斜盘式齿轮转动螺杆。螺杆转动，使得螺纹上的压力螺母向前移动。压力螺母移动到制动活塞上，并将其压向制动片。制动片从另一侧压制动盘，此时电动机的耗电量升高，电子驻车制动器控制单元全程测量电动机的耗电量，当耗电量超过一定值时，控制单元关闭对电动机的供电。释放驻车制动器按钮时，螺杆上的压力螺母向后移动。制动活塞被松开并缩回，制动片离开制动盘，如图 3-52 所示。

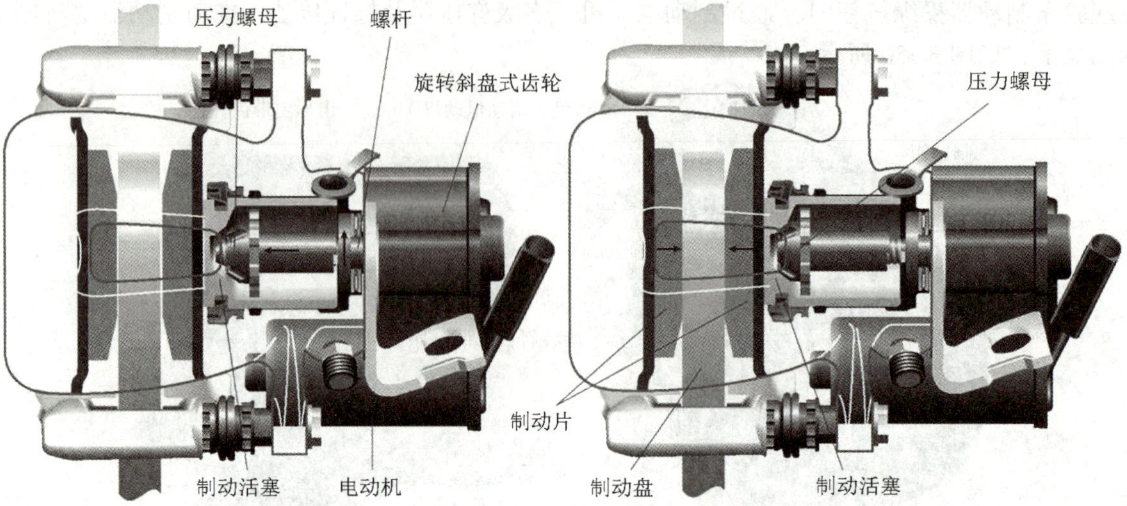

图 3-52　电子控制驻车制动器工作原理

知识拓展

加速防滑

在汽车起步或加速中，当电脑监测到驱动轮的滑转差大于30%时，便向发动机发出指令减小驱动力，发动机便会减少喷油量，从而减小发动机转矩输出，使驱动轮的滑转差回到10%~30%，保证车轮始终拥有较大的附着力。同时，如果需要，还会向某个驱动轮施加一定的制动力，以阻止车轮打滑。

任务四　汽车传动系统和离合器

一、汽车传动系统

1. 概述

发动机发出的动力经离合器（手动变速器）/液力变矩器（自动变速器）、变速器、万向传动装置传到驱动桥，动力又经过主减速差速器和半轴等传递到车轮，如图 3-53 所示。

2. 离合器

离合器安装在发动机与变速器之间，负责切断和结合发动机与变速器之间的动力传递，可使发动机与传动系统逐渐结合，便于换挡，并保证汽车平稳起步，同时还起到防止传动系统过载的作用，如图 3-54 所示。

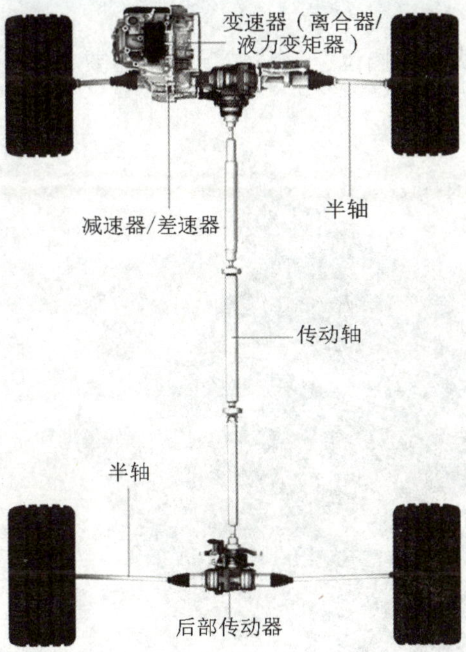

图 3-53 传动系统

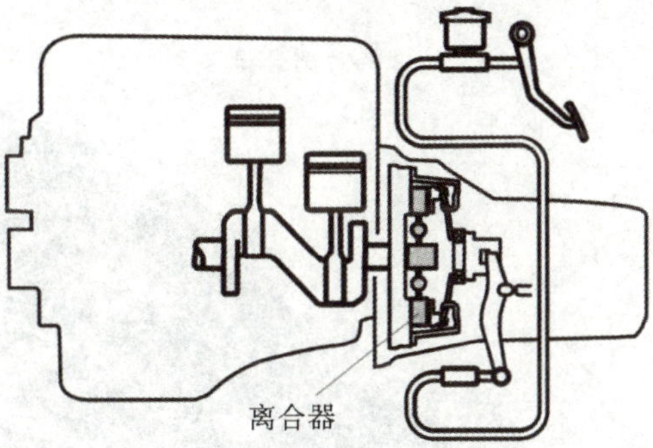

图 3-54 离合器

3. 手动变速器

手动变速器由驾驶员直接操纵变速杆换挡，如图 3-55 所示。

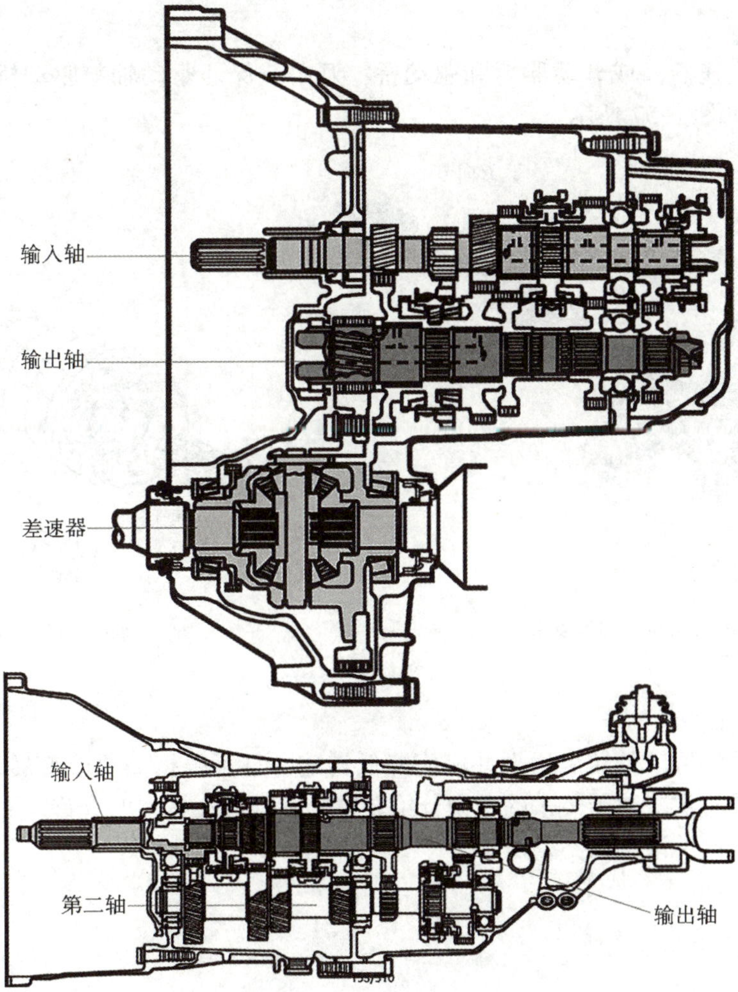

图 3-55 手动变速器

4. 自动变速器

自动变速器可根据发动机负荷、车速等工况的变化自动变换挡位，一般情况下不需要人工干预，如图 3-56 所示。

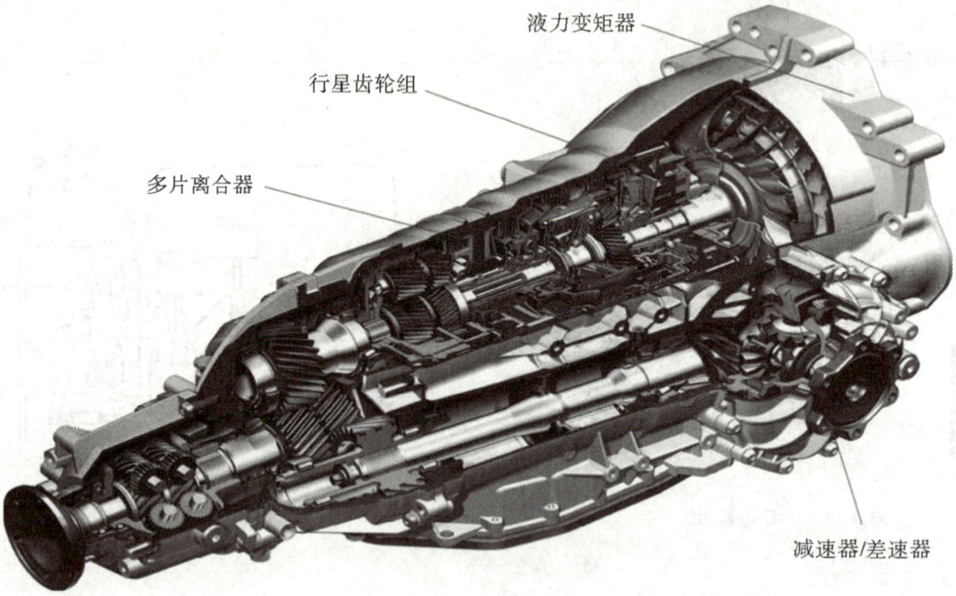

图 3-56 自动变速器

5. 传动轴与万向节

传动轴用来连接变速器（或分动器）和驱动桥；万向节保证驱动轴与驱动桥连接夹角的变化，保证两轴的等速传动，如图 3-57 所示。

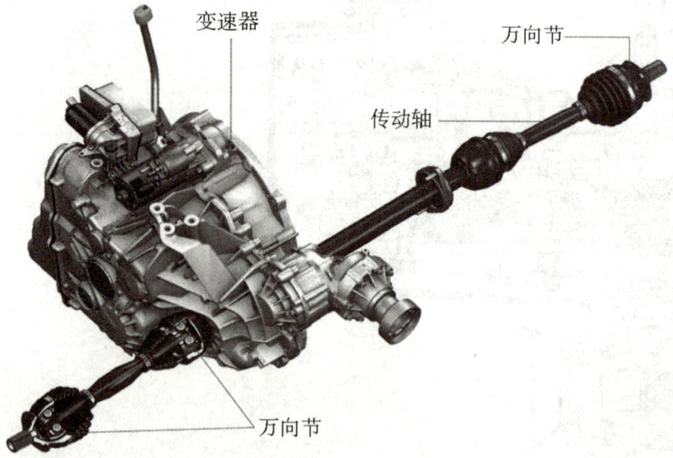

（a）转动轴与万向节安装

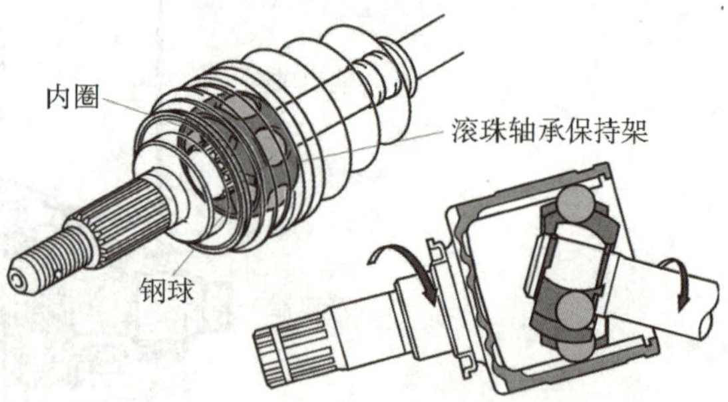

（b）万向节传动原理

图 3-57 传动轴与万向节

6. 主减速器和差速器

主减速器的功用是将输入的转矩增大并相应降低转速，且可根据需要改变转矩的方向，如图 3-58 所示。差速器的功用是将主减速器传来的动力分给左右半轴，并在必要时允许左右半轴以不同的转速旋转，使左右车轮相对地面纯滚动而不是滑动。

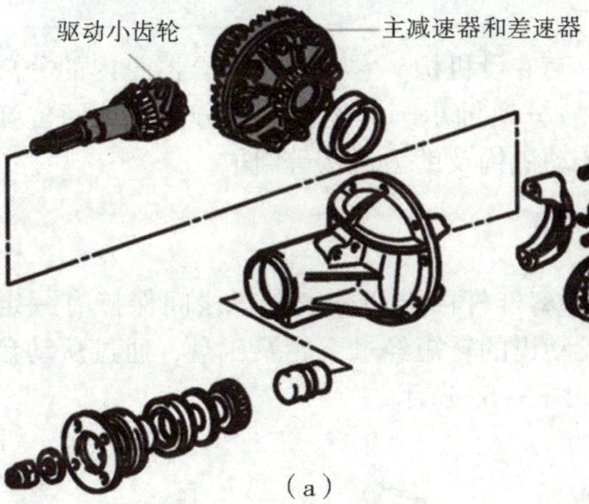

（a）

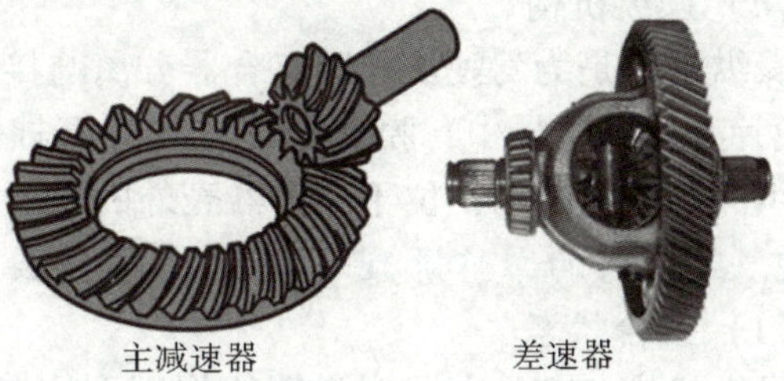

（b）

图 3-58　主减速器和差速器

二、离合器的结构与工作原理

1. 离合器的基本组成（以摩擦离合器为例）

离合器由主动部分、从动部分、压紧机构和操纵机构四部分组成。

（1）主动部分

主动部分包括飞轮、离合器盖、压盘等机件组成，如图 3-59 所示。这部分与发动机曲轴连在一起。离合器盖与飞轮靠螺栓连接，压盘与离合器盖之间是靠 3~4 个传动片传递转矩。

（2）从动部分

从动部分是由单片、双片或多片从动盘所组成，它将主动部分通过摩擦传来的动力传给变速器的输入轴，如图 3-60 所示。从动盘由从动盘本体、摩擦片和从动盘毂三个基本部分组成。为了避免转动方向的共振，缓和传动系受到的冲击载荷，大多数汽车都在离合器的从动盘上附装有扭转减震器。

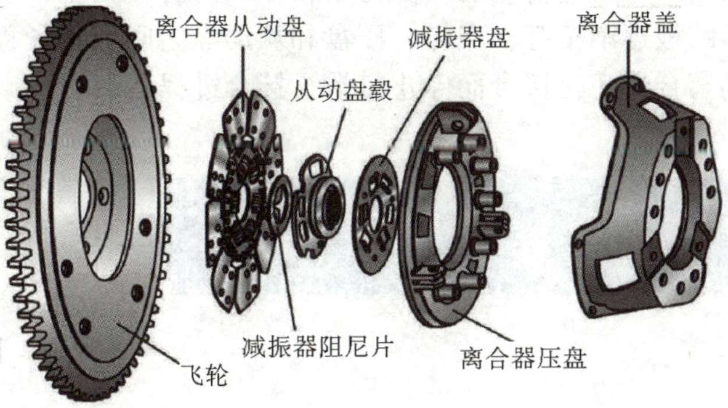

图 3-59　主动部分的机件组成

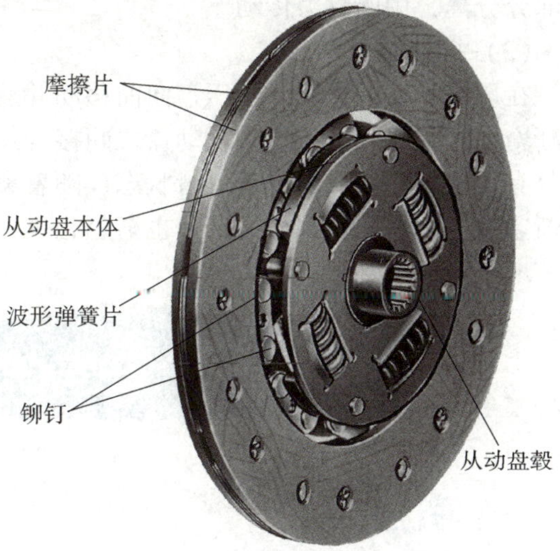

图 3-60　从动盘的基本部分组成

（3）压紧机构

压紧机构主要由螺旋弹簧或膜片弹簧组成，与主动部分一起旋转，它以离合器盖为依托，将压盘压向飞轮，从而将处于飞轮和压盘间的从动盘压紧，如图 3-61 所示。

螺旋弹簧分为沿周向布置和中央布置两种，将一个圆柱形或圆锥形弹簧布置在中央的离合器称为中央弹簧离合器。

(4) 操纵机构

操纵机构是为驾驶员控制离合器分离与接合程度的一套专设机构。它由位于离合器壳内的分离杠杆（在膜片弹簧离合器中，膜片弹簧兼起分离杠杆的作用）、分离轴承、分离套筒、分离叉、回位弹簧等机件组成的分离机构，位于离合器壳外的离合器踏板，传动机构及助力机构等组成。

2. 离合器的工作原理（以摩擦离合器为例）

(1) 接合状态

操纵机构各部件在回位弹簧的作用下回各自位置，分离杠杆内端与分离轴承之间保持有一定的间隙，压紧弹簧将飞轮、从动盘和压盘三者压紧在一起。发动机的转矩经过飞轮及压盘，通过从动盘两摩擦面的摩擦作用传给从动盘，再由从动轴输入变速器，如图 3-62 所示。

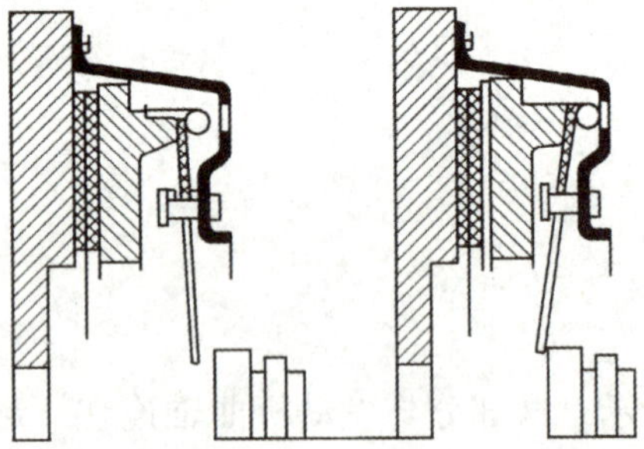

图 3-61　摩擦离合器结构示意图

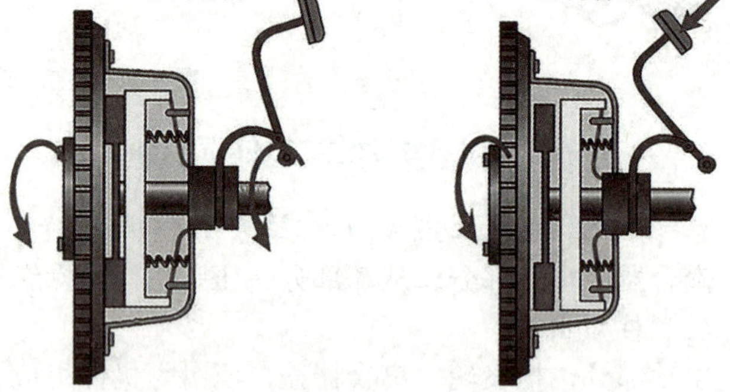

图 3-62　摩擦离合器的工作原理示意图

(2) 分离过程

分离套筒和分离轴承在分离叉的推动下，先消除分离轴承与分离杠杆内端之间的间隙，然后推动分离杠杆内端前移，使分离杠杆外端带动压盘克服压紧弹簧作用力后移，摩擦作用消失，离合器的主、从动部分分离，中断动力传动。

(3) 接合过程

在压紧弹簧的作用下，压盘向前移动并逐渐压紧从动盘，使接触面间的压力逐渐增加，摩擦力矩也逐渐增加；当飞轮、压盘和从动盘之间接合还不紧密时，所能传动的摩擦力矩较小，离合器的主、从动部分有转速差，离合器处于打滑状态；随着离合器踏板逐渐抬起，飞轮、压盘和从动盘之间的压紧程度逐渐紧密，主、从动部分的转速也渐趋相等，直到离合器完全接合而停止打滑，接合过程结束。

任务五　手动变速器

一、概述

手动变速器主要由变速传动机构和操纵机构组成（图 3-63）。变速传动机构主要由变速器轴、变速齿轮、同步器等组成。依靠不同挡位的齿轮啮合，提供不同的传动比以改变齿轮旋转方向。

变速器操纵机构主要由变速器操纵杆、拨叉、拨叉轴等组成。根据汽车行驶条件的需要，驾驶员通过变速器操纵机构控制变速器的挡位。

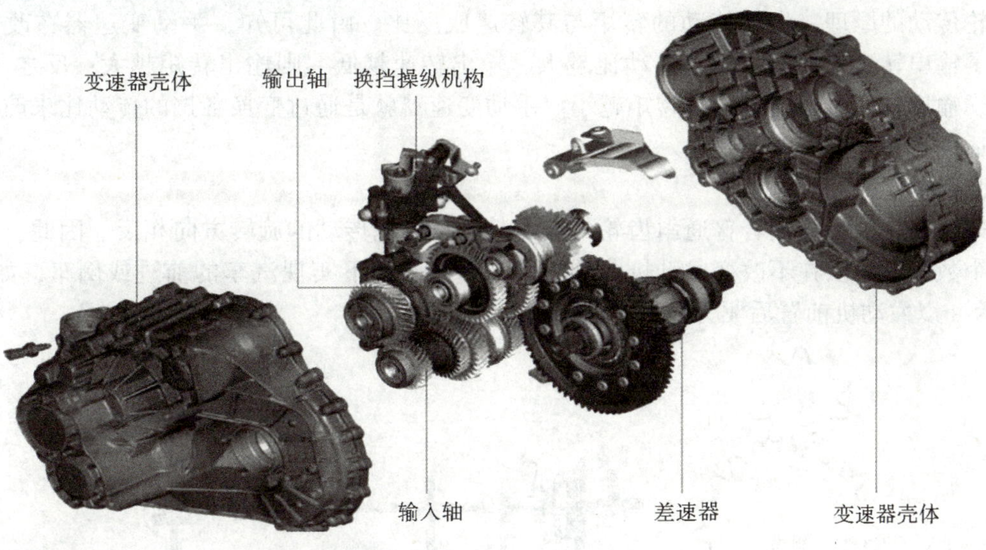

图 3-63　手动变速器组成

二、手动变速器的结构与工作原理

1. 手动变速器的工作原理

(1) 变速、变矩原理

一对齿轮只能得到一个固定的传动比，从而得到一个输出转速，只能构成变速器的一个挡位。为了扩大变速器输出转速的变化范围，普通齿轮式手动变速器采用多对大小不同的齿轮啮合传动，以构成多个不同的挡位。主动齿轮（即输入轴）的转速 n_1 与从动齿轮（即输出轴）的转速 n_2 之比称为传动比，用字母 i 表示，转速比与其齿数成反比，即

$$i=n_1/n_2=z_{从动}/z_{主动}$$

普通齿轮式手动变速器通常有 3~6 个前进挡和 1 个倒挡，每个挡位对应一个传动比。传动比 $i>1$ 的挡位一般为前进挡的降速挡；传动比 $i=1$ 的挡位一般为前进挡的直接挡；传动比 $i<1$ 的挡位一般为前进挡中的超速挡。

图 3-64（a）为减速增矩，主动齿轮齿数为 10，从动齿轮齿数为 20，此时传动比等于 2。表示主动齿轮旋转 2 圈，从动齿轮才旋转 1 圈，此过程称为齿轮减速传动。

图 3-64（b）为增速减矩，主动齿轮齿数为 20，从动齿轮齿数为 10，此时传动比等于 0.5，表示主动齿轮旋转 1 圈，从动齿轮旋转 2 圈，此过程称为齿轮加速传动。

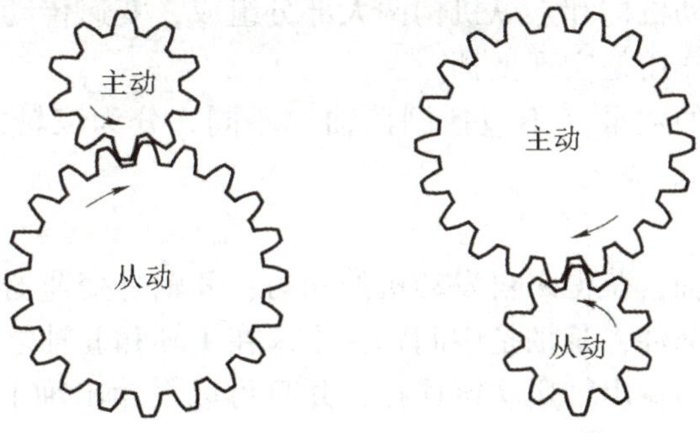

（a）减速增矩　　（b）增速减矩

图 3-64　变速、变矩原理图

通过改变传动齿轮的齿数，从而得到不同的转速，这就是齿轮传动的变速原理。一对齿轮传动只能得到一个固定的传动比，从而得到一种输出转速，并构成一个挡位。

根据齿轮传动的原理，齿轮传动的转矩与其转速成反比。由此可知，手动变速器在改变转速的同时，也改变了输出转矩。挡位越低，传动比越大，输出转速越低，则输出转矩越大；反之，挡位越高，传动比越小，输出转速越高，则输出转矩越小。手动变速器就是通过变换各挡的传动比来改变输出转速和转矩，以适应汽车行驶条件的变化。

（2）变向原理

手动变速器采用的是外啮合普通斜齿轮传动，其两个齿轮传动的旋转方向相反。因此，只要改变外啮合齿轮的个数，就可以在不改变发动机曲轴旋转方向的条件下实现汽车的前进或倒车，如图 3-65 和图 3-66 所示（以发动机前置后驱为例）。

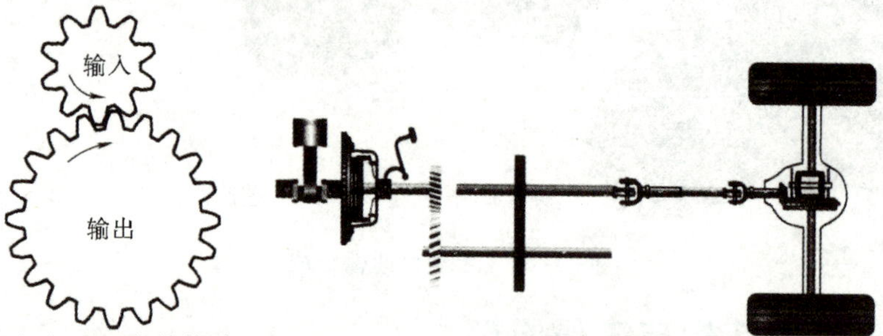

（a）两对齿轮传动　　（b）汽车前进动力传递路线示意图

图 3-65　汽车前进

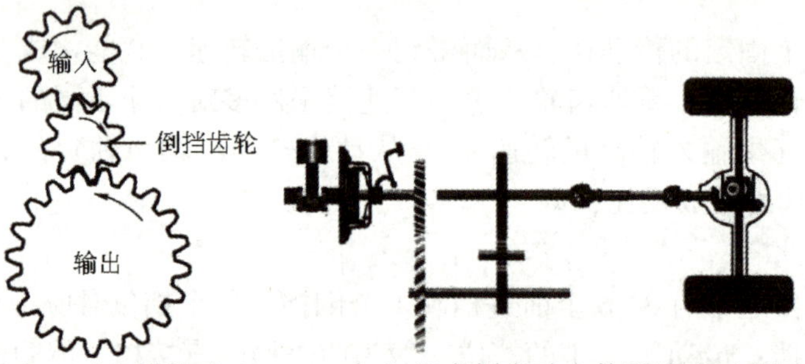

（a）三对齿轮传动　　（b）汽车倒车动力传递路线示意图

图 3-66　汽车倒车

图 3-66（a）所示的三个齿轮传动，三个齿轮的齿数依次为 10、8 和 20，其总传动比为

$$i=(8/10)\times(20/8)=2$$

2. 手动变速器的传动机构

手动变速器主要由变速传动机构和操纵机构两大部分组成，变速传动机构的主要作用是改变传动比和旋转方向，操纵机构主要的作用是实现换挡。

变速传动机构根据工作轴的数量（不包括倒挡轴）不同，分为三轴式手动变速器和二轴式手动变速器。

（1）三轴式变速传动机构

Ⅰ轴是变速器的动力输入轴，获得来自发动机的动力；Ⅱ轴是变速器的动力输出轴，将动力传动给传动轴、驱动桥、驱动车轮等部件；Ⅲ轴是中间轴，用来在Ⅰ轴和Ⅱ轴之间传动动力，如图 3-67 所示。

套筒是变速器的结合套，与输出轴用花键连接，并且可以在输出轴上做短距离的左右移动。3 个结合套可以由操纵结构分别控制移动。

与二挡手动变速器变速的原理相同，当控制左边第一个结合套向左边移动时，与①号齿轮相结合，将获得①号齿轮的速度。由于结合套与输出轴用花键连接，所有输出轴也将按照①号齿轮的速度旋转。

同理，如果想要获得④号齿轮的速度，只需控制中间的结合套向右边移动，与④号齿轮结合即可。

从图 3-67 中可以发现：标号为①/②/③/④/⑤的 5 个齿轮都是依靠 2 对齿轮传动获得相应的速度。标号是 R 的齿轮是依靠 3 对齿轮传动获得相应的速度。所以标号是 R 的齿轮与标号①/②/③/④/⑤的齿轮旋转方向是相反的，该齿轮是倒挡齿轮。

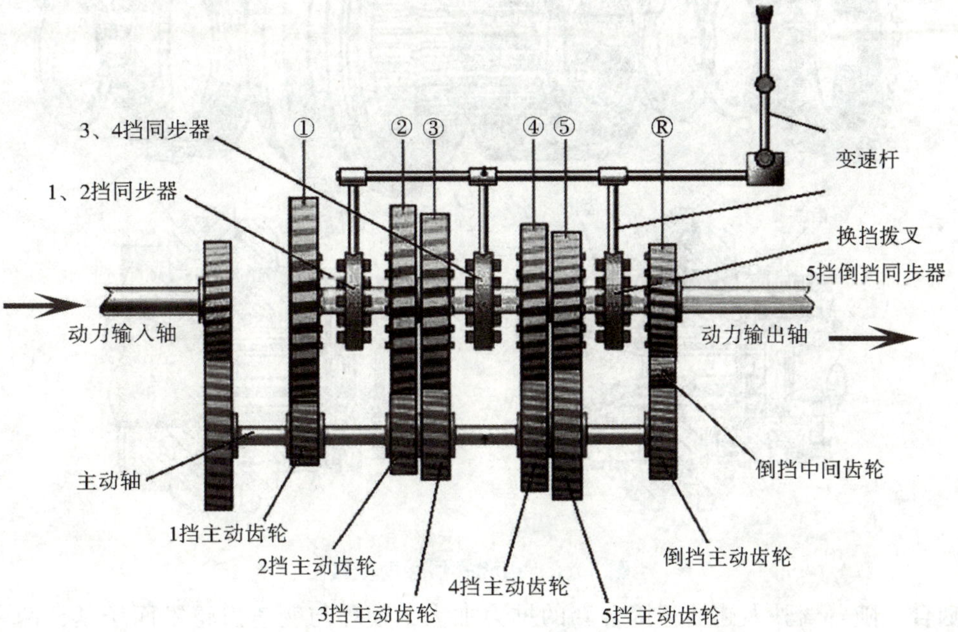

图 3-67　三轴式五挡手动变速器

（2）二轴式手动变速器的传动机构

二轴式手动变速器主要包括输入轴、输出轴、倒挡轴、各挡齿轮以及轴承等，其特点是输入轴、输出轴及倒挡轴相互平行，且无中间轴。二轴式手动变速器用于发动机前置前轮驱动的汽车，前置发动机有纵向布置和横向布置两种形式，与其配用的二轴式手动变速器也有两种不同的结构形式。发动机纵置时，主减速器为一对锥齿轮；发动机横置时，主减速器为一对圆柱斜齿轮。

3. 手动变速器换挡装置

汽车手动变速器的换挡装置有两种：一种是采用直齿滑动齿轮；另一种是采用同步器。同步器安装在两个浮动齿轮的中间，它可分为常压式、惯性式和自增力式三种类型。目前，广泛采用的是惯性式同步器。惯性式同步器是依靠摩擦作用实现同步的，其作用是保证接合套与待接合齿圈迅速达到同步，并阻止两者在未达到同步时进入啮合，从而消除换挡冲击，改善换挡质量。惯性式同步器按结构的不同又可分为锁环式和锁销式两种。

（1）锁环式惯性同步器

锁环式惯性同步器结构紧凑，但传力小，故多用于轿车和轻型车辆的变速器中。锁环式惯性同步器由花键毂、接合套、锁环（也称为同步环）、滑块和弹簧圈等组成，如图 3-68 所示。

锁环式惯性同步器的工作原理如下。

① 空挡位置。锁环式惯性同步器在空挡时，变速齿轮接合齿圈、锁环齿圈与接合套内花键均未啮合，处于分离状态。

② 挂挡。转过一个角度，使滑块端头位于锁环缺口一侧，锁环阻止接合套继续移动。

③ 锁止。驾驶人的轴向推力使接合套内花键齿齿端倒角面与锁环短花键齿齿端倒角面之间产生正压力，形成一个企图拨动锁环相对于接合套反转的力矩，称为拨环力矩。这样，在锁环上同时作用着方向相反的摩擦力矩和拨环力矩，同步器的结构参数可以保证在同步前拨环力矩始终小于摩擦力矩。所以，在同步之前无论驾驶人施加多大的操纵力，都不会挂上挡，即产生锁止作用。

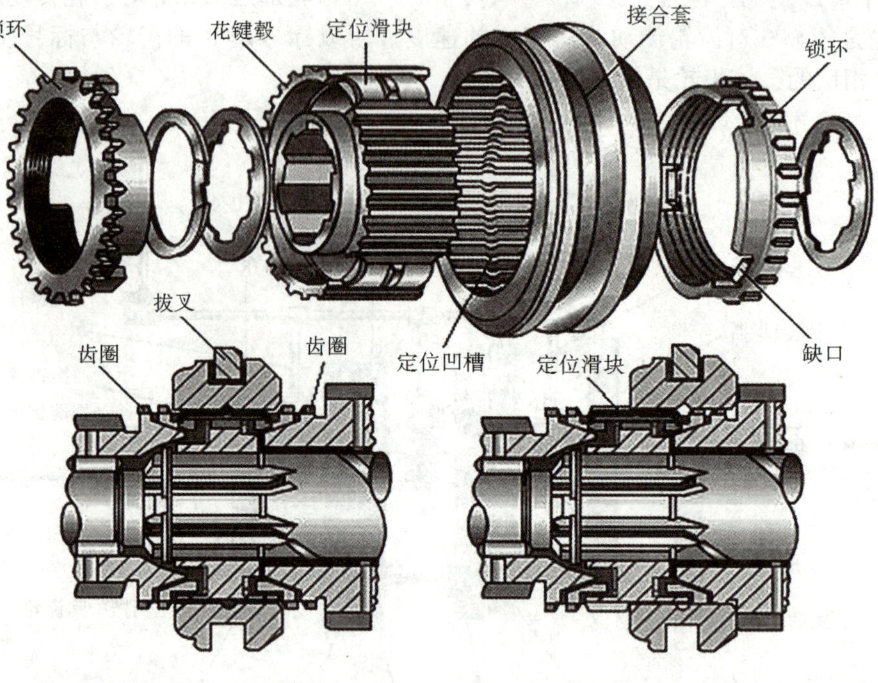

图 3-68　锁环式惯性同步器

④ 同步啮合。随着驾驶人施加于接合套的推力加大，锁环与变速齿轮锥面压紧，两者发生强有力的摩擦作用，迅速达到同步。同步后，作用在锁环上的摩擦力矩消失。此时，在拨环力矩作用下，锁环退转一个角度，使滑块端头位于锁环缺口中央，接合套通过滑块压下弹簧圈继续左移，接合套先与锁环齿啮合，然后再与变速齿轮啮合，顺利挂上新挡位。

（2）锁销式惯性同步器

锁销式惯性同步器的结构尺寸大，传递转矩大，故多用于中、重型车辆的变速器中。锁销式惯性同步器主要由定位销、锁销、摩擦锥环、摩擦锥盘、接合套和花键毂等组成。

锁销式惯性同步器的工作原理如下。

① 空挡位置。锁销式惯性同步器在空挡时，摩擦锥盘与摩擦锥环之间有间隙，变速齿轮接合齿圈与接合套内花键未啮合，处于分离状态。

② 挂挡。驾驶人通过变速杆使拨叉推动接合套向左移动，接合套便通过定位钢球和定位销推动左侧摩擦锥环向左移动，使之与左侧的摩擦锥盘接触，如图 3-69 所示。

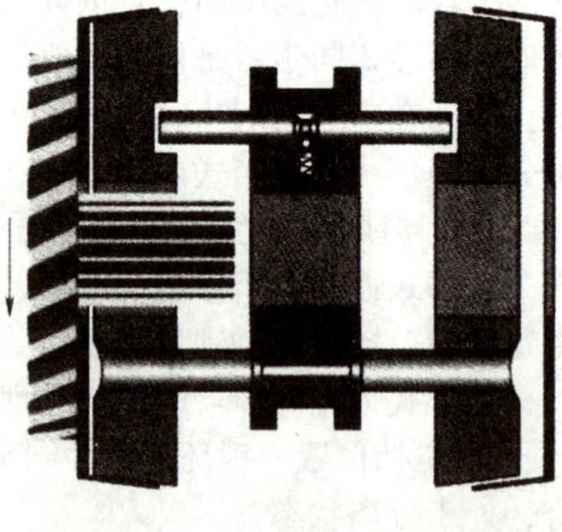

图 3-69　挂挡

③ 锁止。摩擦锥环与摩擦锥盘一接触，便在其摩擦锥面摩擦力矩的作用下，使摩擦锥环连同锁销一起相对于接合套转过一个角度，使锁销中部倒角与接合套销孔端倒角的锥面互相接触，从而使锁销产生锁止作用，阻止接合套向左移动，如图 3-70 所示。

④ 同步啮合。在锥环与锥盘未达到同步前，由左侧锥盘所形成的摩擦力矩总是大于拨环力矩，因而可以阻止接合套与接合齿圈在同步之前进入啮合。而只有达到同步后惯性力矩消失，拨环力矩才可拨动锁销及摩擦锥环、摩擦锥盘和变速齿轮接合齿圈等一起相对于接合套转过一个角度，使锁销重新与接合套的销孔对中，接合套便在轴向推力的作用下，压入定位钢球而沿定位销和锁销向左移动，与变速齿轮接合齿圈啮合，顺利挂上新挡位，如图 3-71 所示。

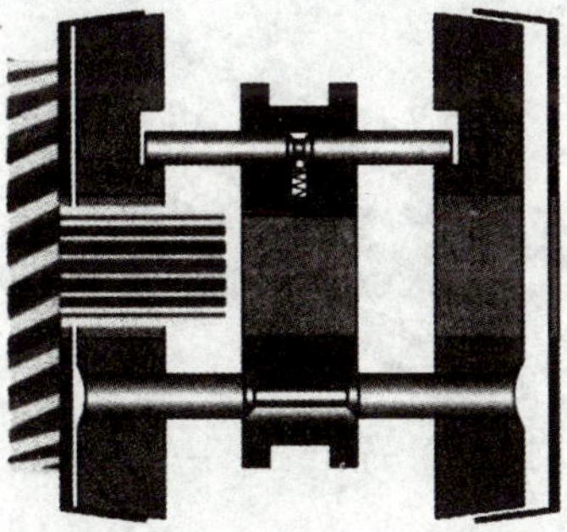

图 3-70　锁止

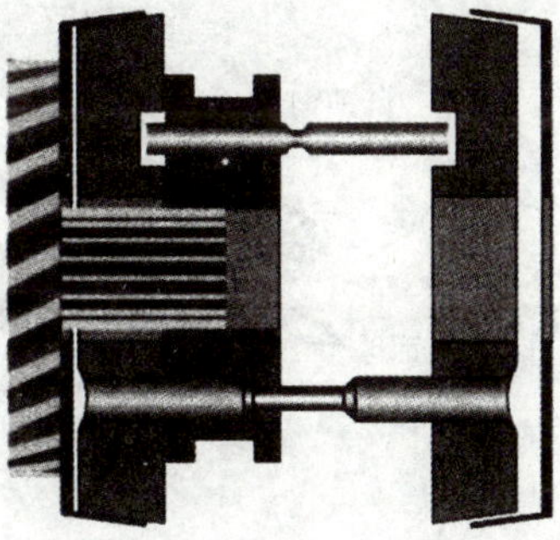

图 3-71　同步啮合

4. 手动变速器操纵机构

手动变速器操纵机构由换挡拨叉机构和定位锁止装置两部分组成，其作用是保证驾驶人能准确可靠地使变速器挂入所需要的任一挡位工作，并可随时使之退入空挡。根据变速杆和变速器的相对位置不同，手动变速器操纵机构可分为直接操纵式和远距离操纵式两种类型。

直接操纵式的变速杆设置在变速器盖上，驾驶人可直接操纵变速杆来拨动变速器壳体内的换挡拨叉机构。

远距离操纵式，由于变速器的安装位置离驾驶人座椅较远，为此在变速杆和变速器之间加装了一套传动杆件或钢索，构成远距离操纵的形式。

（1）换挡拨叉机构

换挡拨叉机构包括变速杆、拨叉及拨叉轴三部分。驾驶人通过拨动变速杆来带动变速器壳体内的拨叉轴移动，安装在拨叉轴上的拨叉便带动变速器换挡装置（即同步器），从而挂入驾驶人预先选定的挡位。

（2）定位锁止装置

① 自锁装置

自锁装置由自锁弹簧、自锁钢球和拨叉轴上自锁凹槽组成，如图 3-72 所示。自锁装置的作用是防止变速器自动脱挡，并保证轮齿全齿长啮合，使驾驶人具有明显的手感。当任何一根拨叉轴做轴向移动到空挡或某挡位时，必有一个凹槽正好对准自锁钢球，钢球在自锁弹簧压力的作用下嵌入凹槽内，以防止拨叉轴自行移动，起到自锁定位的作用。

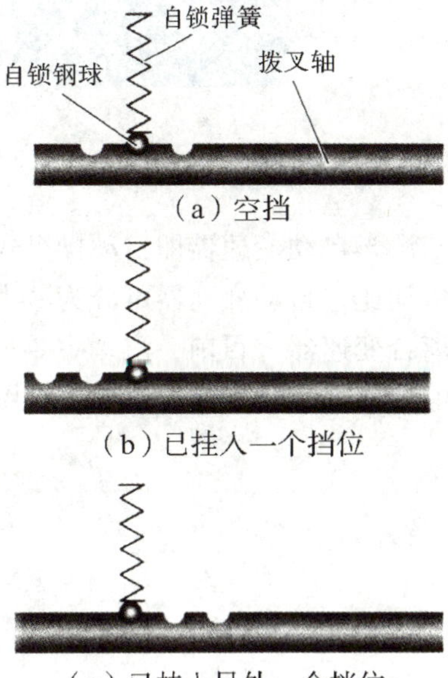

图 3-72　自锁装置

② 互锁装置

互锁装置由互锁钢球和互锁销组成，如图 3-73（a）所示。互锁装置的作用是防止变速器换挡时同时挂入两个挡位，造成变速器齿轮“卡死”，甚至使机件严重损坏。中间拨叉轴两侧均有互锁凹槽，两侧拨叉轴的互锁凹槽位于轴内侧。互锁销插入中间拨叉轴通孔中，其销长度等于拨叉轴直径减去一个互锁凹槽的深度。每两颗互锁钢球直径之和正好等于相邻两根拨叉轴表面之间的距离加上一个凹槽的深度。在空挡位置，各拨叉轴上互锁凹槽处于一条直线上。若移动第一拨叉轴并挂入一个挡位，此时第一拨叉轴内侧互锁钢球被挤出，从而将第二、第三拨叉轴刚性地锁止在空挡位置，如图 3-73（b）所示。若需要移动第二或第三拨叉轴，必须先将第一拨叉轴退回空挡位置后才行。

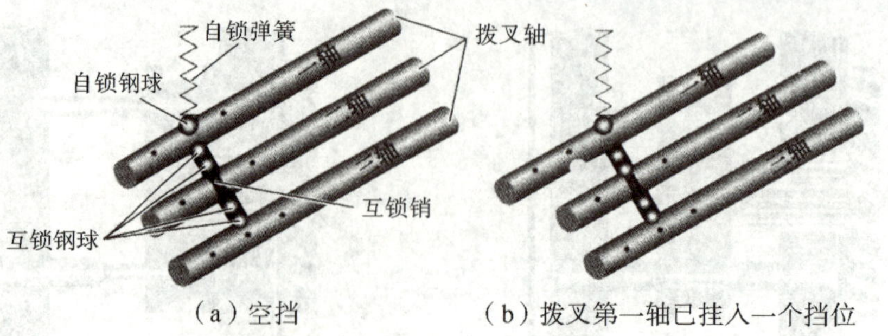

图 3-73　互锁装置

③ 倒挡锁装置

倒挡锁装置的作用是防止驾驶人误挂倒挡，以免发生变速器齿轮冲击和交通安全事故。图 3-74（a）为弹簧锁销式倒挡锁。当驾驶人要挂倒挡时，必须用较大的力摆动变速杆，使其下端克服倒挡弹簧力，并将倒挡锁销推入倒挡拨块孔中，才能移动倒挡拨叉轴挂入倒挡，如图 3-74（b）所示。

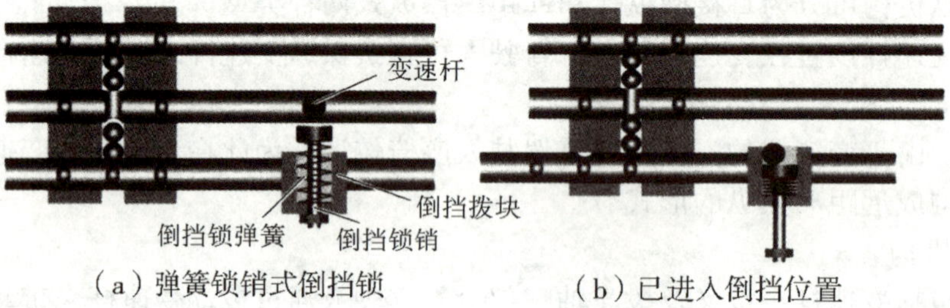

图 3-74　倒挡锁装置

任务六　自动变速器

一、概述

汽车自动变速器即自动操纵式变速器。它可根据发动机负荷、车速等工况的变化自动变换传动系统的传动比。自动变速器可分为液力自动变速器、电控液力自动变速器、电控机械变速器、无级变速器和双离合变速器。目前，汽车主要采用电控液力自动变速器、无级变速器和双离合变速器。本任务主要介绍电控液力自动变速器组成，如图 3-75 所示。

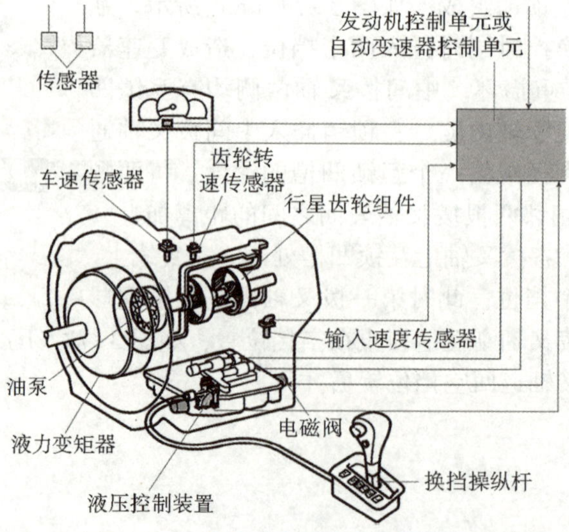

图 3-75　电控液力自动变速器组成

知识拓展

自动变速器

自从自动变速器被发明以来，它的前进挡位数一直在增长，从最初发明时的3速，已增加到现在最多的9速，如奔驰、路虎和吉普等就有采用9速自动变速器的车型。现在8速自动变速器主要配备在宝马、奥迪等车型上，而7速自动变速器仅在奔驰老款车型上还有使用。现在市场上主流的还是6速自动变速器，使用5速自动变速器的越来越少，而使用4速自动变速器就非常落后了。

二、液力变矩器

1. 概述

液力变矩器位于发动机和自动变速器之间，以自动变速器油（ATF）为工作介质，起传递转矩、变矩、变速及离合的作用，如图3-76所示。

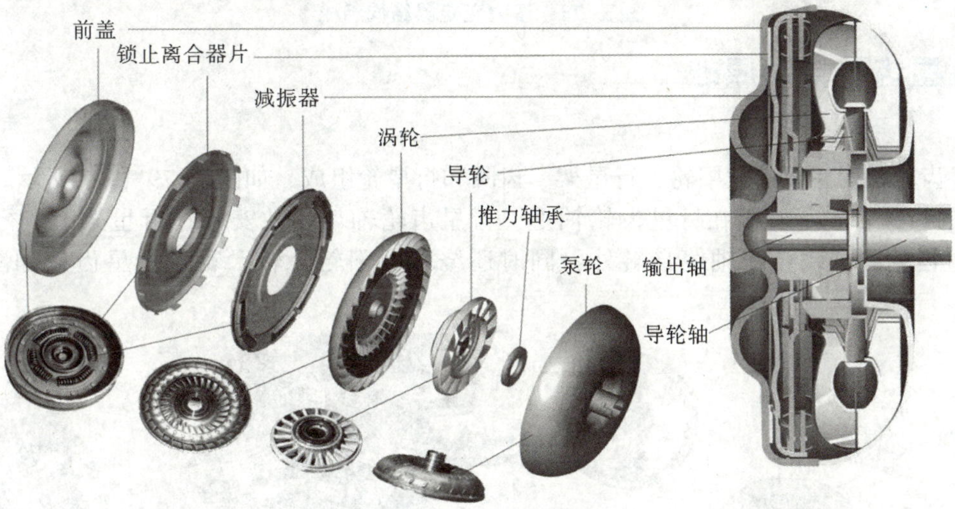

图3-76　液力变矩器结构

2. 液力变矩器原理

泵轮和涡轮将发动机连接至变速器，泵轮向涡轮提供充分的变速器油液环流。油液环流会重新导入定了的方向，然后从定子流回泵轮。变矩器工作时，发动机带动泵轮转动，泵轮叶片带动液流冲向涡轮，从而驱动涡轮转动，如图3-77所示。

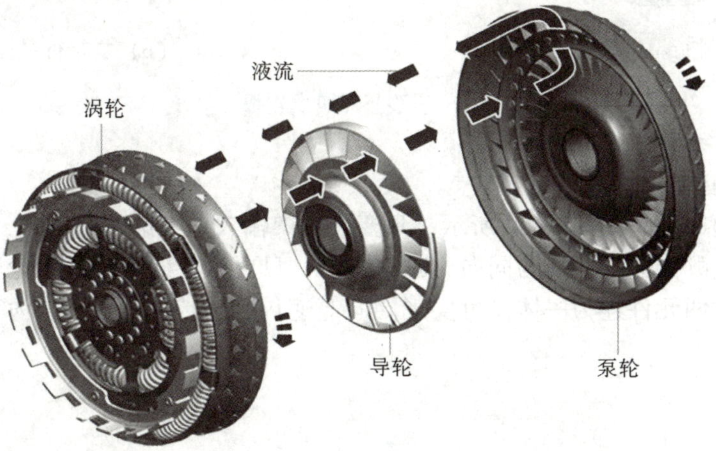

图3-77　液力变矩器原理

3. 结构组成

变矩器的基本设计是通过泵轮和涡轮之间的油液流连接发动机与变速器。但是，这会产生涡轮打滑滞后。泵轮和涡轮之间的转速差越大，则效率损失越大。为了避免该效率损失，通过锁止离合器机制将泵轮和涡轮连接在一起，如图 3-78 所示。

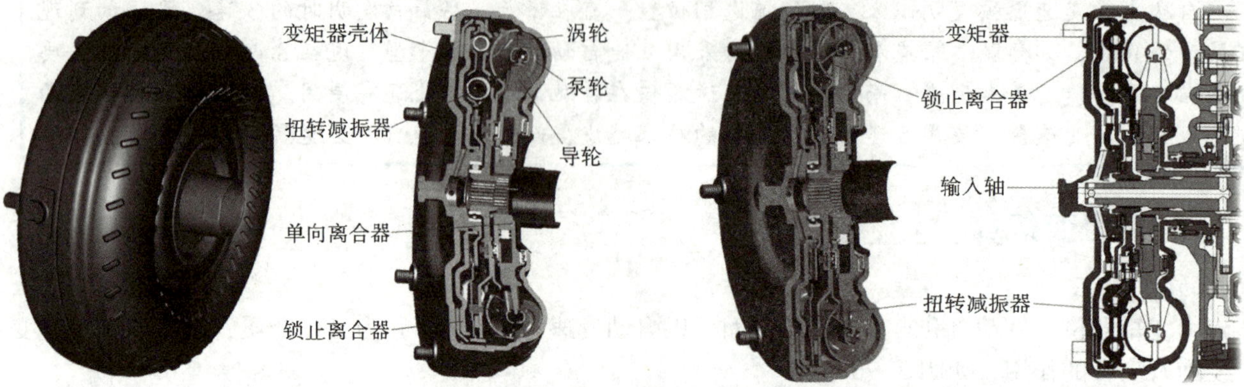

图 3-78　液力变矩器结构组成

三、行星齿轮传动原理

1. 概述

单排行星齿轮机构主要由太阳轮、行星架、齿圈和行星轮组成，如图 3-79（a）所示。通常行星轮有 3~6 个，通过滚针轴承安装在行星齿轮轴上，行星齿轮轴均匀地安装在行星架上。行星齿轮机构工作时，行星齿轮除了绕自身轴线自转外，同时还绕着太阳轮公转。复合行星齿轮如图 3-79（b）所示。

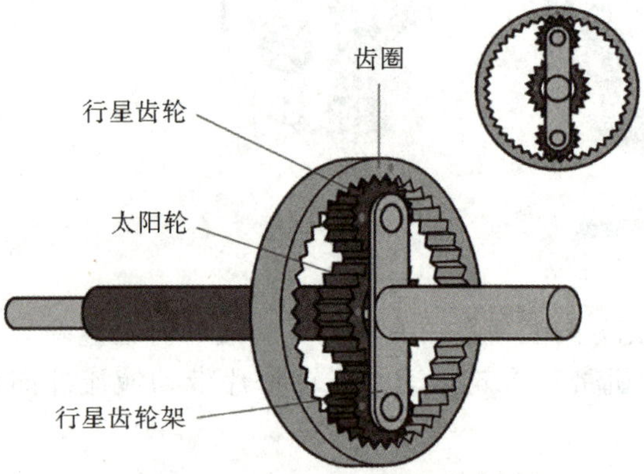

（a）单排行星齿轮

（b）复合行星齿轮

图 3-79　行星齿轮组

2. 传动原理

单排行星齿轮机构传动规律如下。

行星齿轮动力传递原理，如图 3-80 所示。只要行星架输入，无论哪个固定，均为同向、增速传动；只要行星架输出，无论哪个固定，均为同向、减速传动；只要行星架固定，无论哪个输入，均为反向传动，可实现倒挡；任意两元件连为一体，可实现同向等速传动，传动比为 1，为直接挡；无固定和连接元件，为空挡。

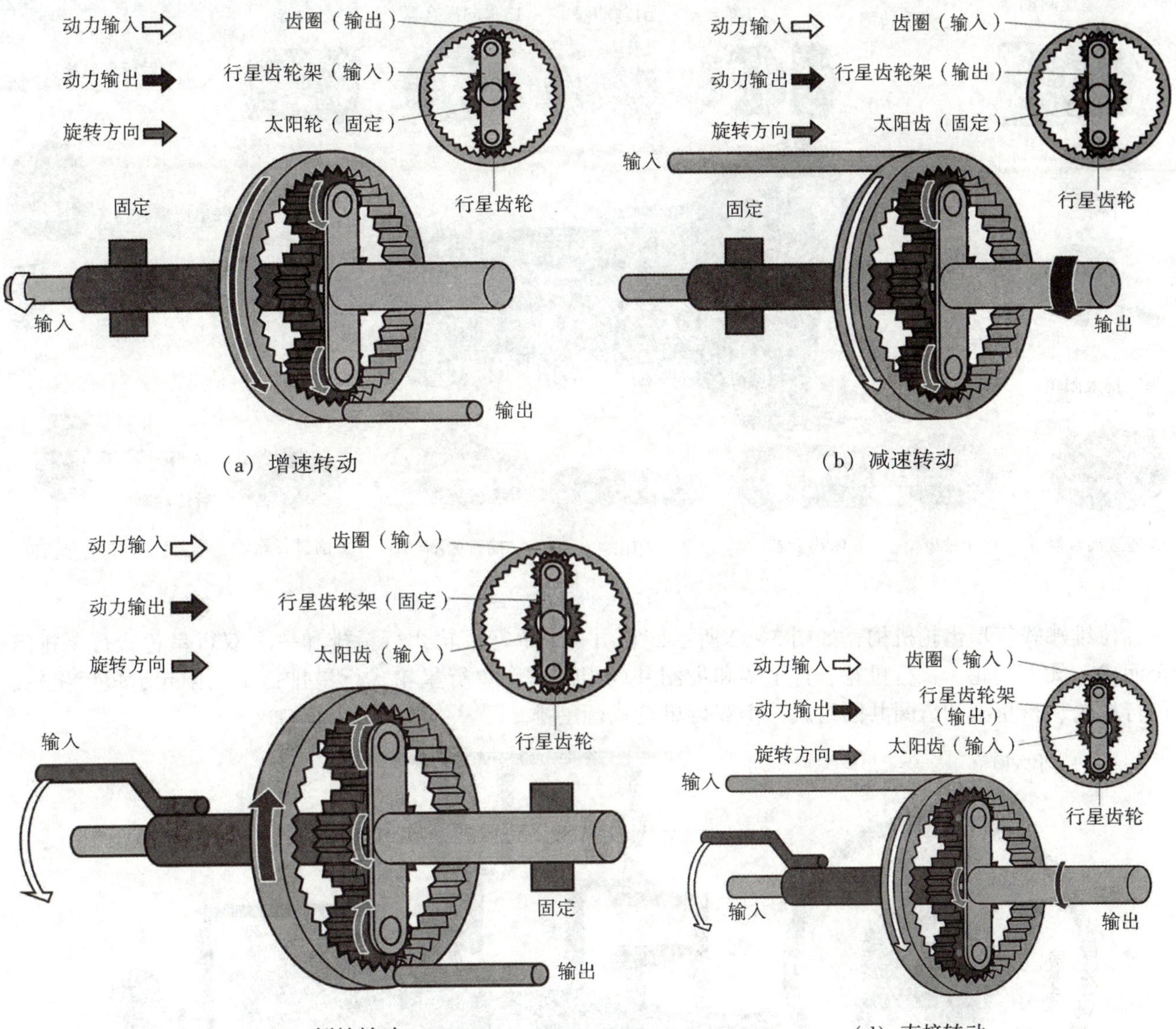

（a）增速转动　（b）减速转动　（c）倒挡转动　（d）直接转动

图 3-80　行星齿轮动力传递原理

当行星齿轮架顺时针转动时，行星齿轮绕太阳齿轮旋转，同时顺时针转动。因此，齿圈根据齿圈和太阳齿轮的齿数进行增速运动。

当太阳齿轮固定时，仅行星齿轮转动和回转。因此，输出轴只通过行星齿轮的转动与输入轴成比例地进行减速运动。

当行星齿轮架固定，太阳齿轮转动时，齿圈在其轴上转动并且转动方向相反，实现倒挡。齿圈和太阳齿轮一起以同一速度转动，行星齿轮架也以相同的速度旋转，实现直接动力传递。箭头长度表示转速，其宽度表示扭矩。箭头越长转速越快，箭头越宽扭矩越大。

四、行星齿轮自动变速器分类

单排行星齿轮机构所提供的挡位有限，为了获取较多的挡数，可采用两排或多排行星齿轮机构。目前广泛采用两种类型的复合式行星齿轮机构：辛普森式和拉维娜式。辛普森式行星齿轮机构是由两个单排行星齿轮机构共用一个太阳轮组成的复合式行星齿轮机构，如图 3-81 所示。

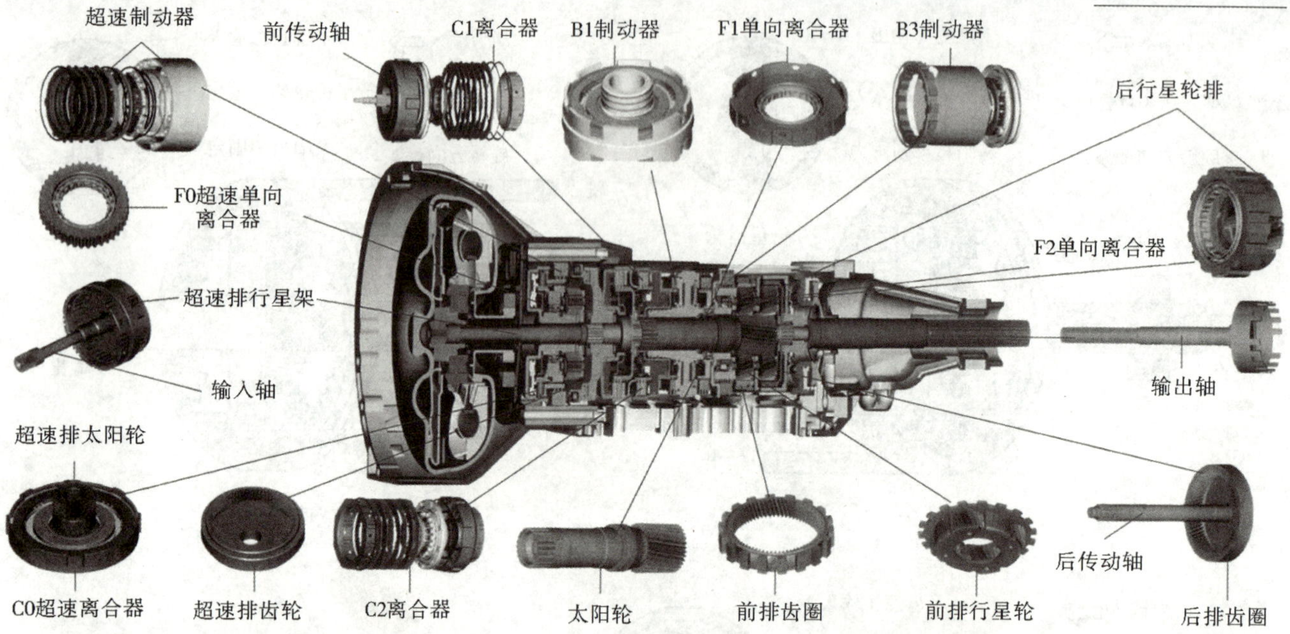

图 3-81　辛普森式行星齿轮自动变速器

拉维娜式行星齿轮机构，如图 3-82 所示，它由一个单行星轮式行星排和一个双行星轮式行星排组合而成。大太阳轮、长行星轮、行星架和齿圈共同组成一个单行星轮式行星排；小太阳轮、短行星轮、长行星轮、行星架和齿圈共同组成一个双行星轮式行星排。

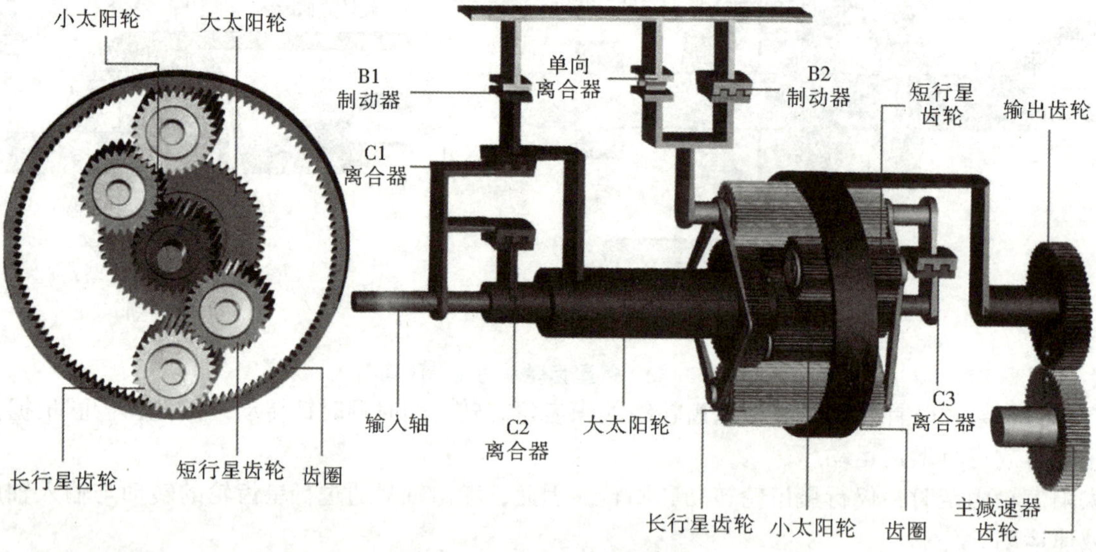

图 3-82　拉维娜式行星齿轮机构

五、换挡执行机构

换挡执行机构主要由离合器、制动器和单向离合器三种执行元件组成。离合器和制动器以液压方式控制行星齿轮机构元件的旋转，而单向离合器则以机械方式对行星齿轮机构的元件进行锁止。多片离合器和多片制动器结构基本相同，如图 3-83 所示。

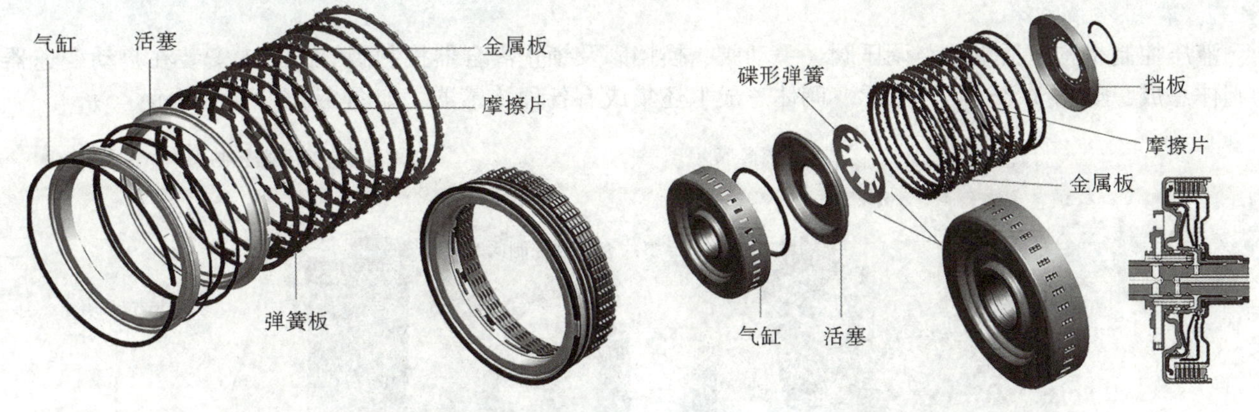

图 3-83　多片离合器和多片制动器

六、液压控制装置

自动变速器的自动控制是依靠液压控制系统来完成的。液压控制系统由动力源（液压油泵）和控制机构（电磁阀）组成。

1. 液压油泵

液压油泵除了向控制机构、执行机构供给压力油以实现换挡外，还给液力变矩器提供冷却补偿油，向行星齿轮变速器供应润滑油。液压油泵一般位于液力变矩器和行星齿轮系统之间，其主要类型有转子泵（图 3-84）和叶片泵（图 3-85）。

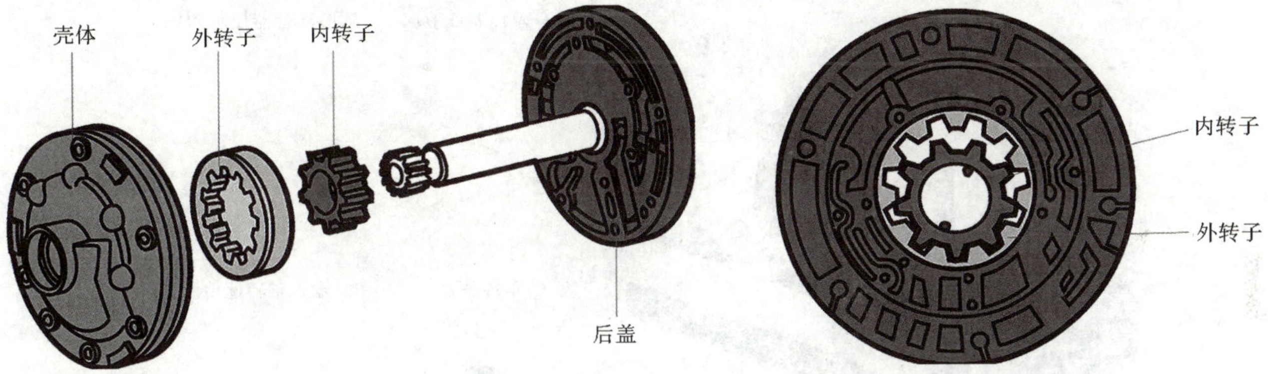

图 3-84　转子泵

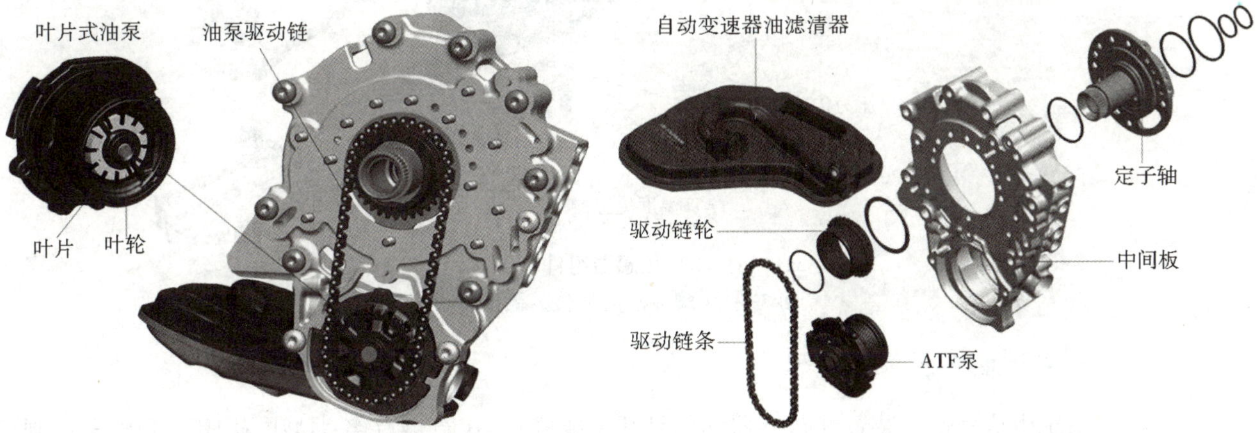

图 3-85　叶片泵

2. 液压控制机构

液压控制机构包括主油路调压阀、手动阀、换挡阀及锁止离合器控制阀等，集中安装在自动变速器的阀体总成，如图 3-86（a）所示。阀体总成上还集成有各种传感器，如图 3-86（b）所示。

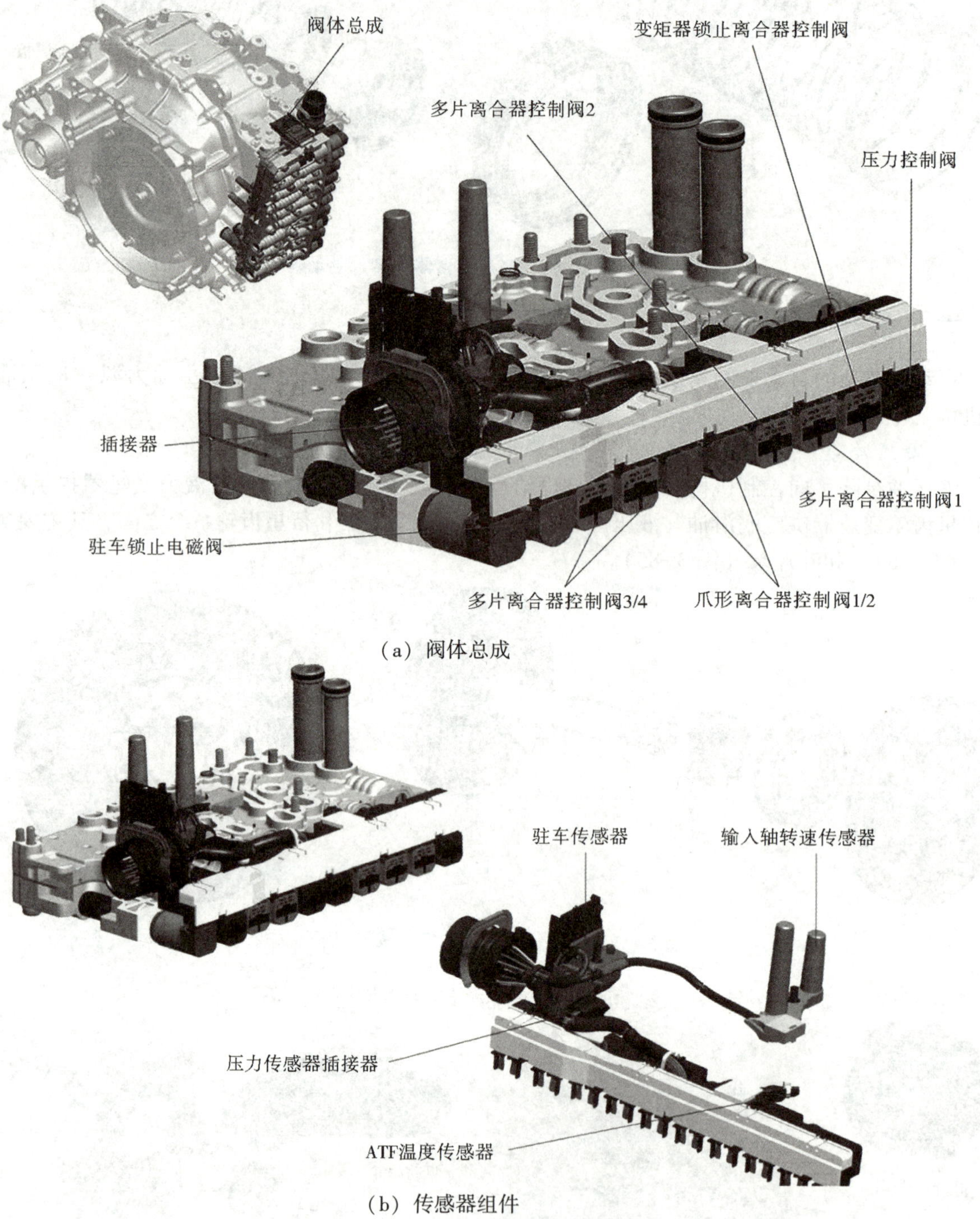

图 3-86　阀体总成和传感器组件

七、电子控制系统

电子控制系统由信号输入装置（传感器和信号开关装置）、执行器（各类型电磁阀）和电子控制单元（ECU）组成，如图 3-87 所示。

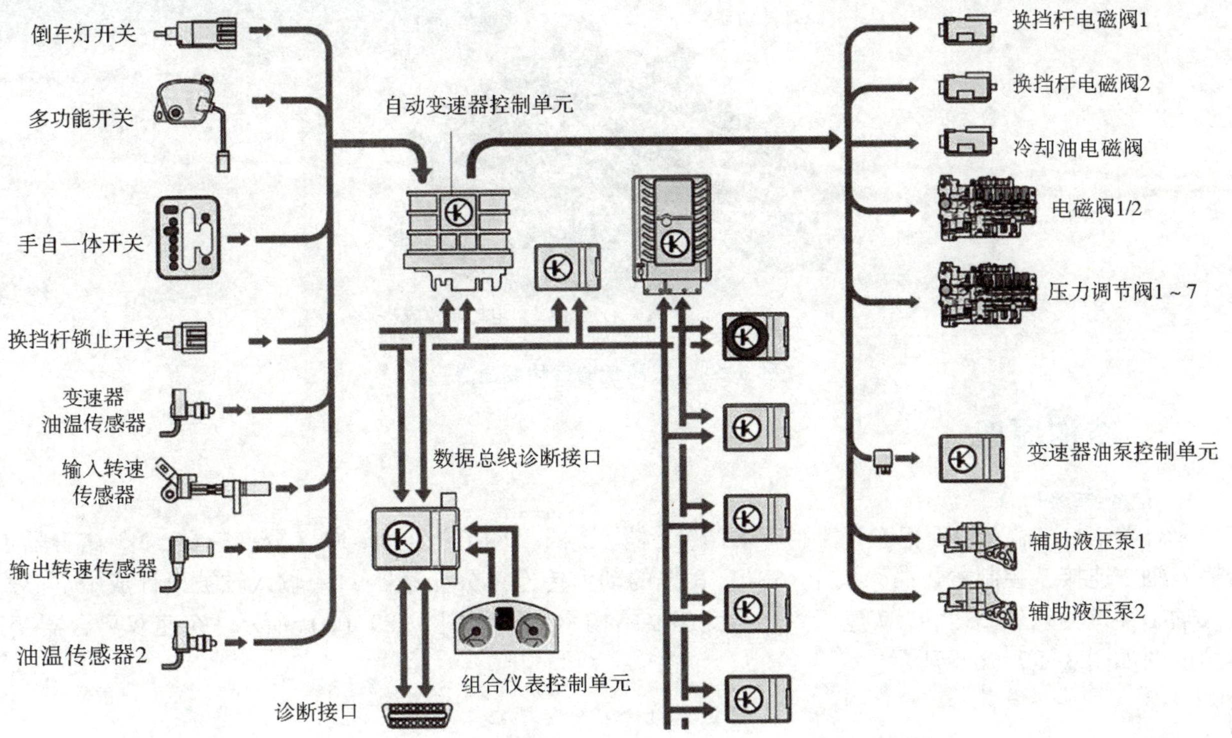

图 3-87　电子控制系统

知识拓展

锁止离合器的作用

当液力变矩器传递动力时，由于它采用液压油作为传递介质，不是刚性传递，其间大约有 10% 的能量损失，这对节能降耗很不利，也会影响操控性。为了解决这个问题，在液力变矩器和飞轮之间设置了一个单向锁止离合器。当车速较高时，用电控的方式起动此离合器，将液力变矩器的输入轴和输出轴锁止在一起，实现刚性直接传递动力。也就是从发动机曲轴输出的动力，不需经过液力变矩器而直接传递到变速机构，从而提高传动效率。

随着技术的进步，一些自动变速器可以实现更大范围的锁止传动，甚至实现全挡位的锁止传动。

任务七　双离合变速器

一、概述

双离合器变速器可以形象地设想为将两台变速器的功能合二为一，并建立在单一的系统内。变速器内含两组自动控制的离合器，由电子控制及液压推动，能同时控制两组离合器的运作，如图 3-88 所示。

当变速器运作时，一组齿轮啮合，而接近换挡之时，下一组挡位的齿轮已被预选，但离合器仍处于分离状态；换挡时一组离合器将使用中的齿轮分离，同时另一组离合器啮合已被预选的齿轮，在整个换挡期间能确保最少有一组齿轮在输出动力，使动力不出现间断的状况。

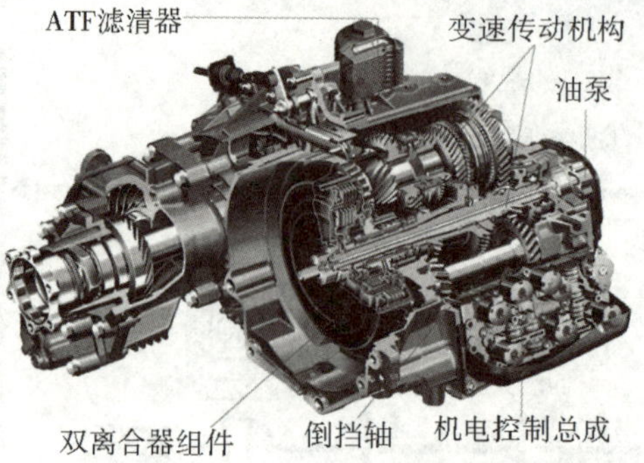

图 3-88　双离合器自动变速器

二、结构原理

1. 基本结构

离合器 K1 与输入轴 1 相连，控制着 1 挡、3 挡、5 挡、7 挡的动力传递（分变速器 1）。离合器 K2 与输入轴 2 连接，控制着 2 挡、4 挡、6 挡、R 挡的动力传递（分变速器 2）。输入轴被设计成中空形式，输入轴 1 穿过输入轴 2 运转。7 速双离合器变速器结构示意图如图 3-89（a）所示，6 速双离合器变速器剖视图如图 3-89（b）所示。

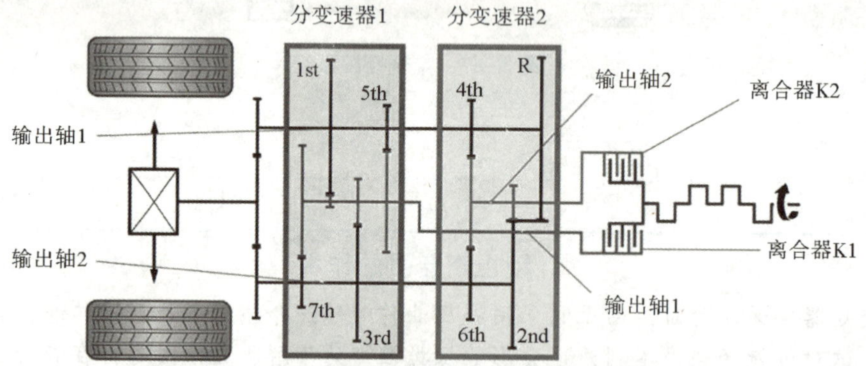

（a）7 速双离合器变速器结构示意图

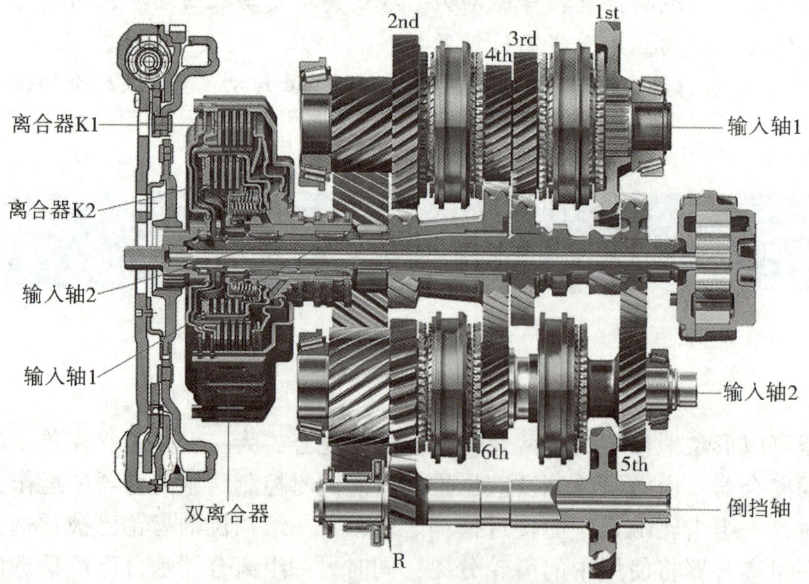

（b）6 速双离合器变速器剖视图

图 3-89　双离合器变速器结构

2. 双离合器组件

目前常用的双离合器有干式和湿式两种。干式双离合结构相对简单，但长时间工作会造成过热而降低运行的可靠性。湿式双离合器的离合器片浸在变速器油液中，可更好地散热，工作可靠性高，但结构相对复杂。

（1）干式双离合器

干式双离合器，有两套类似于手动变速器的离合器装置组装在一起，如图 3-90 所示，两个离合器摩擦片，两套离合器分离装置。

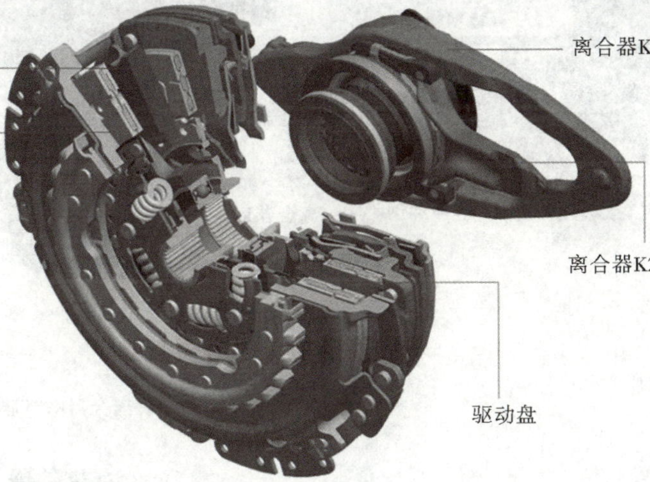

图 3-90　干式双离合器的结构

（2）湿式双离合器

湿式双离合器的结构与行星齿轮式自动变速器多片离合器相同，都由钢片和摩擦片组成（图 3-91）。湿式双离合器的钢片与摩擦片一直在变速器油中运转，由变速器油冷却。

图 3-91　湿式双离合器的结构

对于湿式双离合器，由油泵通过两个进油槽为离合器 K1 和 K2 供应液压油，如图 3-92 所示。

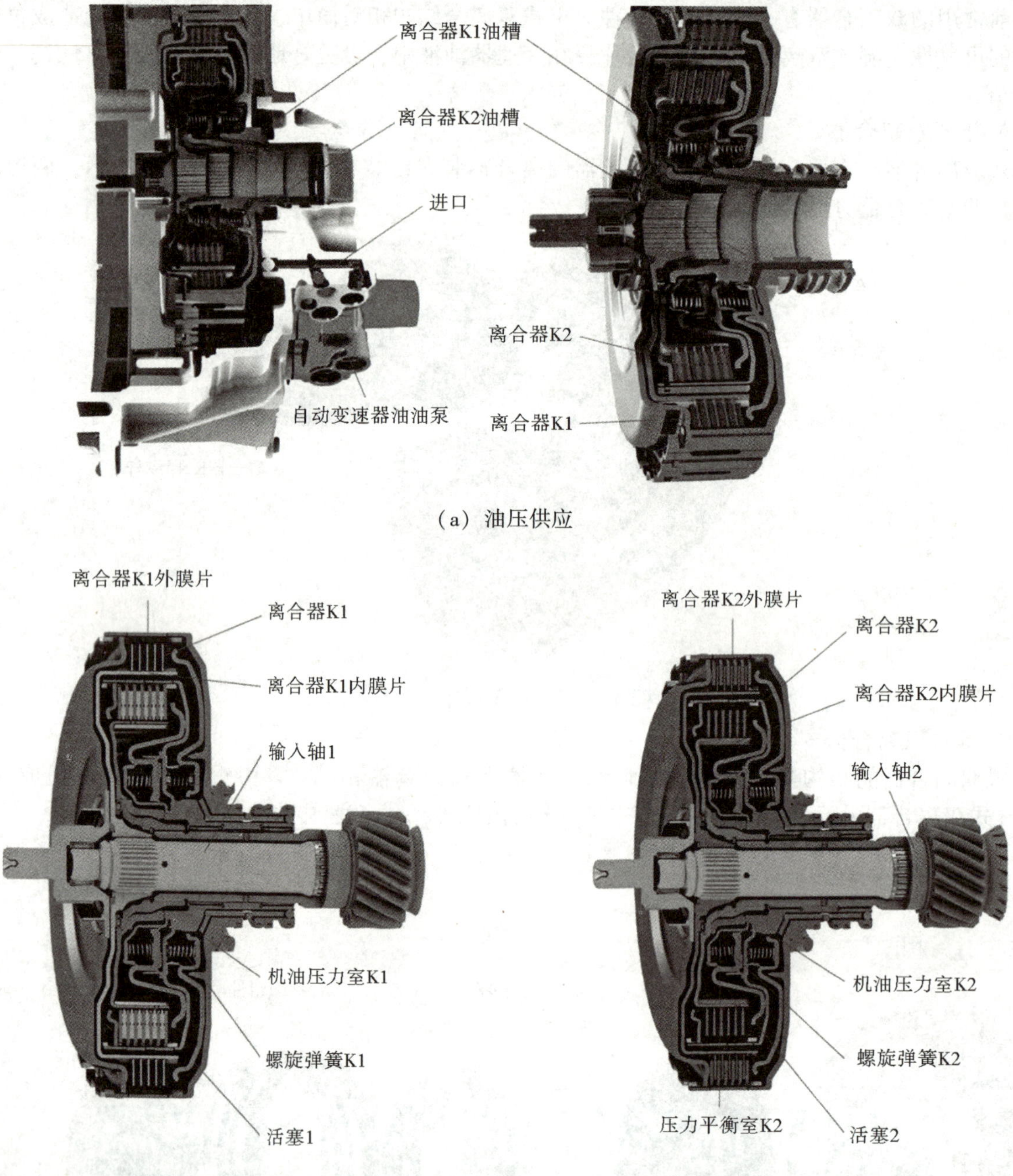

（a）油压供应

（b）离合器 K1 油压供应　　（c）离合器 K2 油压供应

图 3-92　湿式双离合器油压供应

3. 变速传动机构

（1）输入轴

输入轴 2 是中空的，输入轴 1 穿过中空的输入轴 2 运转，如图 3-93（a）所示。输入轴 1 与离合器 K1 连接，通过离合器可完成 1 挡、3 挡、5 挡、7 挡的挡位变换；输入轴 2 与离合器 K2 连接，可完成 2 挡、4 挡、6 挡、R 挡的挡位变换，分别如图 3-93（b）和图 3-93（c）所示。

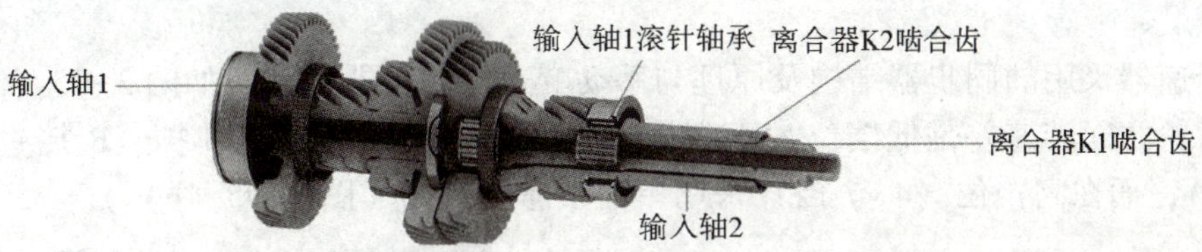

（a）输入轴整体结构

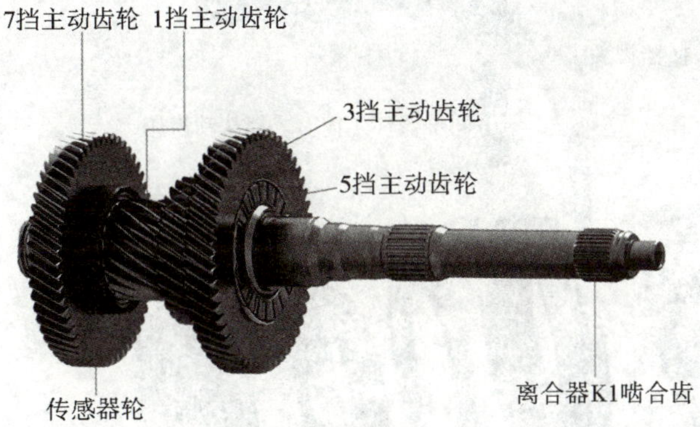

（b）输入轴 1

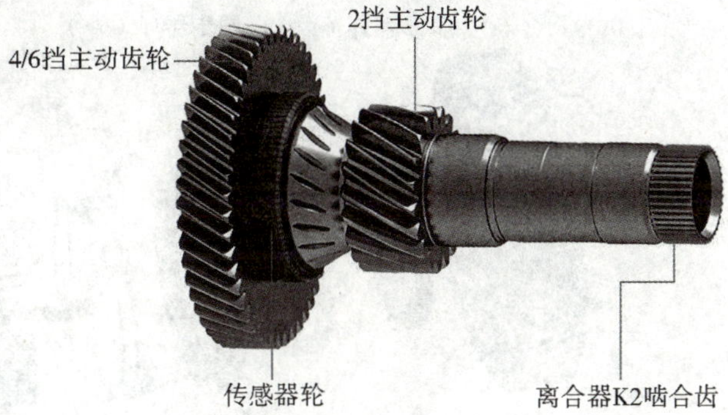

（c）输入轴 2

图 3-93 输入轴结构

（2）输出轴

双离合器变速器有两根输出轴，输出轴 1 上安装有 1 挡、4 挡、5 挡和倒挡的从动齿轮，同时安装有 1/5 挡和 4/R 挡同步器；输出轴 2 上安装有 2 挡、3 挡、6 挡、7 挡从动齿轮，同时安装有 3/7 挡和 2/6 挡同步器，分别如图 3-94（a）和图 3-94（b）所示。

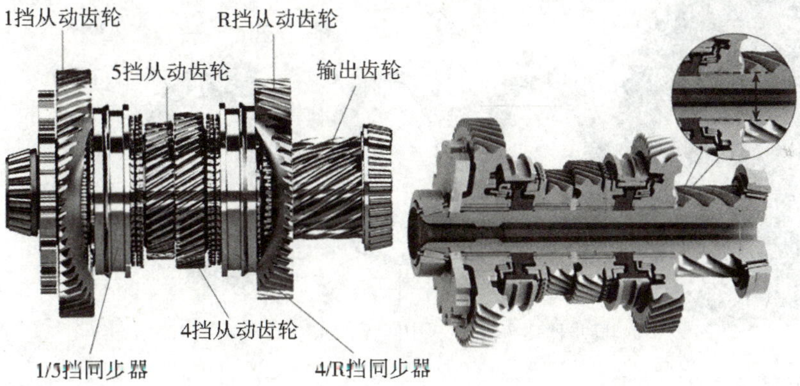

（a）输出轴 1

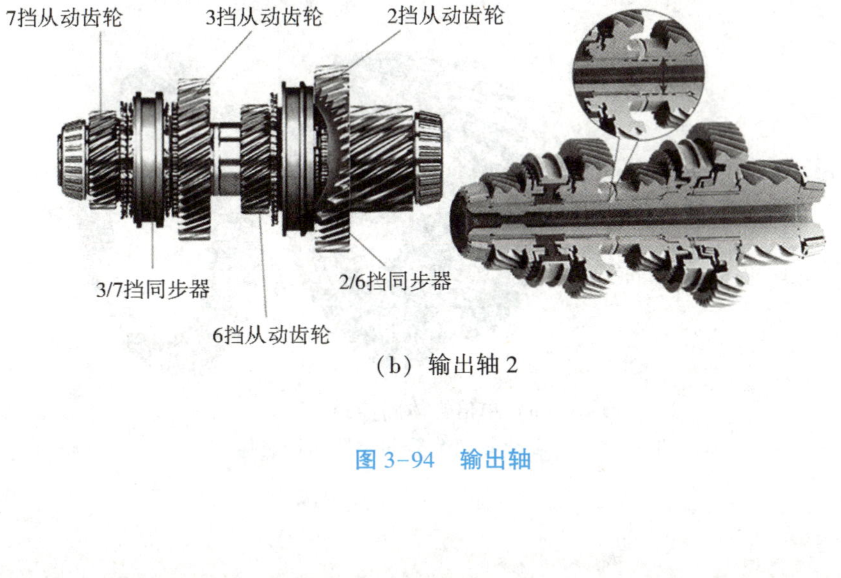

（b）输出轴 2

图 3-94 输出轴

4. 双离合器变速器同步器

双离合器变速器采用的同步器结构及原理与手动变速器同步器相同，如图 3-95（a）所示。一般需要同步的滑动齿轮之间转速差是低挡位大于高挡位，所以在低挡位（1~3 挡、R 挡）采用三倍同步器（图 3-95（b）），而在高挡位（4~7 挡）采用单倍锥体同步器（图 3-95（c））。

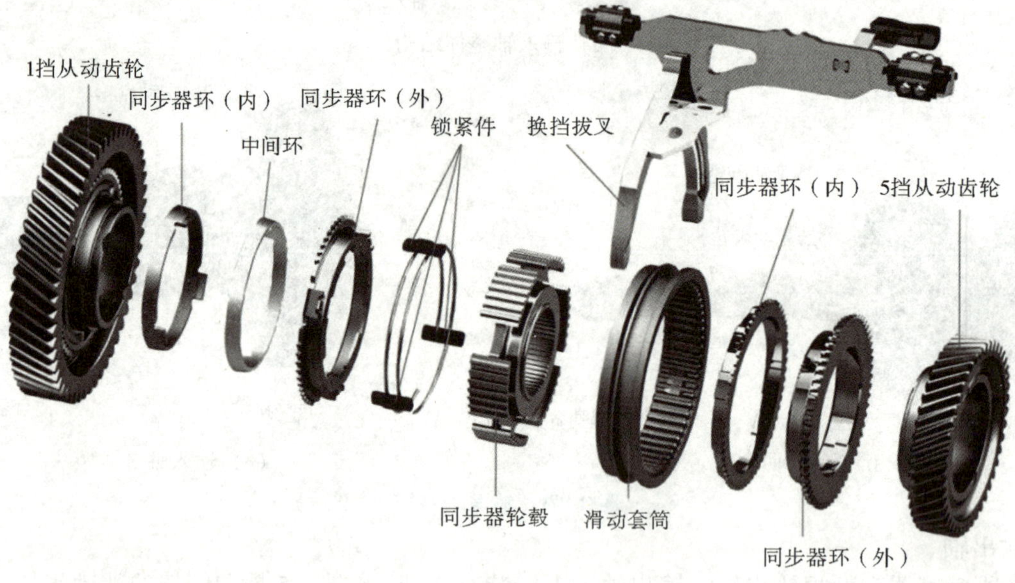

（a）同步器结构

（b）三倍同步器

（c）单倍锥体同步器

图 3-95　双离合器变速器同步器结构及原理

三、机电控制装置

1. 概述

机电控制装置是双离合器自动变速器的中央控制单元，安装在变速箱壳体上，由供油管提供液压油，外部还安装有带密封件的护罩，如图 3-96 所示。机电控制装置内部包含电动液压控制单元和自动变速器控制单元。

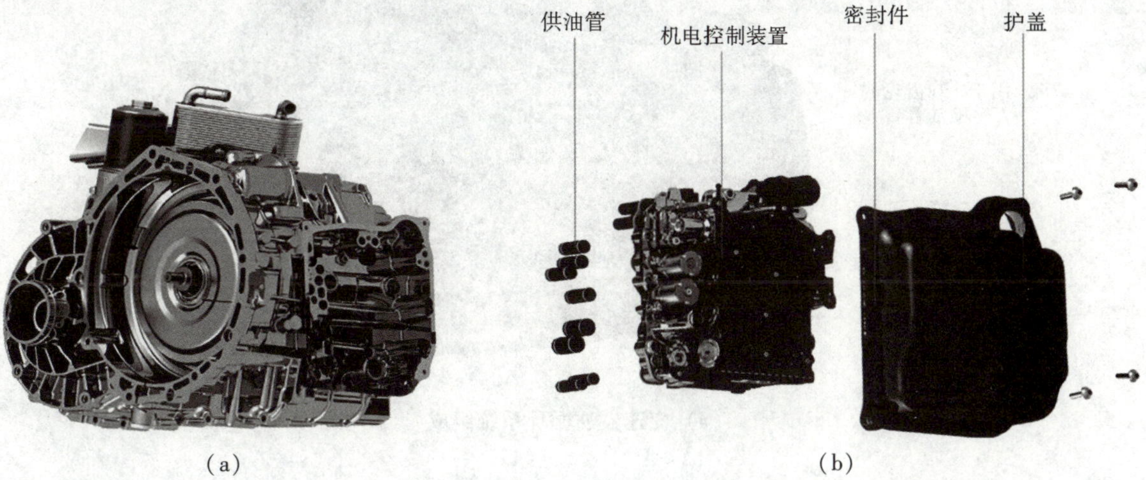

(a)　　(b)

图 3-96　机电控制装置

2. 机电控制装置组成及作用

机电控制装置以液压方式控制主压力、两个分变速器内的压力、经压力调节阀流往各挡位调节器的液压油，如图 3-97 所示。变速器控制单元将所有的传感器信号汇总，变速器内所有的操作都由它来指导和监控。

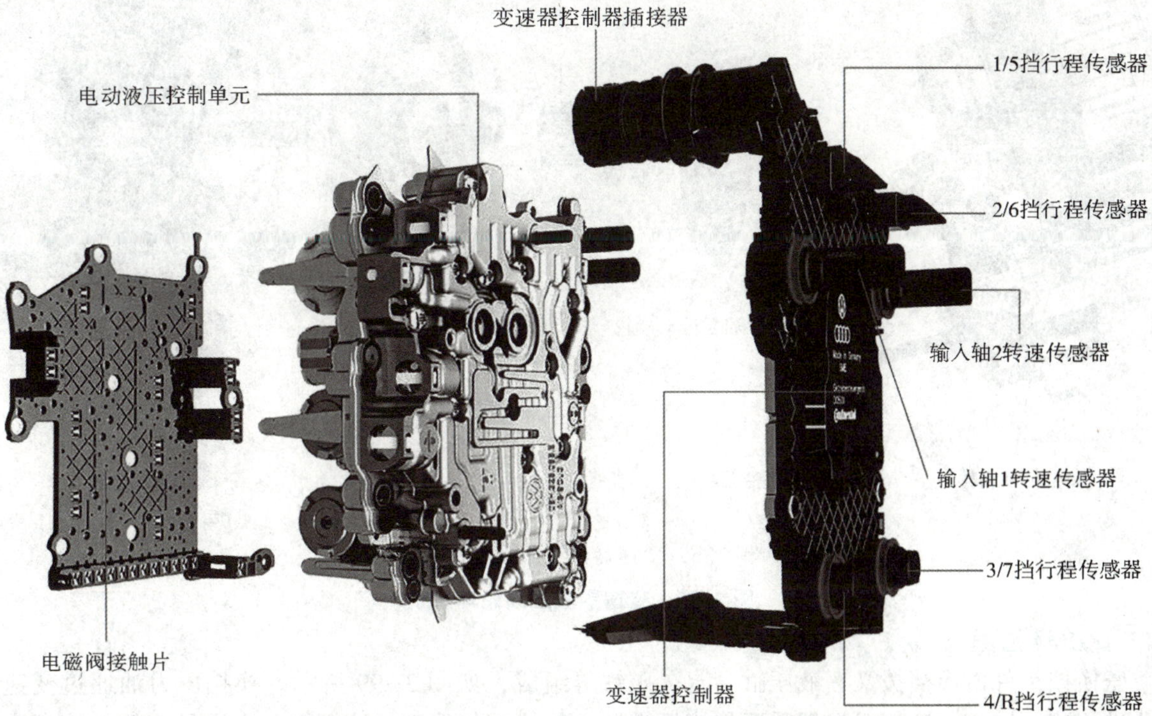

图 3-97　机电控制装置组成

3. 变速器油循环系统

变速器油循环系统由油泵、滤清器，以及相关管路组成，如图 3-98 所示。变速器油起到润滑、冷却，以及操纵双离合器和挡位调节器活塞的作用。

（a）变速器油循环系统组成

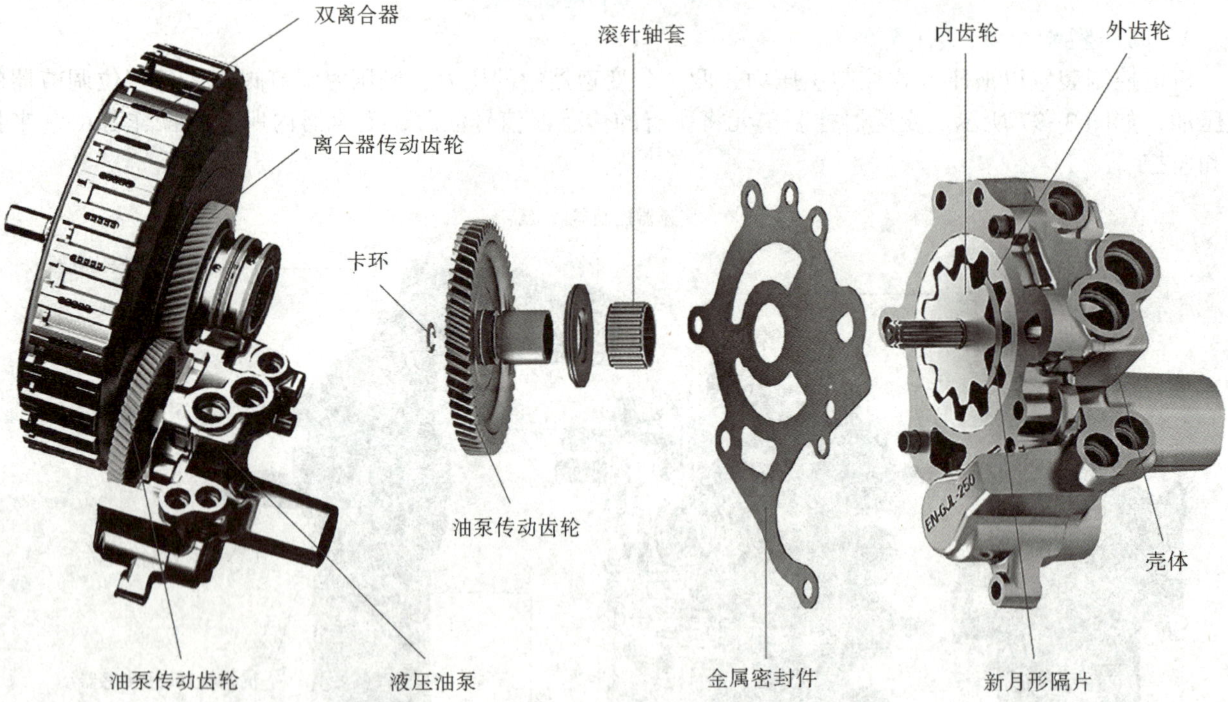

（b）变速器油液压泵结构

图 3-98 变速器液压油循环系统

4. 液压换挡组件

液压换挡组件由换挡拨叉、液压缸、永久磁铁等组成，如图 3-99 所示。换挡压力油通过变速器内的油孔进入液压缸内。换挡时根据需要将液压油导入待换挡位拨叉的液压缸，由于另一侧的液压缸没有压力，换挡拨叉被推向无压力一侧，带动同步器滑动套筒完成换挡。

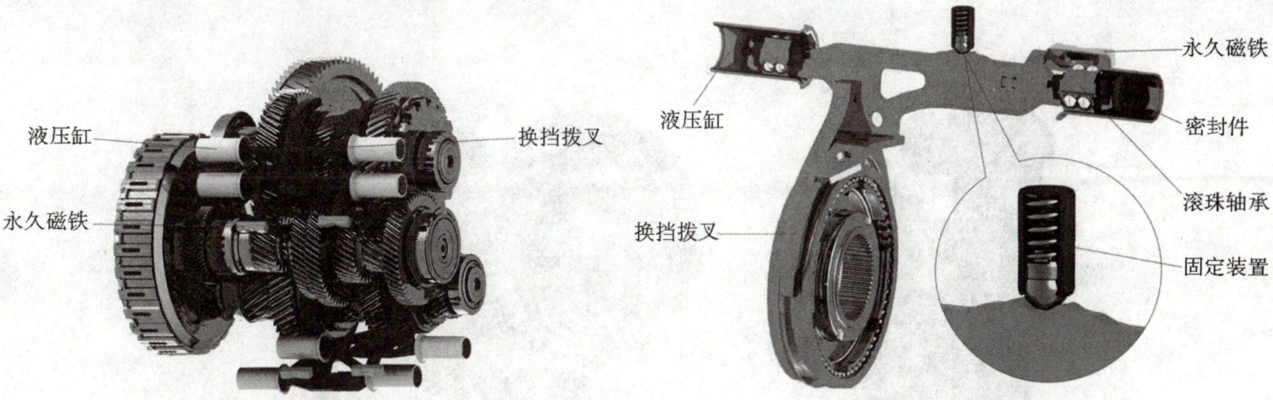

（a）液压换挡组件　　　　（b）换挡执行装置剖视图

图 3-99　液压换挡组件

四、变速器管理系统

变速器管理系统由各传感器、电子控制单元及执行器组成如图 3-100 所示。传感器负责收集变速器各项状态数据，反馈给电子控制单元，电子控制单元根据传感器数据判断状态，操纵执行器完成相应动作。输入轴转速传感器如图 3-101 所示。挡位行程传感器如图 3-102 所示。

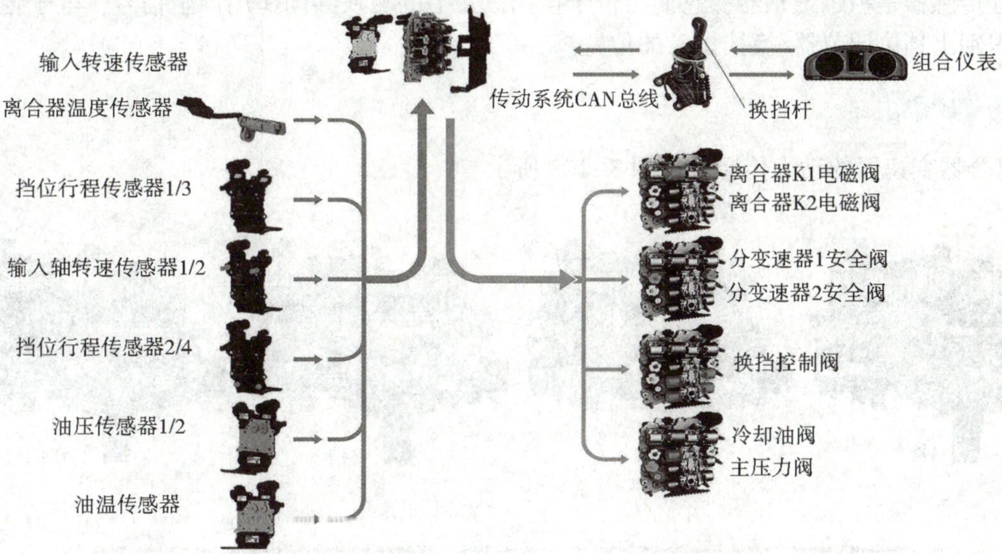

图 3-100　变速器管理系统组成

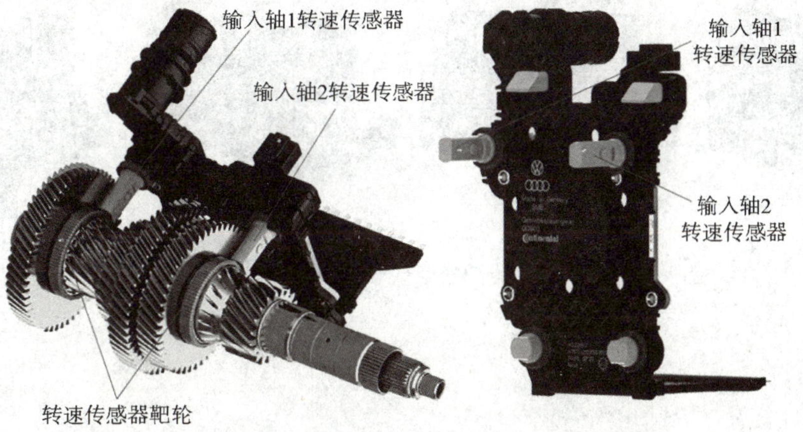

图 3-101　输入轴转速传感器

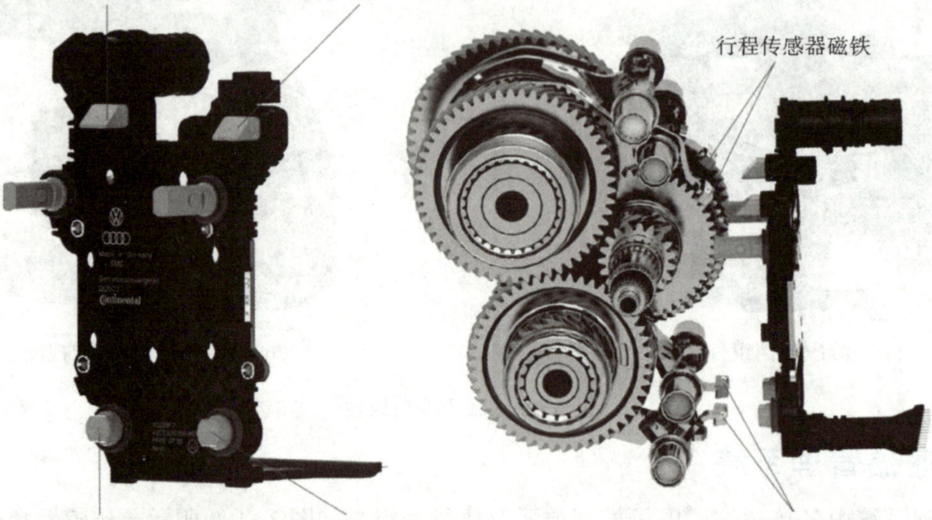

图 3-102　挡位行程传感器

换挡行程传感器是霍尔传感器，它们与位于换挡拨叉上的磁铁共同作用产生信号，电子控制单元根据这个信号识别出挡位调节器/换挡拨叉的位置。

五、动力传递

7 速双离合器变速器的动力传递，如图 3-103 所示。

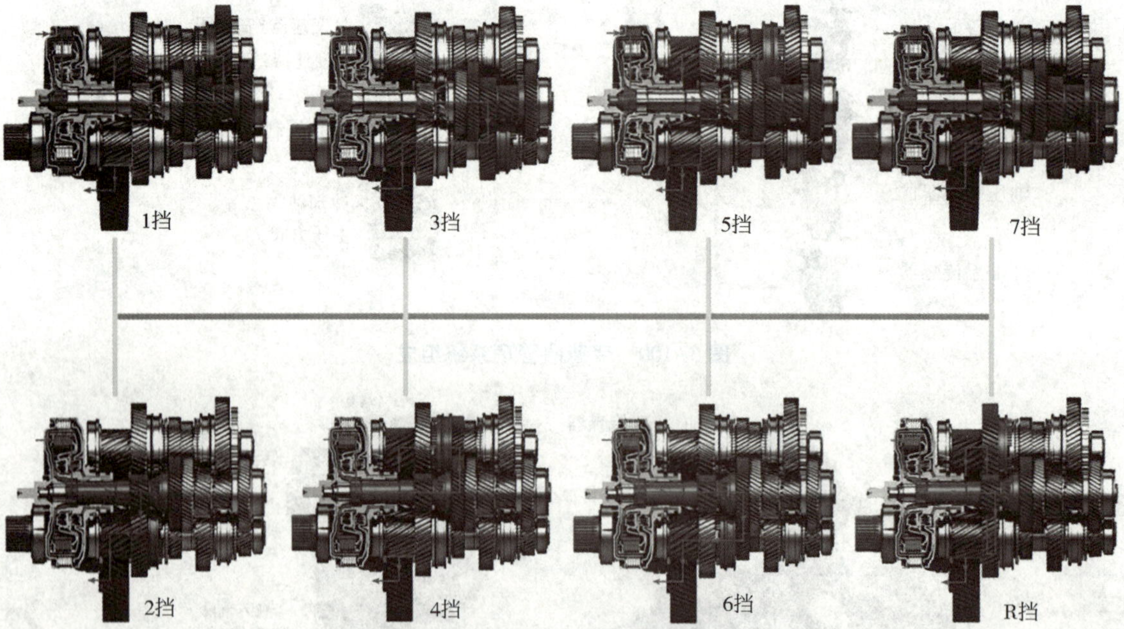

图 3-103　7 速双离合器变速器动力传递

任务八　无级变速器

一、概述

无级变速器（continuously variable transmission，CVT）是能使传动比在一定范围内连续变化的变速器，没有具体的挡位概念，如图 3-104 所示。传动比是连续的，不会产生跳跃换挡的现象，因此动力传输连续顺畅，但动力传递能力有限，目前只能应用在中、小功率的车辆上。无级变速器如图 3-104 所示。

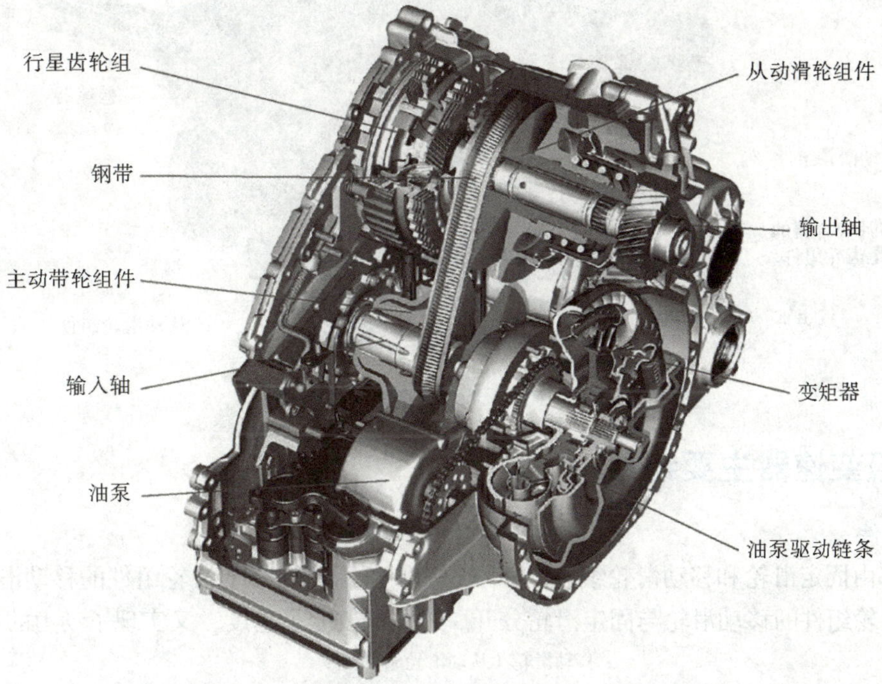

（a）

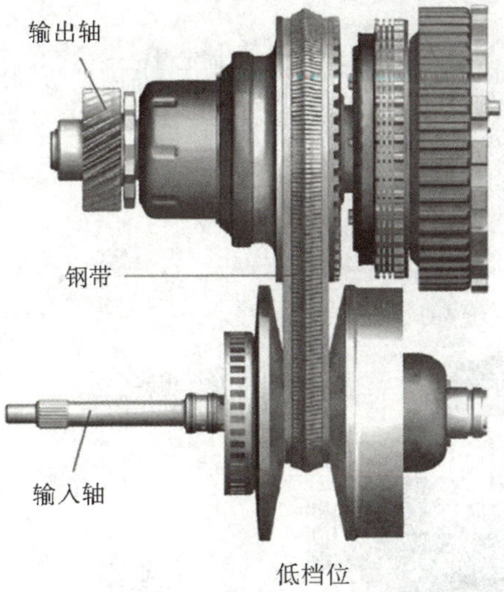

（b）

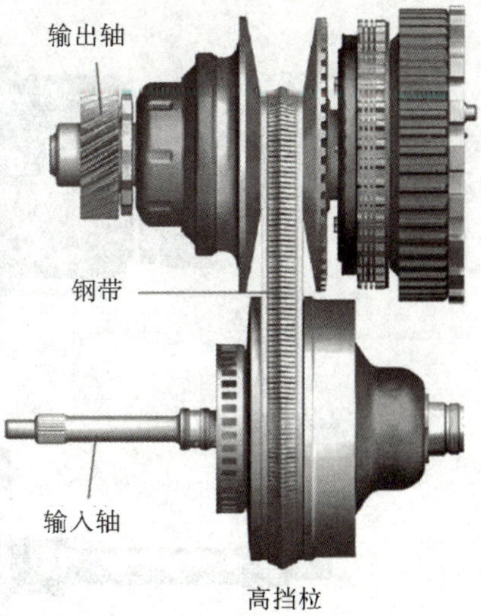

（c）

图 3-104　无级变速器

二、无级变速器原理

无级变速器原理：首先，发动机扭矩从变矩器传送到变速器，钢带将来自主动滑轮组件的力传送到从动滑轮组件；然后，扭矩通过带多片离合器的单行星齿轮系统被传送到内部轴。最后，通过齿轮中间轴，扭矩被传送到差速器，差速器将驱动力均匀地分配给车轴。无级变速器动力传递，如图 3-105 所示。

图 3-105 无级变速器动力传递

三、无级变速器主要组件

1. 滑轮组件

滑轮组件都由固定滑轮和移动滑轮组成，如图 3-106 所示。当一个滑轮组件的移动滑轮向固定滑轮靠拢时，另一个滑轮组件的移动滑轮与固定滑轮分开。这样既改变了速度，又实现了动力的不间断传递。

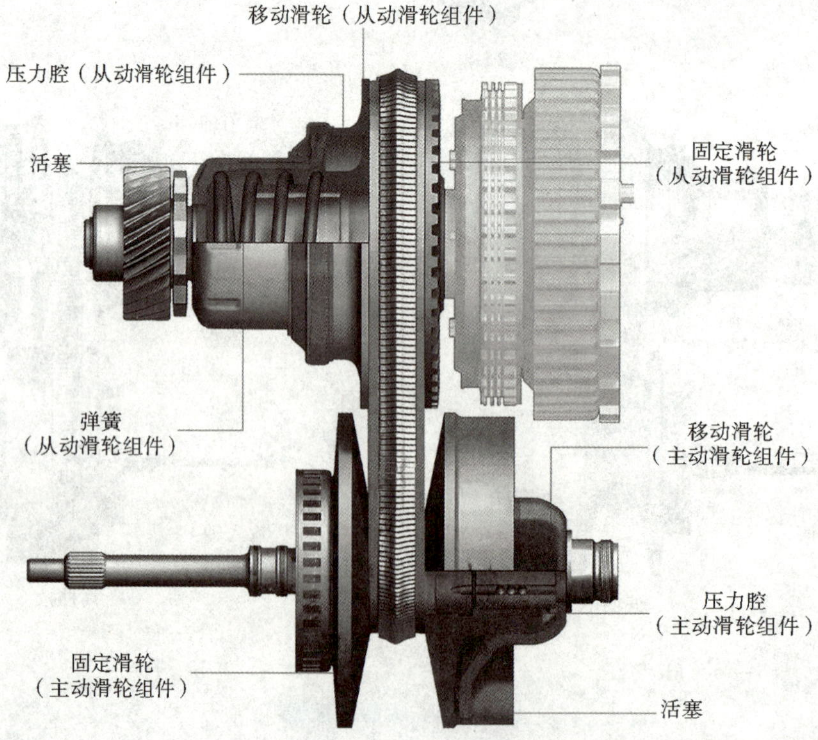

图 3-106 滑轮组件

当压力作用在主动滑轮组件的移动滑轮上时，移动滑轮向固定滑轮靠拢，这使主滑轮上的钢带运转半径增大，变速器处于高速状态。

当压力作用在从动滑轮组件上时，使移动滑轮远离固定滑轮，从而使钢带的运转半径缩小，变速器处于低速状态。

2. 钢带

钢带位于变速器两个滑轮之间，将发动机动力从主动滑轮组传递到从动滑轮组上，如图 3-107 所示。

3. 行星齿轮组件

行星齿轮组件将变速器动力传递给输出轴，同时通过前进挡多片离合器和倒挡多片离合器的切换实现前进挡和倒挡的变换，如图 3-108 所示。

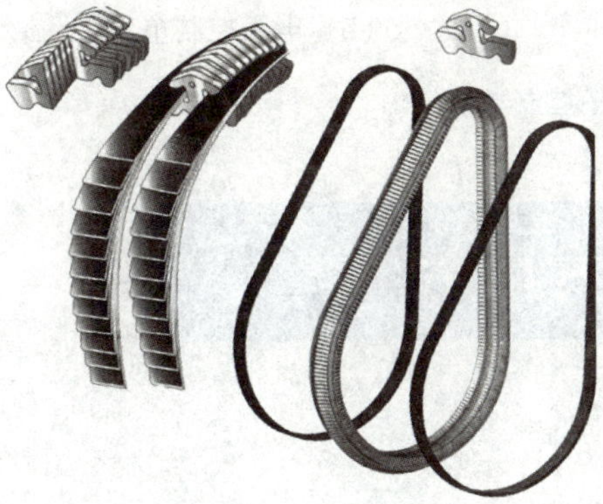

图 3-107　钢带

图 3-108　行星齿轮组件

4. 多片离合器

倒挡多片离合器、前进挡多片离合器与行星齿轮式变速器多片离合器结构相同，如图 3-109 所示。

（a）多片离合器安装位置

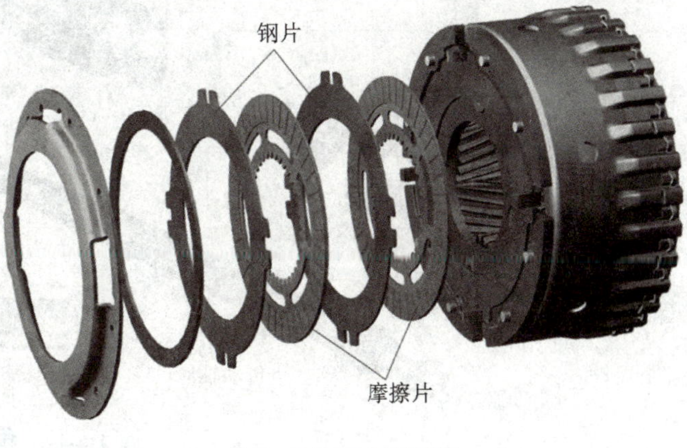

（b）多片离合器结构

图 3-109　多片离合器

5. 电子液压控制单元与电子控制单元

电子液压控制单元通过控制各电磁阀或调节阀切换内部液压油的流向，从而完成变速器的换挡，如图 3-110（a）所示。

电子控制单元是变速器的控制核心，安装在电子液压控制单元上，负责收集各传感器信号，判断变速器工作状态，并向各电磁阀或调节阀输出控制信号，指令其打开或关闭，如图 3-110（b）所示。

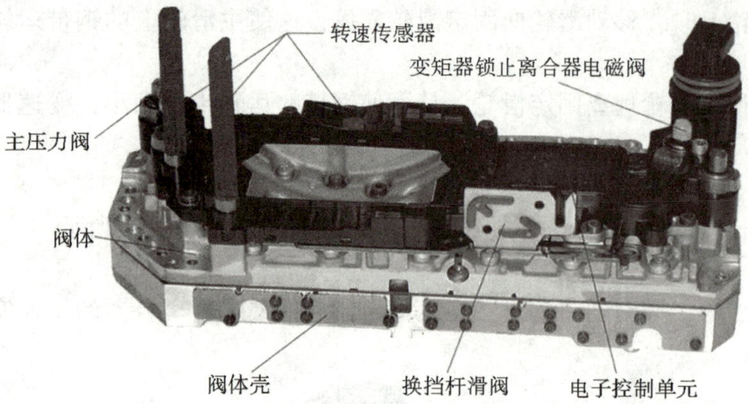

（a）电子液压控制单元

（b）电子控制单元

图 3-110　电子液压控制单元与电子控制单元

任务九　传动轴与万向节

一、概述

传动轴通常用来连接变速器（分动器）和驱动桥，在转向驱动桥和断开式驱动桥中，也称为半轴，用来连接差速器和车轮。万向节是实现传动轴或半轴变角度传动的主要部件，如图 3-111 所示。

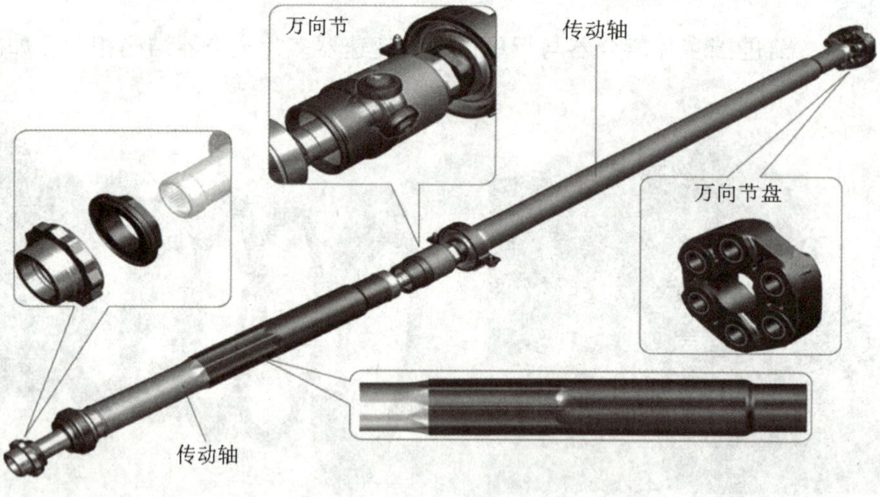

图 3-111　传动轴与万向节

二、传动轴

1. 传动轴的功用

传动轴是万向传动装置中的主要传力部件。通常用来连接变速器（或分动器）和驱动桥，在转向驱动桥和断开式驱动桥中，用来连接差速器和驱动车轮。

2. 传动轴的构造

传动轴有实心轴和空心轴。为了减轻传动轴的质量，节省材料，提高轴的强度、刚度，传动轴多为空心轴，一般用厚度为 1.5~3.0 mm 的薄钢板卷焊而成，超重型货车则直接采用无缝钢管。转向驱动桥、断开式驱动桥或微型汽车的传动轴通常制成实心轴。

图 3-112 为解放 CA1092 汽车的万向传动装置，因传动轴过长时，自振频率降低，易产生共振。故将其分成两段并加中间支承，中间传动轴前端焊有万向节叉，后端焊有花键轴，其上套装带内花键的凸缘盘；主传动轴前端焊有花键轴，其上套装滑动叉并在花键轴上可轴向滑动，适应变速器与驱动桥相对位置的变化，滑动部位用润滑脂润滑，并用油封（即橡胶伸缩套）防漏、防水、防尘，滑动叉前端装有带小孔的堵盖，保证花键部位伸缩自由。

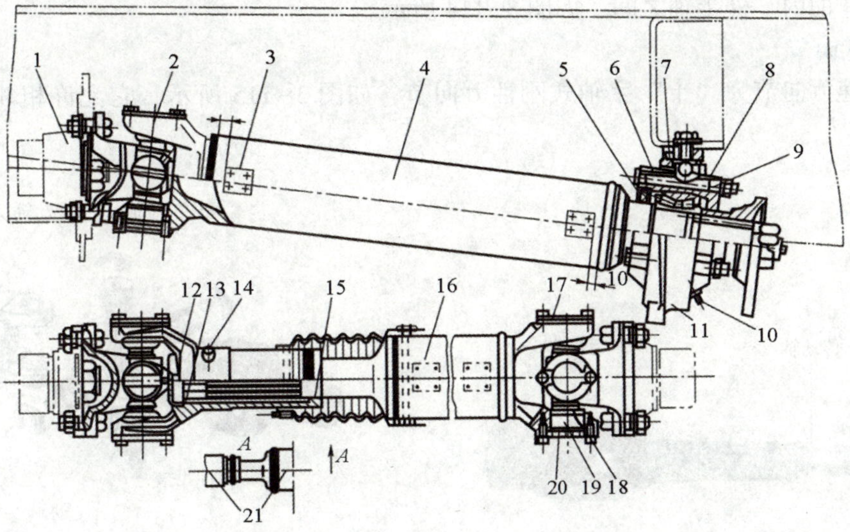

1–凸缘叉；2–万向节“十”字轴；3–平衡片；4–中间传动轴；5、15–中间支承油封；
6–中间支承前盖；7–橡胶垫片；8–中间支承后盖；9–双列圆锥滚子轴承；
10、14–油嘴；11–支架；12–堵盖；13–滑动叉；16–主传动轴；17–锁片；
18–滚针轴承油封；19–万向节滚针轴承；20–滚针轴承轴承盖；21–装配位置标记。

图 3-112　解放 CA1092 汽车的万向传动装置

传动轴两端的连接件装好后，应进行动平衡试验。在质量轻的一侧补焊平衡片，使其不平衡量不超过规定值。为防止装错位置和破坏平衡，滑动叉、轴管上都应刻有带箭头的记号。为保持平衡，油封 15 上两个带箍的开口销应装在间隔 180°位置上，万向节的螺钉、垫片等零件不应随意改换规格。为加注润滑脂方便，万向传动装置的油嘴应在一条直线上，且万向节上的油嘴应朝向传动轴。

3. 中间支承

(1) 中间支承的功用

传动轴分段时需加中间支承，中间支承通常装在车架横梁上，能补偿传动轴轴向和角度方向的安装误差，以及汽车行驶过程中因发动机窜动或车架变形等引起的位移。

(2) 中间支承的结构

中间支承常用弹性元件来满足上述功用，图 3-113 为东风 EQ1090 汽车的中间支承，它由支架和轴承等组成，双列锥轴承固定在中间传动轴后部的轴颈上。带油封的支承盖之间装有弹性元件橡胶垫环，用三个螺栓紧固。紧固时，橡胶垫环会径向扩张，其外圆被挤紧于支架的内孔。轴承可在轴承座内轴向滑动，轴承座装在蜂窝形橡胶垫内，通过 U 形支架固定在车架横梁上。

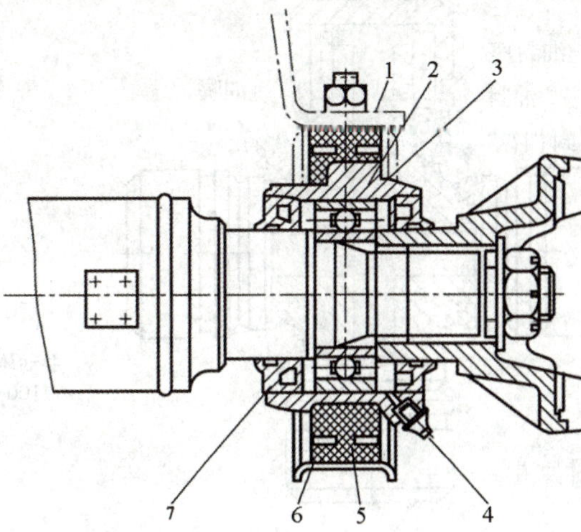

1–车架横梁；2–轴承座；3–轴承；4–油嘴；
5–蜂窝形橡胶；6–U 形支架；7–油封。

图 3-113　东风 EQ1090 汽车的中间支承

三、万向节

万向节安装在转轴之间，改变动力传递角度。按其在扭转方向上是否有明显的弹性可分为刚性万向节和挠性万向节。刚性万向节按其运动特性可分为不等速万向节、准等速万向节和等速万向节。不等速万向节主要用于发动机前置后轮驱动汽车的变速器与驱动桥之间；等速和准等速万向节主要用于发动机前置前轮驱动汽车的内、外半轴之间，如图 3-114 所示。

1. 不等速万向节

常见的不等速万向节为“十”字轴式刚性万向节，如图 3-115 所示，它允许相邻两轴的最大交角为 15°~20°。

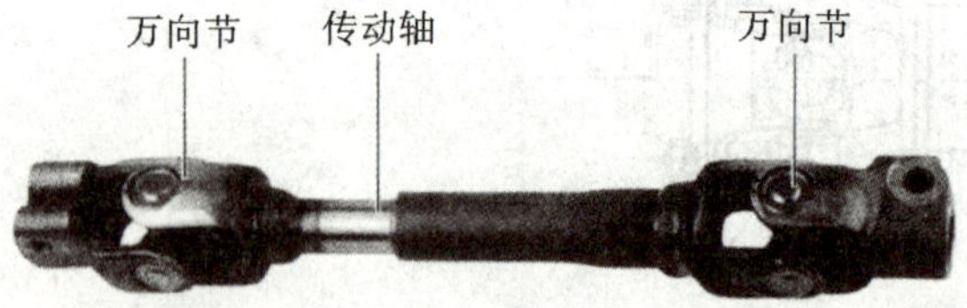

图 3-114　万向传动装置的结构图

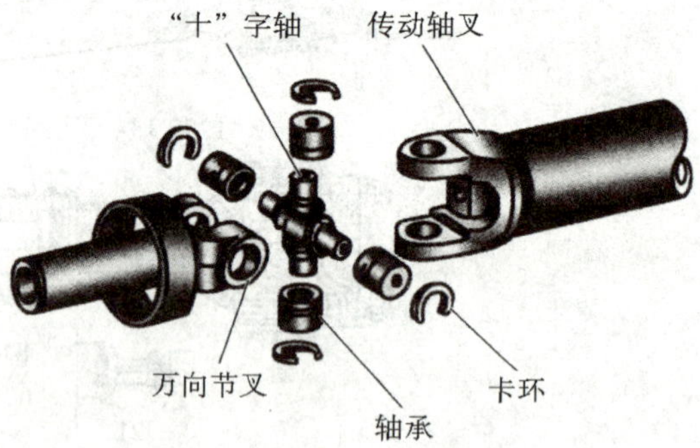

图 3-115　“十”字轴式刚性万向节

“十”字轴式刚性万向节主要由“十”字轴和万向节叉等组成。万向节叉上的孔分别套在“十”字轴的四个轴颈上。在“十”字轴轴颈与万向节叉孔之间装有滚针和套筒，用带有锁片的螺钉和轴承盖来使之轴向定位。为了润滑轴承，“十”字轴内钻有油道，且与油嘴、安全阀相通，如图 3-116 所示。为了避免润滑油流出及尘垢进入轴承，“十”字轴轴颈的内端套装着油封。

单个“十”字轴式刚性万向节在主动轴和从动轴之间有夹角的情况下，当主动叉等角速转动时，从动叉是不等角速的，这称为“十”字轴式刚性万向节的不等速特性。两转轴之间的夹角越大，不等速性就越大，图 3-117 为传动轴每转一圈时速度变化情况。

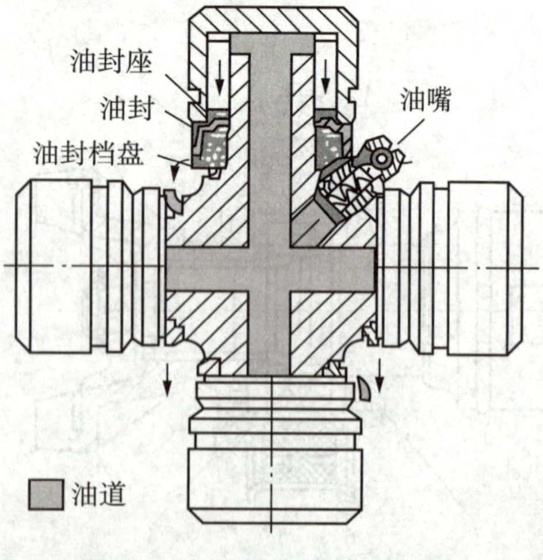

图 3-116　润滑油道及密封装置

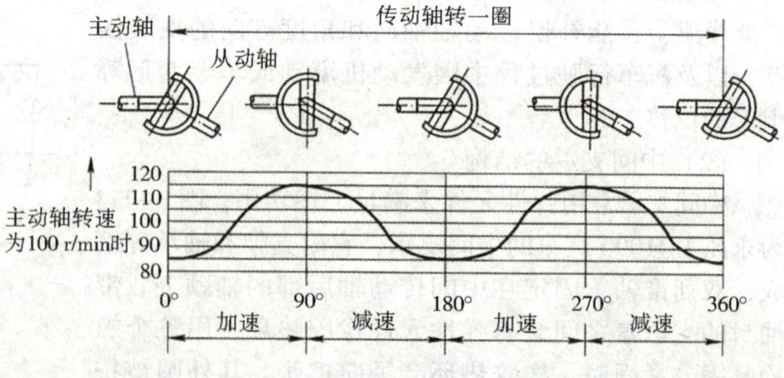

图 3-117　传动轴每转一圈时速度变化情况

“十”字轴式刚性万向节的不等速特性将使从动轴及其相连的传动部件产生扭转震动，从而产生附加的交变载荷，影响部件寿命。可以采用图 3-118 所示的双“十”字轴刚性万向节的传动方式，第一万向节的不等速特性可以被第二万向节的不等速特性所抵消，从而实现两轴间的等角速传动。实现两轴间的等角速传动的具体条件是：第一万向节两轴间夹角 α_1，与第二万向节两轴间夹角 α_2 相等；第一万向节的从动叉与第二万向节的主动叉处于同一平面。

由于悬架的震动，不可能在任何时候都保证 $\alpha_1=\alpha_2$，因此这种双“十”字轴刚性万向节的传动只能近似地解决等速传动问题，且由于两轴夹角最大只能是20°，因此使用上受到一定限制。在转向驱动桥和断开式驱动桥中，由于分段半轴在布置上受轴向尺寸的限制，而且转向轮要求偏转角度较大，一般在30°~40°，并要等速或接近等速传动，此时使用刚性“十”字轴双万向节进行传动已难以适应，所以在转向驱动桥及断开式驱动桥中广泛采用各种形式的准等速万向节和等速万向节。

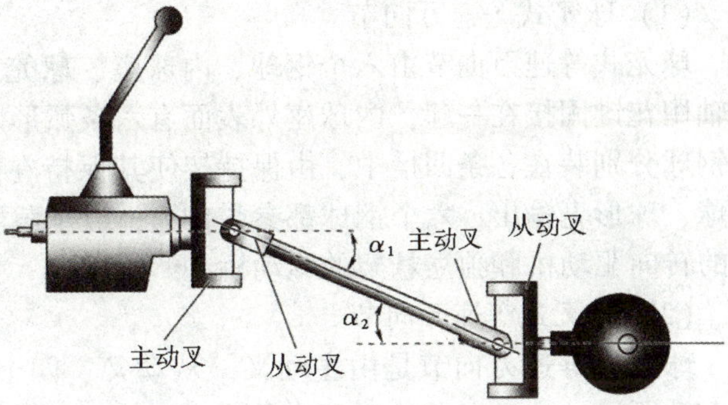

图 3-118　双“十”字轴刚性万向节等速传动布置图

2. 准等速万向节

准等速万向节实际上是在双“十”字轴式万向节的基础上改进而成的，只能近似地实现等速传动，所以称为准等速万向节。常见的准等速万向节有双联式和三销轴式两种形式。

（1）双联式万向节

双联式万向节是由两个“十”字轴万向节组合而成的。双联叉相当于传动轴及两端处于同一平面上的两个万向节叉，如图3-119所示。若要实现两个传动轴的角速度相等，应保证两轴间的夹角相等，即 $\alpha_1=\alpha_2$。双联式万向节的主要优点是允许两轴间的夹角较大（一般可达50°），轴承密封性好，效率高，工作可靠，制造方便。缺点是结构较复杂，外形尺寸较大。

（2）三销轴式万向节

三销轴式万向节是由双联式万向节演变而来的，它主要由两个偏心轴叉、两个三销轴和六个滚针轴承组成，如图3-120所示。三销轴式万向节允许所连接的两轴最大夹角为45°，易于密封。但其外形尺寸较大，零件形状较复杂，毛坯需要精确模锻。由于在工作中三销轴间有相对轴向滑动，万向节的两轴受有附加弯矩和轴向力，所以主动轴一侧需装轴向推力轴承。这种结构目前仅用于个别中型或重型越野车的转向驱动桥。

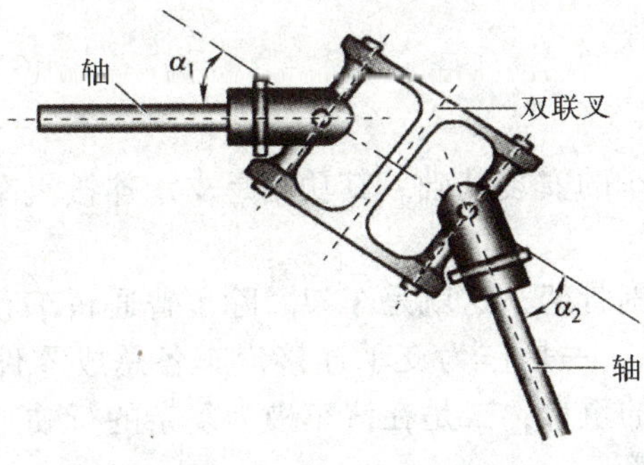

图 3-119　双联式万向节

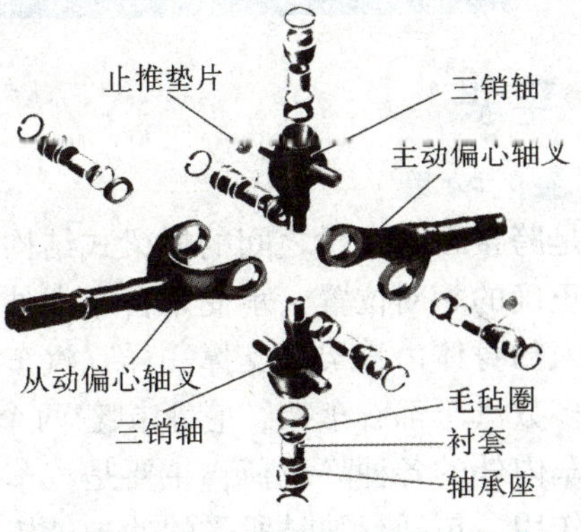

图 3-120　三销轴式准等速万向节

3. 等速万向节

等速万向节的基本原理是：从结构上保证万向节在工作过程中的传力点始终位于主、从动轴交角的平分面上。用一对大小相同的锥齿轮传动来说明等速万向节的基本工作原理，如图3-121所示。两齿轮轮齿的接触点 P 位于两齿轮轴线夹角 α 的平分面上，由 P 点到两轴线的垂直距离都等于 r。在 P 点处两齿轮的圆周速度是相等的，因而两个齿轮旋转的角速度也相等。与此相似，若万向节的传力点在主、从动轴夹角变化时始终位于两轴的角平分面上，则可使两万向节叉保持等角速的关系。等速万向节的常见结构形式有球笼式和球叉式。

（1）球笼式等速万向节

球笼式等速万向节由六个钢球、内球座、球笼外壳和保持架（球笼）等组成。万向节内球座与主动轴用花键固接在一起，内球座外表面有六条弧形凹槽滚道，球笼外壳的内表面有相应的六条凹槽，六个钢球分别装在各条凹槽中，由保持架使其保持在同一平面内。球笼式万向节工作时，动力由主动轴、钢球、球形壳输出，六个钢球都参与传力，故承载能力强、磨损小、寿命长，因此被广泛应用于各种型号的转向驱动桥和独立悬架的驱动桥。

（2）球叉式等速万向节

球叉式等速万向节是由主动叉、从动叉、四个传动钢球、定心钢球、定位销和锁止销组成，如图3-122所示。主动叉与从动叉分别与内、外半轴制成一体。在主、从动叉上，分别有四个曲面凹槽，装配后则形成两个相交的环形槽，作为钢球滚道。四个传动钢球放在槽中，定心钢球放在两叉中心的凹槽内。球叉式等速万向节工作时，只有两个钢球传力，磨损较快，使用寿命短，现在应用越来越少。

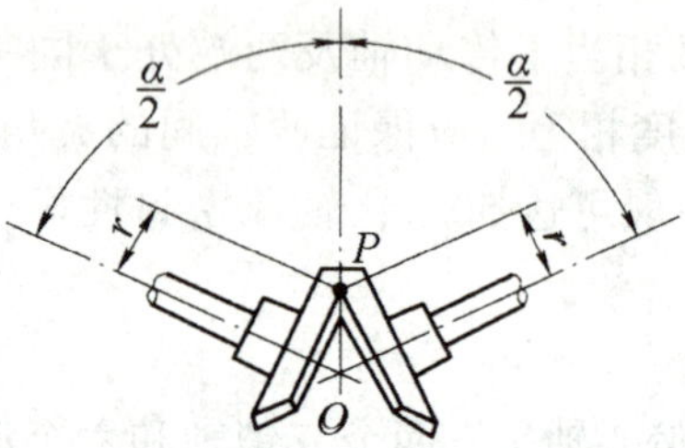

图3-121　等速万向节的基本工作原理图

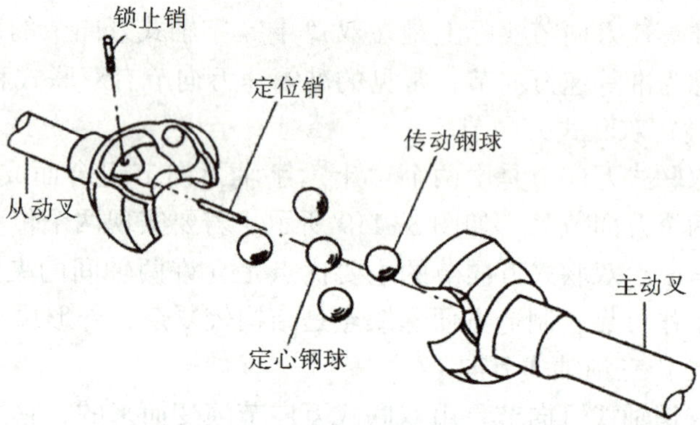

图3-122　球叉式等速万向节

任务十　车　身

一、车架

1. 车架的功用

车架是跨接在各车桥之间的桥梁式结构，是整个汽车的安装基础。其功用是支承连接汽车的各零件并保证其正确的相对位置，承受来自车内外的各种载荷。

就像人的身体由骨架来支撑一样，汽车也必须有一副骨架，这就是车架。除了普通轿车和部分大客车外，大多数汽车都有车架，它承担着两个重要的任务：一是作为支承连接汽车各总成零件的安装基体，承受车内外的各种静载荷，主要是汽车自身零部件的重量；二是在汽车极为复杂的行驶工况中，承受动载荷作用，包括行驶时所受的冲击、扭曲和惯性力等。

2. 车架的要求与分类

（1）车架的要求

车架的结构形式应满足如下要求。

① 应满足汽车总体布置的要求。汽车在复杂的行驶过程中，固定在车架上的各总成和部件之间不应发生干涉。

② 车架还应具有足够的强度与合适的刚度，同时要求其质量尽可能小。

③ 车架结构应尽量简单，并有利于降低汽车质心和获得大的转向角，以提高汽车行驶的稳定性和机动性。

（2）车架的分类

车架就是支承车身的基础构件，一般称为底盘大梁架。发动机、变速器、转向器及车身部分都固定在其上，它除了承受静载荷，还要承受汽车行驶时产生的动载荷。因此车架必须有足够的强度和刚度，以保证汽车正常使用时在各种应力下不会损坏和变形。

3. 车架的构造

车架按其结构形式可分为边梁式、中梁式、综合式和承载式车架等。

（1）边梁式车架

边梁式车架由两根位于两边的纵梁和若干根横梁组成，用铆接法或焊接法将纵梁与横梁连接成坚固的刚性构架。

纵梁通常用低合金钢钢板冲压而成，断面一般为槽形，也有采用“Z”字形或箱形断面的。根据车型不同和结构布置的要求，纵梁可以在水平面内或纵向平面内做成弯曲的，以及等断面或非等断面。

横梁也是用低合金钢钢板冲压而成的，它用来连接两边的纵梁，并保证车架的扭转刚度和承受纵向载荷，同时还用于支承汽车上的主要部件。通常货车约有 4~6 根横梁，其断面多为槽形。为了增强车架的抗扭强度，有时采用管形或箱形断面的横梁。按照需要，横梁也可制成弯曲的形状。

边梁式车架的结构特点是便于安装车身（包括驾驶室、车厢及一些特种装备等）和布置其他总成，有利于改装变型车和发展多品种汽车。因此在货车和大多数特种汽车上广泛采用边梁式车架。图 3-123 为丰田皇冠轿车边梁式车架。

（2）中梁式车架

中梁式车架只有一根位于中央贯穿前后的纵梁，因此也称为脊骨式车架。图 3-124 为汽车中梁式车架，其上固定有横向的托架或连接梁，使车架呈鱼骨状，中梁的断面多做成管形（也有矩形）。这种结构的车架有较大的扭转刚度，使车轮有较大的运动空间，因此被应用在某些轿车和货车上。

中梁是管式的，传动轴装在管内。主减速器壳通常固定在中梁的尾端，形成断开式驱动桥。中梁前端做成伸出的支架，以固定发动机。

与同吨位货车相比，这种类型的车架较轻，减小了整车质量，同时重心较低，因此行驶稳定性好，车架的强度和刚度较大，脊梁还能起封闭传动轴的防尘套作用，其结构增大了车轮跳动空间，便于采用独立悬架系统，从而提高了汽车的通过性。然而，其制造工艺复杂，维修困难。

（3）综合式车架

综合式车架（图3 125）前部是边梁式的，而后部是中梁式的，这种车架称为综合式车架，也称为复合式车架，它同时具有中梁式和边梁式车架的特点。该车架的边梁用以安装发动机，悬伸出来的车架可以固定车身，这种车架实际上属于中梁式车架的一种变形。

图 3-123　丰田皇冠轿车边梁式车架

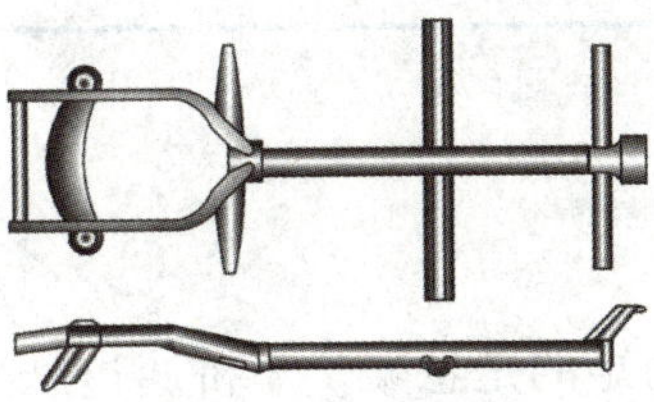
图 3-124　汽车中梁式车架

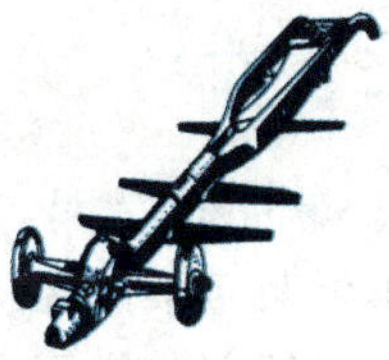
图 3-125　汽车综合式车架

（4）承载式车身

承载式车身没有车架，车身就作为发动机和底盘各总成的安装基体，车身兼有车架的作用并承受全部载荷。图 3-126 为承载式车身。

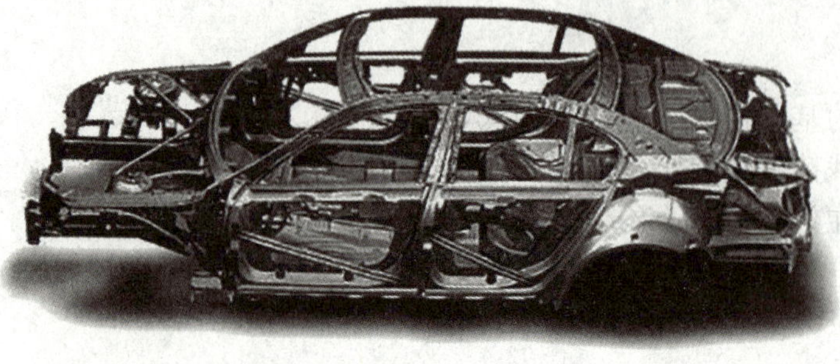

图 3-126　承载式车身

承载式车身可分为以下两类。

① 大客车承载式车身

基础承载式将车身侧围腰线以下部分（包括窗台梁以下到地板的侧壁骨架的底部结构）设计成车身的主要承载件，顶盖则考虑为非承载件，因此，窗柱截面可以减细。这种结构底部纵向和横向构件一般可采用薄壁型钢和薄板来制造，一般用在长途或旅游大客车上。

整体承载式（可以称为全承载式，主要用于客车和校车的设计）是整个车身都参与承载，由于车身的上、下部件结构形成一个统一的整体呈封闭环结构，整个车身参与承载，在承受载荷时，使整个车身壳体达到稳定平衡状态。整车强度与刚度的增加能降低一级踏步的高度，做到真正的“低入口”概念，方便乘客上下车，且车内净高最大化，视窗玻璃达到最大化，整体舒适性好。

② 轿车承载式车身

轿车承载式车身前端由两根前纵梁、前围板、两侧挡泥板、前围内侧板等形成一刚性较强的框架。车身中部系由左右侧围（包括车门上框，门槛梁和前、中、后立柱等）和地板、顶盖、前围板、前风窗框、行李舱围板、后窗框等构成的盒形结构，其后端由与后纵梁相焊接的行李舱地板及后轮内、外轮罩构成。

知识拓展

汽车高刚性车身

刚性是指物体受力后抗变形的能力。车身高刚性则是指在施加不至毁坏车身的普通外力时车身不容易变形的能力。高刚性车身具有极高的抗扭曲和弯曲的能力。当汽车行驶在凸凹不平的地面时，刚性差的汽车车身会发出“嘎吱嘎吱”的响声，因为这样的车身此时扭曲较严重，从而使一些装配部位产生摩擦。

在汽车高速转弯时，车身刚性的优劣也会暴露无遗。车身刚性好的车辆在转弯时其行驶稳定性会比较好，反之则不好。

二、车桥

1. 车桥的功用

在车架与车桥之间传递力与力矩的是悬架。车桥通过悬架与车轮相连，两端安装车轮并传递车架与车轮之间各方向作用力的部件。车桥的作用是承受汽车的载荷，维持汽车在道路上的正常行驶。

2. 车桥的分类

按配用悬架结构的不同，车桥分为整体式和断开式两种。整体式车桥的中部是刚性实心或空心梁，与非独立悬架配用，如图 3-127 所示。断开式车桥为活动关节式结构，与独立悬架配用，如图 3-128 所示。

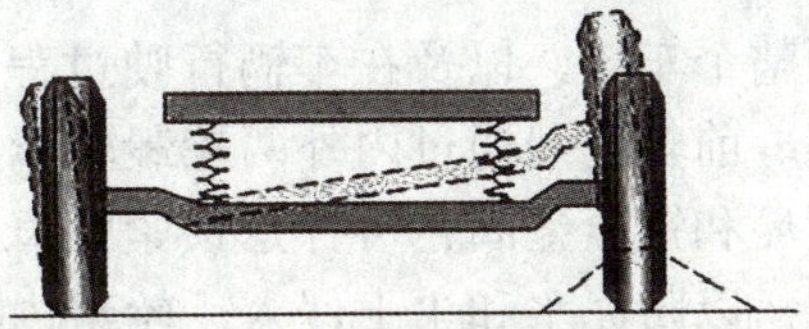

图 3-127　整体式车桥

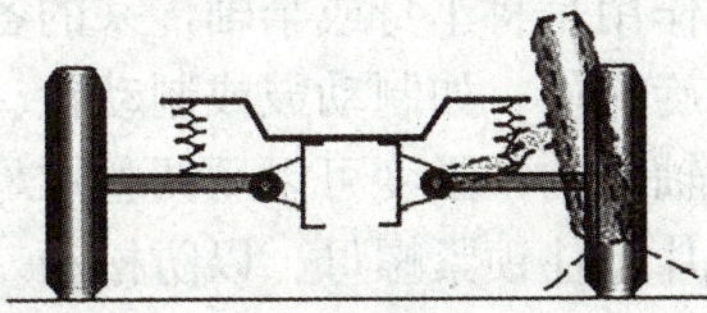

图 3-128　断开式车桥

按车桥上车轮的作用不同，车桥分为转向桥、驱动桥、转向驱动桥和支持桥四种类型。其中转向桥和支持桥都属于从动桥。在后轮驱动的汽车中，前桥不仅用于承载，而且兼起转向作用，称为转向桥；后桥不仅用于承载，而兼起驱动的作用，称为驱动桥；前轮驱动汽车的前桥，除了承载和转向的作用外，还兼起驱动作用，所以称为转向驱动桥；前轮驱动汽车的后桥只起支承作用，称为支持桥。

3. 转向桥

转向桥的作用是支撑汽车部分重量，安装前轮及制动器，连接车架，传递各种作用力，使前轮偏转以实现转向。不同车型的转向桥结构基本相同，主要由前轴、转向节、主销和轮毂四部分组成，如图 3-129 所示。

转向桥在结构上有两种形式，与非独立悬架相连的是整体式转向桥，如图 3-129 所示。与独立悬架相连的是断开式转向桥，如图 3-130 所示。下面以整体式转向桥为例介绍其结构。

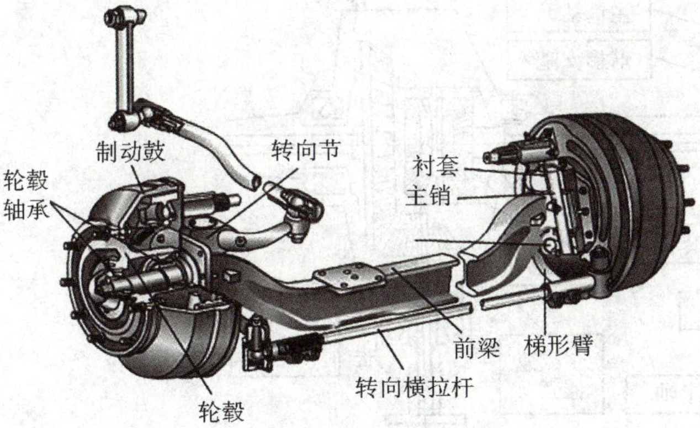

图 3-129　整体式转向桥

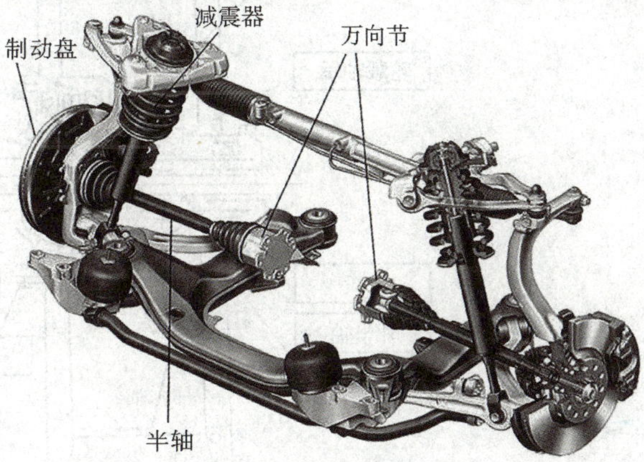

图 3-130　断开式转向桥

（1）前轴

前轴通常制成“工”字形断面，故称工字梁，其两端向上翘起呈拳形，并有上下相通的圆孔，主销插入孔内，将前轴与转向节连接起来。在前轴凹形上平面的两端各有一个安装钢板弹簧用的底座，其上钻有安装 U 形螺栓用的 4 个通孔和 1 个位于中心的钢板弹簧定位孔。在前轴两端还制有转向轮最大转向角限位凸块。在主销孔内侧纵向有锥形孔，用以安装锥形锁销，防止主销转动。

（2）转向节

转向节与前轴通过主销采用铰接的方式连接，其形似羊角，故又称羊角。它是一个叉形件，由上下两耳和支撑轮毂轴承的轴颈构成。上下两耳各制有安装主销的同轴孔，通过主销与前轴相连。为减少磨损，在销孔内压入衬套，并在衬套上开有润滑油槽。为使转向灵活轻便，在转向节下耳轴孔的上平面装有滚子推力轴承。

（3）主销

主销的作用是铰接前轴与转向节，使转向节能绕着主销摆动，以使车轮偏转实现转向。主销的中部切有凹槽，安装时用锥形锁销与它配合，使其固定在前轴的销孔中，防止其相对前轴转动。

（4）轮毂

轮毂的作用是将车身或半轴传来的各种作用力或转矩传到整个车轮，以及在车辆行驶过程中随车轮一起旋转的旋转件，如制动鼓或制动盘、轮速传感器的齿圈等。前轮轮毂通过内外两轮毂轴承装在转向节轴颈上，轴承的预紧度可以用调整螺母调整，调好后套上锁环和锁紧垫圈，再拧紧锁紧螺母，并用锁紧垫圈弯曲片包住锁紧螺母，以防松动。在轮毂外端装有端盖，以防泥水和尘土侵入。轮毂内侧装有油封和挡油盘，以防润滑脂进入车轮制动器内。

4. 转向驱动桥

转向驱动桥能实现转向和驱动两种功能，因此转向驱动桥具有一般驱动桥所具有的主减速器、差速器及半轴，也具有一般转向桥所具有的转向节、主销、轮毂等，如图 3-131 所示。转向驱动桥的中部装有主减速器和差速器，内半轴和外半轴通过等角速万向节连接在一起外半轴的端部制有花键，它和半轴凸缘相啮合。转向节是由转向节轴颈和转向节外壳连接成的整体。转向节轴颈上装有两个轮毂轴承，以支撑轮毂；转向节轴颈内孔壁上压有衬套，以支撑外半轴。在转向节外壳的上、下两端分别装有上、下两段主销的加粗部分，并用止动销止动。在转向节外壳上端装有转向节臂，在转向节外壳下端装有下盖，润滑脂由上、下油嘴注入，分别进入主销中心油道，再从两个侧孔出来进入主销与衬套之间，实现润滑。

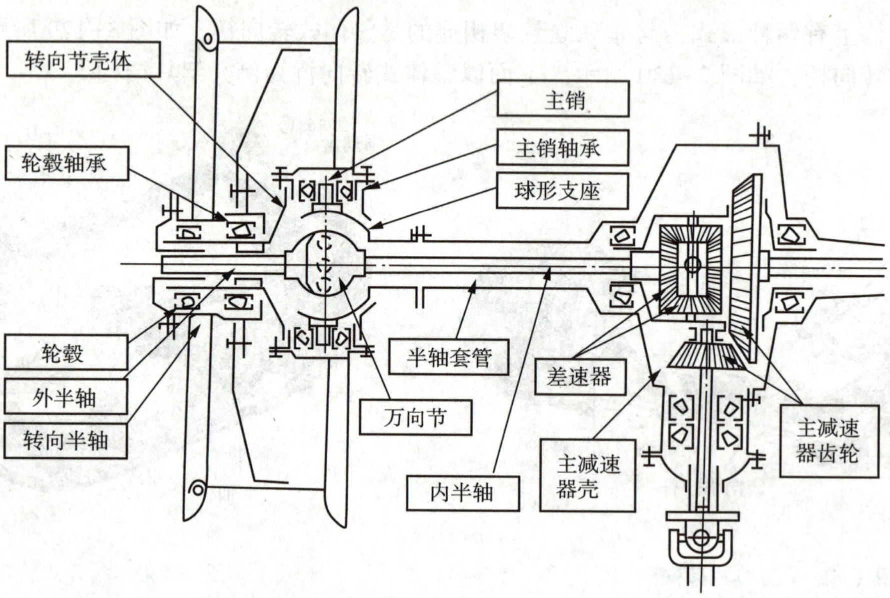

图 3-131　转向驱动桥的结构

转向驱动桥与转向桥的区别就是横梁变成了桥壳，转向节变成了转向节壳体，它们都是空心的；同时多了驱动轴，这根驱动轴被位于桥壳中间的差速器一分为二，变成了内半轴和外半轴。

转向所需要的半轴被分为两段，内半轴与差速器相连，外半轴与轮毂相连，二者用等角速万向节连接；转向节轴颈做成空心，以便外半轴从中穿过；转向的连接叉是球状转向节壳体，既满足了转向的需要，又适应了转向节的传力；主销分成上、下两段，分别固定在万向节的球形支座上。

三、车轮与轮胎

车轮与轮胎又称车轮总成，位于车身（车架）与路面之间，是汽车行驶系统中的重要组成部分，图 3-132 所示。

车轮与轮胎的功用如下：支承汽车及其装载质量；缓冲车轮受路面不平引起的冲击震动，提高汽车通过性；传递汽车与路面之间的各种力和力矩；抵抗侧滑并能产生回正力矩，保证汽车正常的转向及行驶。

轮胎与地面之间的摩擦力决定了汽车的操纵性。轮胎的组成、结构和使用条件是影响汽车转向、悬架、车轮定位和制动系统的最重要因素。

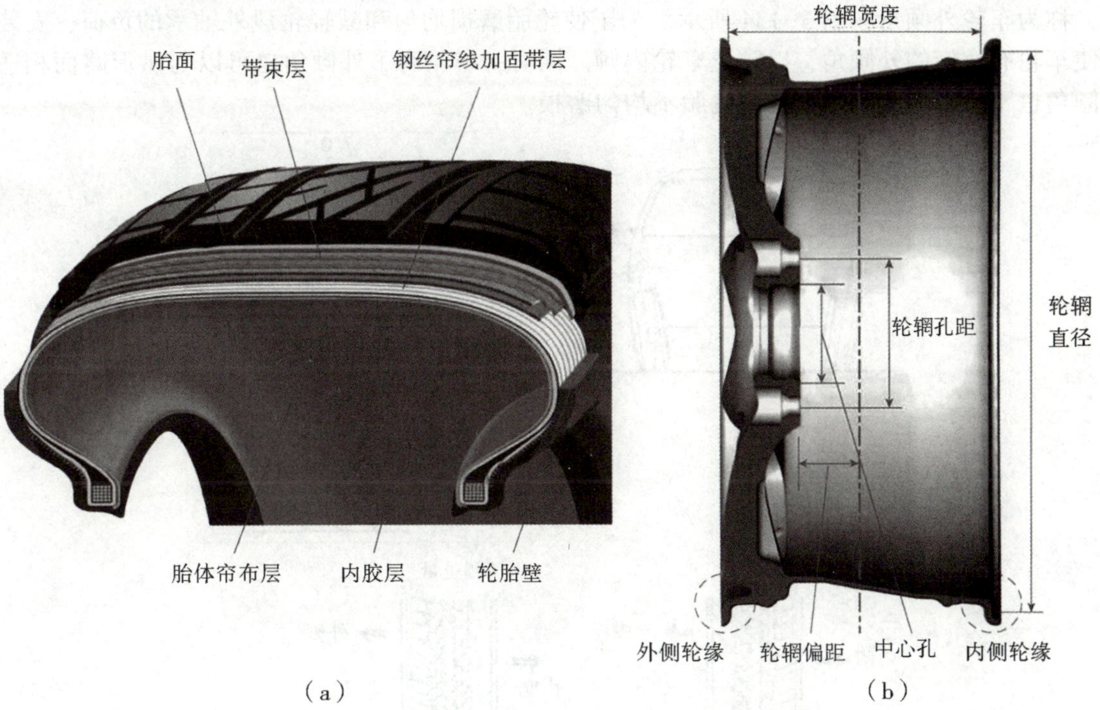

图 3-132　车轮与轮胎

四、车轮定位

1. 概述

车轮定位是指转向车轮、转向节、前轴三者与车架的安装应保持一定的相对位置关系，如图 3-133 所示。转向车轮定位可保证汽车直线行驶的稳定性和操纵的轻便性，并减少轮胎和其他部件的磨损。

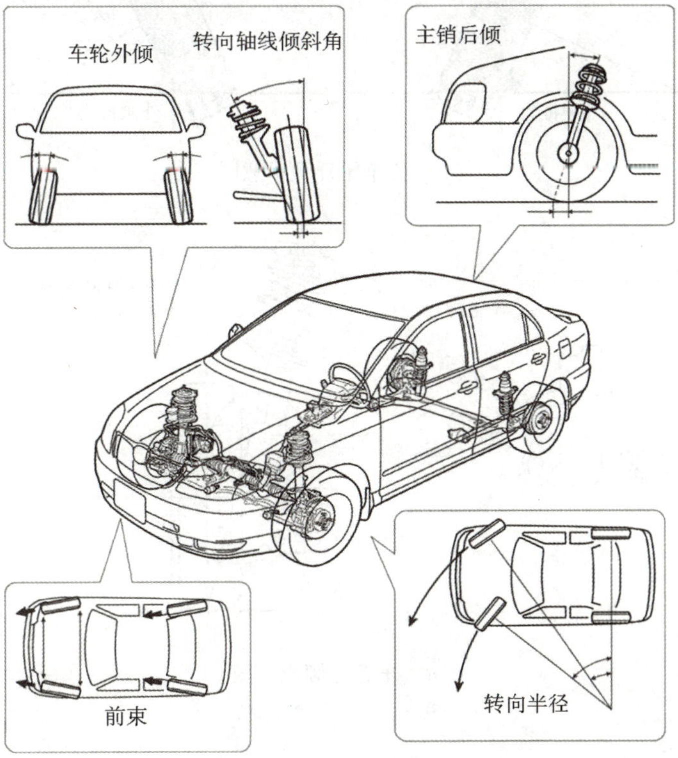

图 3-133　车轮定位

2. 车轮外倾

车轮外倾是指车轮安装后，其旋转平面的顶端略向外倾斜，它的旋转平面与纵向垂直平面间形成一个夹角，称为车轮外倾角，图 3-134 所示。为了使轮胎磨损均匀和减轻轮毂外轴承的负荷，安装车轮时应预先使车轮有一定的外倾角，以防止车轮内倾。同时，车轮有了外倾角也可以与拱形路面相适应。但是，外倾角也不宜过大，否则也会使轮胎不均匀磨损。

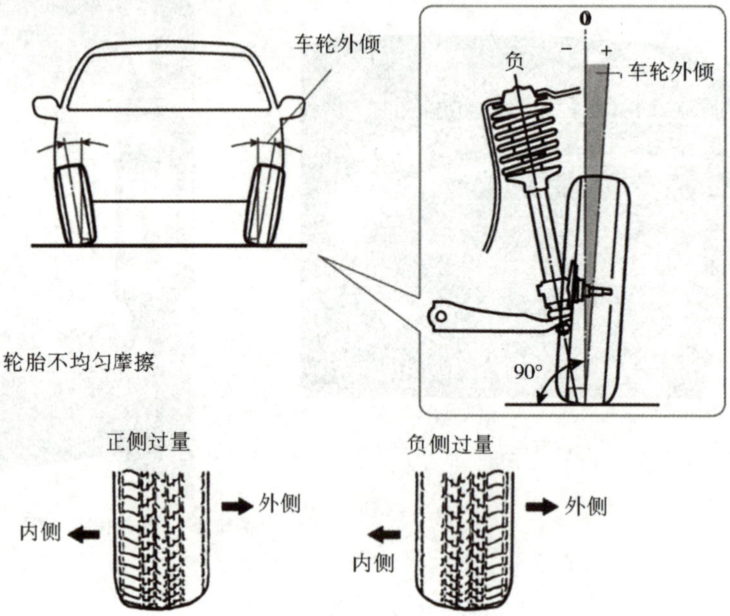

(a) 车轮外倾示意图

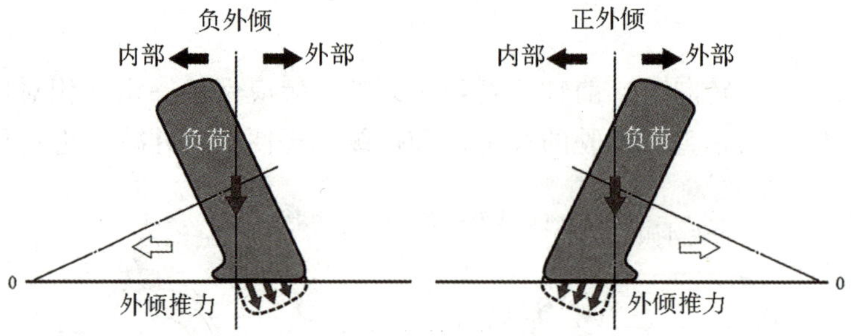

(b) 负车轮外倾示意图

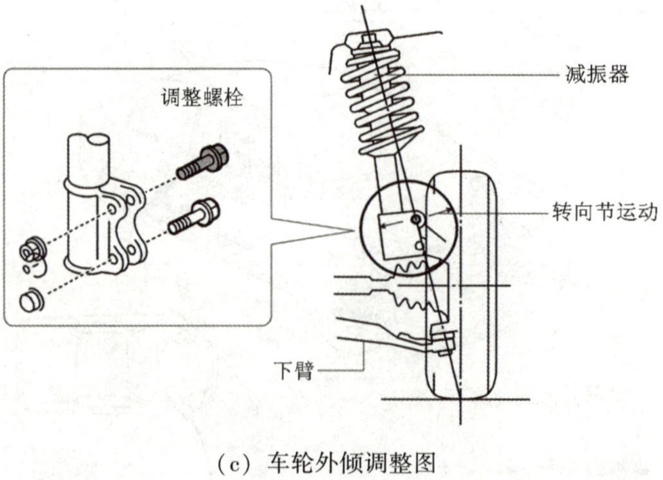

(c) 车轮外倾调整图

图 3-134 车轮外倾

3. 主销后倾角

主销后倾角在汽车的纵向垂直平面内，主销轴线与垂直线之间的夹角称为主销后倾角（图 3-135）。主销后倾角的作用是保证汽车直线行驶的稳定性，当汽车转向后能使转向轮自动回正，能形成回正的稳定力矩。

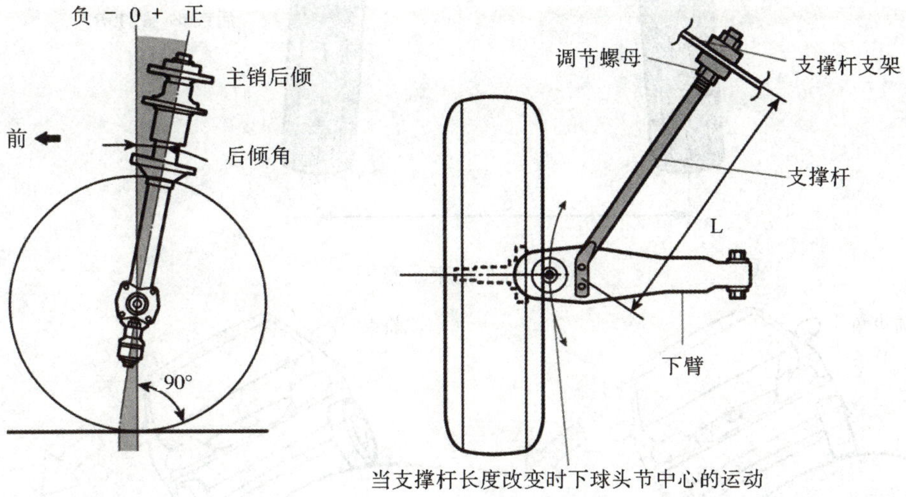

图 3-135　主销后倾角

4. 主销内倾角

主销装在前轴上后，上部还略向内倾斜一个角（即主销轴线和地面垂直线在汽车横向断面内的夹角），称为主销内倾角（图 3-136）。主销内倾角的作用也是保证汽车直线行驶的稳定性，并使转向轻便，使车轮自动回正。

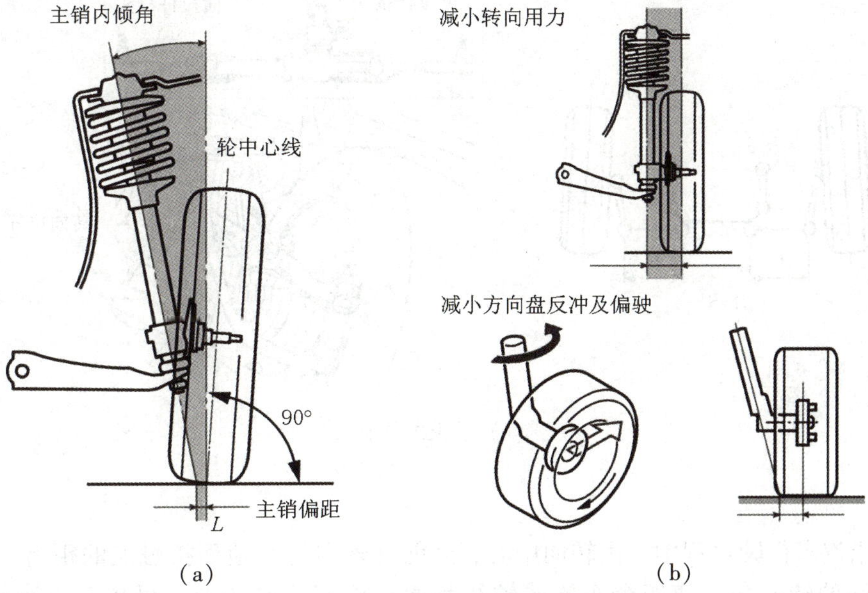

图 3-136　主销内倾角

5. 前轮前束

汽车在直行位置时，两个前轮后端距离 B 与前端距离 A 的差值称为前轮前束（图 3-137（a））。当车辆行驶在倾斜的路面上时，车身就会倾向一侧，车辆将有向车身倾斜方向转向的趋势。如果各轮的前端都转向内侧（前束）时，车辆试图按与车身倾斜的相反方向前行，结果是保持了直线的稳定性（图 3-137（b））。前束可通过转向拉杆调整（图 3-137（c））。

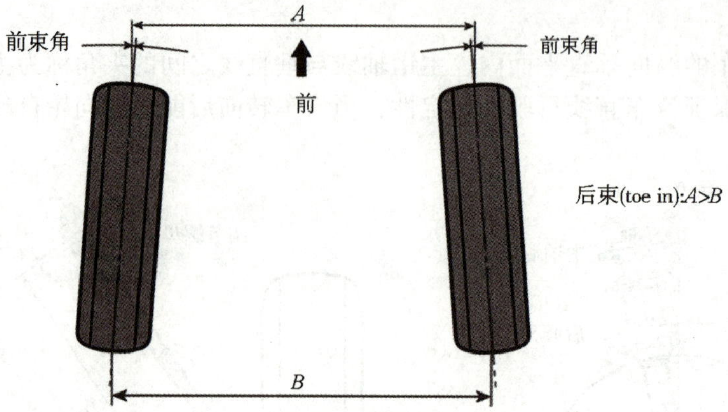

（a）汽车前束示意图

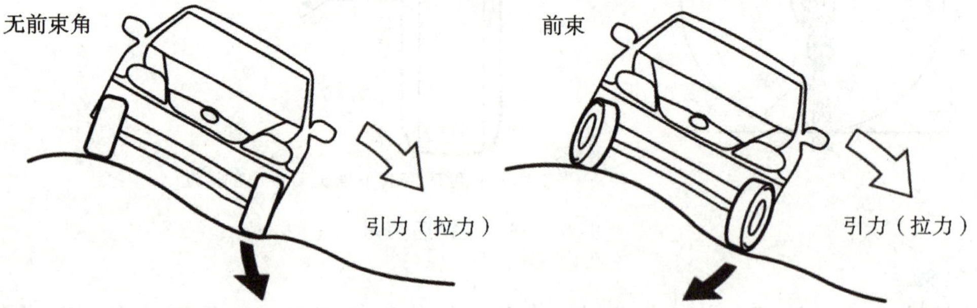

（b）有无前束对车辆的影响示意图

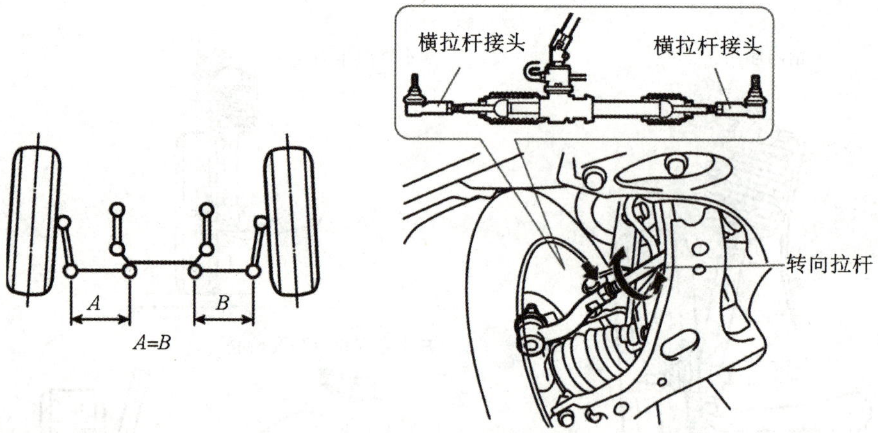

（c）前束的调整

图 3-137　前轮前束

6. 转弯半径

转弯半径是指汽车行驶过程中，由转向中心，到前外转向轮与地面接触点的距离，图 3-138 所示。给左、右车轮不同的转向角，使四个车轮的轴线都通过汽车回转中心，可提高汽车转弯时的行驶稳定性。

7. 后轮定位

后桥独立悬架的汽车的后轮定位是通过调节车轮外倾和前束角来完成的。调节车轮外倾和前束角的方法是不同的，这要视悬架的类型而定。某些车型没有供调节车轮外倾的机械构件，图 3-139 所示。

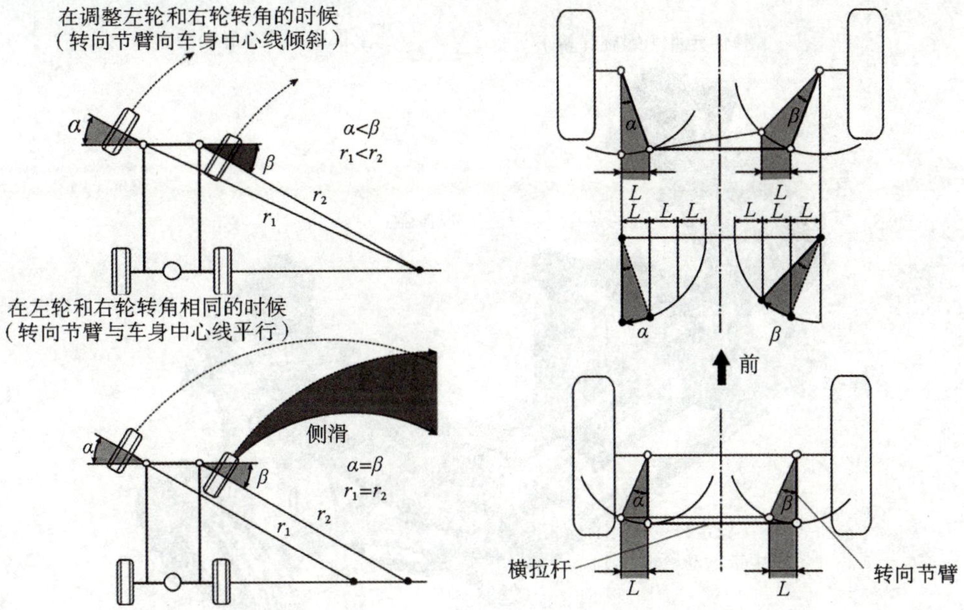

图 3-138 转弯半径

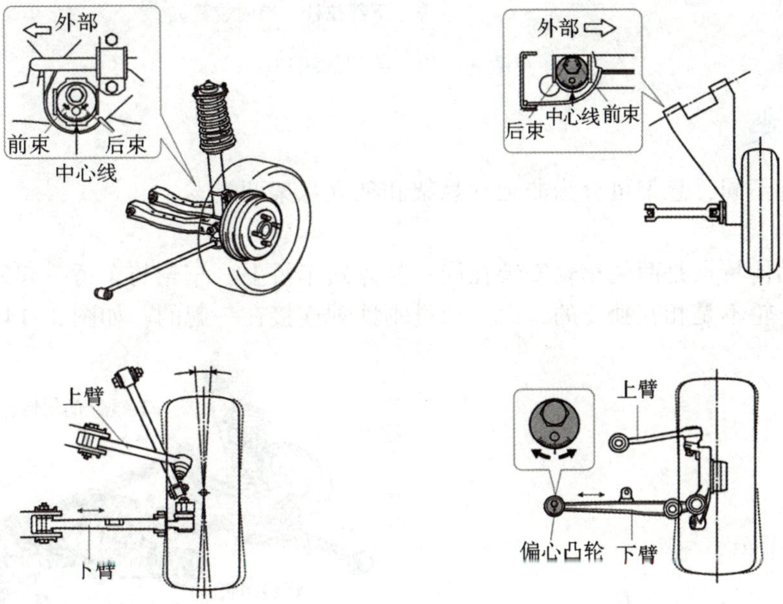

图 3-139 后轮定位

任务十一 悬 架

一、概述

悬架是车架（或承载式车身）与车桥（或车轮）之间所有传力连接装置的总称，一般由弹性元件、减震器和稳定杆等组成（图 3-140）。悬架把路面与车轮之间的摩擦所产生的驱动力和制动力传递给车架，保证车辆正常行驶；同时利用弹性元件和减震器吸收各种摆动和震动，保障乘客安全。

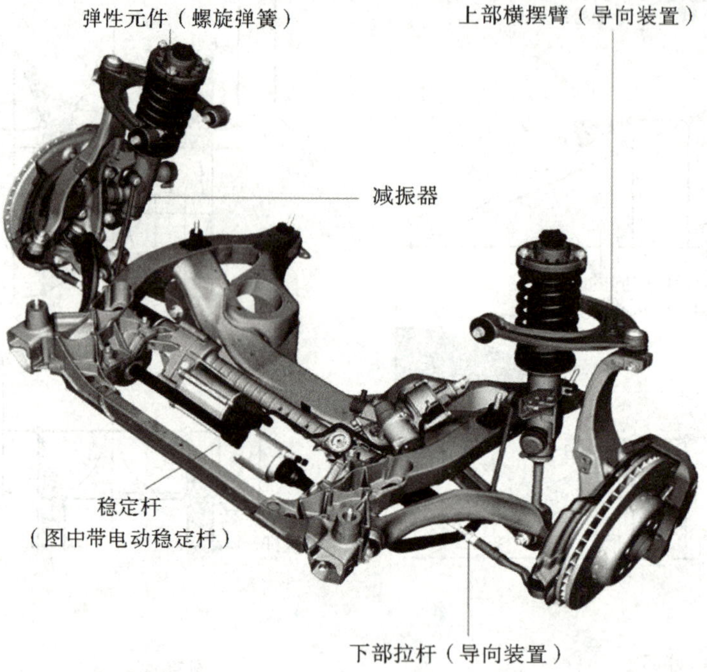

图 3-140　悬架的组成

二、悬架分类

按照系统结构的不同，悬架可分为非独立悬架和独立悬架两类。

1. 非独立悬架

非独立悬架的结构特点是两侧车轮安装在同一整体式车桥上，车轮与车桥一起通过弹性元件挂在车架或车身上。两侧车轮不是相互独立的，而是通过刚性轴连接在一起的，如图 3-141 所示。

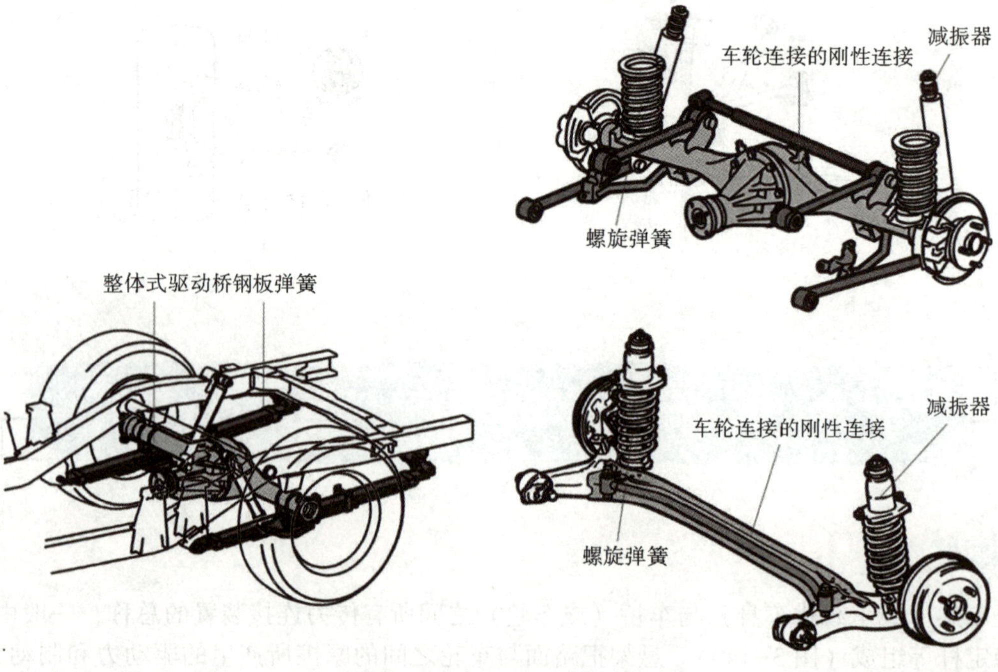

图 3-141　非独立悬架

2. 独立悬架

独立悬架的结构特点是两侧车轮分别独立地与车架或车身弹性连接，如图 3-142 所示。当一侧车轮受到冲击时，其运动不会影响另一侧车轮。独立悬架又可分为麦弗逊式、横臂式、纵臂式、多连杆式等。

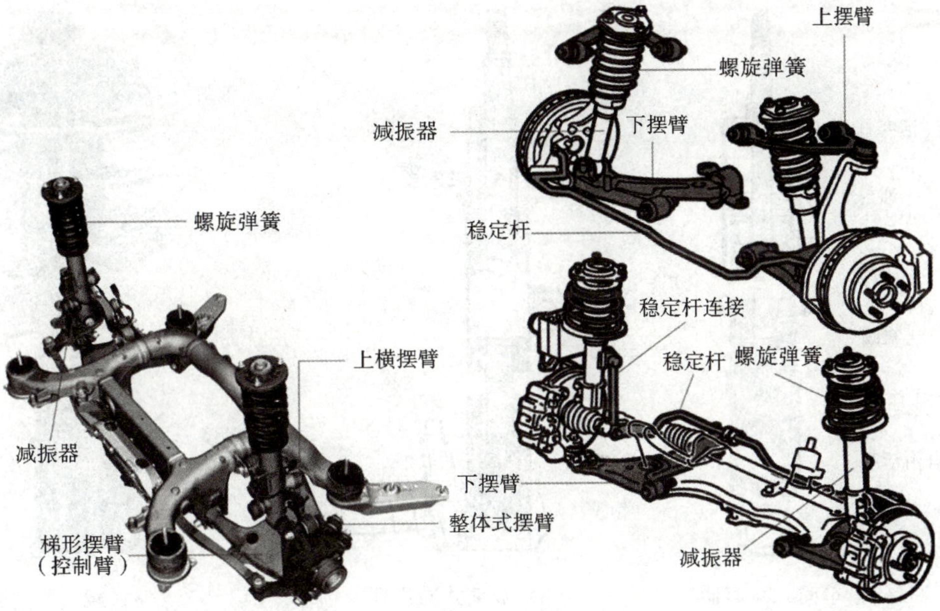

图 3-142　独立悬架

三、悬架主要零部件

1. 弹性元件

汽车上常见的弹性元件包括螺旋弹簧、钢板弹簧、扭杆弹簧、空气弹簧等，如图 3-143 所示。

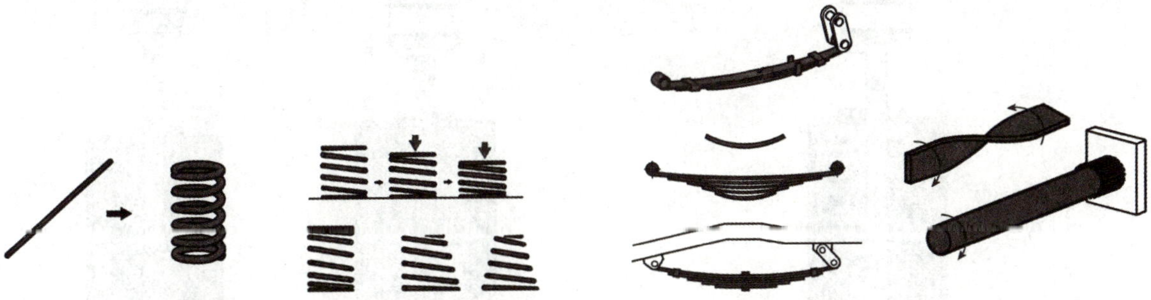

（a）螺旋弹簧　　（b）钢板弹簧　　（c）扭杆弹簧

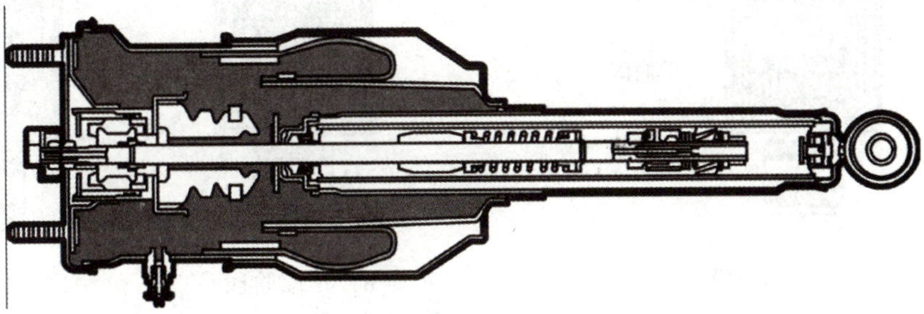

（d）空气弹簧

图 3-143　弹性元件

2. 减震器

减震器与弹性元件并联安装在车桥和车架（或车身）之间，以减小震动。目前汽车中广泛采用液力减震器，利用迫使不可压缩的液体流过一些小孔产生阻力来消耗震动的能量。单筒式减震器结构，如图 3-144（a）所示；双筒式减震器，如图 3-144（b）所示；减震器剖面，如图 3-144（c）所示。

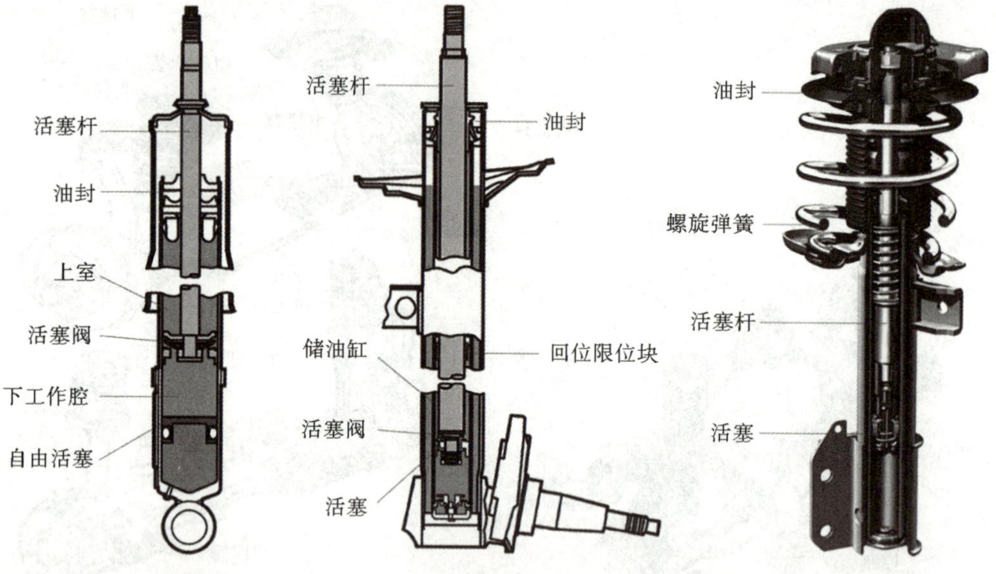

（a）单筒式减震器　（b）双筒式减震器　（c）减震器剖面

图 3-144　减震器

目前双向作用式减震器得到了广泛应用，其工作原理如图 3-145 所示。在压缩阶段，减震由底阀和活塞运动阻力来确定。活塞杆挤出的机油流入机油储油腔，底阀对这些机油的流动会施加一定的阻力。而在回弹阶段，活塞阀单独承担减震作用，对向下流动的机油施加一定的阻力，从而抵消车辆的震动。

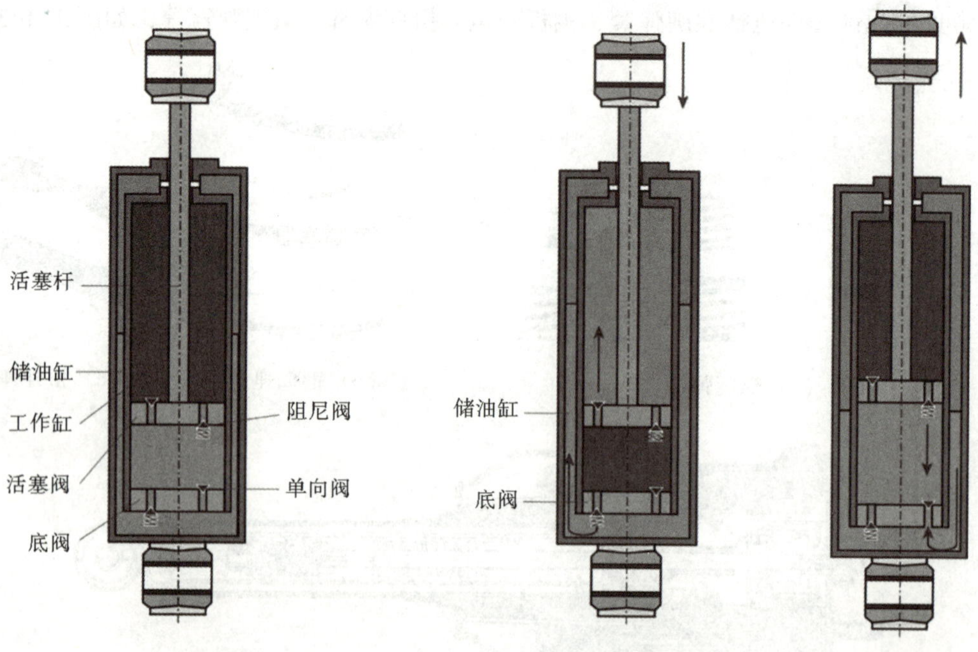

（a）结构组成　（b）压缩阶段　（c）回弹阶段

图 3-145　双向作用式减震器工作原理

四、常见悬架结构

1. 扭转梁式非独立悬架

扭转梁式非独立悬架一般用于中低级轿车的后悬架，如图 3-146 所示。两个车轮没有刚性连接，而是通过一根扭转梁连接，扭转梁可以在一定范围内扭转。但当一个车轮遇到颠簸路段时，仍然会对另一侧车轮产生一定程度的干扰。扭转梁式非独立悬架也称为半独立悬架。

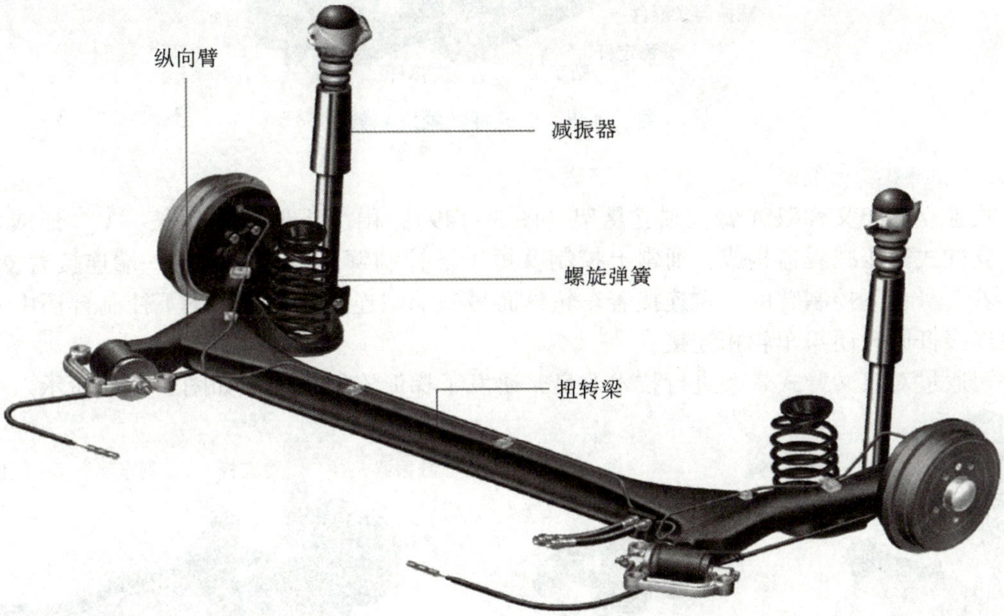

图 3-146　扭转梁式非独立悬架

2. 麦弗逊式独立悬架

麦弗逊式独立悬架的突出特点是以筒式减震器为滑动立柱，减震器的上端通过带轴承的隔振块总成与车身相连，下端与转向节相连，如图 3-147 所示。下摆臂外侧与转向节铰接，内侧与车架铰接。车轮所受的侧向力通过转向节大部分由下摆臂承受，其余部分由减震器活塞和活塞杆承受。

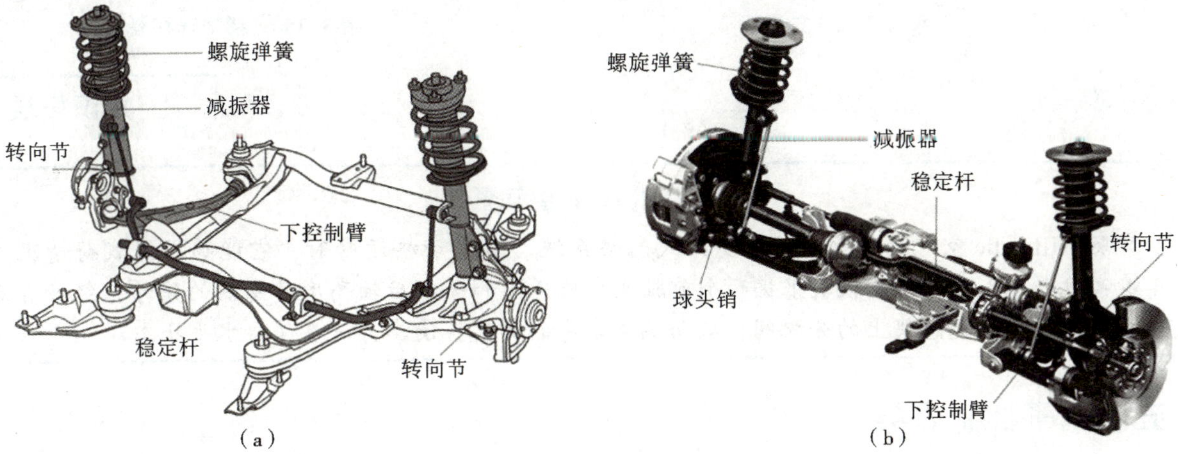

图 3-147　麦弗逊式独立悬架

3. 多连杆式独立悬架

多连杆式独立悬架系统是由 3~5 根杆件组合起来控制车轮的位置变化的悬架系统，五连杆式独立悬架，如图 3-148 所示。

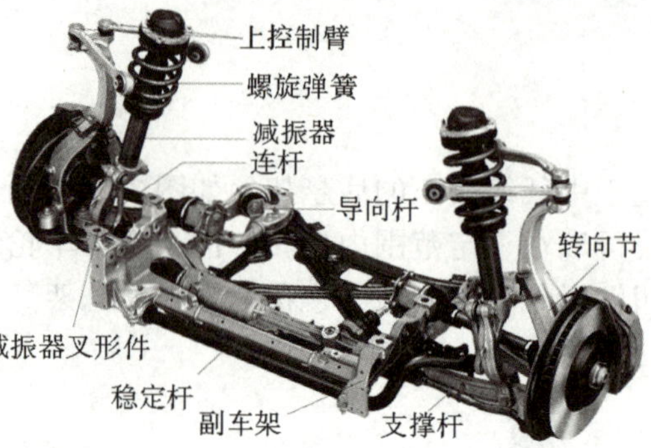

图 3-148　五连杆式独立悬架

4. 双叉臂式独立悬架

双叉臂式独立悬架又称双 A 臂式独立悬架（图 3-149），由上下两根不等长“V”形或“A”形控制臂，以及支柱式液压减震器构成，通常上控制臂短于下控制臂。上控制臂的一端连接着支柱减震器，另一端连接着车身；下控制臂的一端连接着车轮，而另一端则连接着车身。上下控制臂还由一根连接杆相连，这根连接杆同时还与车轮相连接。

奥迪公司通过对双叉臂式悬架进行技术改良，研发了梯形连杆悬架，如图 3-150 所示。

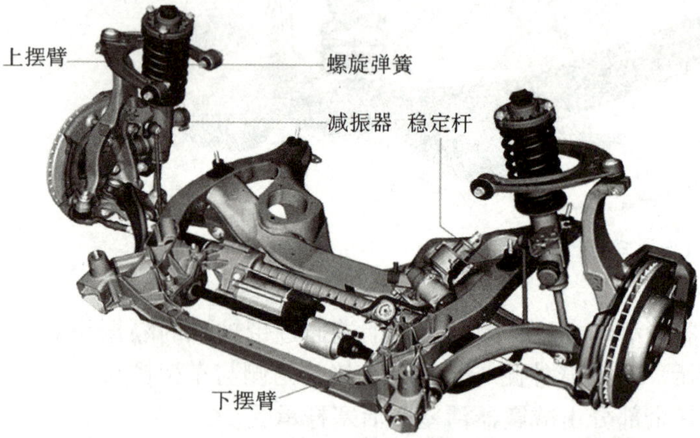

图 3-149　双叉臂式独立悬架

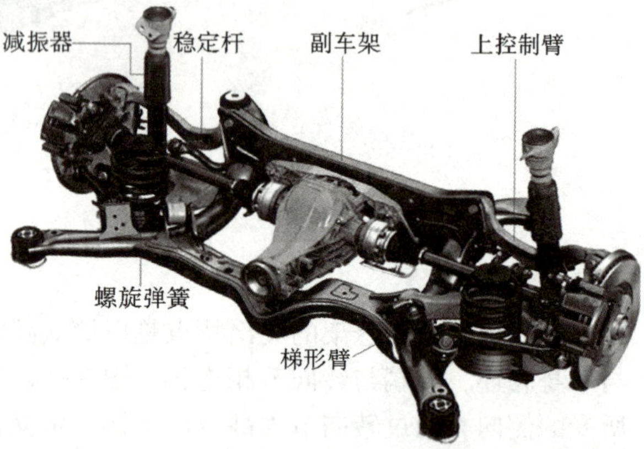

图 3-150　梯形连杆悬架

知识拓展

奔驰 AIRmatic 空气悬架

奔驰 AIRmatic 空气悬架是一种全支撑式悬架系统。当发动机运转时，它能够根据载荷情况保持车身高度。AlRmatic 控制模块根据两个前轴高度传感器和一个后轴高度传感器的信号，经计算后发出指令来控制空气悬架上的分配阀，从而调整车身的高度，使车身一直保持水平状态。

五、电子控制悬架

1. 概述

电子控制悬架通过电子控制单元（ECU）来控制相应的执行元件，改变悬架特性，以适应各种复杂的行驶工况对悬架系统的不同要求，从而使舒适性、平顺性和操纵稳定性同时得到改善。电子控制悬架组成，如图 3-151 所示。

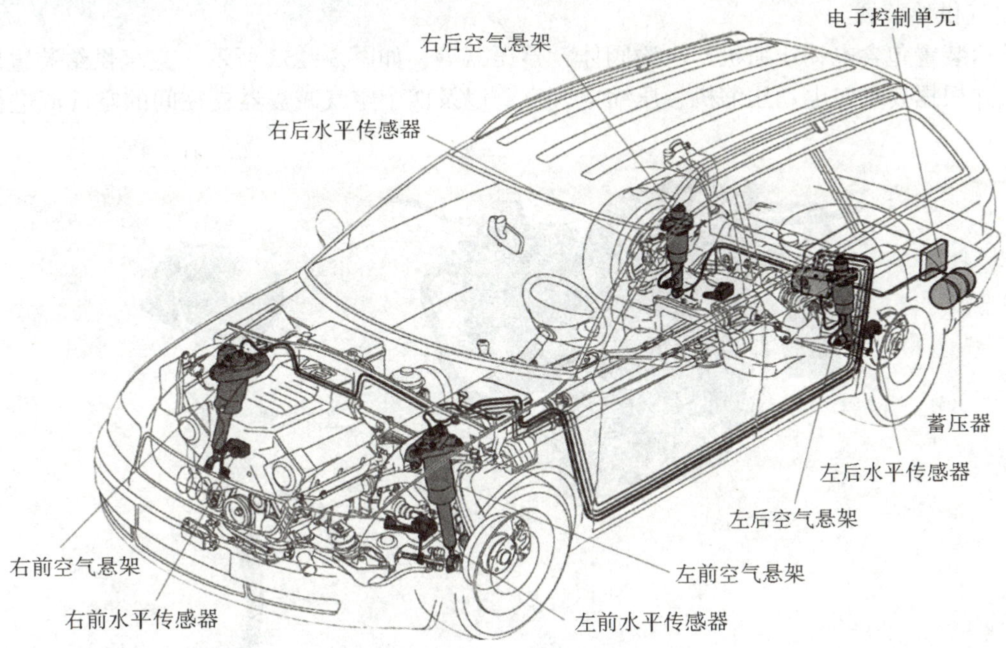

图 3-151　电子控制悬架组成

2. 电子控制悬架组成部件

(1) 空气弹簧

电子控制悬架系统中使用空气弹簧代替螺旋弹簧，空气弹簧悬架结构组成如图 3-152 所示。

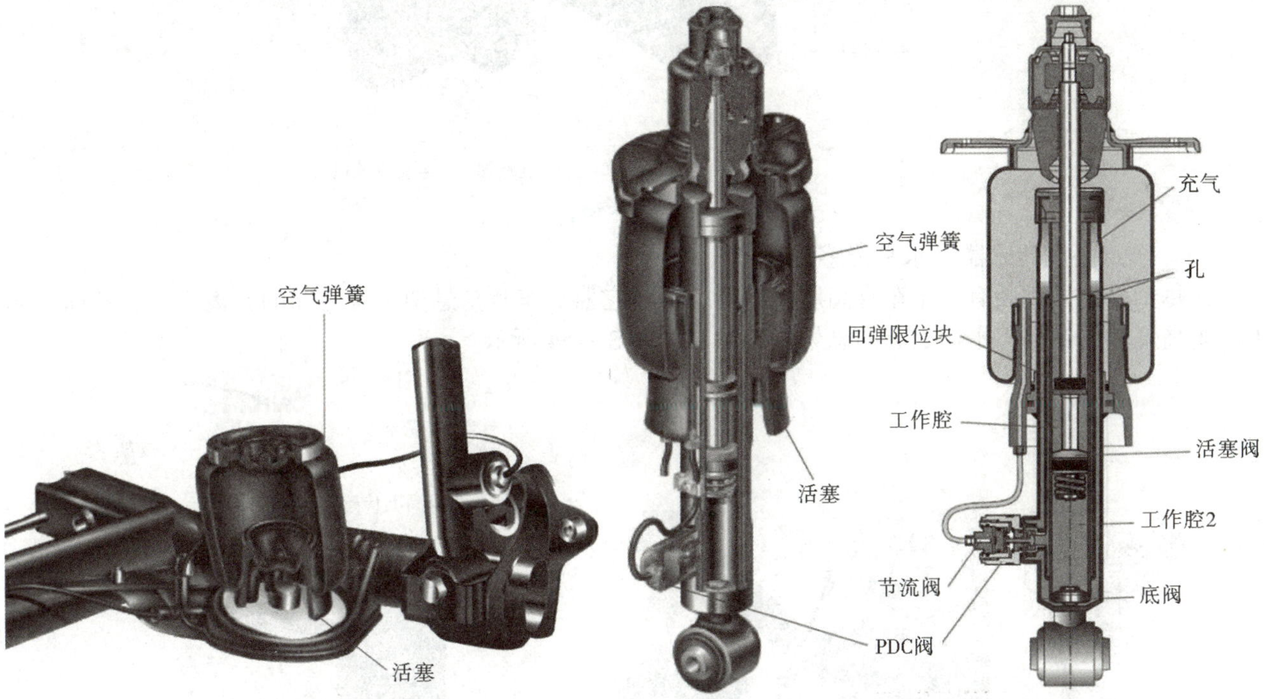

(a) 单独布置的空气弹簧　　(b) 空气弹簧与减震器同轴布置

图 3-152　空气弹簧悬架结构组成

（2）空气供给装置

空气供给装置包含电动压缩机、电磁阀体、蓄压器等，如图 3-153 所示。空气供给装置用于产生所需压缩空气并根据要求对电动压缩机、压缩空气室，以及四个空气减震器支柱间的空气流进行协调。

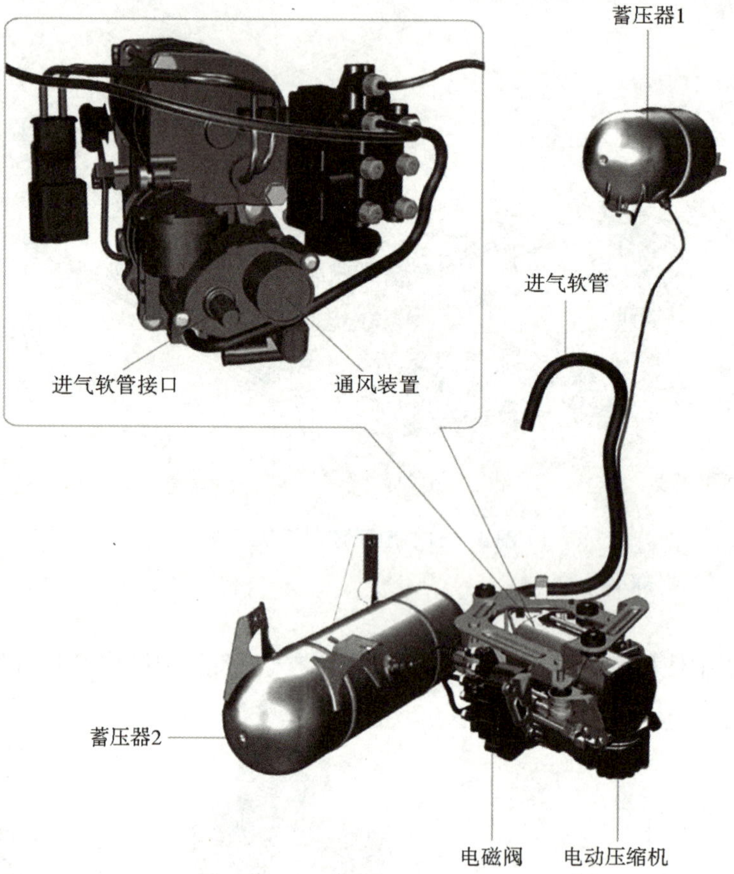

图 3-153　空气供给装置

（3）车身高度传感器（水平传感器）

在每个悬架上都装有一个车身高度传感器，通过它监测车身与悬架下臂之间的距离变化，从而检测出汽车高度和因道路不平而引起的悬架位移量，如图 3-154 所示。

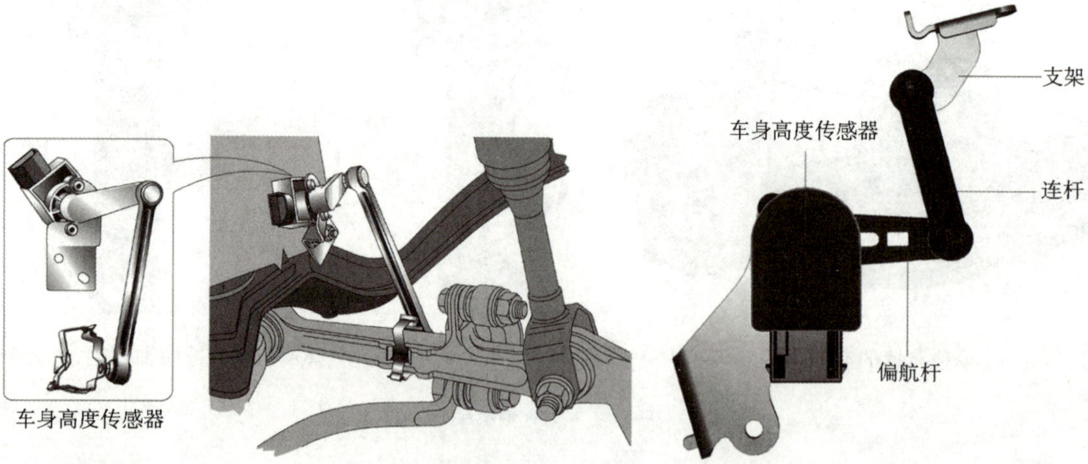

图 3-154　车身高度传感器

提示：当车载人数增加时，车身高度会下降，车身高度传感器将这个信号传送给 ECU，ECU 控制空气压缩机向空气弹簧主气室充气，直至车身高度达到规定值。当车载人数减少时，车身高度上升，此时 ECU 根据车身高度传感器传来的信号发出控制信号，打开悬架控制电磁阀，使空气弹簧主气室的空气通过控制电磁阀、空气管路从排气阀排出，从而使车身下降。

思政链接

为展示汽车行业青年的创新精神和活力风采，努力践行“必须坚持科技是第一生产力，人才是第一资源，创新是第一动力”。2022 年 11 月 30 日，由中央企业团工委、中央企业青年联合会指导，中国汽车技术研究中心有限公司联合汽车企业及高等院校共同主办的“薪芒行动——2022 汽车行业青年创新评选”在中汽中心举办，共有来自东风、上汽、长安、北汽、广汽、吉利六个集团的 12 个独立单位选报的 15 位选手进入复评答辩环节。

中汽中心党委委员、副总经理、评选委员会主任吴志新在致辞中强调“汽车行业是新一轮产业变革的重要载体，抓住变革时期的重大机遇，确保中国汽车行业紧随科技创新进程，是新一代汽车青年的共同使命和责任。中国汽车产业青年人才占比过半，是宝贵的行业财富，是产业创新薪火相传的基础。”

课后练习

一、填空题

1. 汽车底盘主要由________、________、________和制动系统组成。

2. 离合器主要由________、________、________和操纵机构四部分组成。

3. 变速器操纵机构主要由变速器操纵杆、________、________等组成。根据汽车行驶条件的需要，驾驶员通过变速器操纵机构控制变速器的挡位。

4. 自动变速器可分为液力自动变速器、电控液力自动变速器、电控机械变速器、无级变速器和双离合变速器。目前，汽车主要采用________________、__________和双离合变速器。

5. 目前常用的双离合器有干式和湿式两种。________双离合器的离合器片浸在变速器油液中，可更好地散热，工作可靠性高，但结构相对复杂。

6. 滑轮组件都由________和________组成。当一个滑轮组件的移动滑轮向固定滑轮靠拢时，另一个滑轮组件的移动滑轮与固定滑轮分开，既改变了速度，又实现了动力的不间断传递。

二、简答题

1. 简述差速器的作用。
2. 简述车桥的分类。
3. 简述悬架的作用及结构组成。
4. 简述转向器的功用。
5. 简述制动系统的主要作用。

项目四 汽车电气设备

项目概述

汽车电气设备作为现代汽车的重要组成部分，其复杂性和智能化程度不断提高。了解和掌握汽车电气设备的基本原理和功能，对于驾驶者来说非常重要。只有了解汽车电气设备的构造和工作原理，才能更好地驾驶汽车，确保行车安全。同时，随着科技的不断发展，未来汽车电气设备将会更加智能化和高效化，为驾驶者带来更加便捷和舒适的驾驶体验。

学习目标

知识目标

◆掌握汽车空调工作原理。

◆掌握汽车音响及中控门锁工作原理。

◆掌握汽车电动车窗、电动后视镜及电动座椅工作原理。

能力目标

◆通过对汽车电气设备工作原理的学习，能够对各组件进行正确拆装。

素质目标

◆确保汽车电气设备在各种环境条件下都能稳定可靠地运行。

◆确保汽车电气设备的生产和使用过程对环境的影响最小化。

思政目标

◆培养学生脚踏实地、踏实肯干的匠人精神。

◆引导学生推动汽车电气设备的国产化和自主可控，提高汽车工业的自主创新能力和国家安全水平意识。

任务工单

任务实施

1. 学生分组，进行资料的收集整理，并对收集到的资料进行讨论。

问题 1：汽车电气设备包括哪些？

____

____

问题 2：汽车各电气设备的工作原理是什么？

____

____

2. 按照实际操作过程，将操作内容及实施过程中遇到的问题或解决方法记录在表 4-1 中。

表 4-1　任务实施过程记录表

序号	实施的内容	遇到的问题	解决的方法
1			
2			
3			
4			
…			

任务评价

学生展示任务实施的成果，并协同老师完成表 4-2 所示的任务评价表。

表 4-2　任务评价表

评价项目	评价内容	分值	评价分值		
			自评	互评	师评
职业素养考核项目	考勤、仪容仪表	10 分			
	团队交流与合作意识	10 分			
	创新意识、纪律意识	10 分			
专业能力考核项目	积极参与教学活动并正确理解任务要求	10 分			
	认真搜集并积极讨论相关资料	10 分			
	任务实施过程记录表的完成度	10 分			
	对汽车电气设备组成的了解程度	20 分			
	对汽车电气设备工作原理的了解程度	20 分			
合计		100 分			
总评	自评（20%）+互评（20%）+师评（60%）=	综合等级	教师（签名）：		

任务一　汽车空调及原理

一、汽车空调系统概述

1. 汽车空调系统组成

汽车空调系统由暖风装置、制冷装置、通风装置、空气净化装置和控制系统组成，如图 4-1 所示。

汽车空调系统

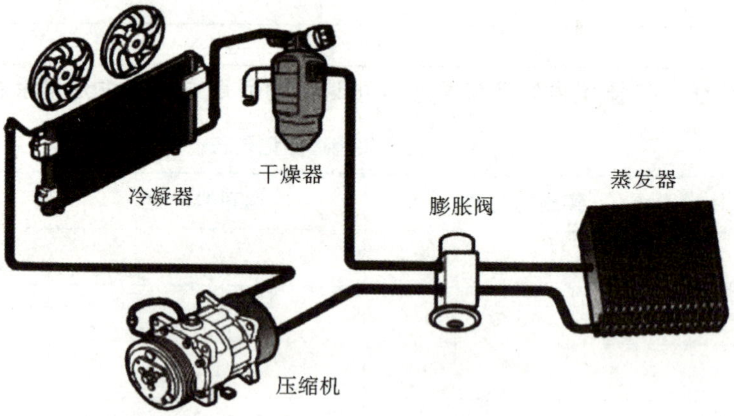

图 4-1　汽车制冷系统组成

汽车空调系统特点如下。

（1）暖风装置：用以提高车内温度。

（2）制冷装置：用以降低车内的温度及湿度。

（3）通风装置：用以调节车内空气的气流和换气。

（4）空气净化装置：用以调节过滤空气及对空气进行消毒处理。

（5）控制系统：用以将上述四个系统有机结合，全方位多功能地进行最佳控制和调节。

2. 汽车空调系统的控制方法

空调系统控制有手动控制与自动控制之分。

手动控制空调需要驾驶员通过旋钮或拨杆对控制对象进行调节，自动控制空调只需驾驶员输入目标温度，空调系统便可按驾驶员的设定自动进行调节。

汽车空调按驱动方式分为独立式空调和非独立式空调。一些豪华的大客车采用独立式空调，其制冷压缩机和送风机由辅助发动机驱动，制冷和采暖多装在一起。轿车上采用非独立式空调。汽车空调按功能分为单一功能型（只有制冷或采暖的空调）、冷暖一体型（图 4-2）和全功能型（同时具备降温、除湿、采暖、通风和空气净化功能三种（图 4-3）。

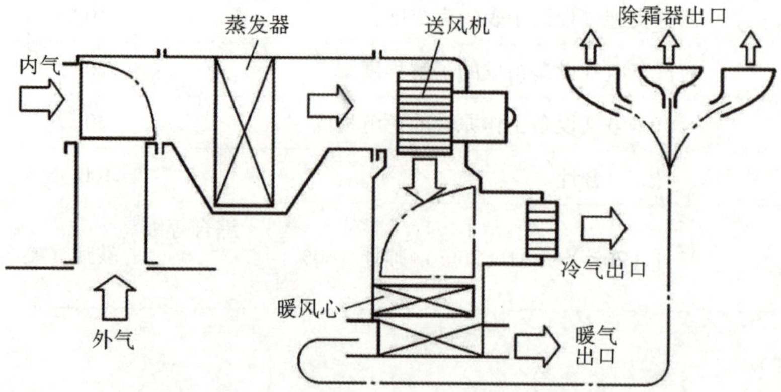

图 4-2　冷暖一体型空调系统示意图

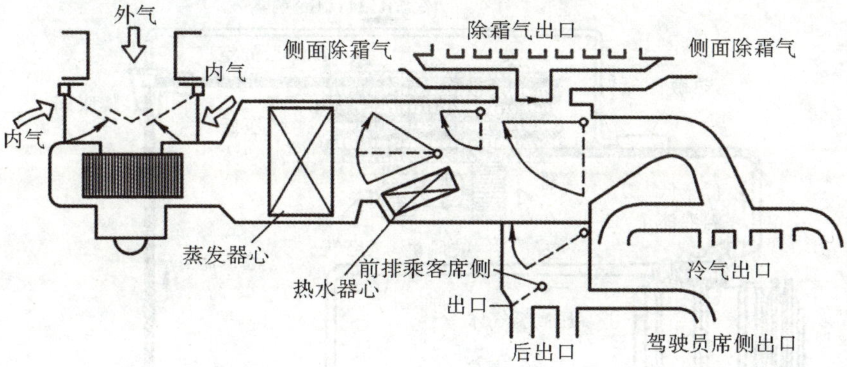

图 4-3　全功能型空调系统示意图

3. 制冷剂

制冷剂是制冷循环中传热的载体，通过状态变化吸收和释放热量。制冷剂的英文名称为 refrigerant，所以常用头一个字母 R 来代表制冷剂，后面表示制冷剂的名称，如 R12、R22、R134a 等。

4. 冷冻机油

在空调制冷系统中有相对运动的部件，需要对其润滑。由于制冷系统中的工作条件比较特殊，所以需要专门的润滑油——冷冻机油。冷冻润滑油除了起润滑作用外，还起冷却、密封和降低机械噪声的作用。在制冷系统中的润滑油还有一个特殊的要求，就是要与制冷剂相溶，并且随着制冷剂一起循环。因此在冷冻润滑油的选用上，一定要注意正确选用冷冻机油的型号，切坏可乱用，否则将造成严重后果。

二、汽车空调制冷系统

目前，汽车空调系统制冷部分普遍采用的是蒸气压缩式制冷，即制冷系统是利用制冷剂由液态转化为气态过程中，需要吸收大量的热量，从而使车厢内部的空气温度下降。气态的制冷剂在空调压缩机的作用下，压力急剧增加，迅速由气态转变为液态，同时将释放出的大量的热量，散发到车厢外部，如此周而复始循环工作，达到降低车厢内部温度的目的。

1. 制冷的热交换原理

如果身上有汗暴露在风中或手上有液态酒精，身体或手就会感觉到冷。原因是汗或液态酒精吸收皮肤上的热量蒸发成了气体。简而言之，液体在变成气体时，具有冷却周围环境的性质，这就是汽车制冷的热交换原理，如图 4-4 所示。

图 4-4　汽车空调制冷的热交换原理

2. 制冷循环

汽车制冷系统循环工作过程主要包括压缩过程、冷凝过程、干燥过程、膨胀过程、蒸发过程五个过程，如图 4-5 所示，如此不停地往复循环，车厢中的热量被制冷剂带走，排至汽车外部的大气中，使车厢内的温度降低。

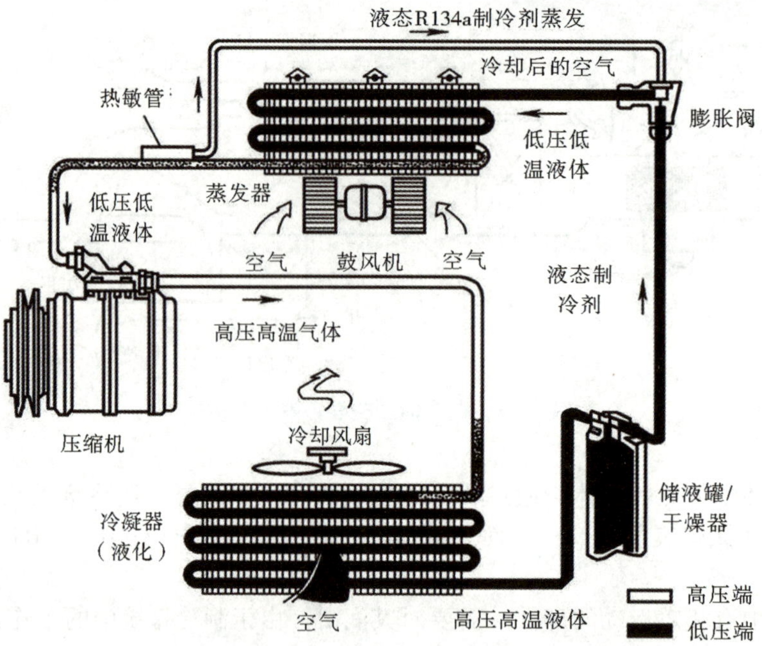

图 4-5　汽车制冷系统循环工作过程

（1）压缩过程。吸入来自蒸发器中的低温、低压制冷剂蒸气，将其压缩成温度为 70~80 ℃，压力为 1.3~1.5 MPa 的高温、高压制冷剂气体，经高压管路送入冷凝器。

（2）冷凝过程。气态制冷剂经冷却，使其温度下降到 50 ℃，压力约为 1.3~1.5 MPa 的液态制冷剂，送入储液干燥器。

（3）干燥过程。将中温、高压的液态制冷剂过滤，除去制冷剂中的杂质和水分，送入膨胀阀，并储存少部分制冷剂。

（4）膨胀过程。将过滤后的中温、高压液态制冷剂利用节流原理，使其转变为压力为 0.15~0.3 MPa，温度为 1~4 ℃的低温低压雾状制冷剂，送入蒸发器。

（5）蒸发过程制冷剂在蒸发器中吸收周围空气的热量而汽化，达到制冷目的。

3. 制冷系统的组成

汽车空调中使用的基本制冷系统包括压缩机、冷凝器、储液干燥器、集液器、膨胀阀和膨胀管、蒸发器等。

（1）压缩机

① 压缩机的作用

压缩机的作用是将从蒸发器出来的低温、低压的气态制冷剂通过压缩转变为高温、高压的气态制冷剂，并将其送入冷凝器，如图 4-6 所示。

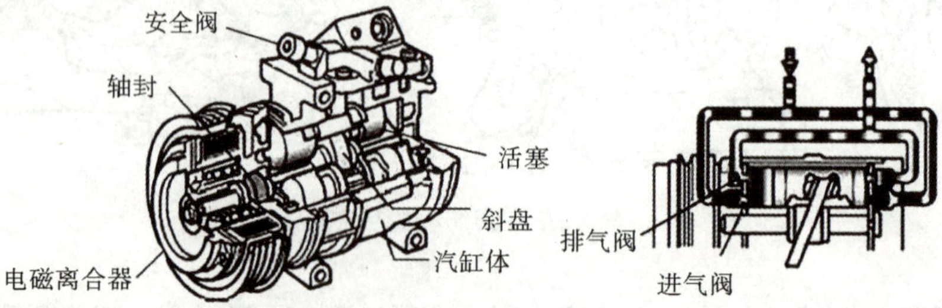

图 4-6　压缩机

② 压缩机的类型

现在汽车空调压缩机一般有往复式、旋转式和可变排量型，如图 4-7 所示。

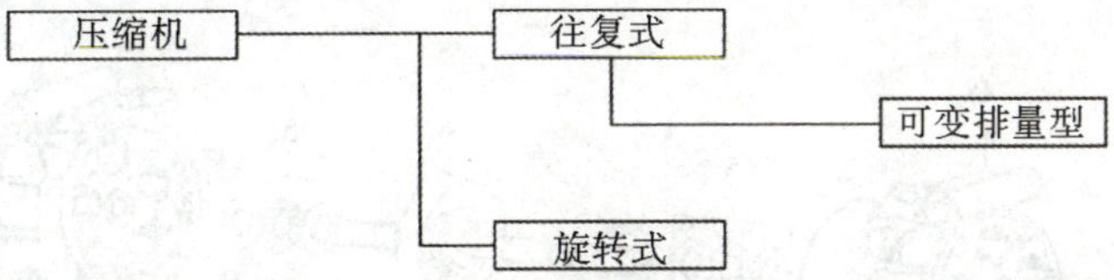

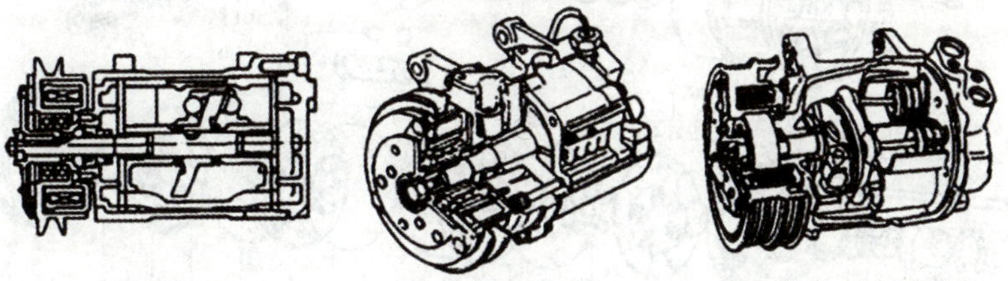

（a）斜盘型　　（b）叶片型　　（c）可变排量型

图 4-7　压缩机类型

曲轴连杆式压缩机结构如图 4-8 所示，主要由曲轴连杆机构，进、排气阀，润滑机构和曲轴密封机构组成。

曲轴连杆式压缩工作过程如下。

曲轴连杆式压缩过程：制冷气体从进入汽缸后的低压开始到压力升高到排气压力的过程。

排气过程：制冷气体从汽缸向排气管输出的过程。

膨胀过程：活塞从上止点向下移动到进气阀打开的过程。

进气过程：制冷剂从进气气阀进入汽缸，直到活塞下行至下止点为止的过程。

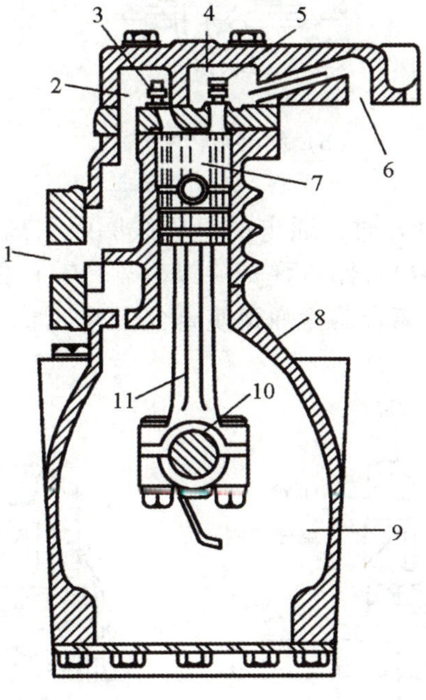

1-进气管；2-进气腔；3-进气阀；4-排气腔；5-排气阀；6-排气管；
7-活塞；8-汽缸体；9-曲轴箱；10-曲轴；11-连杆。

图 4-8　曲轴连杆式压缩机结构

斜盘式压缩机又称双向斜盘式，其结构如图 4-9 所示。工作原理如图 4-10 所示。

③电磁离合器

压缩机通常由发动机曲轴传动带轮通过传动带进行驱动。电磁离合器位于压缩机传动带轮和压缩机轴之间，这样压缩机将只在需要时工作。

如图 4-10（a）所示，没有电流流过电磁线圈，传动带轮由传动带驱动空转。

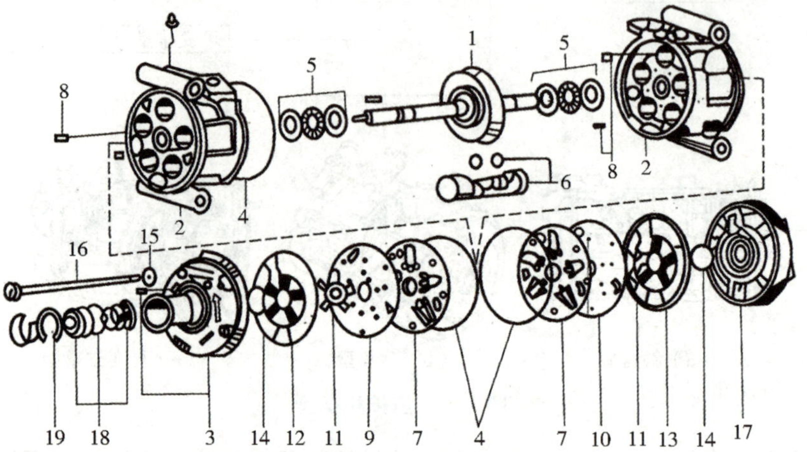

1-斜盘；2-缸体；3-前缸盖；4-后缸盖；5-端面轴承；6-活塞；7-吸气阀片；8-限位销；9、10-阀板；11-排气阀；12、13-密封垫；14-O 形胶圈；15-垫片；16-螺栓；17-密封圈；18-轴封；19-卡环。

图 4-9　斜盘式压缩机的结构

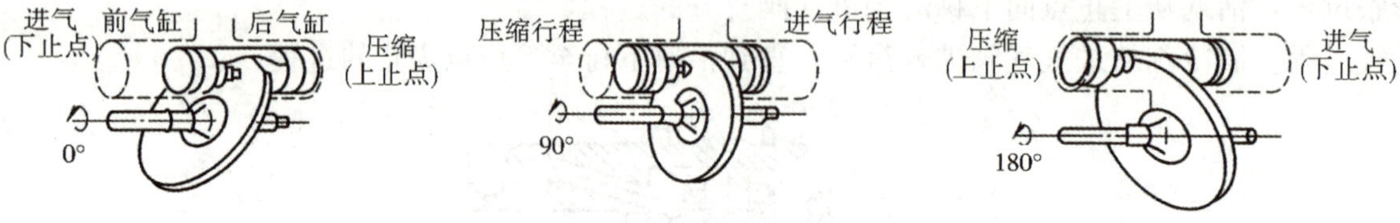

（a）斜盘旋转 0°时　（b）斜盘旋转 90°时　（c）斜盘旋转 180°时

图 4-10　斜盘式压缩机工作原理

如图 4-11（b）所示，当空调打开时，通电的电磁线圈吸引离合器盘，然后传动带轮接合离合器盘，因此传动带轮转动从离合器盘→离合器盘弹簧→转动架（键）传递到压缩机轴。

当空调关闭时，电磁线圈断电，离合器盘弹簧使离合器返回原始位置，这样切断传动带轮和离合器盘之间的动力传递。

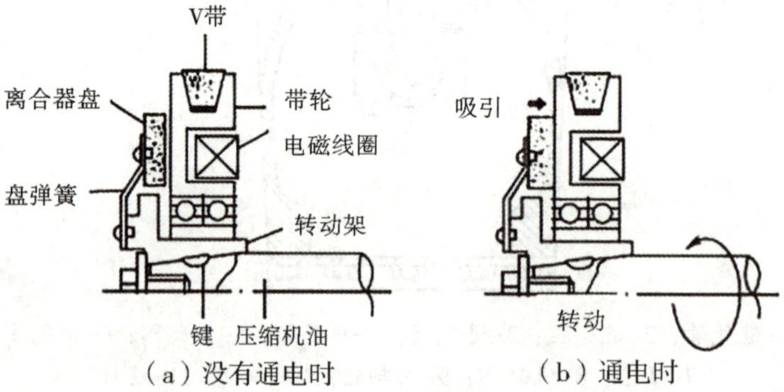

（a）没有通电时　（b）通电时

图 4-11　电磁离合器工作过程

（2）冷凝器

冷凝器的作用是将压缩机送来的高温、高压的气态制冷剂转变为液态制冷剂，将制冷剂在车内吸收的热量通过冷凝器散发到大气当中。

小型汽车的冷凝器通常安装在汽车的前面（一般安装在散热器前）通过风扇进行冷却。

冷凝器主要由管路和散热片组成，如图 4-12 所示，有一个制冷剂的进口和一个出口。

(3) 储液干燥器

储液干燥器的结构如图 4-13 所示，储液干燥器内有滤网和干燥器，罐的上方有观察玻璃及进口和出口。

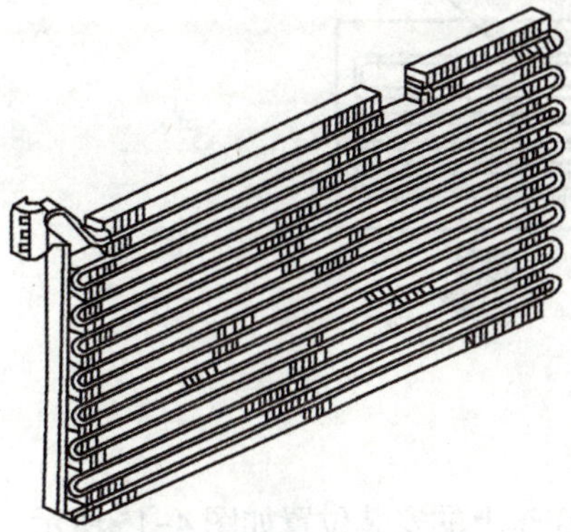

图 4-12 管片式冷凝器结构

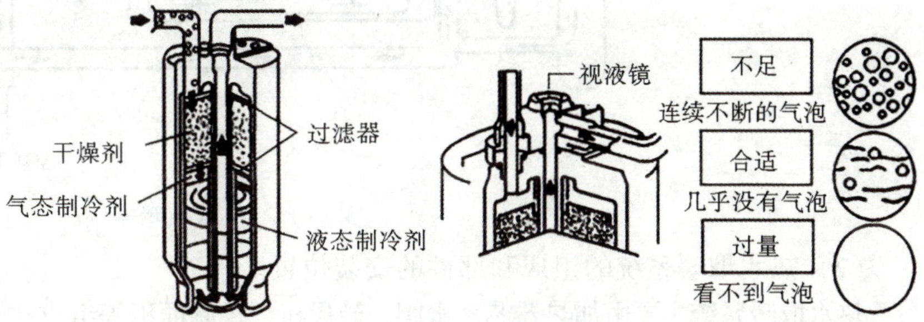

图 4-13 储液干燥器结构

(4) 集液器

集液器用于膨胀管式的制冷系统，安装在蒸发器出口处的管路中。由于膨胀管无法调节制冷剂的流量，因此蒸发器出来的制冷剂不一定全部是气体，也可能有部分液体，为防止压缩机损坏，故在蒸发器出口处安装集液器，一方面将制冷剂进行气液分离，另一方面起到与储液干燥器相同的作用。

(5) 膨胀阀和膨胀管

① 膨胀阀分为外平衡式膨胀阀、内平衡式膨胀阀和 H 形膨胀阀三种，膨胀阀膨胀阀安装在蒸发器的入口处。其作用是将储液干燥器的高温、高压的液态制冷剂从膨胀阀的小孔喷出，使其降压，体积膨胀，转化为雾状制冷剂，在蒸发器中吸热变为气态制冷剂，同时还可根据制冷负荷的大小调节制冷剂的流量，确保蒸发器出口处的制冷剂全部转化为气体。

② 膨胀管膨胀管的作用与膨胀阀基本相同，只是将调节制冷剂流量的功能取消了。膨胀阀的节流孔径是固定的，入口和出口都有滤网。由于节流管没有运动部件，并具有结构简单、成本低、可靠性高、节能的优点，因此许多高级轿车采用膨胀管。

(6) 蒸发器

蒸发器也是一个热交换器，膨胀阀喷出的雾状制冷剂在蒸发器中蒸发，吸收通过蒸发器空气中的热量，使其降温，达到制冷的目的。在降温的同时，溶解在空气中的水分也会由于温度降低凝结出来，蒸发器还要将凝结的水分排出车外。蒸发器安装在驾驶室仪表台的后面，主要由管路和散热片组成，在蒸发器的下方还有接水盘和排水管。

三、汽车空调暖风系统

汽车空调的暖风系统可以将车内的空气或从车外吸入车内的空气加热，提高车内温度。汽车的暖风系统有许多类型，按热源的不同可分为热水取暖系统、燃气取暖系统、飞机取暖系统等。目前，小型车辆上主要采用热水取暖系统，大型车辆上主要采用燃气取暖系统。

1. 热水取暖系统

(1) 热水取暖系统的工作原理

热水取暖系统的热源通常采用发动机的冷却水，使冷却水流过一个加热器芯，再使用鼓风机将冷空气吹过加热器芯加热空气，使车内的温度升高，如图 4-14 所示。

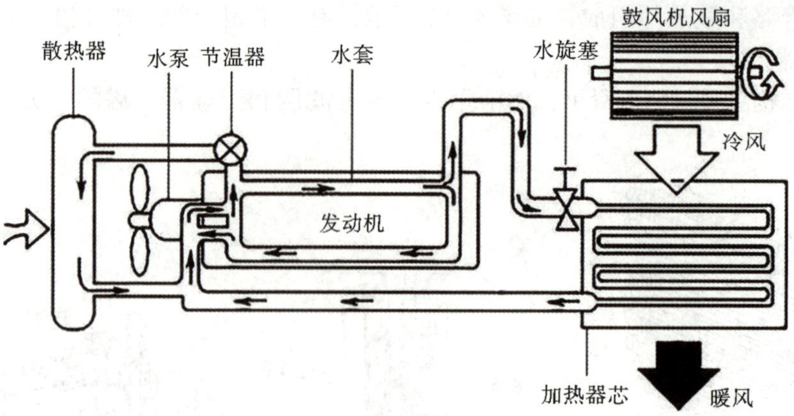

图 4-14 热水取暖系统

（2）热水取暖系统的组成和部件的安装位置

热水取暖系统主要由加热器芯、水阀、鼓风机、控制面板等组成，其在车上的安装位置如图 4-15 所示。

① 加热器芯的结构，如图 4-16 所示，由水管和散热器片组成，发动机的冷却水进入加热器芯的水管，通过散热器片散热后，再返回发动机的冷却系统。

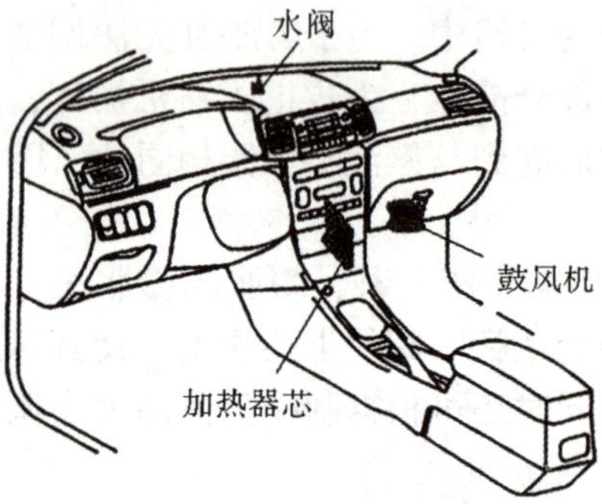

图 4-15 热水取暖系统部件安装位置

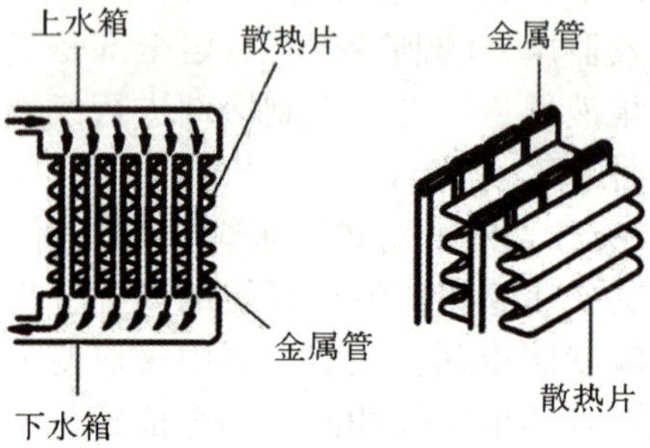

图 4-16 加热器芯

② 水阀用来控制进入加热器芯的水量，进而调节暖风系统的加热量，调节时可通过控制面板上的调节杆或旋钮进行控制。

③ 鼓风机由可调节速度的直流电动机和笼式风扇组成，其作用是将空气吹过加热器芯加热后送入车内。调节电动机的速度，可以调节向车厢内的送风量。

（3）热水取暖系统调节温度的方式

① 空气混合型的暖风系统在暖风的气道中安装空气混合调节风门，这个风门可以控制通过加热器芯的空气和不通过加热器芯的空气的比例，实现温度的调节。目前绝大多数汽车均采用这种方式，如图 4-17 所示。

② 水流调节型暖风系统采用前述的水阀调节流经加热器芯的热水量，改变加热器芯本身的温度，进而调节温度，如图 4-18 所示。这种温度调节形式具有较高的除湿能力，普遍用于现代的汽车上。

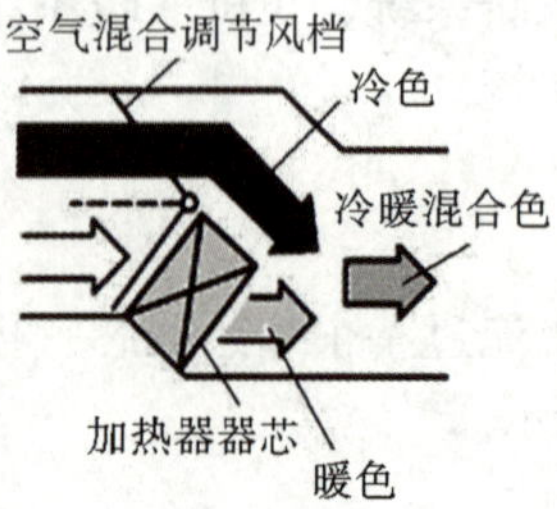

图 4-17 空气混合型暖风系统

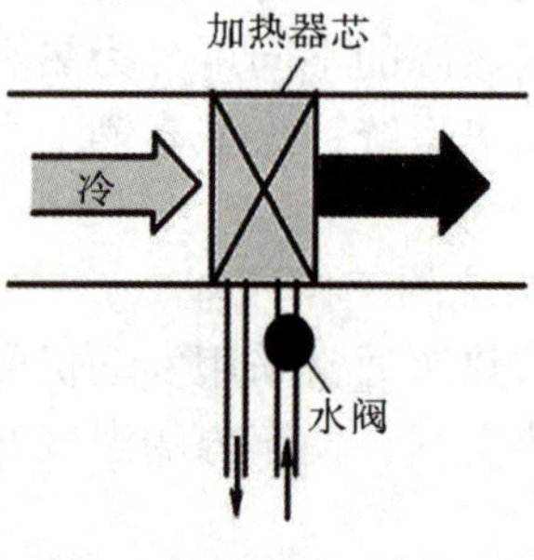

图 4-18 水流调节型暖风系统

2. 燃气取暖系统

在大、中型客车上，仅靠发动机冷却水的余热取暖满足不了要求，为此在大客车中常采用燃气取暖系统。燃油和空气在燃烧室中混合燃烧，加热发动机的冷却水，加热后的水进入加热器芯向外散热，降温后返回发动机再进行循环。

四、汽车空调的调节系统

1. 温度调节

目前，小车的空调系统基本上都是冷气和暖风采用一个鼓风机，温度调节采用冷暖风混合的方式。在空气的进气道中，所有的空气都通过蒸发器，用一个调节风门控制通过加热器芯的空气量，通过加热器芯的空气和未通过加热器的空气混合后形成不同温度的空气从出风口吹出，实现温度调节。在空调的控制面板上设有温度调节拨杆或旋钮，用来改变调节风门的位置。

2. 气流选择调节

现代轿车空调系统的出风口分别设置了中央出风口、侧出风口、脚下出风口和风挡玻璃除霜出风口等，可以根据需要，选择不同的出风口出风，这种功能是通过控制面板上的气流选择调节拨杆或旋钮进行调节。

3. 空气进气选择调节

空气调节系统可以选择进入车内的空气是外部的新鲜空气还是车内的非新鲜空气，如果选择外部新鲜空气称为外循环，选择车内空气称为内循环。这种选择可以通过控制面板上的内外循环选择按钮或拨杆控制进气口处的调节风门实现。

4. 鼓风机转速的调节

鼓风机转速调节是通过在鼓风机电路中串入不同的电阻实现的。在鼓风机电路中串入 3 个电阻，通过开关控制，实现 4 个转速挡（空调控制面板上的 L0、2/3、H）。如果将电阻改为电子控制，则可实现无级调速。

五、汽车空调的空气净化系统

空气净化系统可以除去车内空气中灰尘，保持车内空气清新，部分车辆的空气净化系统还具备去除异味、杀灭细菌的作用，一些高级轿车上的空气净化系统还装备了负氧离子发生器。目前，大多数车辆的空气净化系统所采用的方法是，在空调系统的进气系统中安装空气滤清器，通过滤清器滤除空气中的尘埃，使车内的空气保持清新。

任务二　汽车音响及中控门锁

一、汽车音响

汽车音响系统作为音响领域不可缺少的一部分，已经从最早的单一调幅（AM）收音机发展到具有调幅/调频（AM/FM）收音机、磁带放音及 CD 放音，兼容 DCC、DAT 等的数码音响。其优点是音质效果好、噪声低、抗干扰性能稳定，操作方便，并逐渐向多功能发展。

1. 汽车音响的组成

汽车音响的组成随车型和等级的不同而不同。在某些情况下，用户可以根据零售商的推荐来选择相关部件。音响系统各部件安装位置，如图 4-19 所示。

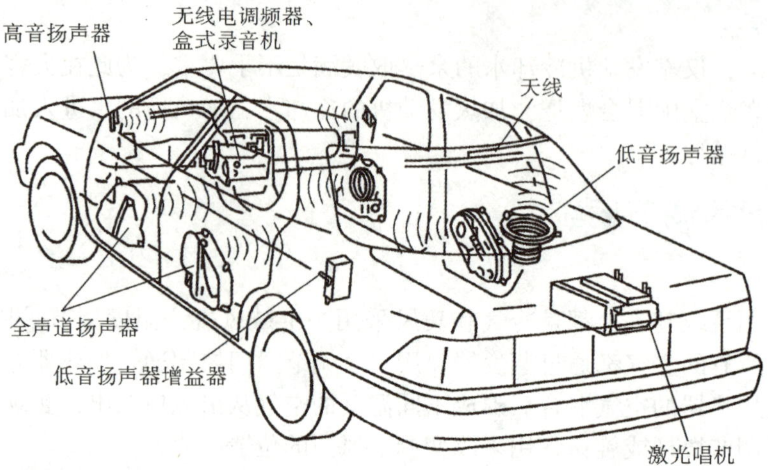

图 4-19　音响系统各部件安装位置

2. 收音机

收音机通过接收从许多广播电台发射的无线电波中的一种来选择需要收听的节目。收音机接收 AM 广播和接收 FM 广播是不同的，可通过按钮来切换，如图 4-20 所示。

3. CD 播放机

现代汽车上已经越来越多地使用 CD 播放机。CD 播放机的核心是 CD 机芯，它将 CD 盘上所刻录的音乐或声音数字信号转变成原来的模拟信号，如图 4-21 所示。

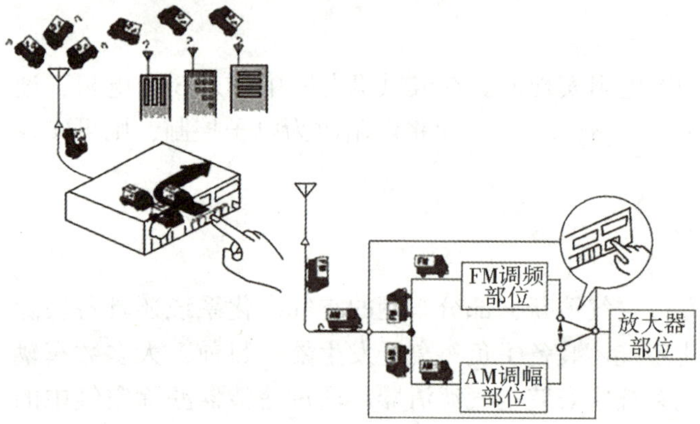

图 4-20　汽车收音机

图 4-21　汽车 CD 播放器

4. 汽车音响的接线

汽车音响主机机背上一般有十几至几十根接线接口，如图 4-22 所示，其主要接口线的功能和接法如下。

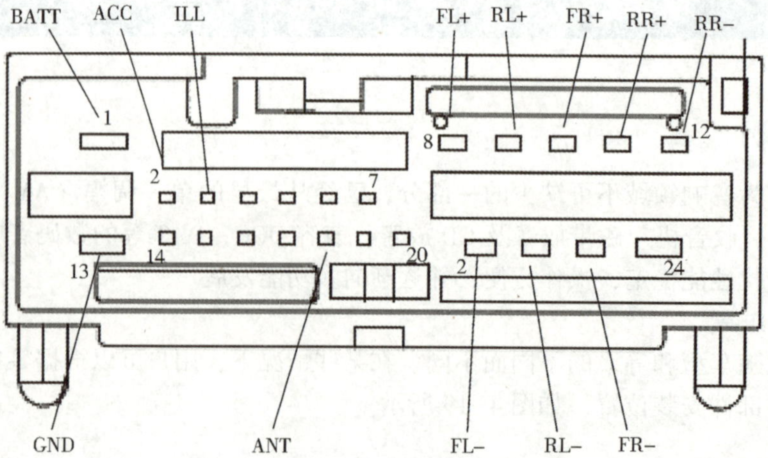

图 4-22　君越汽车音响接口

（1）主电源线（BATT）

标记：BATT，“+”。

连接：通过中心熔丝盒直接接蓄电池正极。

作用：给主机提供工作电源。

提示：一般为黄色（或者红色）粗线；带保险管（或者与机背上保险片的某一脚直通）；即使拔掉车钥匙，依旧显示为12V左右。

（2）防盗线（SAFE）

防盗线部分车型单独，部分车型与BATT同一条线，多数车型没有。

标记：SAFE。

连接：通过中心熔丝盒直接接蓄电池正极。

作用：给主机提供记忆电源。当主机被拔走后重新接电，机器会提示输入密码，起防盗作用。

提示：一般为黄色（或者红色）线；有的带熔丝；即使拔掉车钥匙，依旧显示12 V左右。

（3）启动线（ACC）

标记：ACC，或者SW，或者开关符号，或者钥匙符号。

连接：通过车钥匙开关，再连接到蓄电池正极。

作用：通知主机可以准备工作。拔掉钥匙后主机立即或者延时停止工作，防止车主忘记关机时走电。

提示：一般为黄色（或者红色）线；有的带熔丝；拔掉车钥匙后电压为0 V，拧开车钥匙显示12 V左右。

（4）地线（GND）

标记：GND或者“E”。

连接：直接接车体（一般车体又接蓄电池负极，被称为负极接地系统，打开发动机盖可以看到蓄电池负极直接连到车架上）。

作用：构成主机的供电回路。

提示：一般为黑色粗线；与车体金属或者主机金属外壳完全相通。

（5）扬声器线

扬声器线一般有四对+/-线，标明FR、FL、RR、RL，意思是FRONT RIGHT（前右）、FRONT LEFT（前左）、REAR RIGHT（后右）、REAR LEFT（后左）。

提示：一般成对出现，一条是纯色，一条是杂色，往往不用红、黄、黑三色。比如绿/绿白条纹、灰/灰黑条纹等。用一节5号电池瞬间接通这两条线，就会听到特定的扬声器发出噼啪声。

扬声器线接通后，调整主机的前后、左右声场平衡，会发现有无接错。扬声器线正负不可接反。如果一个扬声器相位反了，低音效果会很差，因为反相会导致一个扬声器往外冲时另一个扬声器正好往里冲，低音效果会被互相抵消。有经验的人能根据扬声器声音大小听出来声音的相位，或者调整主机的前后左右平衡，依次只让一个、一对的扬声器响。如果发现某种情况下低音比别的情况好，则有可能有扬声器反相了；专业店面一般用检测相位仪检测扬声器相位。

（6）收音机天线

收音机天线是单独一根带屏蔽的比较粗而且硬的线。主机背后有专用插口，一般不和其他插座放一块。

（7）照明线（ILL）（某些机型有）

标记：ILL，或者小灯符号，或者小太阳符号。

连接：直接接仪表盘照明电源正极。

作用：打开仪表盘灯或者大灯，主机面板按键会全亮。便于夜间操控。

判断：关掉仪表盘照明，电压为0 V；打开仪表盘照明或者大灯，显示12 V左右。

（8）天线控制线（ANT）

标记：ANT，或者小天线的号。

连接：连接天线电动机控制线。

作用：升起/降下收音机天线。

判断：不接主机时，该线无电压也与其他线不通，可以瞬间加电试一下天线是否升起。如主机已接通，则开启收音机该线显示 12 V 左右，关闭主机该线显示 0 V。

二、中控门锁

1. 作用

（1）驾驶员车门锁扣锁上，其余车门及行李箱车门能自动锁门。

（2）用钥匙锁上驾驶员车门，也可同时锁好其他车门和行李箱门。

（3）驾驶员车门锁扣拉起后用钥匙开车门时，其余车门及行李箱门都能同时打开。

（4）车内个别车门需要打开时，可分别拉开各自的锁扣。

2. 中控广门锁的组成

中控门锁系统一般包括门锁控制开关、钥匙操纵开关、门锁总成、行李箱开启器及门锁控制器等。

（1）中控门锁执行机构

驱动中控门锁机构动作的形式分为电磁线圈式和直流电动机式两种。无论采用何种形式，都是通过改变电流的方向达到锁止和开锁动作，图 4-23 为双线圈式门锁执行机构。

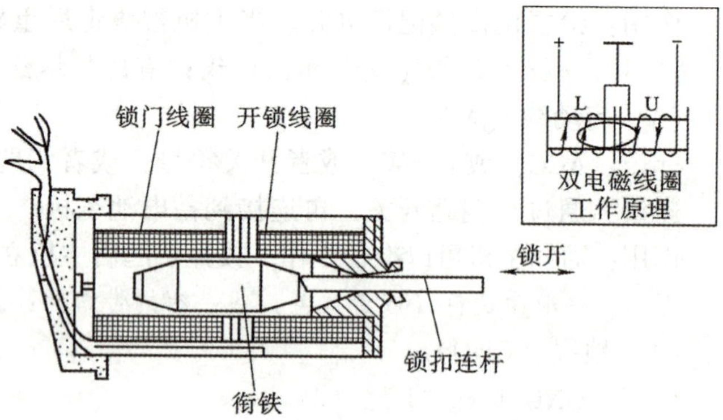

图 4-23　双线圈式门锁执行机构

（2）门锁控制器

门锁执行机构提供锁、开脉冲电流的装置称为门锁控制器，常见的形式有晶体管式门锁控制器、电容式门锁控制器、车速感应式门锁控制器三种。

4. 中控广门锁控制电路

图 4-24 为典型的中控门锁控制电路。当用钥匙转动锁芯，门锁开关中的“锁止开关”触点闭合时，电流经过蓄电池的正极、熔断器、门锁控制器、搭铁。这时锁止继电器 K_1 工作，电流经过门锁电动机或门锁电磁线圈搭铁，锁止车门。当用钥匙转动锁芯，门锁开关中的“开启开关”触点闭合时，开启继电器 K_2 通电，由于通过电动机的电流方向与车门锁止时相反，所以车门锁被打开。

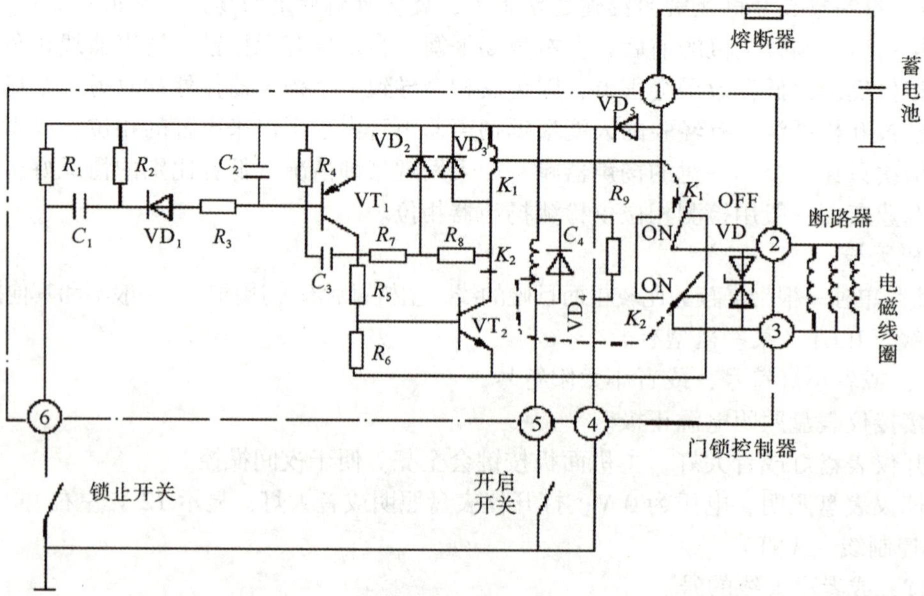

图 4-24　典型的中控门锁控制电路

知识拓展

奥迪虚拟驾驶舱

一提到驾驶舱，很多人会联想到漫威电影各种飞行器里面的豪华场景。虽然奥迪虚拟驾驶舱不及电影里面的酷炫，但也打开了信息科技时代的一扇大门。

奥迪虚拟驾驶舱是一块分辨率为 1 440×540 的薄膜晶体管集成显示器，尺寸为 12.3 寸，接近我们平时用的手提电脑。奥迪采用英伟达（Nvidia）Tegra 3 系列的 Tegra 30 芯片，屏幕以每秒刷新 60 帧的频率，保障显示的信息顺畅，清晰并且精准，甚至可以呈现 3D 的效果，科技感十足。同时驾驶员还可以自行选择“娱乐模式”或“经典模式”。

经典模式下，屏幕会将转速表和时速表以传统的排布呈现，而娱乐模式下屏幕的中央区域用来放置导航、媒体窗口，电话簿以及电台等，转速表和时速表此时是在显示屏的左右两侧。除此之外，屏幕也会显示外部的温度、时间和警报等图标信息。摒弃了传统的按键，一切都可以用语音和触碰来实现信息的交互，奥迪虚拟驾驶舱更像是车主的“私人助理”。

任务三　电动车窗、电动后视镜及电动座椅

为了减轻驾驶员和乘客的劳动强度，提高他们的舒适性和操作方便性，汽车上应用的电动辅助装置越来越多。目前，广泛应用的包括电动车窗、电动座椅、电动后视镜等。

一、电动车窗

1. 电动车窗的作用

目前，汽车普遍装有电动车窗。驾驶员坐在驾驶座上，可利用控制开关控制全部车窗的升降，不但操作简便，还有利于行车安全。

2. 电动车窗的组成

电动车窗主要由车窗升降器、电动机、继电器、开关等组成，如图 4-25 所示。车窗升降器主要有钢丝滚筒式升降器、齿扇式升降器及齿条式升降器等。

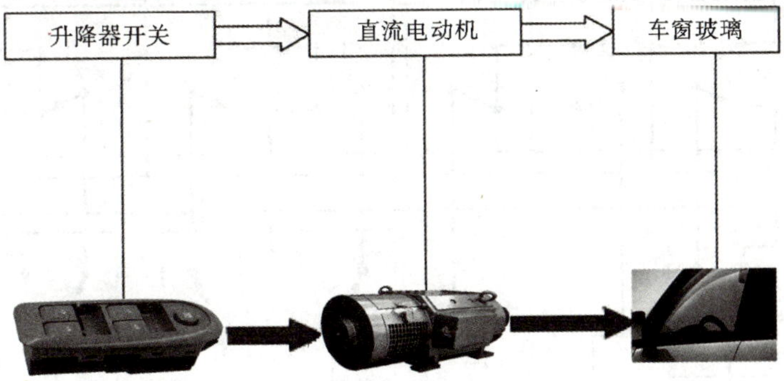

图 4-25　电动车窗的组成

3. 工作原理

不同汽车所采用的电动车窗的控制电路不同，按电动机类型分为永磁式和双绕组串励式两种。

采用永磁式电动机时，电动机不直接搭铁，电动机的搭铁受开关控制，通过改变电动机的电流方向改变电动机的转向，从而实现车窗的升降，控制电路如图 4-26 所示。

采用双绕组串励式电动机时，电动机一端直接搭铁，电动机有两组磁场绕组，通过接通不同的磁场绕组，使电动机的转向不同，实现车窗的升降，控制电路如图 4-27 所示。

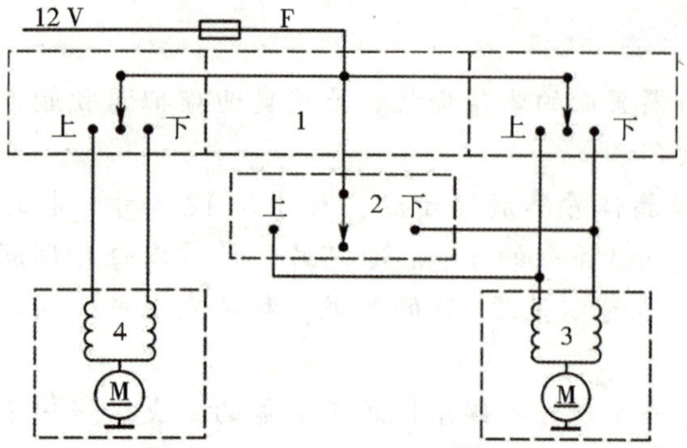

图 4-26　直接搭铁式控制电路

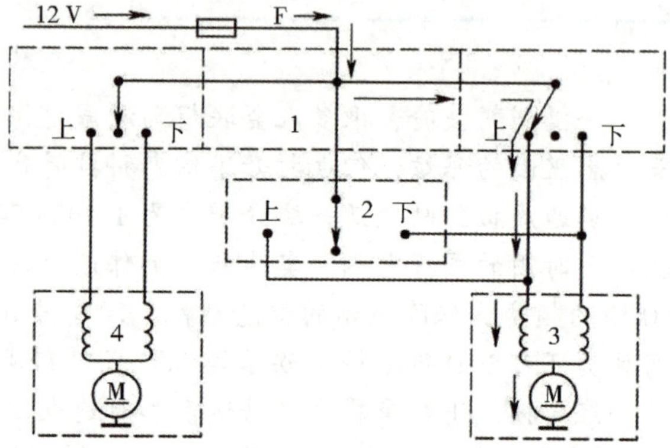

图 4-27　直接搭铁式驾驶员主控开关控制电路

电动车窗控制电路中，一般都设有驾驶员集中控制的主控开关和每一个车窗的独立操作开关，每个车窗的操作开关可由乘客自己操作。但是有些汽车的主控开关备有安全开关，可以切断其他各车窗的电源，使每个车窗的操作开关不起作用，这个开关只能由驾驶员一人操作。

采用永磁式电动机时，开关既控制电动机的电源线，又控制电动机的搭铁线，所以开关结构和线路比较复杂。但是电动机结构简单，应用比较广泛。

二、电动车窗系统的线路分析

1. 普通电动车窗控制电路

普通电动车窗控制部分主要由电动车窗开关、电动车窗副开关和车窗电动机等组成。不同车型所采用的电动机及其控制电路各不相同，一般分成直接搭铁式和控制搭铁式两种。

（1）直接搭铁式电动机的一端直接搭铁，电动机内部有两组磁场线圈。通过接通不同的线圈，使电动机的转向不同，实现车窗的上升和下降动作。

（2）控制搭铁式控制搭铁式电动车窗的电动机结构简单，但开关和控制线路较复杂，其基本控制电路如图 4-28 所示。

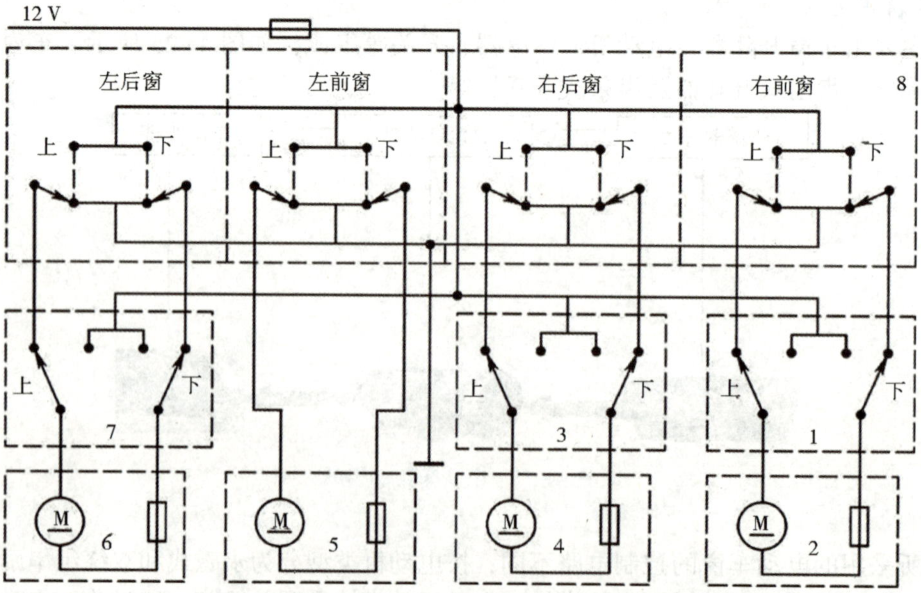

1-右前车窗开关；2-右前车窗电动机；3-右后车窗开关；
4-右后车窗电动机；5-左前车窗电动机；6-左后车窗电动机；
7-左后车窗开关；8-驾驶员主控开关组。

图 4-28　控制搭铁式基本控制电路

2. 应用实例

桑塔纳 2000 型轿车采用的电动车窗装置由翘板按键开关、传动机构、升降器及电动机组成，控制电路如图 4-29 所示。

控制电路工作原理：接通点火开关后，延时继电器 J_{52} 与 C 路电源相通，其常开触点闭合，按键开关内的 P_- 通过该触点接地，而 P_+ 通过熔断器 S_{37} 与 A 路电源相通，此时按动按键开关便可使车窗电机转动。

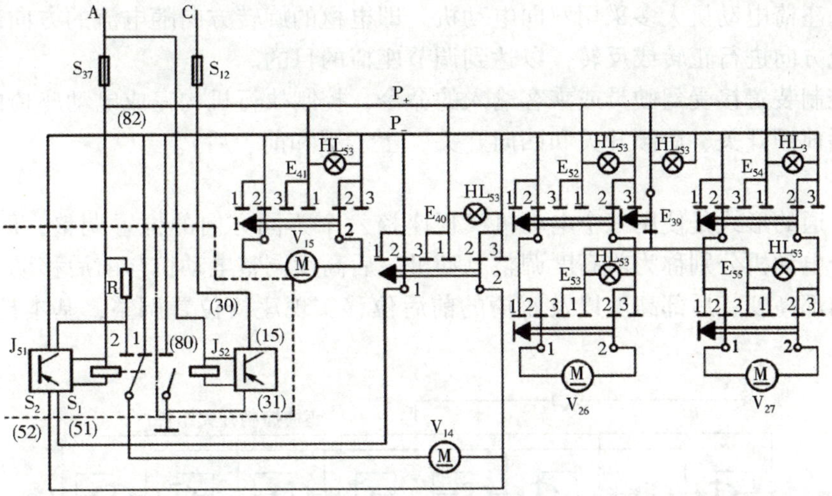

图 4-29　桑塔纳 2000 电动车窗控制电路

（1）发动机熄火后的延时控制。关闭点火开关后，C 路电源断电，延时继电器 J_{52} 由 A 路电源供电，延时 50 s 后，继电器触点断开，控键开关的搭铁线被切断，所有按键开关失去控制作用。

（2）后车窗电机的控制。左后门和右后门的车窗电机各由两个按键开关 E_{52}、E_{53} 和 E_{54}、E_{55} 控制，E_{52} 和 E_{54} 安装在中央通道面板上，供驾驶员控制，E_{53} 和 E_{55} 分别安装在两后门上，供后座乘员控制。同一后门的两个开关采用级联方式连接，当两个开关被同时按下时没有控制作用，只有当某一开关被按下时，才有控制作用。在安全开关 E_{39} 被按下的情况下，E_{39} 的常闭触点断开，切断了后车门上控键开关 E_{53} 和 E_{55} 的电源，使其失去了对各自车窗电机的控制。因而，起到了保护儿童安全的作用。

知识拓展

COUPE 车型

在汽车有一种 COUPE 车型，称为“轿跑车”或“双门轿跑车”，或音译为“古贝”。这种车型的特点之一是只有两个侧门，只有两个座椅，或四个座椅但后排空间比较狭窄；特点之二是溜背形设计，车身后背曲线相对三厢轿车比较平滑和呈流线形，与跑车的后背造型比较近似。现在也开始流行四个侧车门的 COUPE 车型，它们被称为“四门轿跑车”。

三、电动座椅

电动座椅是指以电动机为动力，通过传动装置和执行机构来调节座椅的各种位置，它可以满足驾驶员多种姿势情况下的操作和安全要求，当然也满足乘客对舒适性的要求。常用的电动座椅有以下三种。

两方向：往前和往后移动座椅。

四方向：往前、往后、往上和往下移动座椅。

六方向：往前、往后、往上、往下、前俯和后仰调整座椅。

电动座椅前后方向的调节量一般为 100~160 mm，上、下方向一般为 30~50 mm，全程移动所需时间为 8~10 s。

1. 组成

电动座椅一般由传动机构、电动机和控制开关组成。电动座椅组合控制开关有的汽车安装在车门上，有的汽车安装在座椅旁边，使驾驶员或乘客操纵方便。

传动机构：传动机构由高度调整机构、纵向调整机构组成。电动机的旋转运动，通过传动机构改变座椅的空间位置。

电动机：电动座椅电动机大多采用双向电动机。即电枢的旋转方向随电流的方向改变而改变，使电动机按不同的电流方向进行正转或反转，以达到调节座椅的目的。

控制开关：控制装置接受驾驶员或乘客输入的命令，控制执行机构完成电动座椅的调整。电动座椅组合控制开关包括前倾开关、后倾开关和四向开关（上、下和前、后）。

2. 工作原理

电动座椅最普通的形式是使用三个电动机实现座椅六个不同方向的位置调整，即上、下、前、后、前倾、后倾。三个电动机分别称为前高度调整电动机、后高度调整电动机与前后移动电动机。用这三个电动机控制座椅前部高度、后部高度以及座椅的前后位移实现座椅位置调整，基本控制电路如图 4-30 所示。

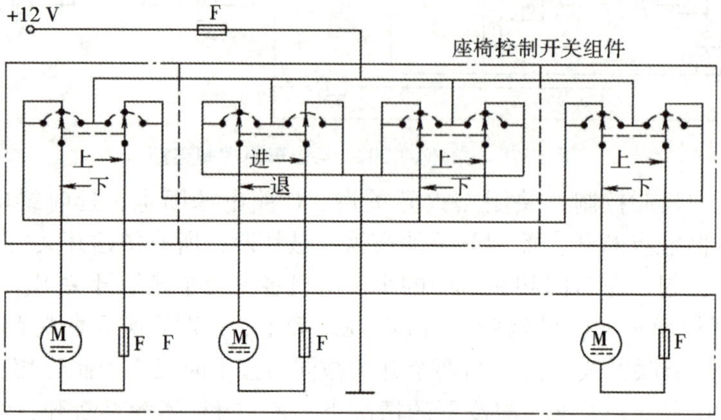

图 4-30　电动座椅的基本控制电路

座椅开关通过控制电动机的搭铁和电源，使三个电动机按所需方向旋转。

当座椅控制开关置于上或下的位置时，前与后高度调整电动机同时旋转；当开关位于前倾或后倾位置时，只有一个高度电动机旋转；如果座椅控制开关位于前移或后退的位置时，前进后退电动机旋转。

图 4-31 是自动座椅控制开关使座椅前方上升时的电流方向示意图。控制座椅后方上升和下降的操作方法与控制座椅前方的方法类似。

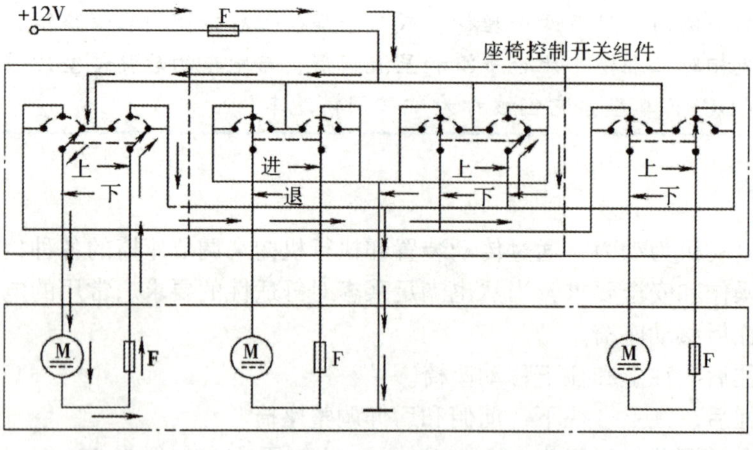

图 4-31　自动座椅控制开关使座椅前方上升时的电流方向示意图

有些汽车电动座椅系统设有存储器，也具有储存功能。通过每个座椅的位置传感器来反映座椅的调定位置，座椅的位置固定后，驾驶员按下存储器相应的按钮，存储器就将位置传感器的信息存储起来，作为以后自动调整的依据。需要时，只要按存储器相应的按钮控制单元就能按储存的各个座椅的位置信息，自动调整座椅到适当的位置。图 4-32 为有存储功能的电动座椅系统示意图。

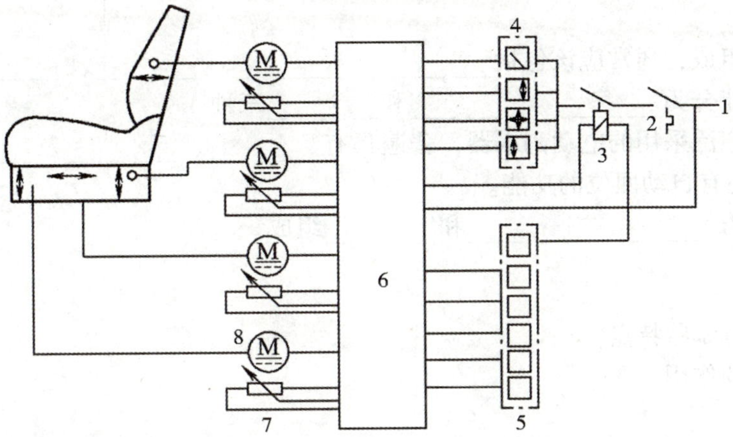

1-接蓄电池；2-热过载保护；3-主继电器；4-手动调整开关；
5-存储器操作开关；6-控制单元；7-位置传感器；8-电动机。

图 4-32　有存储功能的电动座椅系统示意图

思政链接

中国汽车品牌：技术创新驱动下的稳步发展

《汽车蓝皮书：中国汽车品牌发展报告（2023）》认为，2022 年中国汽车市场在逆境下总体仍稳步增长，总销量达到 2 686.4 万辆，同比增长 2.1%，延续了上年的增长态势，但增长速度放缓。汽车行业的发展推动了汽车品牌的进步与变革，汽车市场正在经历从燃油车向新能源车发展的转折时期，中国民族汽车品牌产品质量和技术水平不断提升，让其品牌力表现更为亮眼，开始与欧美日等合资品牌竞争。新能源汽车品牌也通过重塑汽车品牌与用户的关系、互联网营销、用户运营等方式打出知名度，头部品牌甚至已赶超传统品牌及合资品牌。

当前，中国汽车品牌聚焦技术品牌、高端市场、用户圈层、品牌出海等领域，着力提升用户的品牌忠诚度，对在竞争激烈的市场中实现汽车品牌稳步发展具有重要意义。车企关注技术要素的挖掘和技术品牌的打造，建设并宣传满足用户需求的技术品牌能够提高整车品牌知名度以及消费者购买汽车产品的可能性；高端市场品牌竞争激烈，中国汽车品牌的高端化不仅应表现在外观设计和配置水平上，更需要提高科技含量和加强智能化应用，并加强品牌营销和渠道建设，打造品牌形象和品牌影响力；当下我国汽车市场用户增换购需求增加，随着购车人群年轻化与“她经济”兴起，汽车品牌需要抓住用户注意力，并利用各种平台和形式与用户建立沟通和情感联系。通过打通用户圈层，关注不同人群的个性化需求，开展全渠道营销模式，助力品牌保持长效增长；中国汽车品牌坚持品牌出海发展路线，其中新能源汽车出口增长显著，通过技术和产品双赋能，布局海外市场，使产业发展水平和国际竞争力持续提升，汽车强国建设步伐越发坚实。

展望未来，虽然国内外汽车市场品牌竞争越发激烈，但在国家政策引导和标准建立的支持下，汽车产业电动化、智能化、低碳化发展前景广阔，中国汽车品牌应牢牢把握发展时机，强化品牌建设意识，提高自主创新能力，树立特色品牌形象，持续助力汽车品牌不断向上与汽车产业高质量发展。

课后练习

一、填空题

1. 车制冷系统的组成，通常应该包括________、________、________、________和控制系统。

2. 汽车空调按功能分为________、________和________三种。

3. 目前在汽车上广泛采用的电动刮水器，普遍具有________、________及________三个工作挡位，而且除了变速之外，还有自动回位的功能。

4. 电动座椅一般由________、________和________组成。

二、简答题

1. 汽车音响系统有哪些特点？

2. 简述电动车窗的作用。

项目五 新能源汽车

项目概述

随着全球环保意识的日益增强和科技进步的迅猛发展，新能源汽车逐渐成为人们关注的焦点。在全球范围内，新能源汽车市场的蓬勃发展正逐渐改变着汽车产业格局。据统计，近年来新能源汽车的销量呈现出快速增长的态势，市场份额逐年提升。作为一种便捷、高效、可持续的交通方式，新能源汽车正在逐步改变着人们的出行方式，引领着汽车产业向更加绿色、低碳的方向发展。

学习目标

知识目标

◆了解新能源汽车的分类及组成。

◆掌握纯电动汽车工作原理与结构。

◆掌握插电式混合动力汽车工作原理与结构。

◆掌握燃料电池汽车工作原理与结构。

能力目标

◆认识并掌握新能源汽车的工作原理与结构。

◆能够对新能源汽车组成结构进行电路分析。

素质目标

◆培养学生通过对新能源汽车的认识，掌握其构造原理，能够对相关组件进行拆装。

思政目标

◆培养学生熟知新能源汽车相关政策，将案例进一步升华，融入思想教育，培养学生爱国情怀。

任务工单

任务实施

1. 学生分组，进行资料的收集整理，并对收集到的资料进行讨论。

问题 1：新能源汽车与传统燃油汽车的区别有哪些？

____

____

问题 2：新能源汽车的的工作原理是什么？

____

____

2. 按照实际操作过程，将操作内容及实施过程中遇到的问题或解决方法记录在表 5-1 中。

表 5-1　任务实施过程记录表

序号	实施的内容	遇到的问题	解决的方法
1			
2			
3			
4			
…			

任务评价

学生展示任务实施的成果，并协同老师完成表 5-2 所示的任务评价表。

表 5-2　任务评价表

评价项目	评价内容	分值	评价分值		
			自评	互评	师评
职业素养考核项目	考勤、仪容仪表	10 分			
	团队交流与合作意识	10 分			
	创新意识、纪律意识	10 分			
专业能力考核项目	积极参与教学活动并正确理解任务要求	10 分			
	认真搜集并积极讨论相关资料	10 分			
	任务实施过程记录表的完成度	10 分			
	对新能源汽车构造的了解程度	20 分			
	对新能源汽车工作原理的了解程度	20 分			
合计		100 分			
总评	自评（20%）+互评（20%）+师评（60%）=	综合等级	教师（签名）：		

任务一　新能源汽车概述

一、新能源汽车定义

新能源汽车

新能源汽车是指采用新型动力系统，完全或主要依靠新型能源驱动的汽车。本项目介绍的新能源汽车是指采用电力为动力源的汽车。

二、新能源汽车的分类与基本组成

根据 2020 年发布的《新能源汽车产业发展规划（2021—2035 年）》主要政策，新能源汽车强化整车集成技术创新。以纯电动汽车、插电式混合动力（含增程式）汽车、燃料电池汽车为“三纵”，布局整车技术创新链。研发新一代模块化高性能整车平台，攻关纯电动汽车底盘一体化设计、多能源动力系统集成技术，突破整车智能能量管理控制、轻量化、低摩阻等共性节能技术，提升电池管理、充电连接、结构设计等安全技术水平，提高新能源汽车整车综合性能。

1. 纯电动汽车

纯电动汽车（blade electric vehicles，BEV），顾名思义就是采用电力驱动的汽车，大部分车辆直接采用电机驱动，有一部分车辆把电动机装在发动机舱内，也有一部分直接以车轮作为四台电动机的转子，其难点在于电力储存技术，如图 5-1 所示。

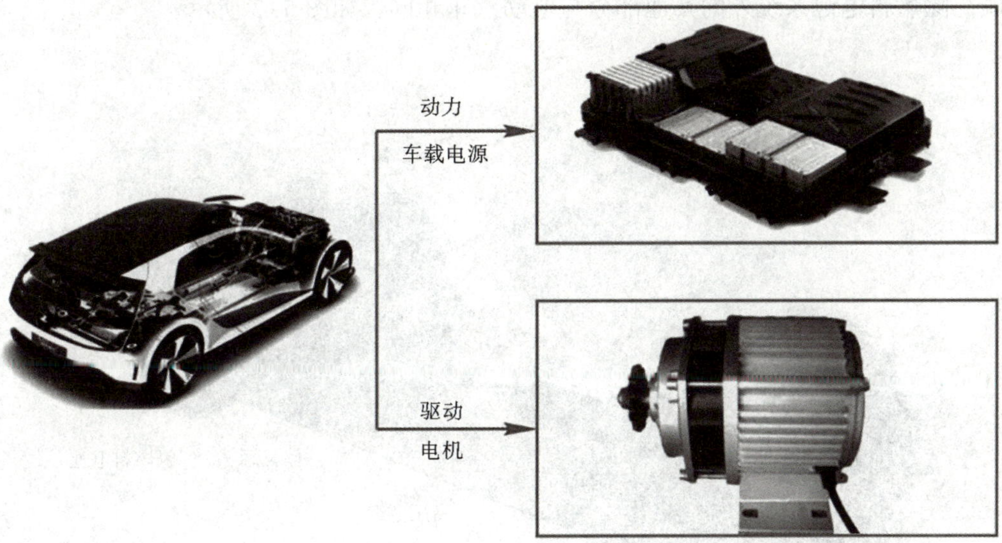

图 5-1　纯电动汽车

2. 插电式混合动力汽车

插电式混合动力汽车属于混合动力汽车的一种类型，如图 5-2 所示。插电式混合动力汽车可以利用外接电网对动力电池进行充电，也可以使用纯电模式驱动车辆行驶；电力不足时，还可以用重度混合模式驱动或仅依靠发动机动力行驶。

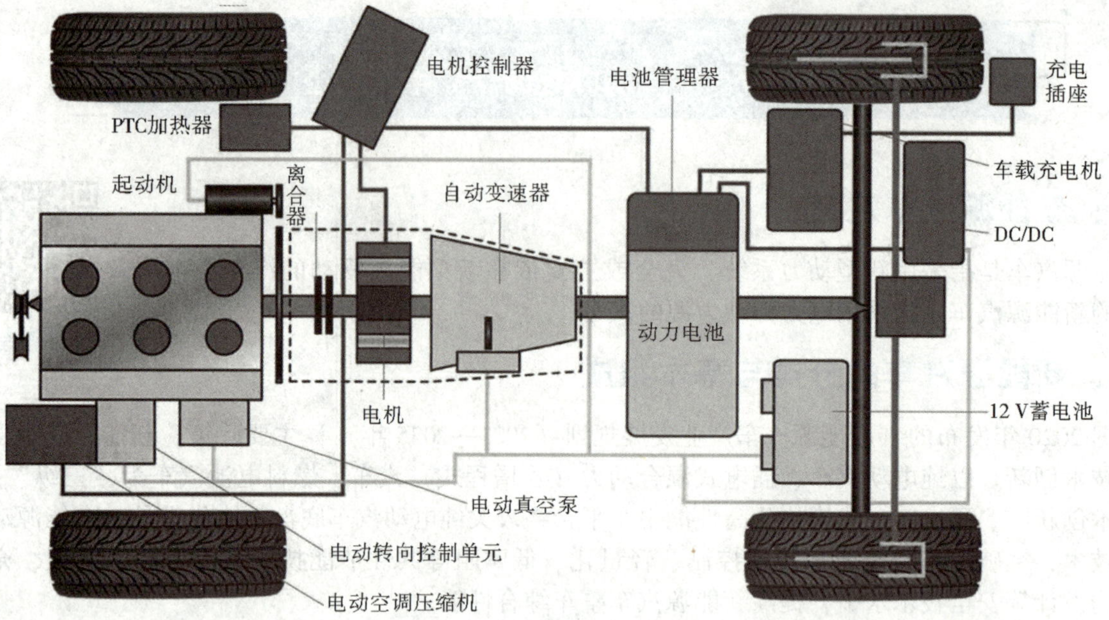

图 5-2　插电式混合动力汽车组成

3. 燃料电池电动汽车

燃料电池电动汽车是指以氢气为燃料，通过与氧气在燃料电池中反应产生电力来驱动的电动汽车。燃料电池系统以燃料电池为核心，主要由燃料供给与循环系统、氧化剂供给系统、水/热管理系统、控制系统等组成。除燃料电池系统外的其他部分与电动汽车相同，如图 5-3 所示。

图 5-3　燃料电池电动汽车

三、新能源汽车与传统燃油汽车的区别

新能源汽车主要以传统燃料之外的新能源作为车辆的驱动能量，新能源汽车与传统汽车的区别，如图 5-4 所示。

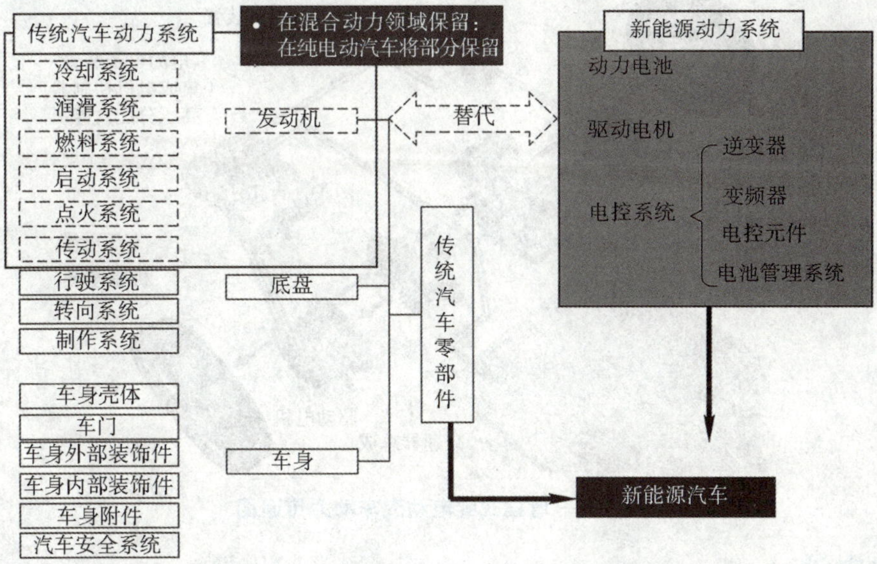

图 5-4　新能源汽车与传统汽车的区别

任务二　纯电动汽车

一、概述

纯电动汽车是指驱动能量完全由电能提供且由电机驱动的汽车，如图 5-5 所示，其动力系统主要由动力电池、驱动电机组成。纯电动汽车的特点是结构相对简单，生产工艺相对成熟；缺点是充电速度慢，续航里程短。图 5-6 为增程式纯电动汽车动力传递图，增程式纯电动汽车的增程器（发动机和发电机）只为车辆提供电能补给，不直接参与动力传递，与驱动系统没有机械连接。

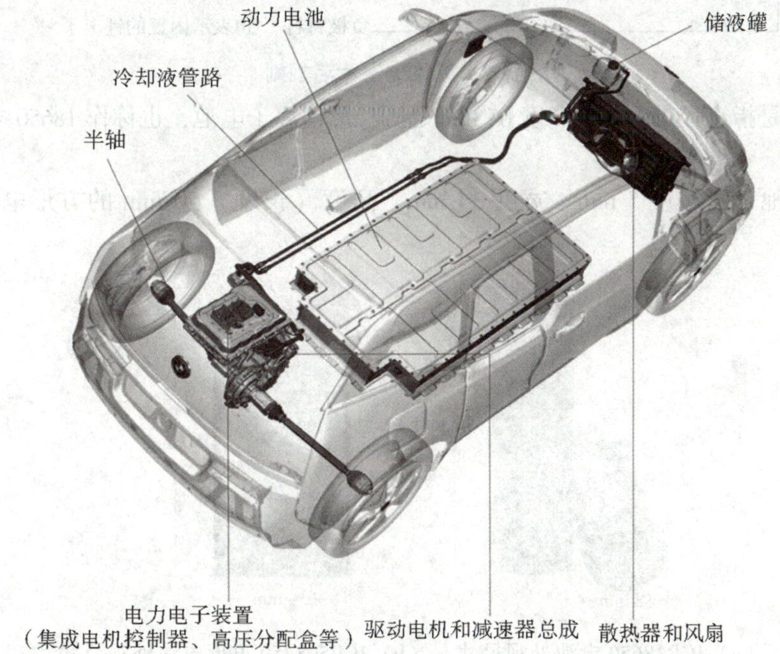

图 5-5　增程式纯自动汽车动力传递图

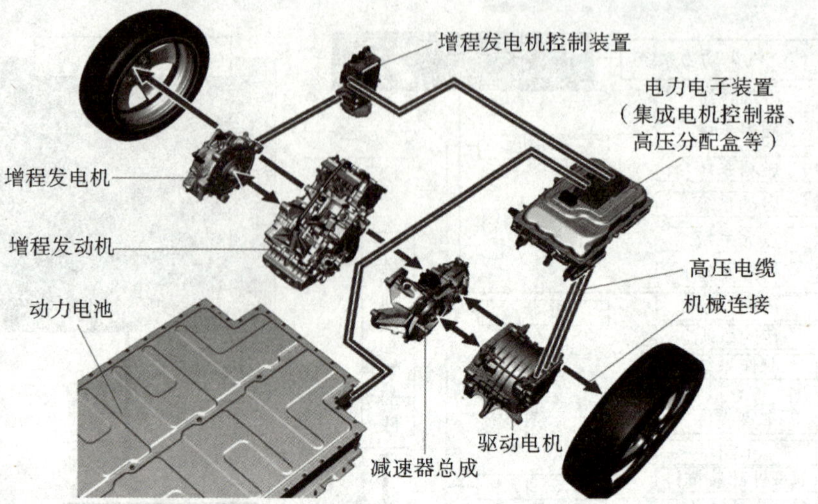

图 5-6　增程式纯电动汽车动力传递图

二、动力电池

1. 电池基础

一般将未组装的电池称作电芯，而把连接上印制电路板、有充放电控制等功能的成品称作电池。电芯有圆柱形和方形两种结构。

根据 IEC61960—2017《含碱性或其他非酸性电解液的二次电池单体和电池：便携式锂二次电池单体或电池》规定，单体电池命名规则如图 5-7 所示。

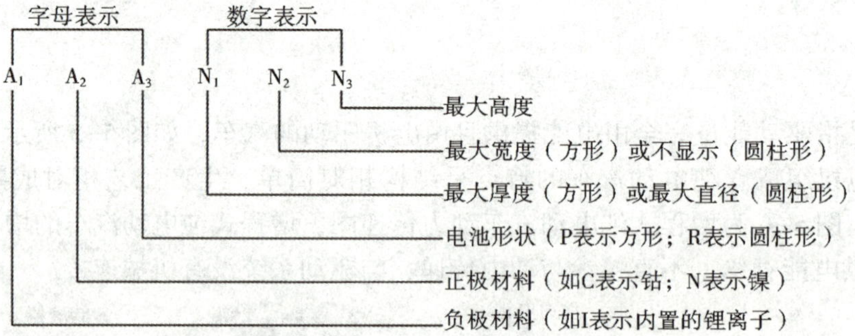

图 5-7　单体电池命名规则

① ICR18650 电池是指直径 18 mm、高度 65 mm 的圆柱形锂离子电池，也称作 18650 电池，如图 5-8（a）所示。

② ICP503450 电池是指厚度 5 mm、宽度 34 mm、高度（长度）50 mm 的方形电池，如图 5-8（b）所示。

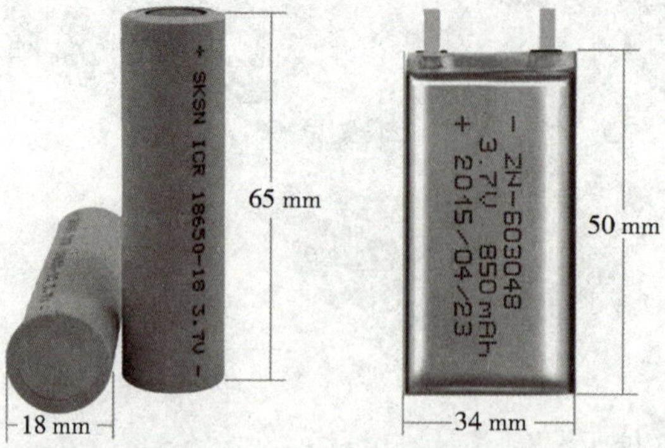

（a）ICR18650 电池外观尺寸　（b）ICP503450 方形电池外观尺寸

图 5-8　电池外观尺寸

2. 动力电池组成

一般将单体电池通过串联或并联构成一个电池模块，再将若干个电池模块通过并联或串联组成动力电池使用，以满足电动汽车对电压和电流的需求。

动力电池经常采用串联和并联相结合的方式，电芯并联可提高容量，串联可提高电压。串并结合形式能够满足动力电池既能提供高电压又能提供高电流的工作条件。选择“先串后并”还是“先并后串”取决于动力电池的实际需求，通常情况下电池并联工作的可靠性高于串联。

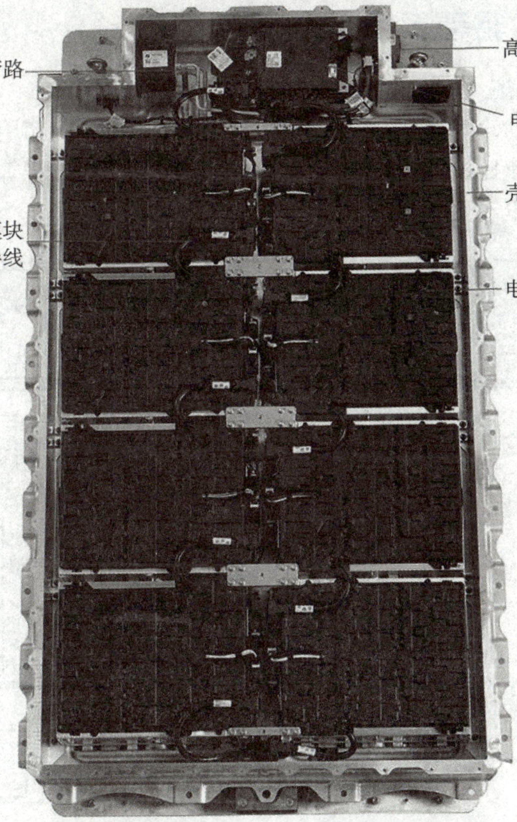

图 5-9　动力电池成组

3. 动力电池成组结构

动力电池成组是指将各单体电池进行串并联且与保护控制板、充放电端口及外壳等组装在一起，如图 5-9 所示。动力电池成组时需考虑电池的安全性、密封性、散热性和抗震性等方面的因素。

动力电池组装时首先要做的是模块化处理，电池模块由多个电芯组成一个逻辑单元，每个模块都包含电芯、内部导线、连接片、连接导线传感器和热能管理系统，如图 5-10 所示。每个模块的最大电压不宜超过 60 V（如果是锂离子电芯进行串联，不应超过 16 个）。电池监控电路需实时监控模块中每个电芯的电压、温度甚至模块内的压力，模块还需要设置隔热和机械保护装置。

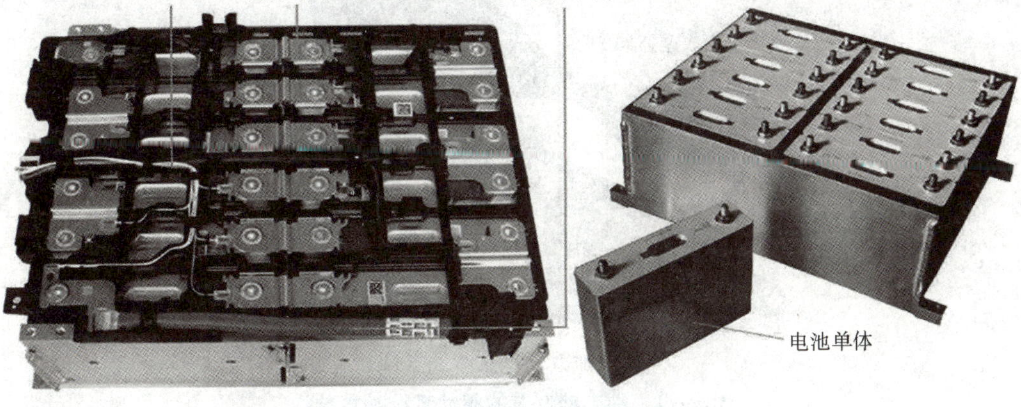

图 5-10　宝马 i3 动力电池模块

提示： 宝马 i3 动力电池模块动力电池共有 8 个电池模块，每个电池模块由 12 个电压为 3.75 V 的单体。电池串联连接，每个电池模块电压为 45 V，动力电池额定电压为 360 V，电压范围为 259~396 V。

三、驱动系统

1. 概述

纯电动汽车驱动系统主要由大功率驱动电机和用于将电机进行减速的减速装置组成。纯电动汽车多采用固定速比的减速装置，省去了变速器、离合器等部件，与传统汽车驱动系统一样集成差速器。纯电动汽车的驱动系统基本结构，如图 5-11 所示。

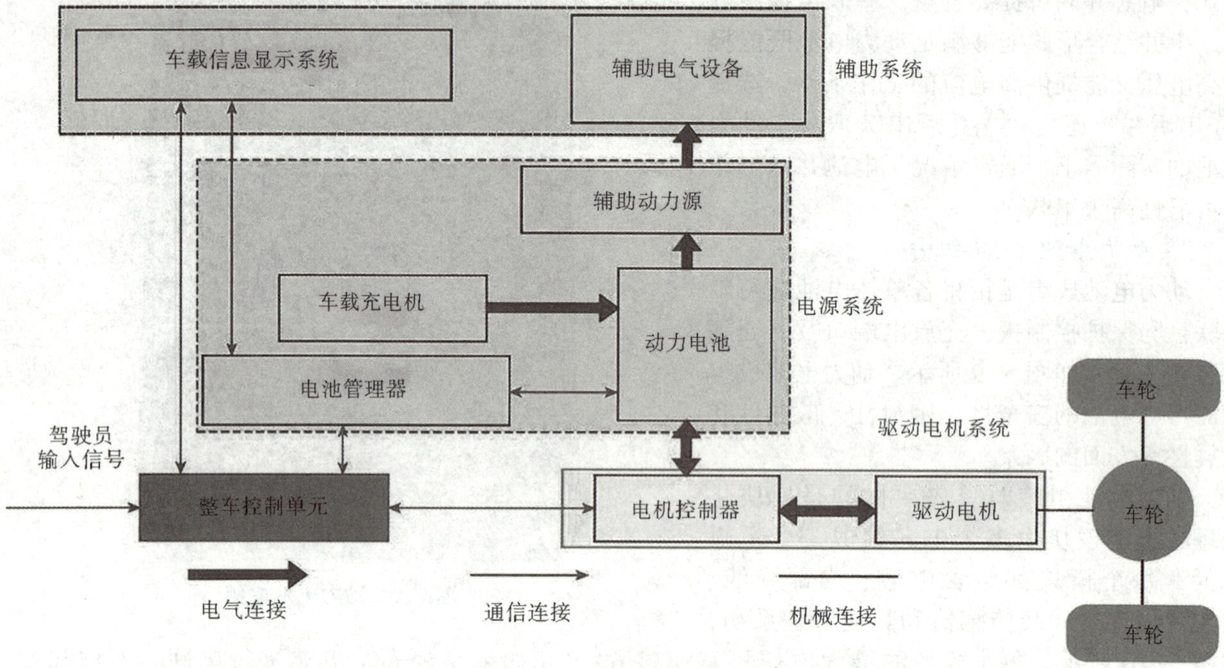

（a）纯电动汽车驱动系统组成示意图

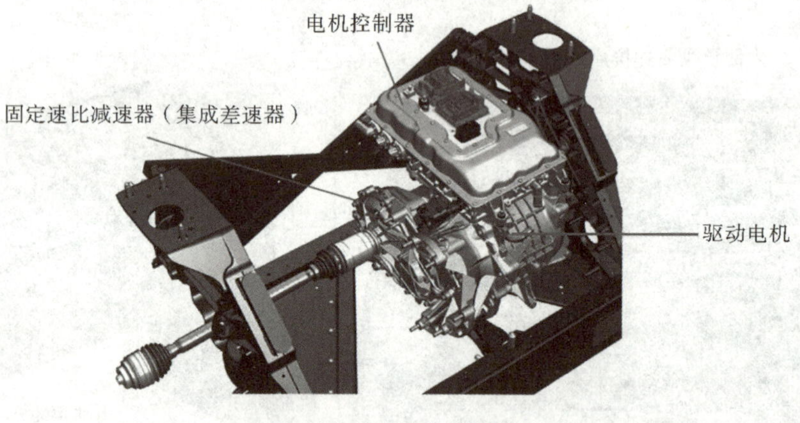

（b）纯电动汽车驱动系统

图 5-11 纯电动汽车的驱动系统基本结构

2. 电机

纯电动汽车中常用的驱动电机为永磁同步电机。当三相交流电被接入定子线圈中，即产生旋转的磁场，这个旋转的磁场牵引转子内部的永磁体，产生和旋转磁场同步的旋转扭矩（图 5-12）。永磁同步电机使用旋转变压器检测转子的位置，用电流传感器检测线圈的电流，从而控制驱动电机的扭矩输出（图 5-13）。

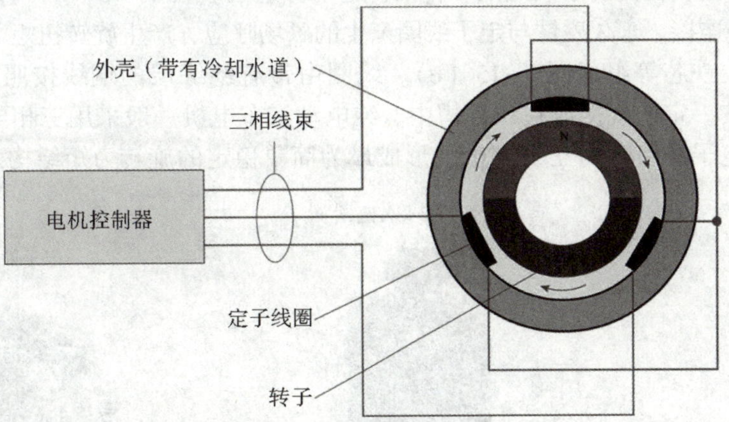

图 5-12 永磁同步电机原理

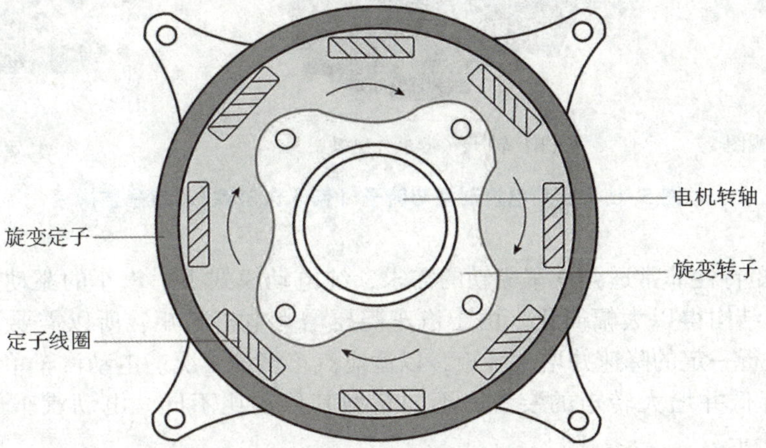

图 5-13 旋转变压器原理

永磁同步电机主要由转子、定子线圈、外壳（带冷却水道）、旋转变压器等组成。由于电机工作时会产生大量的热量，因此必须对电机进行冷却。比亚迪 e5 纯电动汽车驱动电机组成，如图 5-14 所示。

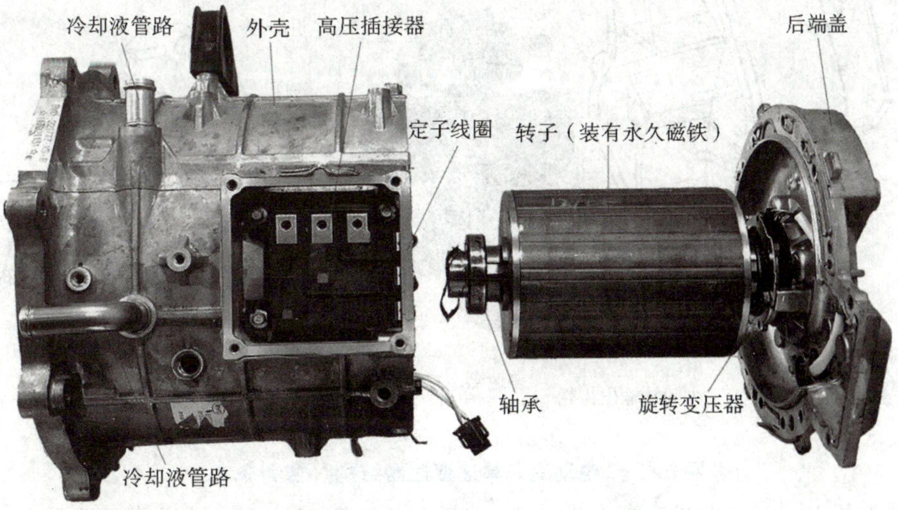

图 5-14 比亚迪 e5 纯电动汽车驱动电机组成

永磁同步电机转子由转子内的永久磁铁、转轴、定子等组成（图 5-15（a））。转轴是电机的输出部分，与驱动系统减速器连接。永久磁铁与定子线圈产生的磁场呼应，产生旋转扭矩（图 5-15（b））。

定子由线圈绕组、铁芯等组成图 5-15（c）。线圈由带有绝缘层的铜线按照规定的匝数绕制而成。绕组是指若干个线圈按一定的规律放在铁芯槽中。纯电动汽车电机一般采用三相电驱动，电机的绕组为三相定子绕组，三相定子绕组之间互成 120°，形成最为简单稳定的旋转力矩结构。

（a）永磁同步电机剖视图

（b）转子（带永久磁铁）

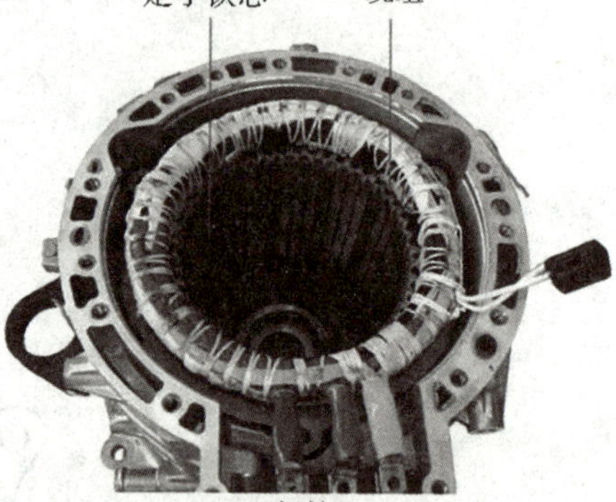

（c）定子线圈与绕组

图 5-15　驱动电机剖视与转子（带永久磁铁）、定子结构

3. 减速器

电机的速度-转矩特性非常适合汽车驱动的需求，纯电动模式下，汽车的驱动系统不再需要多挡位的变速器，驱动系统结构得以大幅简化。由于汽车需要增大电机转矩，所以需要设置一个减速增扭装置，将电机的转速进行一定的降速并增大转矩，以适应汽车多种工况。电动汽车单速变速器是采用固定传动比将电机转速降低并增大转矩的装置，不同车型其传动比不同。电动汽车单速变速器结构，如图 5-16 至图 5-18 所示。

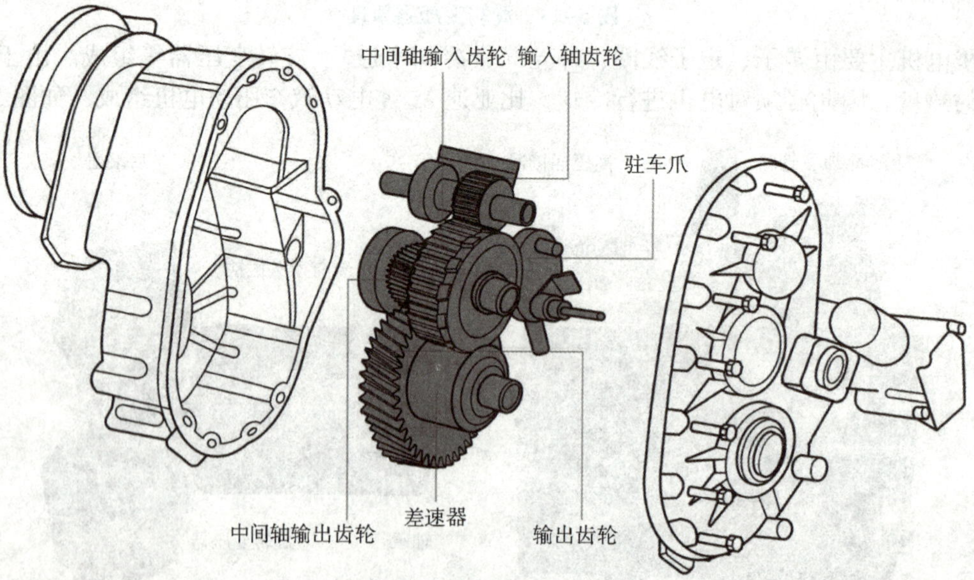

图 5-16　电动汽车单速变速器结构（吉利车系）

提示：吉利帝豪 EV450/EV300 单速变速器，减速比为 8.28：1，扭矩为 300 N·m，转速范围≤14 000/min

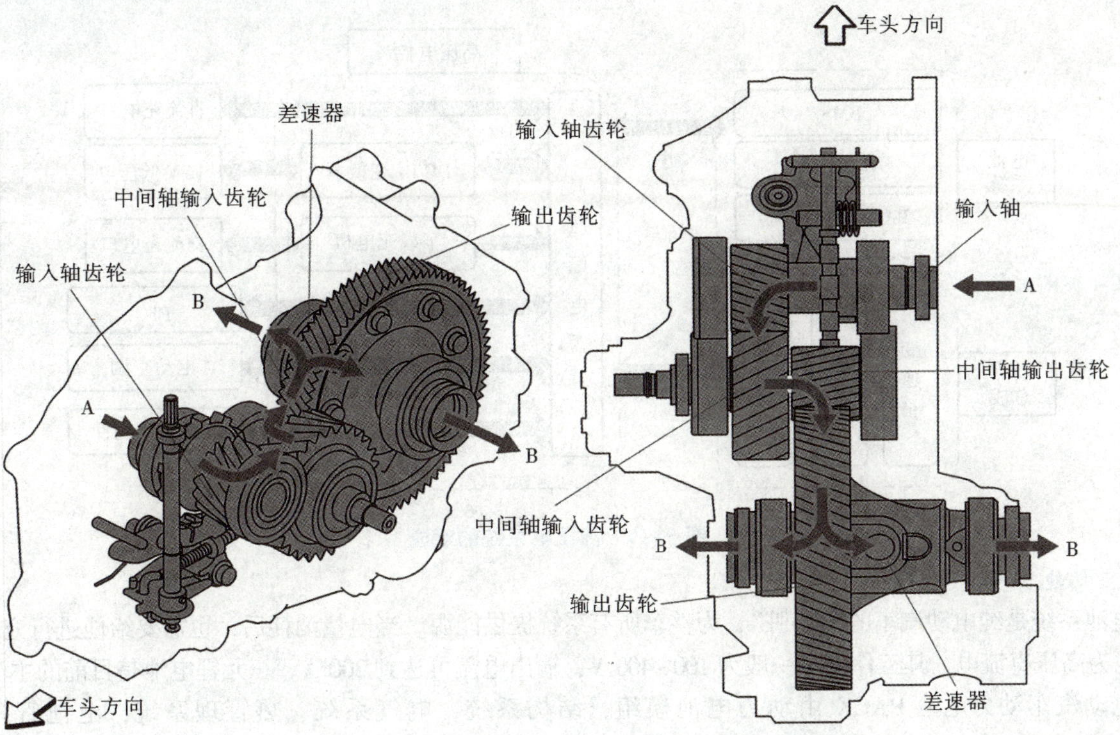

A-来自驱动电机；B-至驱动轴。

图 5-17 电动汽车单速变速器结构（日产聆风）

提示： 日产聆风电动汽车单速变速器，传动比为 8.193 8∶1，输入齿轮齿数为 17，主齿轮齿数（中间轴输入齿轮/中间轴输出齿轮）为 32/17，主减速器齿数为 74。

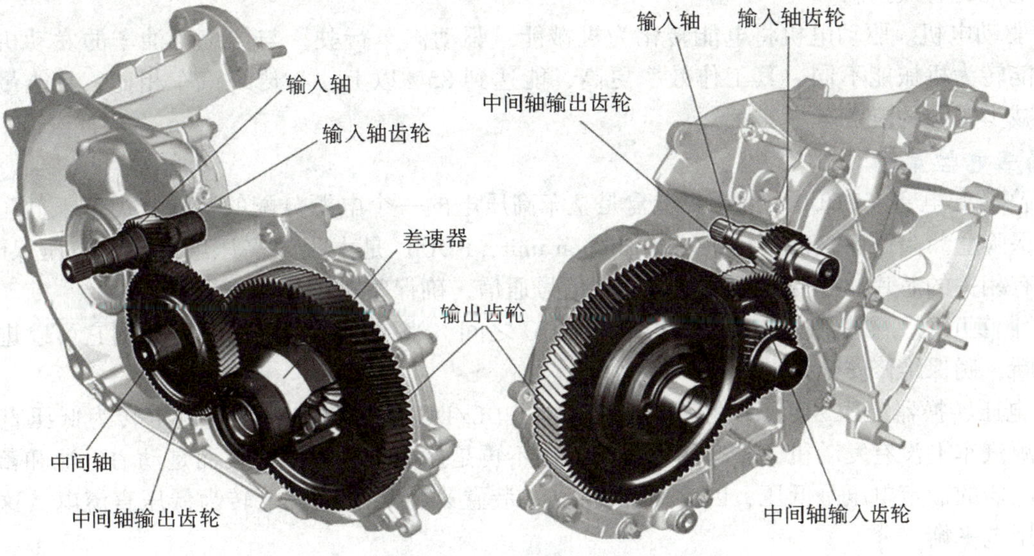

图 5-18 电动汽车单速变速器结构（宝马 i3）

四、汽车高压电系统的组成

在纯电动汽车上，高压电气系统主要是负责启动、行驶、充放电、空调动力等，主要包括电池系统、动力总成、高压电控系统、充电系统、高压设备及线束系统，如图 5-19 所示。

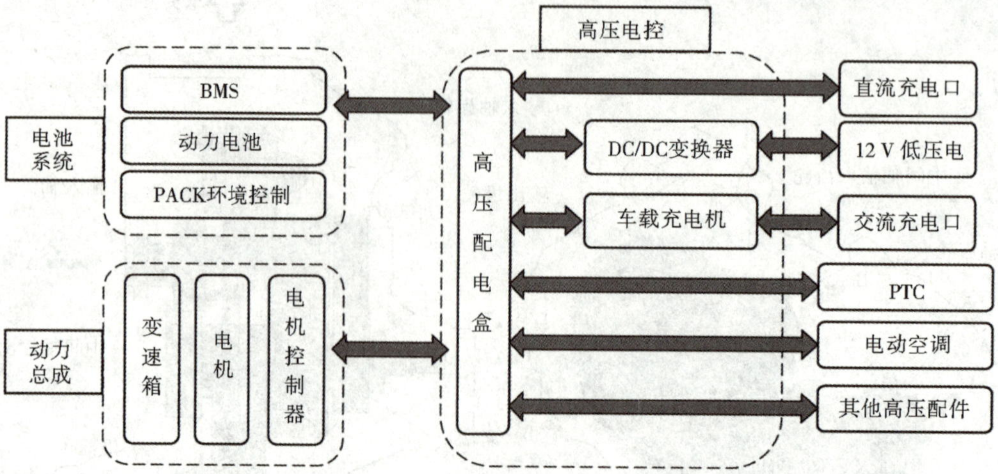

图 5-19　高压电系统的组成

1. 电池系统

电池系统是纯电动汽车的“心脏”，为整车所有系统提供能源。当电量消耗后，也需要给他进行充电。动力电池为高压直流电，其工作电压一般为 100~400 V，输出电流可达到 300 A。三元锂电池是目前的主流。

电动汽车动力电池 PACK 由动力电池模组，结构系统，电气系统、热管理系统，电池管理系统（BMS）构成。

2. 动力总成

电动汽车的动力总成主要由驱动电机与电机控制器（MCU）共同组成。

（1）电机控制器 MCU。将高压直流电转为交流电，并与整车控制器及其他模块进行信号交互，实现对驱动电机的有效控制。

（2）驱动电机。驱动电机将电能转化为机械能，驱动汽车行驶。与传统燃油车的发动机将燃料燃烧的化学能转为机械能不同，其工作效率更高，能达到 85%以上，与传统汽车相比，其能量利用率更高，能够减少资源的浪费。

3. 高压电控系统

（1）高压配电盒（PDU）。高压配电盒是整车高压电的一个电源分配的装置，类似于低压电路系统中的电器保险盒。高压保险盒（power distribution unit，PDU）是由很多高压继电器、高压保险丝组成，它内部还有相关的芯片，以便同相关模块实现信号通信，确保整车高压用电安全。

（2）维修开关。维修开关介于动力电池和 PDU 之间，当维修动力电池时，使用它可以进行整车高压电的切断，确保维修安全。

（3）电压转换器（DC/DC）。在新能源汽车上，DC/DC 是一个将高压直流电转为低压直流电的装置。新能源汽车上没有发动机，整车用电的来源也不再是发电机和蓄电池，而是动力电池和蓄电池。由于整车用电器的额定电压是低压，因此需要 DC/DC 装置来将高压直流电转为低压直流电，这样才能够保持整车用电平衡。

（4）车载充电器（OBC）。OBC 是一个将交流电转为直流电的装置。因为电池包是一个高压直流电源，当使用交流电进行充电的时候，交流电不能直接被电池包进行电量储存，因此需要 OBC 装置，将高压交流电转为高压直流电，从而给动力电池进行充电。

受整车布置的影响，越来越多车型趋向于将 DC/DC 与 OBC 整合为二合一控制器，甚至将 PDU、DC/DC 与 OBC 整合为三合一控制器。

4. 充电系统

（1）快充口输入高压直流电，可以直接通过 PDU 给动力电池充电。

(2) 慢充口、输入高压交流电，需要经过 OBC 进行转化后，再通过 PDU 给动力电池充电。

5. 高压设备

电动汽车上的电动设备主要包括转向助力系统、制动系统、电空调压缩机和 PTC 加热器。

(1) 转向助力系统由变频驱动器和转向助力油泵组成，协助车辆转动方向盘，减轻人驾驶车辆的负担。

(2) 制动系统由变频驱动器和电动空压机组成，给制动系统、悬挂系统提供压缩空气，实现制动功能。

(3) 电空调压缩机和 PTC 加热器是为了调节车辆内部空间温度，电动汽车上设置冷暖空调或者空调配 PTC 加热，是电动汽车上的用电大户。

6. PTC 加热器

传统车上空调暖风系统的热源是引入发动机冷却后的冷却液的热量，这个在新能源车上是不存在的，因此需要专门的制热装置（空调 PTC），作用是制热。当低温的时候，电池包需要一定的热量才能正常工作，这时候需要电池包 PTC 给电池包进行预热。

7. 线束系统

电动汽车电气系统上各个部件通过线束相连，既有高压线束也有低压线束。

高压线束将高压系统上各个部件相连，作为高压电源传输的媒介。区别于低压线束系统，这些线束均带有高压电，对整车的高压系统的稳定影响很大。

低压线束则可以看作电气系统的“神经网络”和“毛细血管”，除了满足传统燃油汽车线束的功能之外，还负责强电控制单元模块功能实现。

五、纯电动汽车高压系统安全设计

1. 等电位连接

纯电动汽车的等电位连接可以采用将电气设备的外露导电部件直接或通过保护导体与车辆底盘相连接的方法进行。

等电位连接示意图如图 5-20 所示，该方法是将高压电气设备外壳与车辆底盘直接连接。采用等电位连接后，高压用电设备外壳和车身（地）为相同电位，当高压用电设备正极发生对外壳漏电故障时，即使检修人员接触漏电设备外壳，由于人体被等电位连接线短路，也不会有危险的电流流过，从而避免人员被电击。

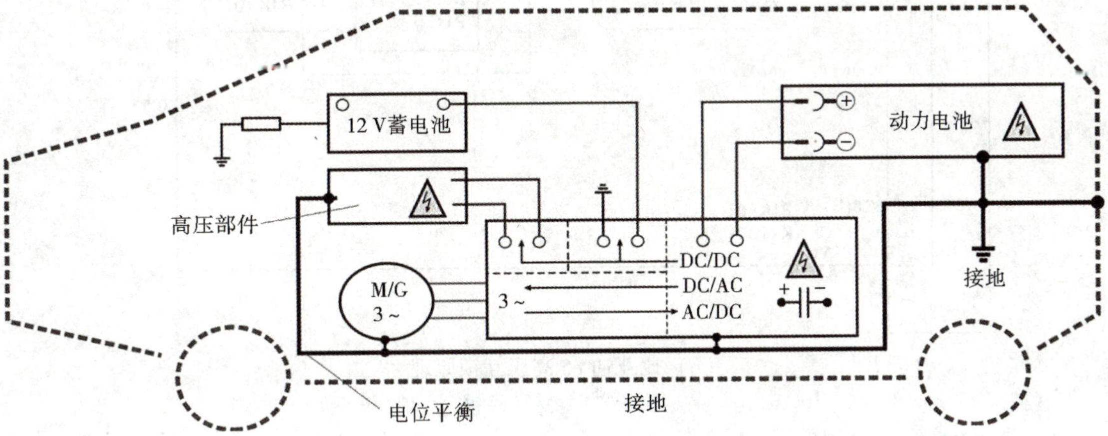

图 5-20 等电位连接示意图

2. 高压互锁（先导电路）

纯电动汽车的高压系统设计了高压互锁（也称为低压先导线路）功能，只有先导线路导通，高压才能接通。在车辆发生碰撞、断开高压插接器等情况下，先导线路会断开，高压系统也随之断电。

高压互锁回路即先导电路，通过使用电气小信号来检查整个高压系统导线、插接器及高压用电设备外壳（保护盖）是否正确连接或被打开。当识别到高压系统某个插接器断开或用电设备外壳被打开时及时切断高压电。高压互锁原理如图 5-21（a）所示，比亚迪 e5 高压互锁原理如图 5-21（b）所示。

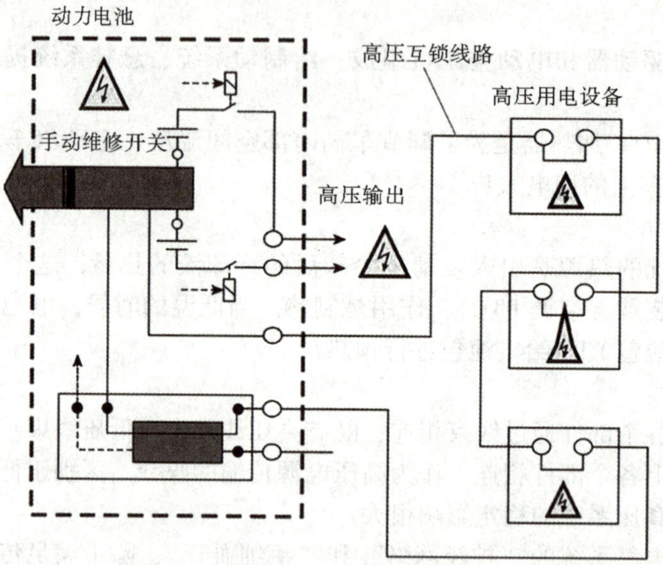

（a）高压互锁原理

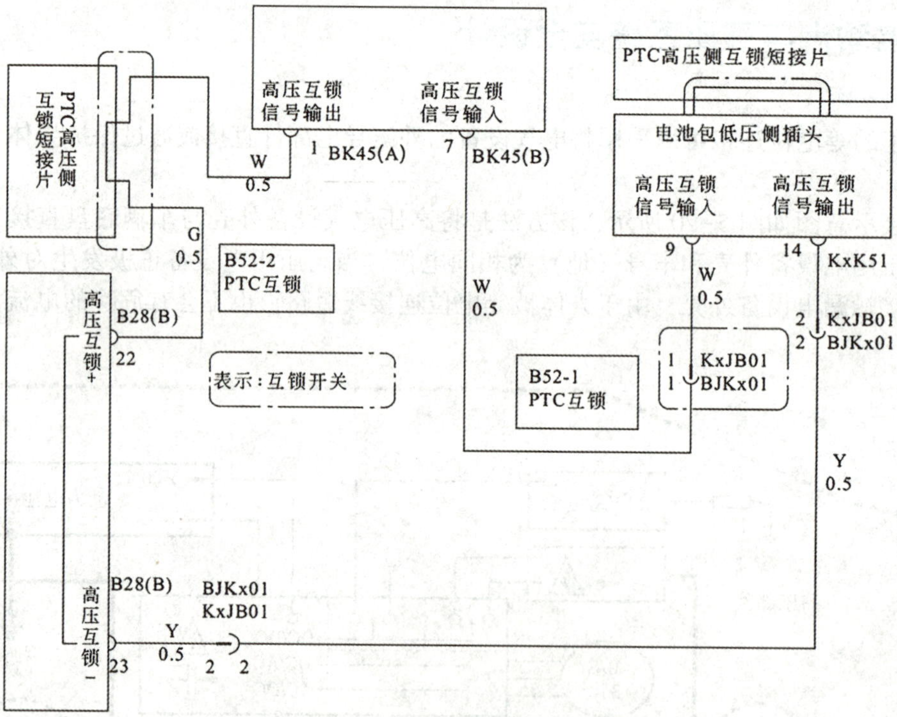

（b）比亚迪 e5 高压互锁原理

图 5-21　高压互锁

六、纯电动汽车辅助系统

1. 纯电动汽车制动系统

纯电动汽车制动系统采用电子真空泵为真空助力器提供真空。制动系统其他部分与传统汽车相同。纯电动汽车制动系统及电子真空泵结构，如图 5-22 所示。

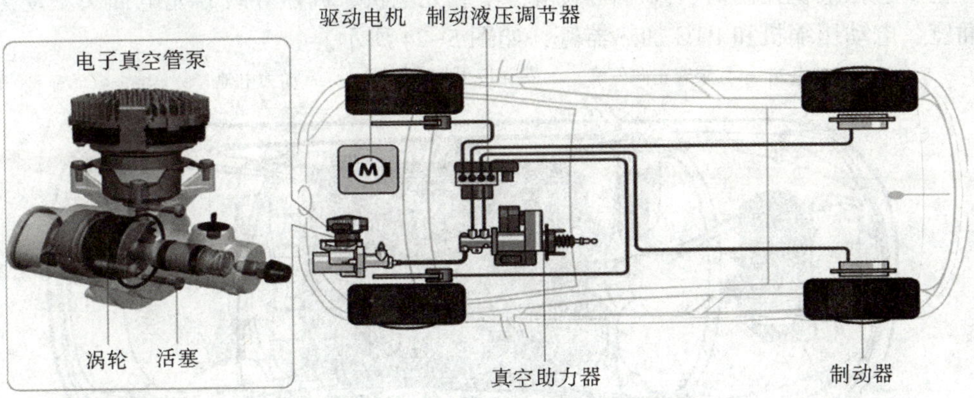

图 5-22　纯电动汽车制动系统及电子真空泵结构

2. 纯电动汽车转向系统

纯电动汽车普遍采用电控助力转向系统，与传统燃油汽车中采用的电控助力转向系统工作原理相同，如图 5-23 所示。

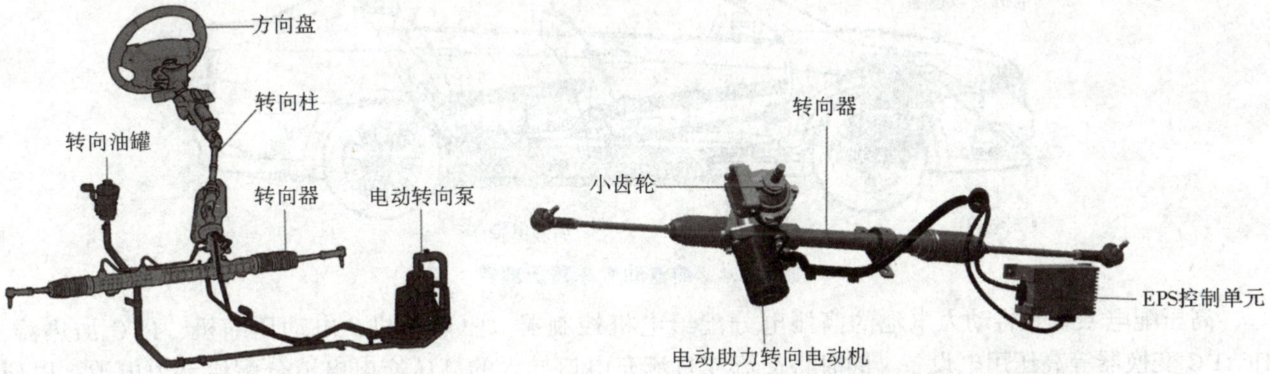

（a）电动力液压助力转向系统　（b）齿轮齿条助力式转向系统

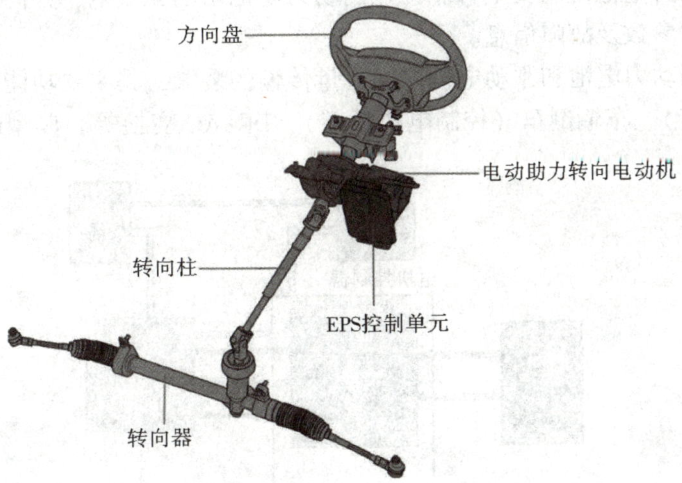

（c）转向柱助力式转向系统

图 5-23　纯电动汽车转向系统

七、纯电动汽车高压部件位置

纯电动汽车与混合动力汽车都设计有高压电部分。纯电动汽车高压部件主要分布在车辆底部和前舱，高压部件主要包括电机控制器、高压配电箱、车载充电机、高压导线、充电插头、动力电池、驱动电机、充电插座、电动压缩机和 PTC 加热器等，如图 5-24 所示。

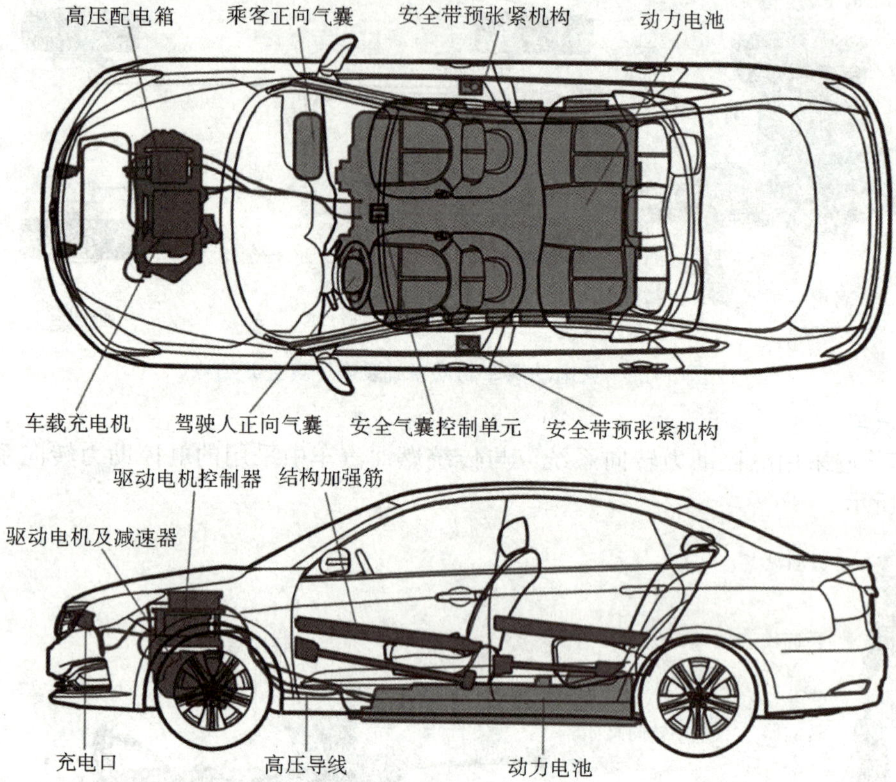

图 5-24　纯电动汽车高压部件

高压配电系统是将动力电池的高压电分配给电机控制器、驱动电机、电动压缩机、PTC 加热器、DC/DC 变换器等高压用电设备。同时将交流或直流充电口导入的高压充电电流分配给动力电池，以便为动力电池充电。动力电池管理系统（BMS）也称动力电池控制器，是动力电池管理和保护的核心部件，它的作用是保证动力电池使用安全可靠，控制动力电池组的充放电，并向整车控制单元（VCU）上报动力电池系统的基本参数及故障信息。

电机控制器是控制动力电池和驱动电机之间能量传输的装置，其主要功能包括车辆的怠速控制、车辆前进（控制电机正转）、车辆倒车（控制电机反转）、DC/AC 变换等。典型的电机控制系统框图，如图 5-25 所示。

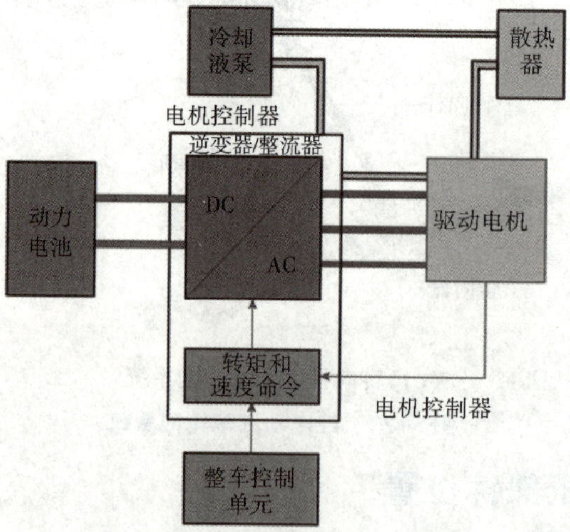

图 5-25　典型的电机控制系统框图

知识拓展

国内的新兴代表——比亚迪

2011 年 10 月 26 日，比亚迪 E6 先行者电动车在深圳首发亮相，售价 36.98 万元。比亚迪 E6 先行者电动车是比亚迪公司专门为电动汽车设计制造的整车，而不是在原型车上改装，如图 5-26 所示。

图 5-26 国产纯电动车——比亚迪 E6

比亚迪 E6 属于跨界车型，外观融合了 SUV 和 MPV 的特点，整体时尚大气。E6 最大的亮点，即采用电力驱动，其动力电池和启动电池均采用比亚迪自主研发生产的铁电池，是绿色环保的电池。

比亚迪 E6 先行者电动车还配置了一些高智能的功能，如智能无钥匙系统、语音导航系统、数字电视、倒车影像、右前摄像头和“云系统”等，可实现汽车与互联网、通讯网的全面连接。

比亚迪 E6 先行者电动车采用比亚迪铁锂电池。实际上，“铁电池”是磷酸铁锂离子蓄电池，它属于磷酸铁锂离子蓄电池体系，可避免磷酸铁锂锂离子蓄电池的国际专利纠纷。

比亚迪 E6 的最高 140 km 的时速，在 10 秒内加速到 0~100 km/h。比亚迪 E6 在专业充电站快速充电 15 分钟可以充满 80%，中速充电 1.5 小时充满，而慢速充电 4 个小时充满，保证综合工况续航里程达 300 km，在城市里满足日常行驶完全没问题。

比亚迪 E6 启动和行驶只有电机的启动声。实际驾驶过程中，比亚迪 E6 给人的最大感觉就是安静平稳，在行驶时除了风噪和胎噪外，基本没有其他额外的噪音传到车内。

任务三 插电式混合动力汽车

一、概述

插电式混合动力汽车（plug-in hybrid electric vehicle，PHEV）的动力电池无论是在容量还是体积方面都小于纯电动汽车，在纯电动模式下续航里程仅为 60~100 km，可通过外接电源进行充电。

插电式混合动力汽车安装有发动机、驱动电机、动力耦合装置等。部分车型安装有双电机，一台电机用于驱动车辆，另一台电机用于发电，以补充动力电池能量。插电式混合动力汽车动力驱动系统相对复杂，如大众高尔夫 GTE、大众途观 LPHEV 车型采用驱动电机加七速双离合器变速器的驱动形式；吉利帝豪 PHEV 采用双电机加行星齿轮组动力耦合形式等。插电式混合动力汽车结构组成，如图 5-27 至图 5-29 所示。

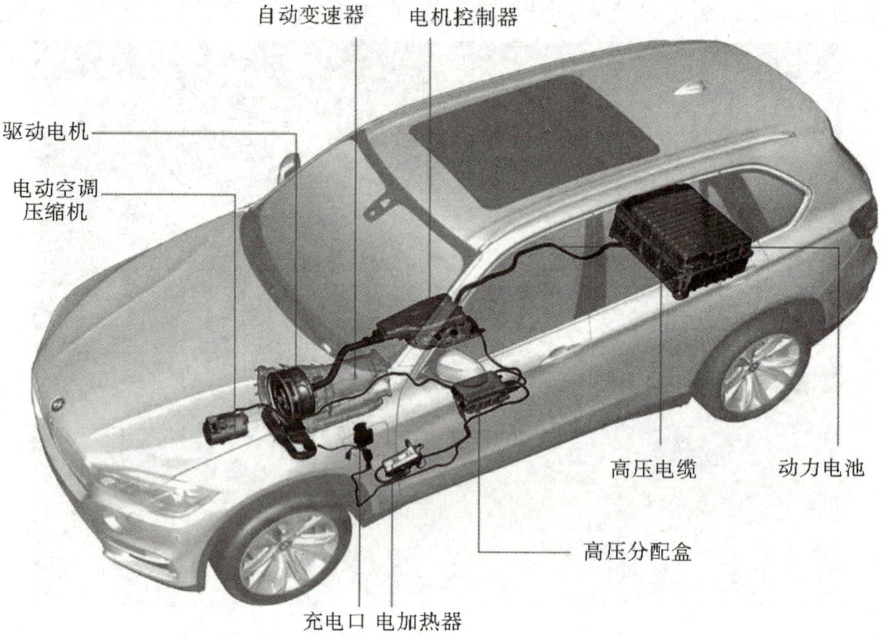

电机	项目	参数
	最大功率	83 kW
	最大扭矩	250 N・m
	最大转速	7 200 r/min
	质量	26 kg

动力电池	项目	参数
	材料	三元锂离子
	电芯个数	96个
	能量	9.2 kW・h
	额定电压	355 V

图 5-27　宝马 F15 PHEV 组成图

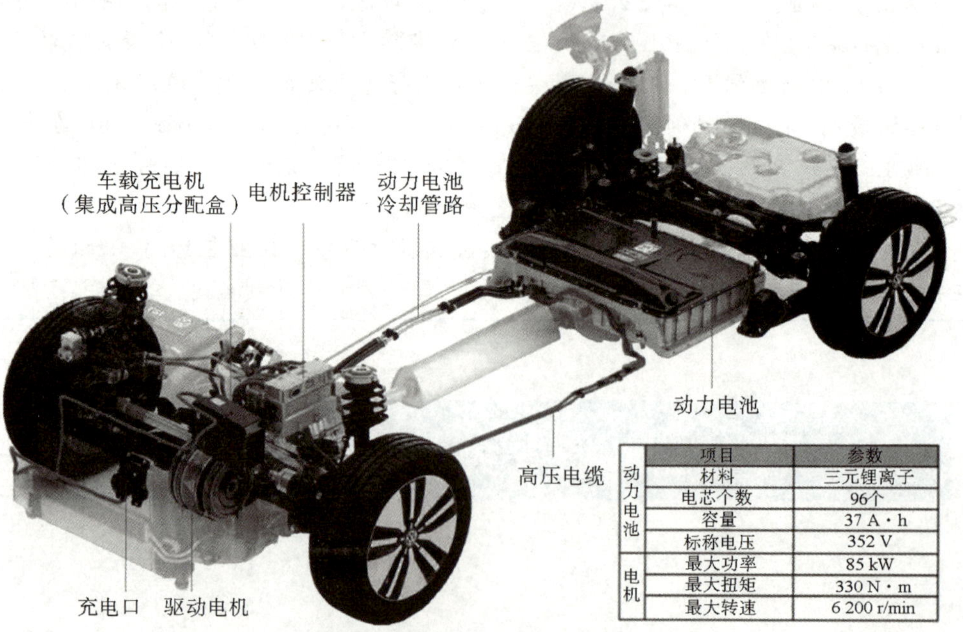

	项目	参数
动力电池	材料	三元锂离子
	电芯个数	96个
	容量	37 A・h
	标称电压	352 V
电机	最大功率	85 kW
	最大扭矩	330 N・m
	最大转速	6 200 r/min

图 5-28　大众途观 L PHEV 结构图

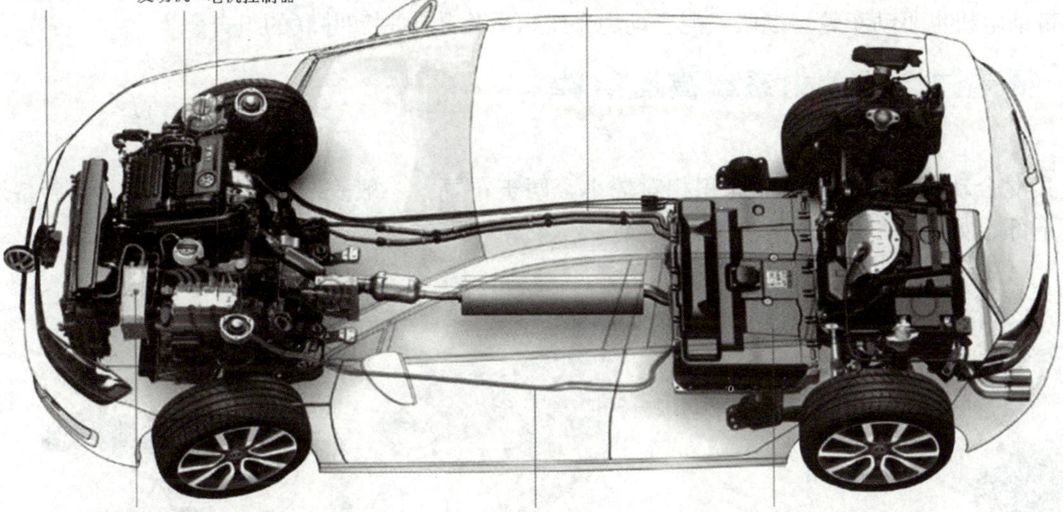

	项目	参数
动力电池	材料	三元锂离子
	电芯个数	96个
	容量	25 A・h
	能量	8.7 kW・h
	标称电压	345 V

	项目	参数
电机	最大功率	75 kW
	最大扭矩	330 N・m
	最大转速	7 000 r/min
	质量	345 kg

图 5-29　大众全新高尔夫 GTE 插电式混合动力车型结构图

二、混合动力系统驱动模式

混合动力系统可分为串联式混合（series hybrid）动力系统、并联式混合（parallel hybrid）动力系统和混联式混合（series-parallel hybrid）动力系统，如图 5-30 所示。

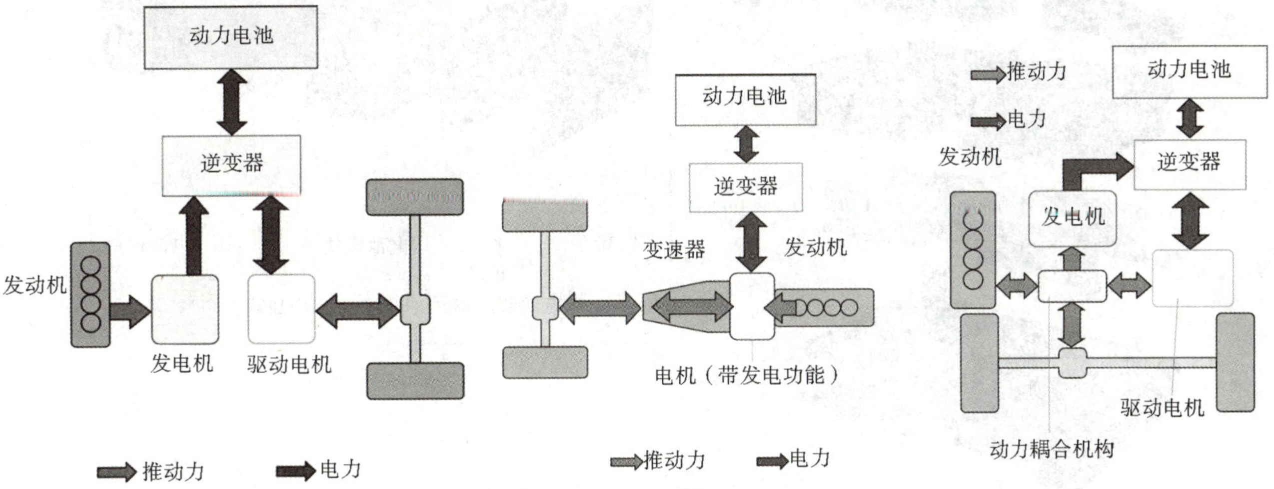

（a）串联式混合动力系统　　（b）并联式混合动力系统　　（c）混联式混合动力系统

图 5-30　混合动力系统驱动模式

发动机仅驱动发电机给动力电池充电，动力电池带动电机来驱动车轮，驱动车轮只靠电机完成，此模式也称为增程式电动模式。

有两个动力源用来驱动车轮，发动机为主，电机辅助。发动机可以驱动车轮，也可以驱动动力电机给电池充电。发动机驱动车轮的同时，动力电池也可以带动电机驱动车轮。

有两个动力源驱动车轮，电机为主，发动机辅助。起步低速运行时，动力电池带动电机驱动车轮。发动机可以驱动发电机给动力电池充电，动力电池带动电机来驱动车轮。发动机也可以直接驱动车轮，同时动力电池带动电机也驱动车轮。混联式混合动力系统可看作是串联和并联的组合。

三、插电式混合动力系统高压组件

1. 动力电池

插电式混合动力车型动力电池体积相对较小，便于布置，一般安装在后排座椅下方、后备厢内或中央扶手箱下部，如图 5-31 所示。

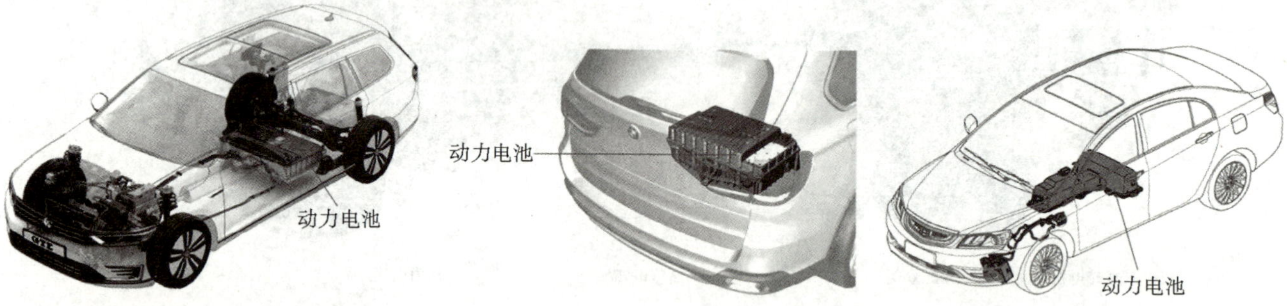

（a）安装在后排座椅下方　　（b）安装在后备厢内　　（c）安装在中央扶手箱下部

图 5-31　动力电池安装位置

插电式混合动力车型动力电池结构组成与纯电动汽车动力电池相同，由单体电池经过串联或并联组成电池模块，电池模块再经过串联并安装电池管理器、电池冷却管路及电池壳体等部件组成动力电池总成，如图 5-32 所示。

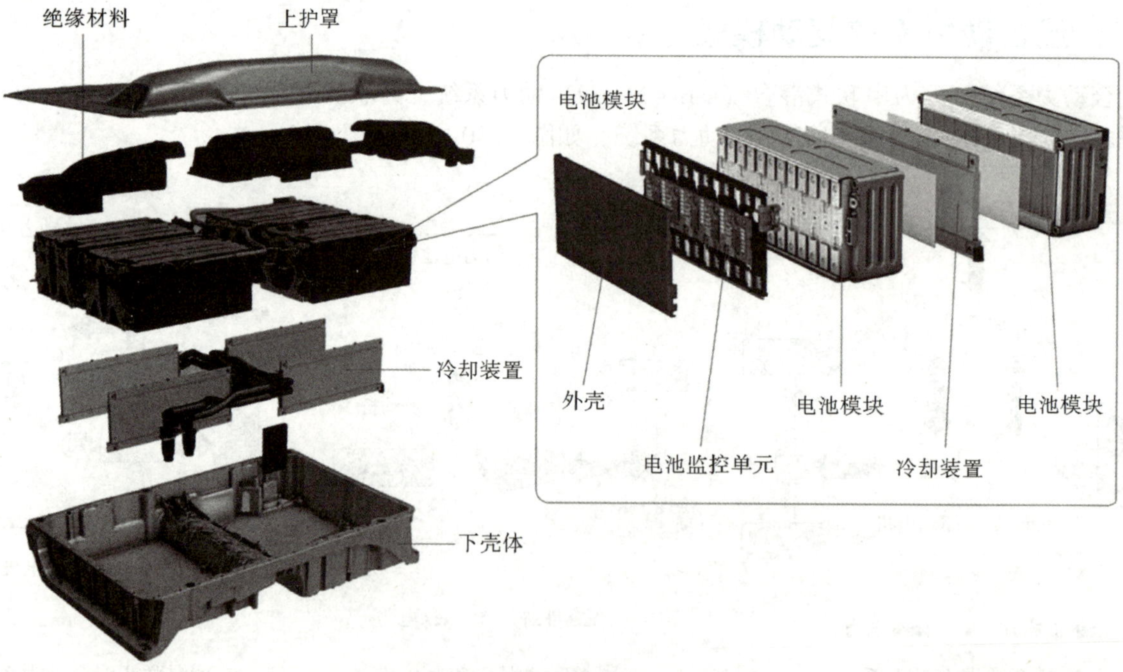

图 5-32　全新高尔夫 GTE PHEV 车型动力电池组成

动力电池在对外放电或充电时会产生大量的热量，导致自身温度过高，如不及时冷却会造成安全隐患。另外锂离子动力电池长期处于高温模式下会对锂离子活性造成影响，影响动力电池的充放电性能。因此必须设置安全可靠的电池冷却系统，目前多采用液冷式冷却系统。图 5-33 为宝马 F18 PHEV 动力电池冷却系统结构及原理。

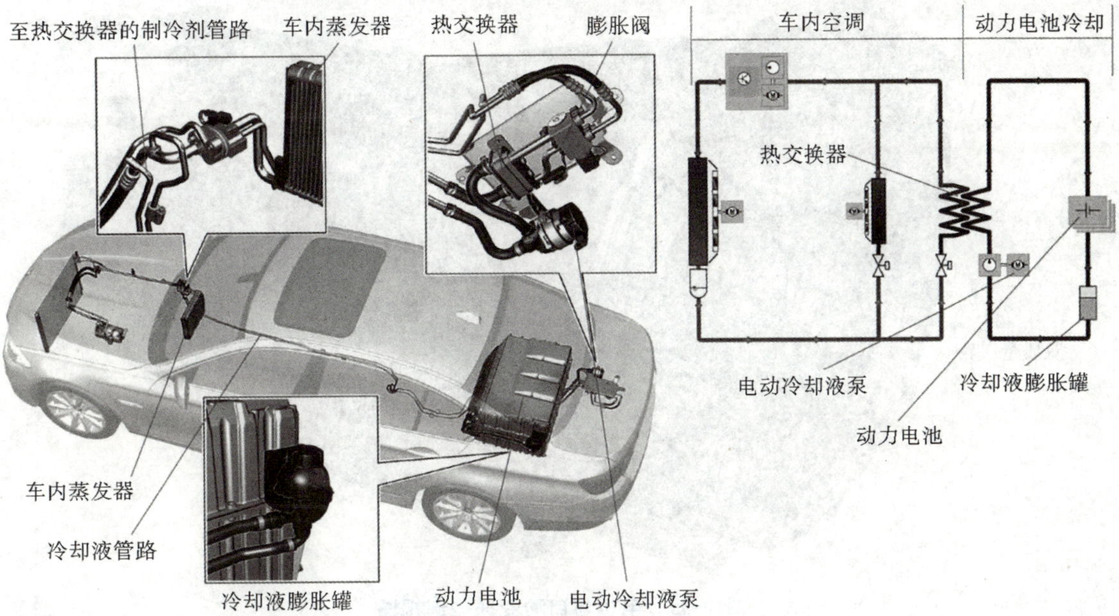

图 5-33　宝马 F18 PHEV 动力电池冷却系统结构及原理

提示：热交换器由空调制冷剂冷却。动力电池电动冷却液泵将冷却液加压流经动力电池内部冷却管路，带走动力电池。热量形成热的冷却液。热的冷却液流过热交换器时被冷却，形成冷的冷却液，冷的冷却液在电动冷却液泵的作用下在动力电池内部流动，为动力电池降温。

2. 驱动电机及动力耦合系统

驱动电机及动力耦合系统采用并联式混合动力系统的车型，驱动电机一般与自动变速器安装在一起。装配行星齿轮式自动变速器的插电混合动力车型，驱动电机取代了液力变矩器，安装在自动变速器壳体内，通过一个分离离合器使发动机、电机和传动系统组件分离，只要分离离合器结合，电机、变速器输入轴和发动机就会以相同的转速转动，如图 5-34 和图 5-35 所示。

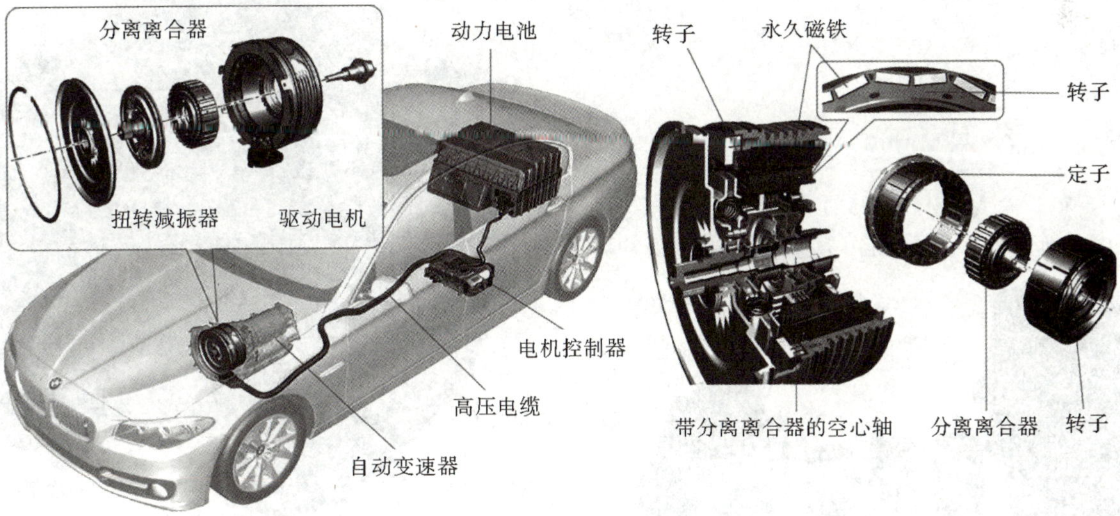

图 5-34　宝马插电式混合动力车型驱动系统布置图

图 5-35　电机与自动变速器剖视图

（1）大众插电混合动力车型动力驱动系统

大众插电混合动力车型（高尔夫 GTE、途观 LPHEV、帕萨特 GTE）动力驱动系统采用电机加六速双离合器自动变速器的组合方式（图 5-36（a））。电机安装在双离合器总成的前部。整个驱动系统共有三个膜片离合器，两个行驶离合器 K1 和 K2，以及一个分离离合器 K0。

如图 5-36（b）所示，两个行驶离合器 K1 和 K2 将电机与两个分变速箱连接在一起。分离离合器 K0 控制电机与发动机连接。

当分离离合器 K0 结合时，可以通过发动机或电机驱动车辆，在此情况下也可以通过电机来启动发动机。

（a）驱动电机安装位置

（b）电机驱动系统结构

图 5-36　大众插电式混合动力车型驱动系统

双电机式动力耦合系统的两个电机，一个用于发电，另一个用于驱动。通过行星齿轮或分离离合器将发动机动力与电机动力进行耦合后共同驱动车轮。典型的有丰田混合动力系统的 e-CVT，采用了单排行星齿轮组进行动力分配。本田 i-MMD 系统的 e-CVT 采用离合器进行动力分配。

（2）吉利帝豪 PHEV 车型机电耦分系统

图 5-37 为吉利帝豪 PHEV 车型双电机动力耦合箱，该动力耦合箱采用了双排行星齿轮组（拉维纳式行星齿轮机构），将发动机和电机的动力进行有机配合，以达到高效率输出的目的，同时在需要时将发动机动力分配给发电机。

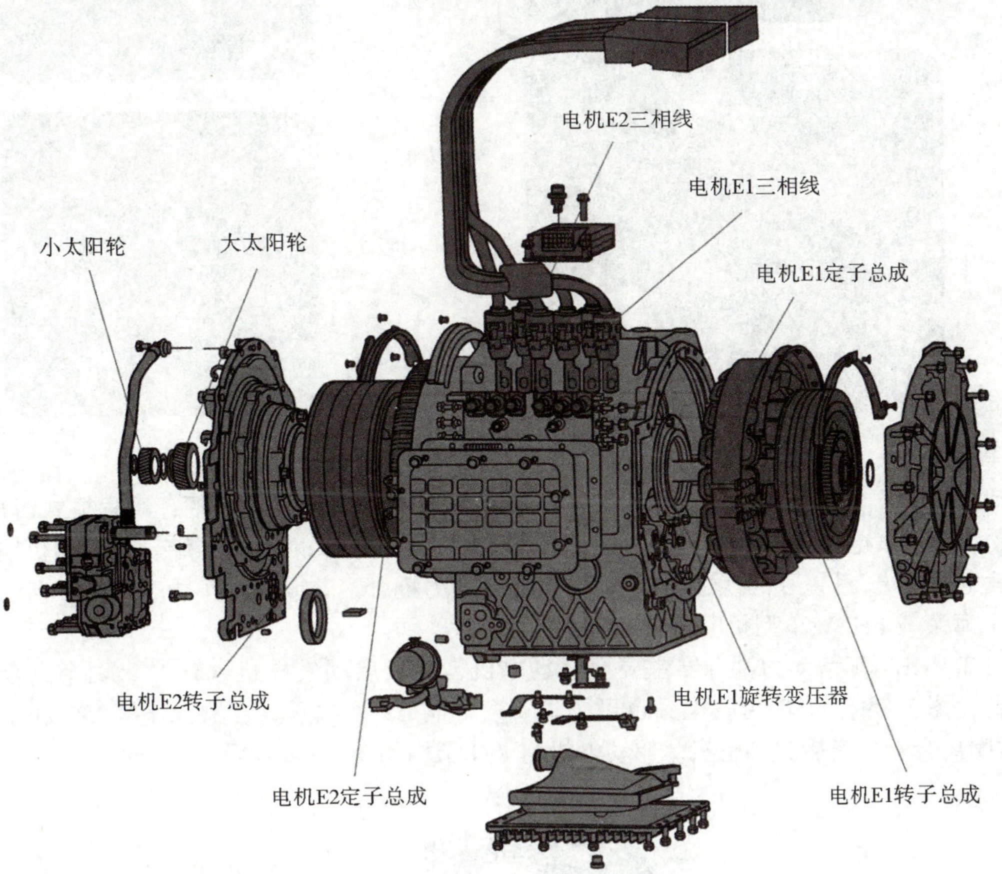

图 5-37　吉利帝豪 PHEV 车型双电机动力耦合箱

吉利帝豪 PHEV 动力耦合箱的双电机均可用于驱动和发电。两个电机布置在动力耦合箱的同一侧，均为永磁同步交流电机，驱动电机 E1 与小太阳轮同轴连接，驱动电机 E2 与大太阳轮同轴连接。

车辆在纯电动模式下行驶时，通过制动器锁止行星齿轮机构的行星架，或在车辆高速行驶时，通过制动器锁止行星齿轮机构的小太阳轮，达到减小动力耦合箱能量损失的目的。

（3）广汽传祺 PHEV 车型机电耦合系统

广汽传祺 PHEV 车型机电耦合系统（G-MC）将发电机、驱动电机、离合器、传动齿轮及差速器集成一体。发动机与发电机同轴布置，发电机与驱动电机并排布置，采用单速传动齿轮，通过离合器的控制实现纯电动、增程电动、混动驱动模式（图 5-38）。

图 5-38　广汽传祺 PHEV 车型机电耦合系统

纯电动模式下离合器分离，发动机和发电机不工作，驱动电机驱动车辆；增程模式时离合器分离，发动机启动，驱动发电机发电，驱动电机驱动车辆行驶；混动模式时离合器结合，发动机输出的动力一部分驱动发电机发电，另一部分输出与驱动电机进行动力耦合，共同驱动车辆。

（4）上海荣威 PHEV 车型机电耦分系统

上汽荣威 PHEV 车型动力耦合器主要由驱动电机、集成启动发电机（ISG）、两个离合器 C1 和 C2 等部件组成（图 5-39）。ISG 可发电，也可驱动。离合器 C1 为常开离合器，连接 ISG 和发动机，离合器 C2 为常闭离合器，连接驱动电机。驱动电机与 ISG 结构如图 5-40 所示。

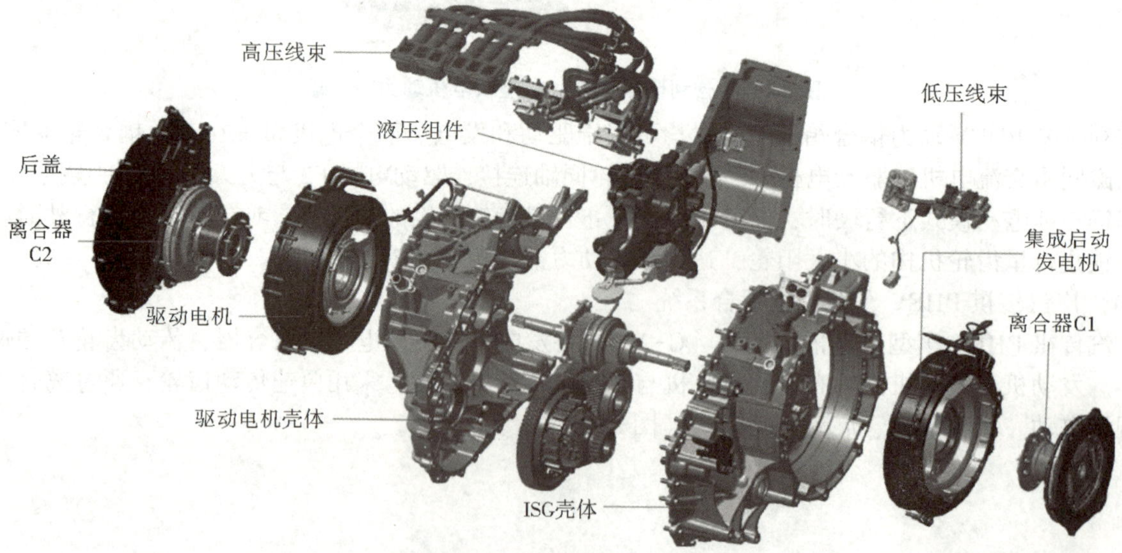

图 5-39　上汽荣威 PHEV 车型动力耦合器结构

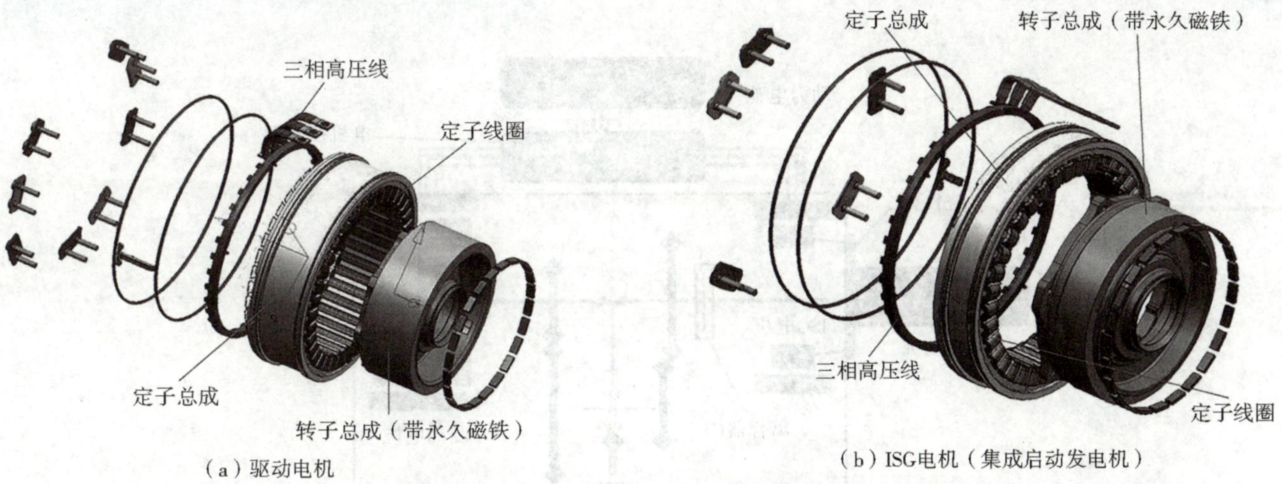

图 5-40　驱动电机与 ISG 电机结构

纯电动模式（图 5-41），发动机与 ISG 停止工作，离合器 C1 分离，离合器 C2 结合，驱动电机驱动车辆；增程模式（图 5-42），发动机带动 ISG 发电，离合器 C1 分离，离合器 C2 结合，驱动电机驱动车辆；常规混合动力模式（图 5-43），发动运行 ISG 不工作，离合器 C1 和 C2 均结合，发动机与驱动电机共同驱动车辆；混合动力模式全加速状态（图 5-44），发动机运行，离合器 C1 和 C2 均结合，发动机、ISG 和驱动电机三者共同驱动车辆行驶；行车充电模式（图 5-45），发动机工作，离合器 C1 结合，离合器 C2 分离，发动机动力一部分带动 ISG 发电，一部分驱动车辆行驶。

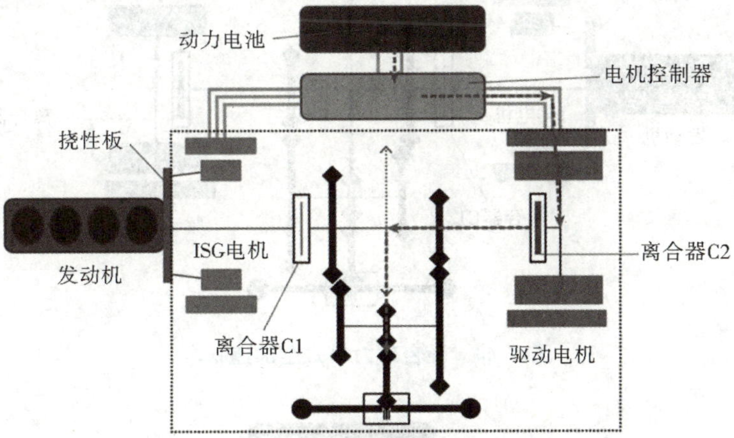

图 5-41　纯电动模式

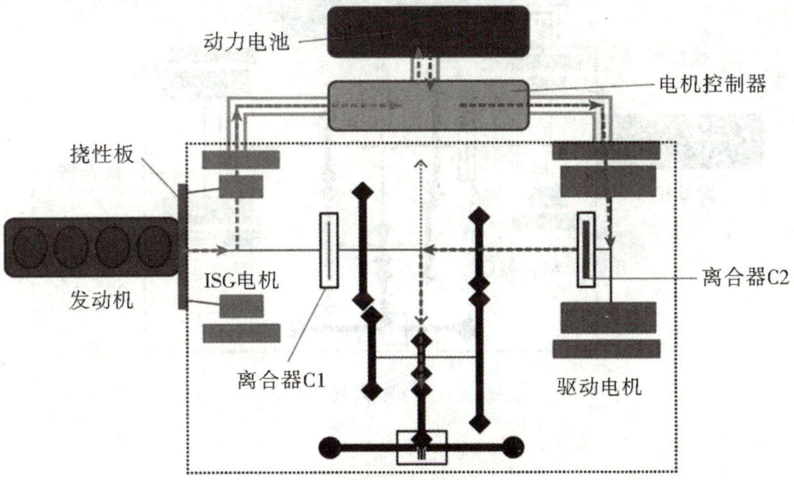

图 5-42　增程模式

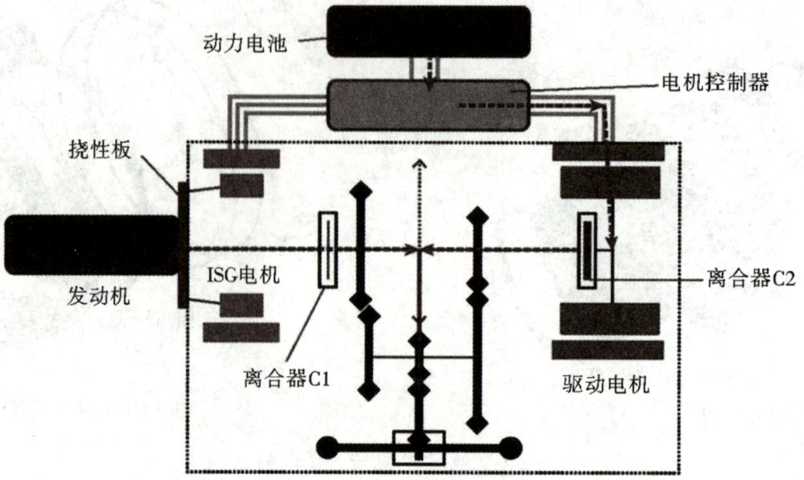

图 5-43　常规混合动力模式

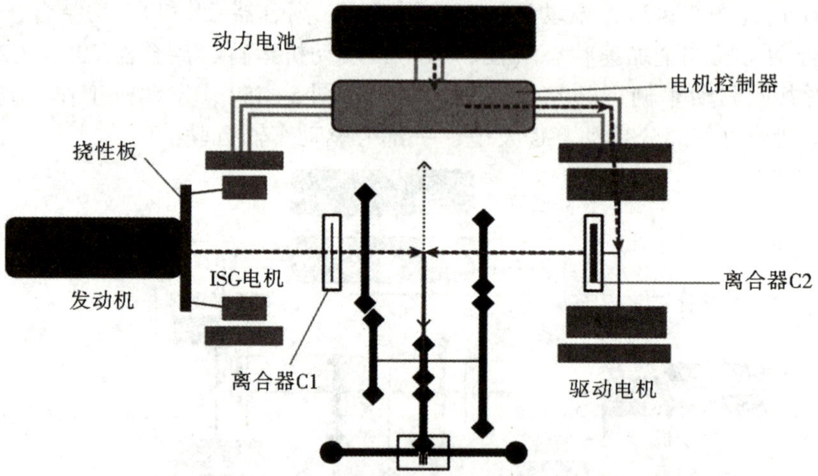

图 5-44　混合动力模式全加速状态

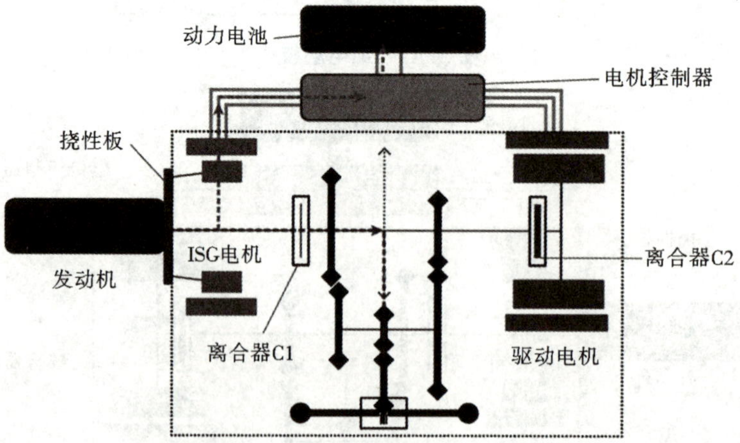

图 5-45　行车充电模式

任务四 燃料电池电动汽车

一、概述

燃料电池电动汽车是以氢气为燃料，通过氢燃料电池产生电力来驱动的电动汽车，主要由高压储氢罐、驱动电机、燃料电池反应堆等组成（图 5-46）。

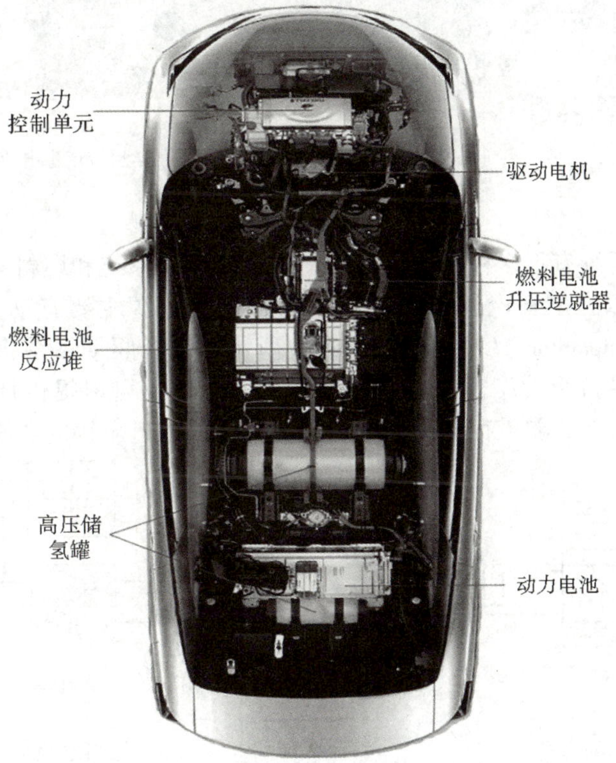

图 5-46 燃料电池电动汽车基本组成

知识拓展

汽车转身成小型发电站

丰田 Mirai 允许用户通过外接馈电装置，将电能转出。Mirai 配置的电能供应系统最大可储存 60 千瓦时的电量，最大电能输出值为 9 千瓦，这样可以使 Mirai 在瞬间成为一个微型发电站。通过电源转换接口，还可以将电能转换为交流电输出，从而供照明、笔记本、手机等消费类电子产品使用。

二、燃料电池汽车工作原理与结构

1. 燃料电池汽车工作原理

燃料电池汽车利用燃料电池产生出电能来带动电机工作，由电机带动汽车中的机械传动结构，进而带动汽车的前桥（或后桥）等行走机械结构工作，从而驱动电动汽车前进。燃料电池汽车工作原理如图 5-47 所示。

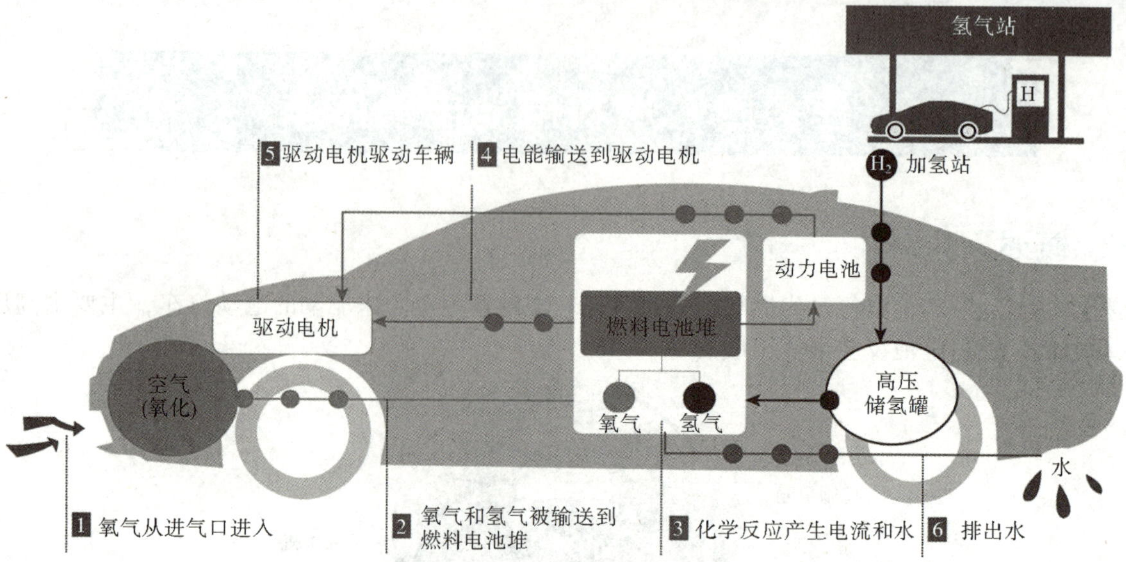

图 5-47　燃料电池汽车工作原理

燃料电池汽车的动力系统有很多种，主要有纯燃料电池驱动系统和燃料电池与辅助动力源组成的混合驱动系统两种形式，可以在燃料电池汽车上应用的辅助动力源主要有动力蓄电池（traction battery，TB）、超级电容器（ultra-capacitor，UC），如图 5-48 所示。混合驱动系统将燃料电池与辅助动力源相结合，燃料电池可以只满足持续功率需求，借助辅助动力源不仅可以提供加速、爬坡等所需的峰值功率，而且在制动时可以将回馈的能量存储在辅助动力源中，以改进车辆的经济性。

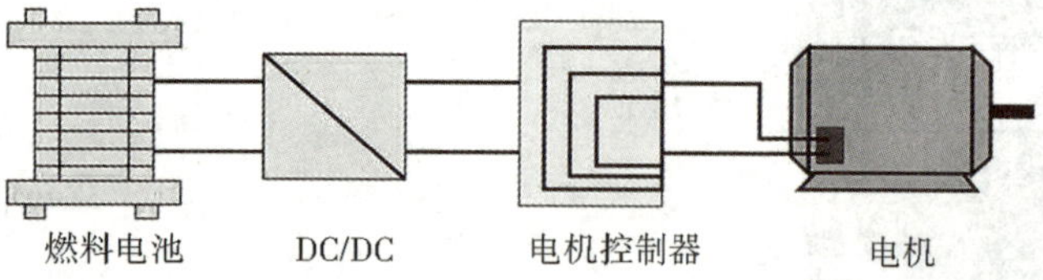

（a）纯燃料电池动力系统

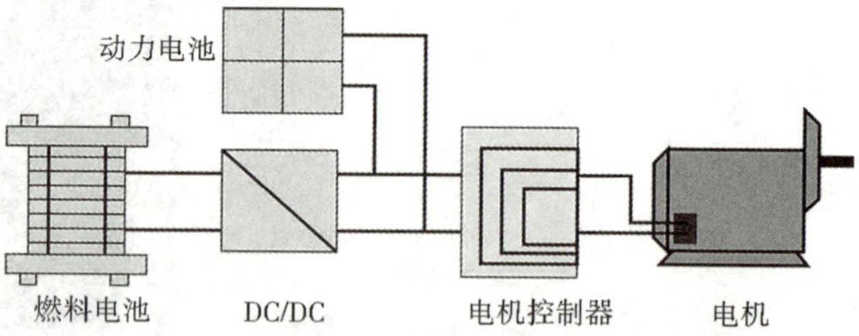

（b）燃料电池加动力电池混合动力系统

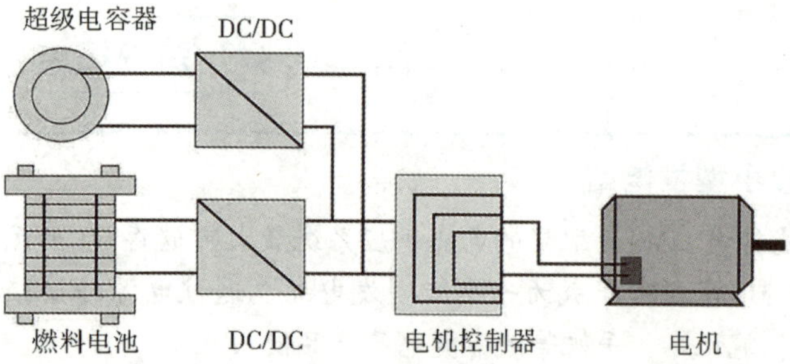

（c）燃料电池加超级电容混合动力系统

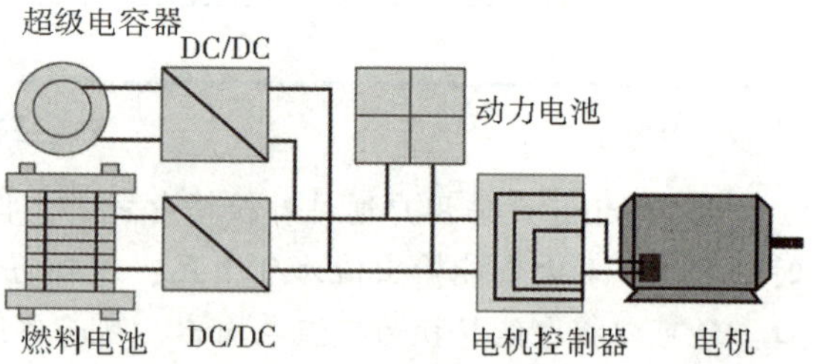

（d）燃料电池加动力电池和超级电容器混合动力系统

图 5-48　燃料电池汽车动力系统结构

2. 燃料电池汽车结构组成

燃料电池汽车和电动汽车最相似，主要不同在于用燃料电池发动机代替动力电池组，附加供氢系统、动力系统、氢安全系统。各汽车生产厂家研发的燃料电池汽车在结构上大体相同，如图 5-49 至图 5-51 所示。

图 5-49　丰田 Mirai FCV 燃料电池汽车结构

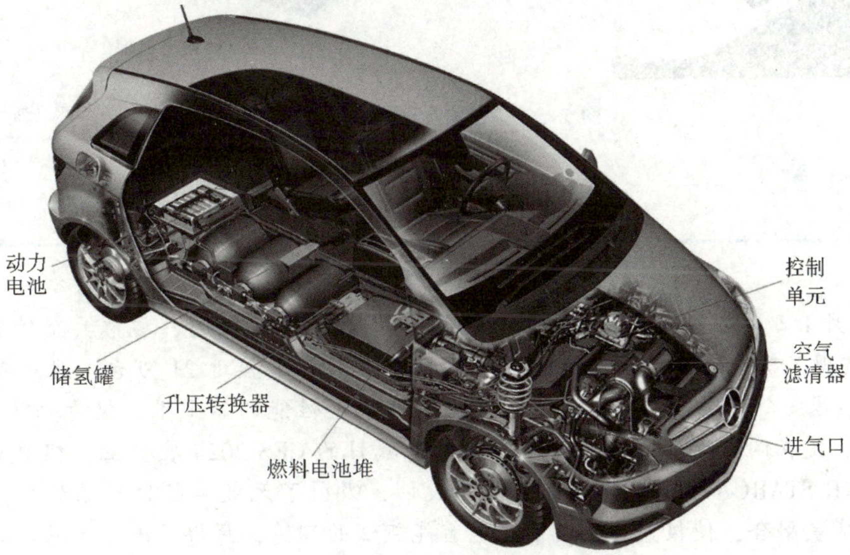

图 5-50　奔驰燃料电池汽车结构

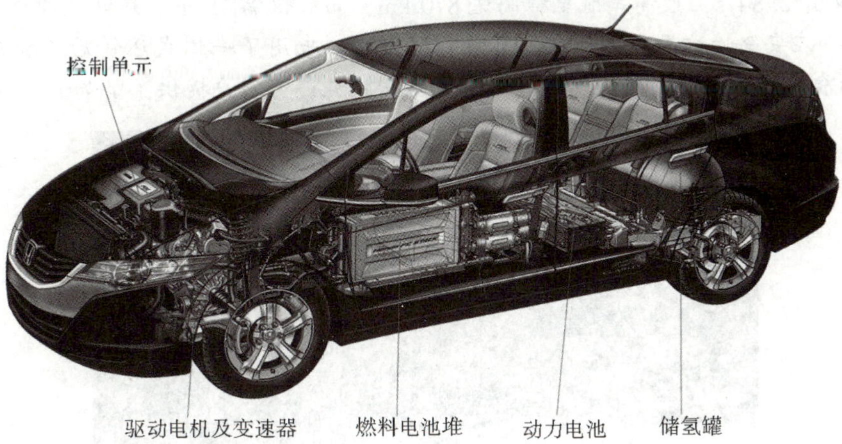

图 5-51　本田燃料电池汽车结构

燃料电池（FC）堆叠是将氢气和氧气的化学能直接转换成电能的发电装置。向负极（阳极）供给氢气，向正极（阴极）供给空气（氧），产生与电解相反的电力。FC 堆叠包括称为单元的数百个堆叠组件。堆叠中单体电池的电压小于 1 V，因此通过串联数百个堆叠来增加电压。

FC 升压转换器是用于在较高电压（大约 650 V）下升高由燃料电池产生的电力的装置。燃料电池堆和升压转换器，如图 5-52 所示。

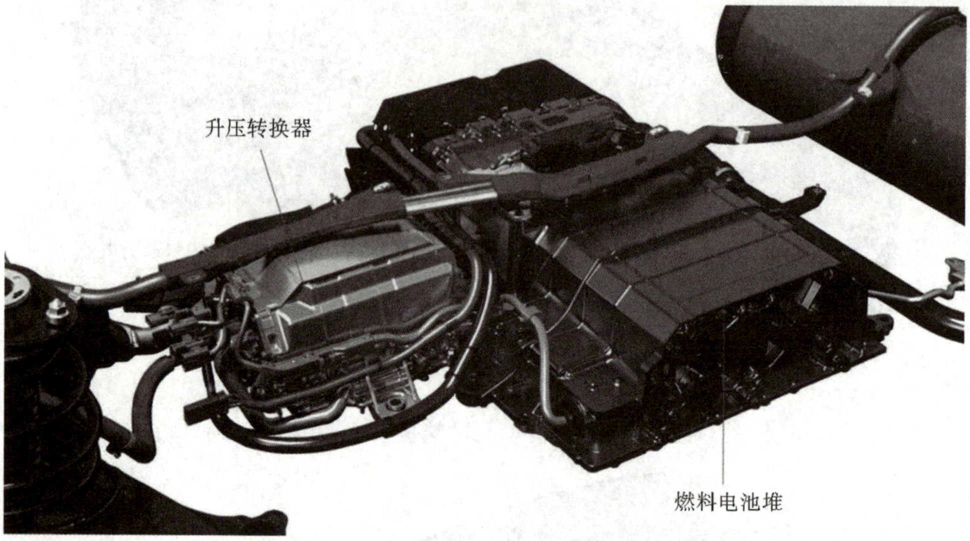

图 5-52　燃料电池堆和升压转换器

思政链接

极氪 007：展现新能源汽车强大实力

2024 年 2 月 1 日，极氪公布了令人振奋的最新交付数据：1 月份，极氪共交付 12 537 台，同比大增 302%，实现了新年的开门红。极氪品牌的累计交付量也接近 21 万台，且所有车型均实现了“零自燃”的卓越安全表现，再次刷新了全球电动车安全性能的新上限。极氪 007，不仅在国内市场掀起了热潮，更在国际舞台上大放异彩。在备受瞩目的 CES 2024 展会上，极氪 007 凭借其独步全球的“ZEEKR STARGATE”一体式智慧灯幕设计，吸引了无数国际目光的聚焦。这一创新设计与尖端科技的完美融合，使极氪 007 成了纯电智能领域的翘楚，赢得了国际上的广泛赞誉和好评。

极氪 007 在性能、安全和智能等多个领域均展现出了卓越的实力。其强大的性能表现令人瞩目，零百加速仅需 2. 84 s，最高续航里程高达 870 km，而且仅需 15 min 充电就能增加续航 610 km，如图 5-53 所示。在安全性方面，极氪 007 同样表现出色，采用了一体式压铸后端铝车身设计，并通过了行业最高标准的安全测试，配备八重电池安全防护措施，为用户提供了坚如磐石的安全保障。

图 5-53　极氪 007 充电

此外，极氪在完善产品矩阵的同时，也在不断加强用户服务生态体系的建设。目前，极氪已在全球建立了357家直营门店，其中5家极氪中心凭借其独具城市人文特色的空间设计，荣获了多项国际设计大奖。在充电网络方面，极氪坚持自研、自建、自营超快充网络，已布局全国近140城888站，并计划加速推进“千站万桩”计划，以满足用户日益增长的充电需求。

值得一提的是，极氪X、极氪009和极氪001等车型也在近期完成了价值进阶，进一步提升了产品竞争力。其中，极氪X以其清晰的版型、智能的操控和超值的价值，为用户带来了全新的驾驶体验；极氪009则通过豪华产品力的全面升级，为用户解锁了更多奢华之上的极致体验；而极氪001则通过限时权益的推出，重新定义了30万级豪华纯电车价值新高度。

极氪以其不断创新的产品和持续完善的服务生态体系，正在引领全球新能源汽车市场的发展潮流。未来，极氪将继续为用户带来更多高品质、高性能的新能源汽车产品，为全球绿色出行贡献更多中国力量。

课后练习

一、填空题

1. 纯电动汽车驱动系统主要由________、________、驱动电机控制器等组成。
2. 动力电池成组时需考虑电池的________、________、________和抗震性等方面的因素。
3. 插电式混合动力汽车的动力电池无论是在容量还是体积方面都小于纯电动汽车，在纯电动模式下续航里程仅为________km，可通过外接电源进行充电。
4. 混合动力系统可分为________混合动力系统、________混合动力系统和________混合动力系统。

二、简答题

1. 纯电动汽车的特点是什么？
2. 纯电动汽车空调系统与传统汽车空调系统的区别是什么？

项目六

汽车电路识读与分析

项目概述

汽车电路是汽车的重要组成部分，它负责控制汽车的各种电器设备和系统，如发动机、刹车系统、照明系统等。因此，对汽车电路的识读与分析对于汽车维修人员、汽车工程师以及汽车爱好者来说都至关重要。通过深入了解汽车电路的基本构成、识读方法和分析工具，可以更好地理解和维护汽车电路，确保汽车的正常运行和安全使用。同时，随着汽车技术的不断发展和创新，读者也需要不断学习和掌握新的知识和技能，以适应未来汽车电路的发展需求。

学习目标

知识目标

◆了解汽车电路的特点及种类。

◆掌握汽车电路识读与分析方法。

能力目标

◆熟悉丰台、大众、通用等典型车系电路图的特点与识读方法。

素质目标

◆学会对汽车电路进行识读与分析，能够进行电路连接与基本检测。

思政目标

◆帮助学生了解汽车行业发展趋势，直面企业需求，提高自身技能与职业素养。

任务工单

任务实施

1. 学生分组，进行资料的收集整理，并对收集到的资料进行讨论。

问题 1：汽车电路的特点有哪些？

____

____

问题 2：汽车电路识读与分析方法是什么？

____

____

2. 按照实际操作过程，将操作内容及实施过程中遇到的问题或解决方法记录在表 6-1 中。

表 6-1　任务实施过程记录表

序号	实施的内容	遇到的问题	解决的方法
1			
2			
3			
4			
…			

任务评价

学生展示任务实施的成果，并协同老师完成表 6-2 所示的任务评价表。

表 6-2　任务评价表

评价项目	评价内容	分值	评价分值		
			自评	互评	师评
职业素养考核项目	考勤、仪容仪表	10 分			
	团队交流与合作意识	10 分			
	创新意识、纪律意识	10 分			
专业能力考核项目	积极参与教学活动并正确理解任务要求	10 分			
	认真搜集并积极讨论相关资料	10 分			
	任务实施过程记录表的完成度	10 分			
	对汽车电路图的了解程度	20 分			
	对几种典型电路图的了解程度	20 分			
合计		100 分			
总评	自评（20%）+互评（20%）+师评（60%）=	综合等级	教师（签名）：		

任务一　汽车电路图识读

一、汽车电路特点

汽车电路特点概述

汽车电路和一般电路一样，各电气间采用串联、并联和混联方式；具有通路、断路和短路三种基本工作状态；电路图中各电气采用专门的符号或图框加文字的标注方法。但汽车电路又有自身的一些特点，如图 6-1 所示。

汽车电路特点

低压供电	汽车电气系统的额定电压主要有12 V和24 V两种。小型汽车普遍采用12 V电源，客货驱车多采用24 V电源
直流电源	现代汽车发动机是靠电力起动机启动的，起动机由蓄电池供电，而向蓄电池充电又必须用直流电源。同时汽车上各用电设备也都采用直流电供电，所以汽车电气系统为直流系统
双电源	汽车上采用两个电源，即蓄电池和发电机，它们以并联的方式向用电设备供电。蓄电池是辅助电源，在发电机未发电或电压较低时，由蓄电池向电用设备供电；发电机是主电源，当发动机运转到一定转速后，发电机开始向车上的用电设备供电，必要时对蓄电池进行充电
装有保险装置	为了防止电路或元件因搭铁或短路而烧坏线束和用电设备，汽车电路中均安装有保险装置防止产生过流，如熔丝、易熔线等，如果电路出现过流，则在线束和用电设备损坏前，这些保险装置将断开
用电设备并联	汽车的各用电设备均采用并联，每个用电设备都由各自串联在其支路中的专用开关控制，互不干扰。在维修汽车电路时，可以单独方便地拆装某用电设备而不会影响到其他用电设备
单线制	单线连接是汽车线路最大的特点。利用汽车的金属机体作为各种用电设备的公共导线，而用电设备到电源只需用一根导线连接，所以称为单线制
负极搭铁	采用单线制时蓄电池的一个电极需接至车架或车身上，俗称搭铁。蓄电池的负极接车架或车身成为负极搭铁，目前大部分汽车采用蓄电池负极搭铁
线路有颜色和标识特征	汽车导线的数目较多，为便于识别和检修汽车电气，汽车电路中的低压线通常采用不同颜色的导线，并在汽车电路图上用有颜色的字母代号标注出。不同车系导线颜色字母代号也不同

图 6-1　汽车电路特点

二、汽车电路图种类

汽车电路图是用国家标准规定的线路符号，对汽车电气的构造组成、工作原理、工作过程及安装要求所作的图解说明，也包括图例及简单的结构示意图。根据汽车电路图的不同用途，可绘制成不同形式的电路图，主要有原理框图、线束图（安装图）、元件位置图、接线图、电路原理图等。

1. 原理框图（系统图）

原理框图是指用符号或带注释的框，概略表示汽车电气基本组成、相互关系及其主要特征的一种简图，如图 6-2 所示。原理框图（系统图）所描述的对象是系统或分系统的主要特征，它对内容的描述是概略的，用来表示系统或分系统基本组成的是图形符号和带注释的框。

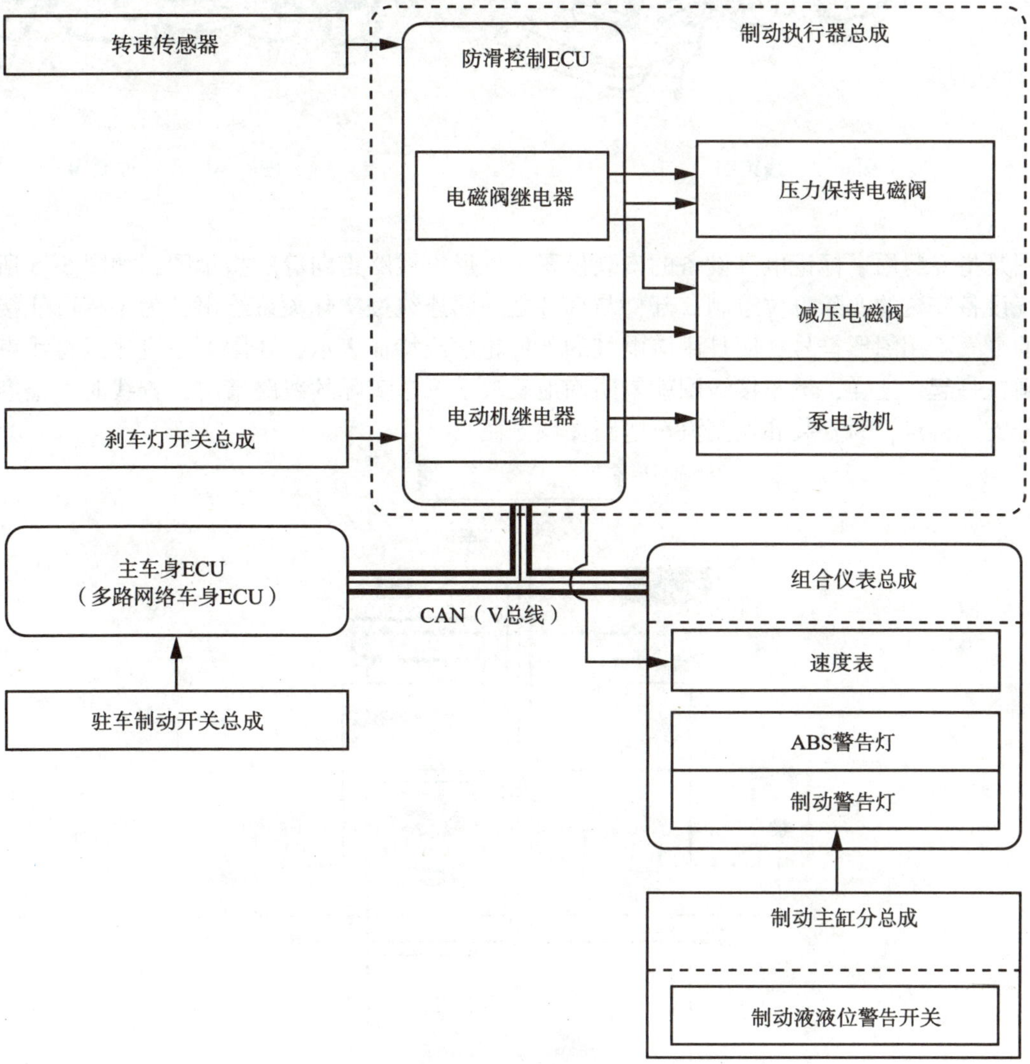

图 6-2　原理框图（系统图）

2. 线束图

线束图是根据电气设备在汽车上的实际安装部位绘制的局部电路图，如图 6-3 所示。线束图主要表明电线束与各用电气的连接部位、接线端子的标记、线头、插接器（连接器）的形状及位置等。这种图一般不详细描绘线束内部的电线走向，只将露在线束外面的线头与插接器进行详细编号或用字母标记。

3. 元件位置图

元件位置图是表现汽车用电设备元件安装位置的图示，如图 6-4 所示。它将汽车用电设备按照系统在图上标识出来，以方便维修检测时快速定位元件位置。尤其是发动机传感器、执行器的位置在维修时经常用到。

图 6-3　线束图

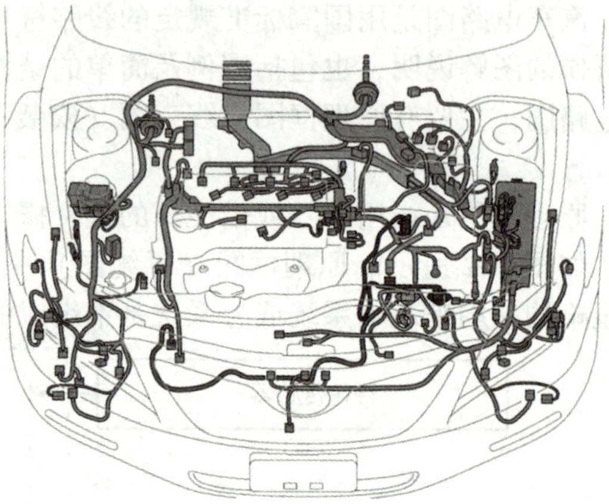

图 6-4　元件位置图

4. 接线图

接线图是指专门用来标记电气设备的安装位置、外形、线路走向等的指示图，如图 6-5 所示。它按照全车电气设备安装的实际方位绘制，部件与部件之间的连线按实际关系绘出，为了尽可能接近实际情况，图中的电气不用图形符号，而是用该电气的外形轮廓或特征表示，在图上还应注意将线束中同路的导线尽量画在一起。这样，汽车接线图就较明确地反映了汽车实际的线路情况，查线时，很容易找到导线中间的分支、接点，为安装和检测汽车电路提供方便。

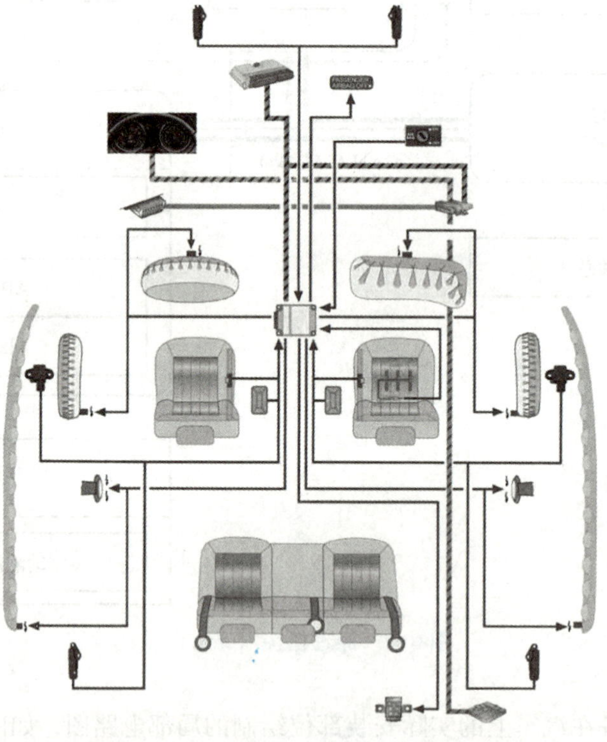

图 6-5　接线图

5. 电路原理图

电路原理图是用电气图形符号，按工作顺序或功能布局绘制的，详细表示汽车电路的全部组成和连接关系而不考虑实际位置的简图，如图 6-6 所示。电路原理图可清楚地反映出电气系统各部件的连接关系和电路原理。

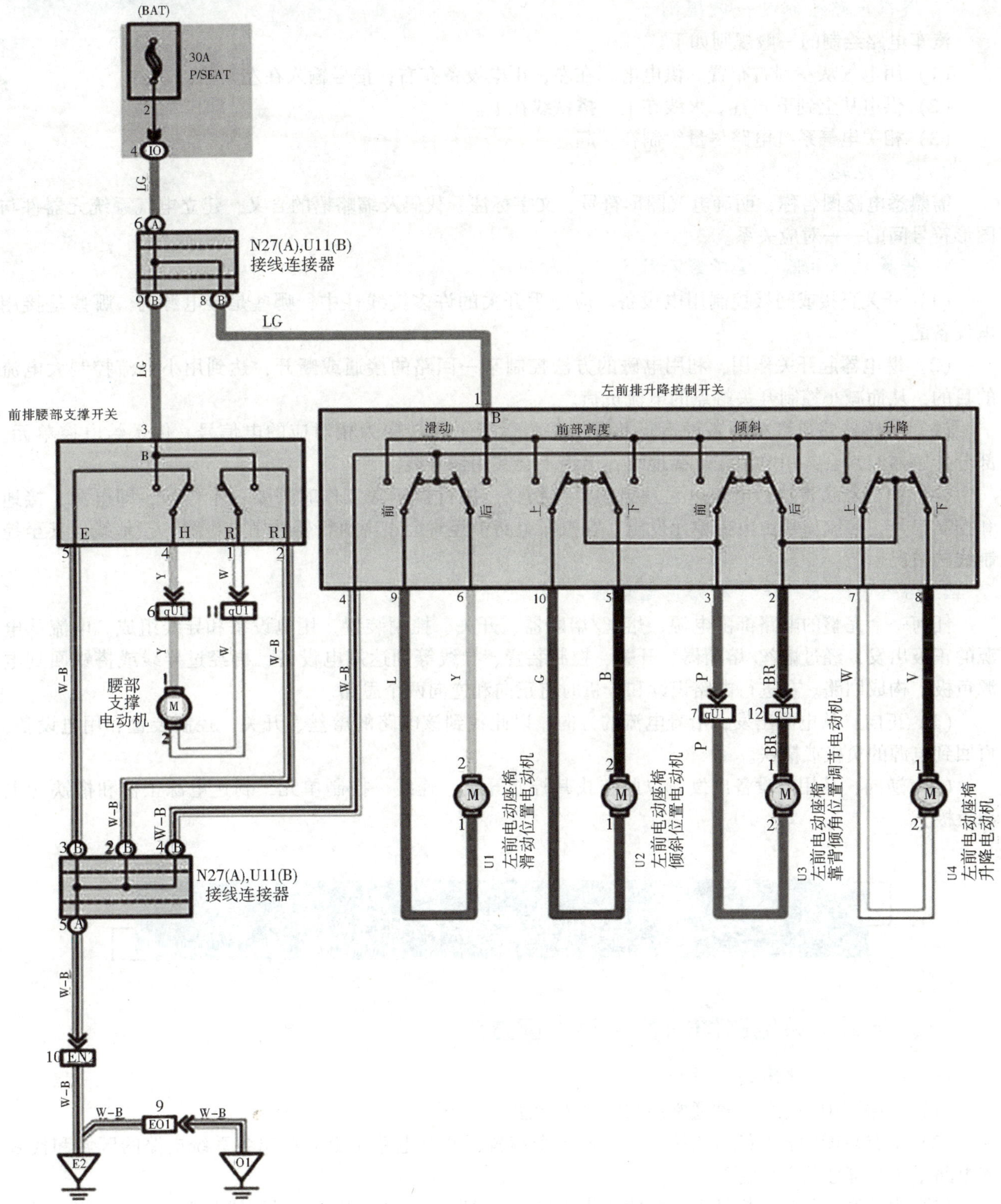

图 6-6　电路原理图

三、汽车电路识读与分析方法

由于各品牌汽车电路图的符号标注和文字标注不同，电路图的绘制方法也有很大的差异。在进行电路图识读与分析前需要了解电路图的特点，掌握其识读的基本方法。

1. 汽车电路绘制的一般规则

汽车电路绘制的一般规则如下。

（1）用电气从左到右布置。供电电源在左，用电设备在右；信号输入在左，输出在右。

（2）供电从上到下布置。火线在上，搭铁线在下。

（3）相关电气系统电路尽量绘制在一起。

2. 汽车电路元件符号及含义

需熟悉电路图名称，明确电气图形符号、文字标注、代码及缩略语的含义，建立电气系统元器件与图形符号间的一一对应关系。

3. 开关、继电器、传感器和执行器的作用

（1）开关直接或间接控制用电设备。应熟悉开关的许多接线柱中，哪些是接电源的，哪些是接用电设备的。

（2）继电器起开关作用，利用电磁的方法控制某一回路的接通或断开，达到用小电流控制大电流的目的，从而减小控制开关触点的电流负荷。

（3）传感器感知汽车的各种运行状况，并将运行工况转变为相对应的电信号，传送给电控单元。部分传感器经常会共用电源线、接地线，但绝不会共用信号线。

（4）执行器负责执行电控单元发出的具体指令。执行器正常工作时需要三个信号，即电源、接地和控制信号，控制信号由电控单元发出。在汽车电路中经常会出现执行器共用电源线、接地线，甚至控制线的情况。

4. 运用回路原则识读和分析电路图

任何一个完整的电路都由电源、熔丝/熔断器、开关、控制装置、用电设备和导线组成。电流从电源的正极出发，经过熔丝/熔断器、开关、控制装置、导线等到达用电设备，再经过导线或搭铁回到电源负极，构成回路。在进行电路识读和分析时有正向和逆向两个思路。

（1）正向：从电源出发，沿着电流的方向，以此找到该电路的熔丝、开关、控制装置和用电设备，再回到电源的负极或搭铁。

（2）逆向：从用电设备出发，以此查找其控制开关、连线、控制单元，到达电源正极和搭铁（电源负极）。

任务二　几种典型车系电路图分析

一、丰田车系电路图的特点与识读方法

1. 丰田车系电路图的主要特点

（1）电路图中的电气元件通常用文字直接标注。

（2）电路总图中各系统电路按长度方向逐个布置，并在电路图上方标出各系统电路的区域和代表该电路系统的符号及文字说明。

（3）电路图中绘出了搭铁点，并标注代号与文字说明，可以从电路图了解线路搭铁点，直观明了。

（4）电路图中，有的还直接标出线路插接器的端子排列和各端子的使用情况，给识图和电路故障查寻提供方便。

2. 丰田车系电路图的识读

丰田车系电路图中大圆圈内数字是注释符号，如图 6-7 所示，其各部分的含义如下。

① 系统标题。在电路图上方用刻线划分区域内，用文字和系统符号表示下方电路系统的名称。

② 表示配线颜色。图中 W 示白色。

③ 表示与电路元件连接的插接器（数字表示接线端子的编号）。

④ 表示插接器的接线端子编号，其中插座和插头编号的方法不同。在插座编号中，顺序为从左至右，从上至下；插头则从右至左，从上至下。

⑤ 表示继电器盒。图中只标明继电器盒的号码，亦不印上阴影，以有别于接线盒。

图示继电器盒号码为 1，表示 EFI 主继电器在 1 号位置。

⑥ 表示接线盒。圈内数字表示接线盒（J/B）号码，圈旁数字表示该插接器插座位置代码。

接线盒上一般印上阴影，使其与其他元件区分。不同的接线盒，用不同的阴影标出，以便区分。例如，图中的 3B 表示它在 3 号接线盒内；数字 6 和 15 表示两条配线分别在插接器 6 号和 15 号接线端子上。

⑦ 表示相关联的系统。

⑧ 表示配线与配线之间的插接器，带插头的配线用符号“V”表示，外侧数字 6 表示接线端子的号码。

⑨ 当车辆型号、发动机型号或规格不同时，用括号中内容来表示不同的配线和插接器等。

⑩ 表示屏蔽的配线。

⑪ 表示搭铁（接地）点位置。搭铁（接地）点在电路图中用“V”符号表示。

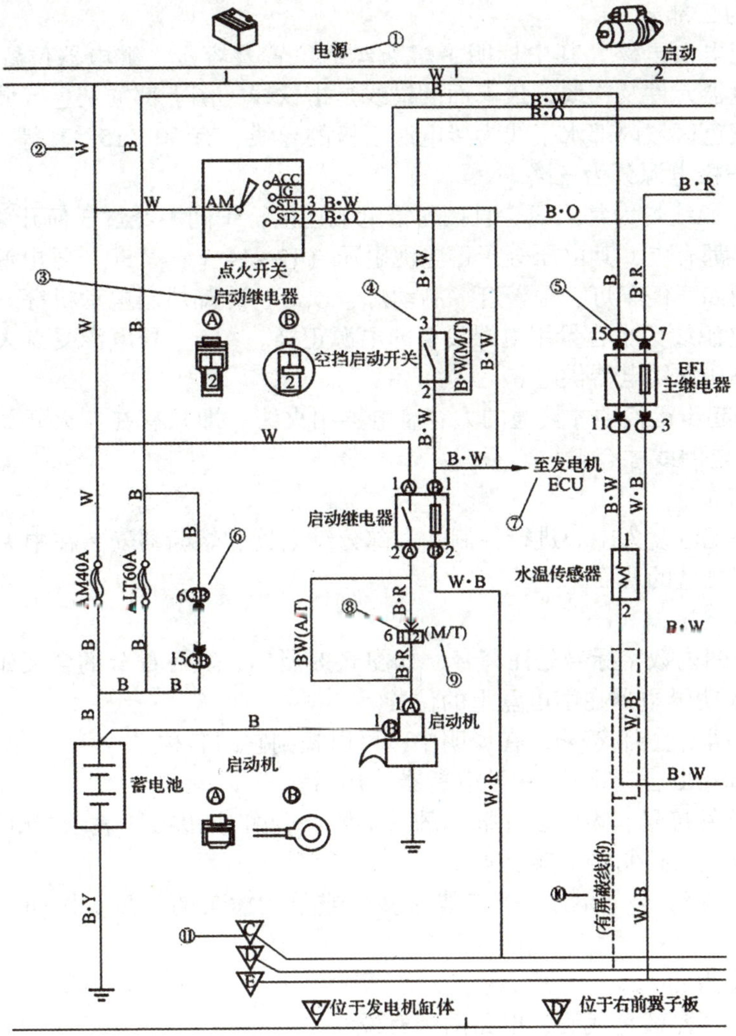

B-黑色；BR-棕色；G-绿色；GR-灰色；L-蓝色；LG-浅绿色；

O-橙色；P-粉红色；R-红色；V-紫色；W-白色；Y-黄色。

图 6-7　丰田车系电路图

二、大众车系电路图的特点与识读方法

1. 大众车系电路图的特点

（1）电路采用纵向排列，垂直布置

电源线为上“+”下“-”，从左到右同一系统的电路归纳到一起，按电源电路、启动电路、点火电路、进气预热电路、仪表电路、灯光照明电路、信号与报警装置电路、刮水和洗涤装置电路、电动后视镜控制电路、电动车窗升降控制电路、集控门锁控制电路、空调控制电路、双音喇叭控制电路的顺序排列。

（2）采用断线代号法解决交叉问题

有些比较复杂的电器设备（如前照灯），工作时要涉及点火开关、灯光开关和变光开关等配电设备，而这三个开关不在同一条垂直线上，如按传统画法，要画一些横线把它们连接起来，使图面上出现较多的横线，增加读图难度。目前，在电路图中，采用“断线代号法”解决这个问题，即用导线连接端方框内的数字表明电路中与其连接导线的电路编号，如 94 表示与电路编号处 94 的导线连接。

图最下端是标注图中各线路位置的编号，各线路平行排列，每条线路对准下框线上的一个编号。线路如在图中中断，断口处标注与连接的另一段线路所在的编号。同时也在线上注出各搭铁点。所有电器件均处于图中间的位置。图中起连接作用的细实线表示接线柱、接线铜片及铰接等的非导线连接方式。

（3）全车电路图分为三部分

最上面部分为中央配电盒电路，其中标明了熔断丝的位置及容量、继电器位置编号及接线端子号等，中间部分是车上的电器元件及连线，最下面的横线是搭铁线。图上部的灰色区域表示汽车的中央接线盒的熔丝与继电器。灰色区域内部水平线为接电源正极的导线，有 30、15、X 等。31 线为搭铁线。

（4）整车电器系统正极电源分为三路

标有“30”字样的电源线均为常火线。直接与蓄电池连接，中间不经过任何开关，不论汽车处于停车或发动机处于熄火状态都有电，其电压等于蓄电池电压（12~14 V）。“30”号电源专门供给发动机熄火时需要用电的电器，例如，停车灯、报警灯、制动灯、顶灯、冷却风扇电动机等。

标有“15”字样的电源线为小容量用电器设备的电源正极。“15”号电源受点火开关控制，只有在点火开关接通后，才给小功率用电器供电。

标有“X”的为车辆起步运行中才接通的大容量电器用火线，即只有在点火开关接通、卸荷继电器触点闭合后，标“X”号电源线才有电。

（5）中央配电盒的布置。

汽车电器线路以中央配电盒为中心进行控制。大部分继电器和熔断器安装在中央配电盒的正面，插接器和插座安装在中央配电盒的背面。

2. 大众车系电路图的识读

大众车系电路图中的圈内数字标号是注释号，如图 6-8 所示，其各部分的含义如下。

① 继电器位置号。表明继电器在继电盒上的位置。

② 继电器盒上的继电器或控制符号。在说明中，可以找到它的名称。

③ 熔断器符号。例如熔断器座上的 19 号熔断器（10 A）。

④ 继电器盒上的插接件接号，表明多孔插头的一个触点。如 3/49a，3 表示继电器盒上 12 号继电器的 3 号触点；49a 表示继电器/控制器上触点 49a。

⑤ 继电器盒上的连接件符号，指出一个带线束多孔或单孔插头的位置。例如，A13 示多孔插头 A 的 13 号触点。

⑥ 导线截面积。单位为 mm。

⑦ 导线颜色。此缩略语是线色代码，电路图旁有说明。

⑧ 白色线上印刷的标记号。用于区分一根线束中的不同白色线。

⑨ 接线柱符号。可在零件上找到标记。

⑩ 故障诊断程序用的检测点。在插图或电路图中可以找到同样的黑色圆内的数字，用于故障诊断程序。

⑪ 线路标记。警告灯开关。

⑫ 零件符号。在说明中可以找到零件名称。

⑬ 导线连接端。方框内的数字表明电路图中的连接导线。

⑭ 内部连接线。此连接仅是内部电路连接，没有导线，可以依此追踪电路构件或线束内部的电流走向。

⑮ 内部连接线符号。字母表示下一电路图的连接线。

⑯ 搭铁点标记符号。可在说明中查到搭铁点在车身上的位置。

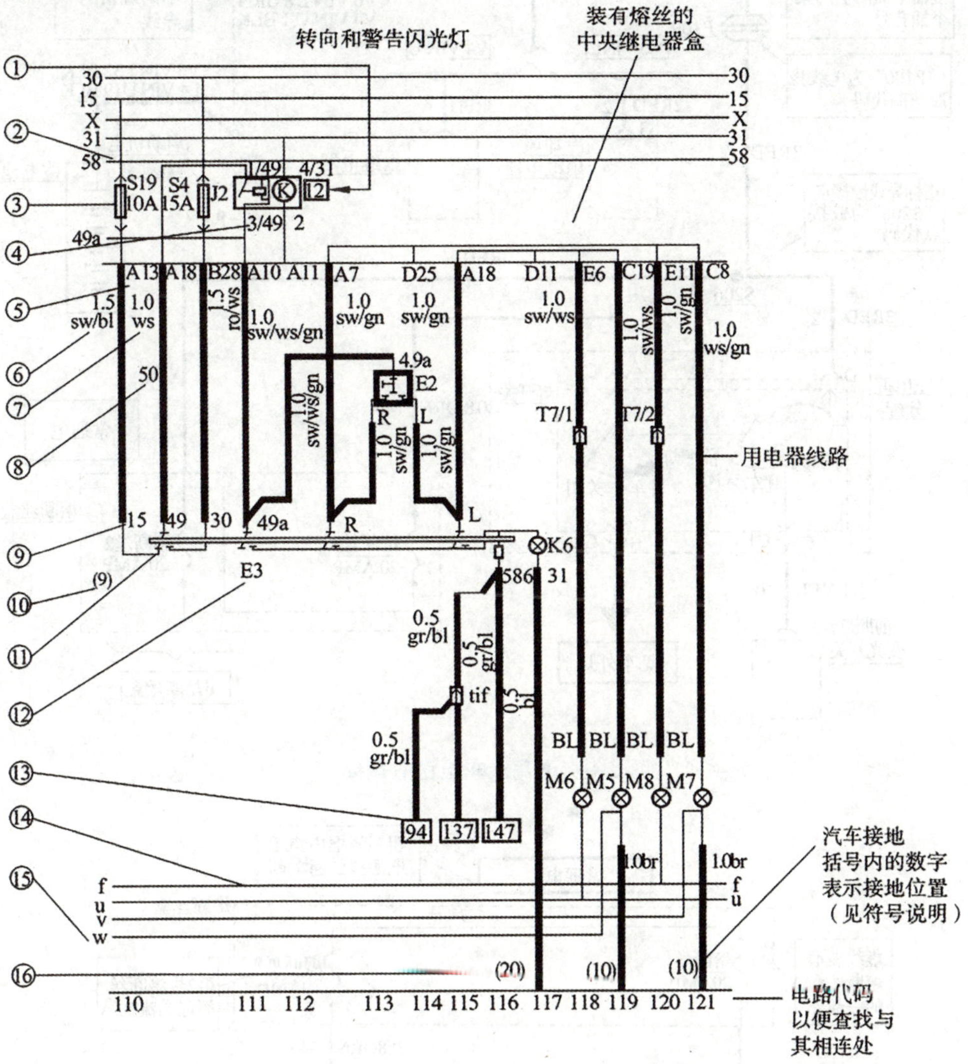

bl-蓝色；br-棕色；ge-黄色；gn-绿色；gr-灰色；li-紫色；ro-红色；sw-黑色；ws-白色；

F2-转向开关；E3-警告闪光灯开关；J2-闪光灯继电器；k6-警告闪光灯；M5-右后转向灯；

M7-右前转向灯；M8-右后转向灯；T7-7 孔插座连接，在继电器盒内；

（10）-搭铁线，在中央继电器盒内；（20）-搭铁连接（接线柱 31），在仪表板线束内。

图 6-8　大众车系电路图的识读方法

三、通用车系电路图的特点与识读方法

1. 通用汽车电路图的特点

通用车系电路图与前述几种车系的电路有着明显的区别。通用车型电路图通常由四类电路图组成，它们分别是电源分配简图（图 6-9）、熔断丝详图（图 6-10）、系统电路图（图 6-11）和搭铁线路图（图 6-12）。系统电路图中电源线从图上方进入，通常从熔断丝上开始，并于熔断丝上方用黑线框标注

此处与电源之间的通断关系；用电器在中部，搭铁点在最下方。如果是由电子控制的系统，电路图中除该系统的工作电路外，还包括与该系统工作有关的信号电路（如传感器等）。

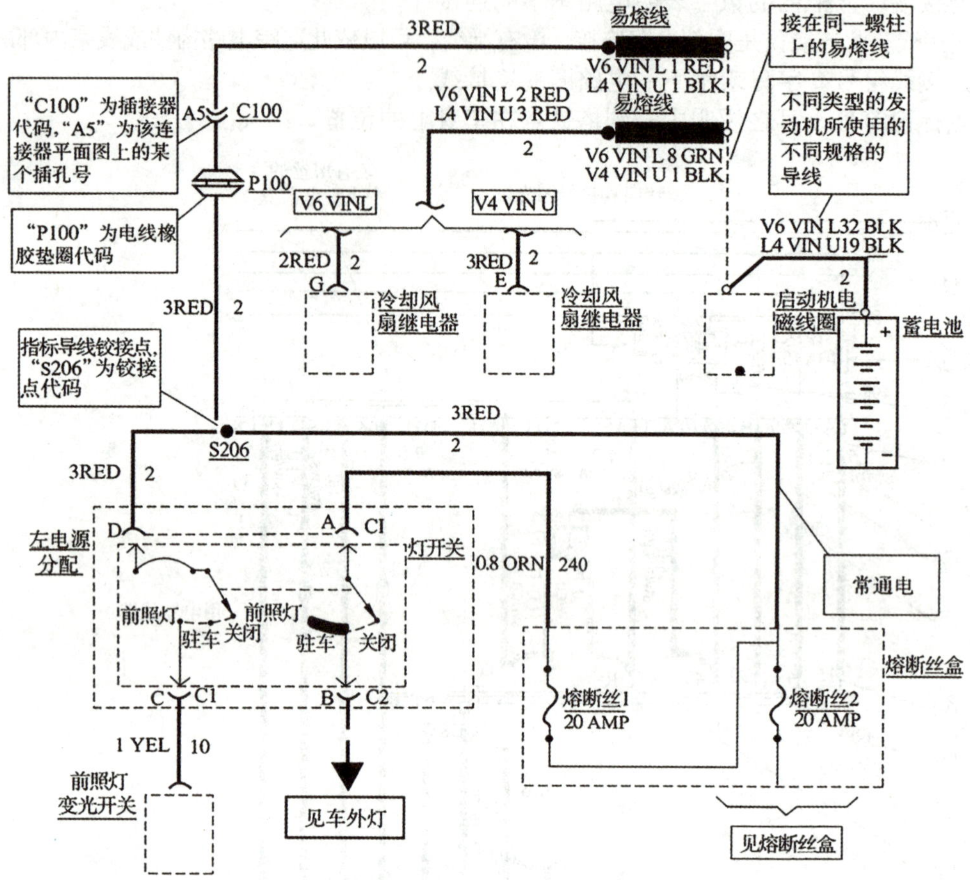

图 6-9　通用汽车电源分配简图

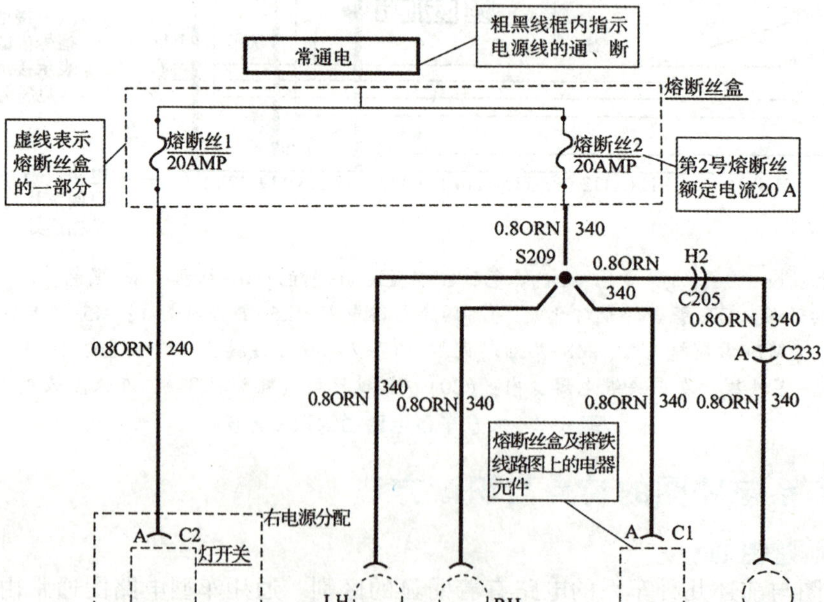

图 6-10　通用汽车熔断丝详图

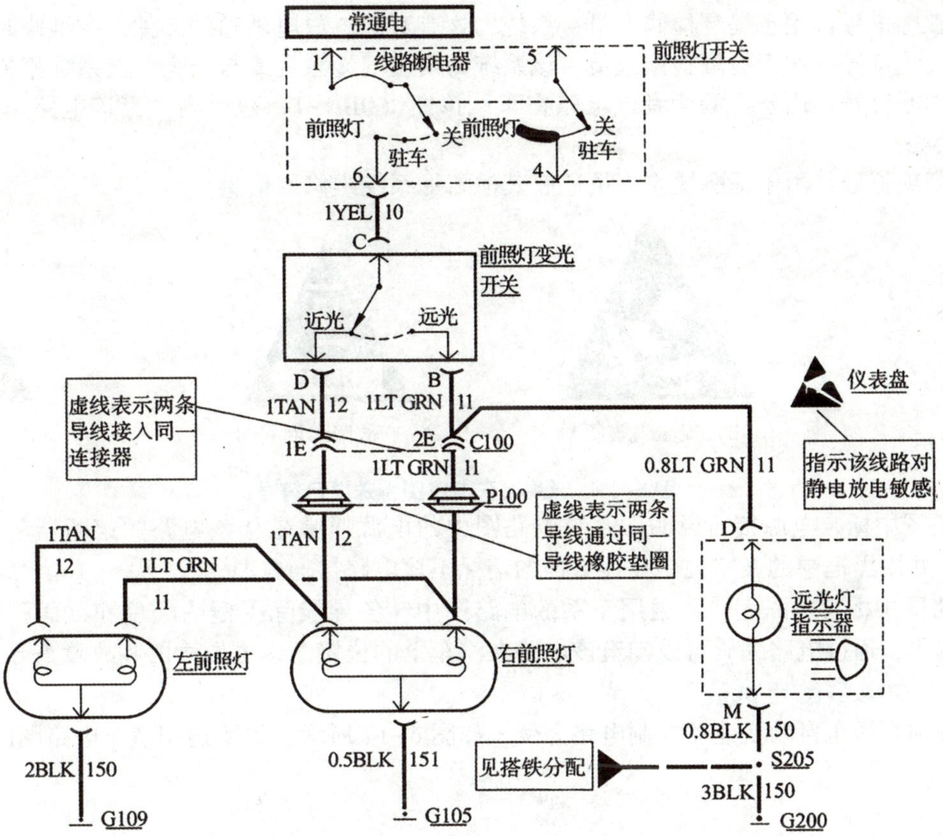

图 6-11　通用汽车系统电路图

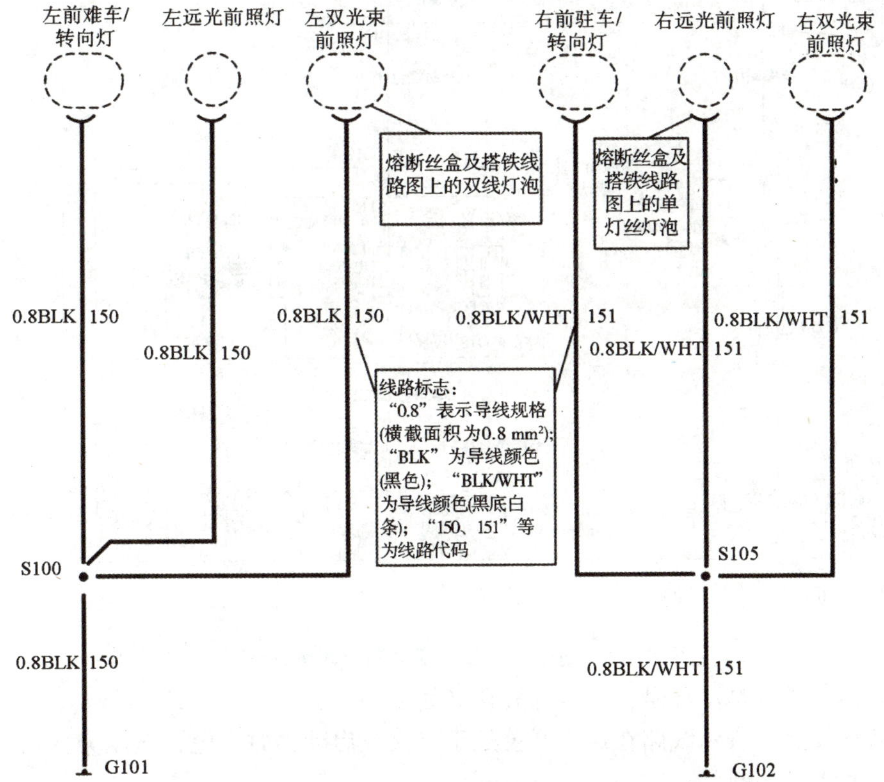

图 6-12　通用汽车搭铁线路图

（1）电路图中标有特殊的提示号，如图 6-13 所示。通用车系电路图主要有以下几个特点。

① 静电敏感符号：用于提醒检修人员，系统内含有对静电放电敏感的部件，在维修时应注意。

② 安全气囊符号：用于提醒检修人员，该系统为安全气囊系统或与安全气囊系统相关。

③ 故障诊断符号：用于提醒读者该电路在车载诊断（OBD-I）范围内，当该电路出现故障时，故障指示灯就会亮。

④ 注意事项符号：用于提醒检修人员还有其他附加系统维修的信息。

（a）静电敏感符号　（b）安全气囊符号　（c）故障诊断符号　（d）注意事项符号

图 6-13　通用汽车电路图特殊提示符号

（2）电路图中标有电源接通说明。系统电路图中的电源通常是从该电路的熔断器起，在电路图的上方用表示，并用黑框中的文字说明在什么样的情况下该电路接通电源。

（3）电路图中标有电路编号。通用车系的电路图中，各导线除了标明颜色和截面积外，通常还标有该电路的编码，通过电路编码可以知道该电路在汽车上的位置，以方便读图和故障查寻。

2. 通用汽车电路图的识读

现以上海别克轿车自动变速器控制电路为例，如图 6-14 所示，说明通用汽车电路图的识读方法。

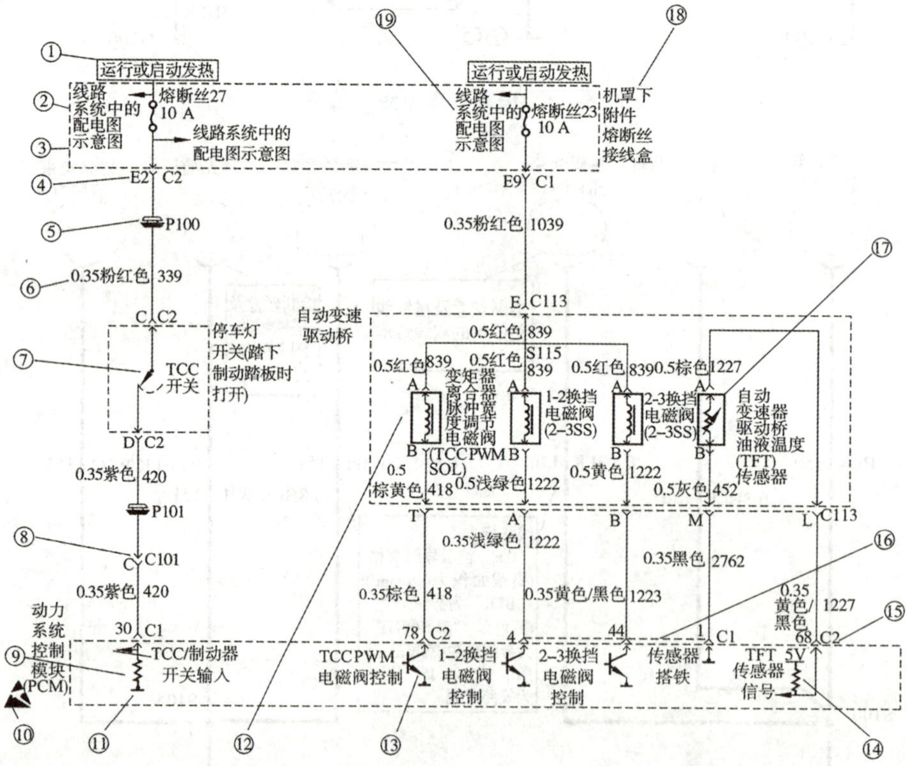

图 6-14　别克轿车自动变速器电路图的识读

电路图的大圆圈中数字是注释号，其各部分含义如下。

①“运行或启动发热”表示线路在点火开关处于点火或启动挡时有电，电压为蓄电池工作电压。

② 表示 27 号 10A 的熔断丝。

③ 虚线框表示没有完全表示出接线盒的所有部分。

④ 表示导线由发动机罩下熔断丝接线盒的 C2 连接插头的 E2 插脚引出，连接插头编号 C2 写在右侧，插脚编号 E2 写在左侧。

⑤ "P100" 表示贯穿式密封圈，其中 P 表示密封圈，100 为其代号。

⑥ "0.35 粉红色" 表示导线截面积为 0.35 mm^2，线的颜色为粉红色，数字 "339" 是车辆位置分区代码，表示该线束位置在乘客室。

⑦ 表示 TCC（液力变矩器中的锁止离合器控制）开关，图中表示 TCC 处于接通状态，其开关信号经过 P101 和 C101，由动力控制模块（PCM）中的 C1 插头 30 号插脚进入 PCM。

⑧ 表示直列型插接器，右侧 C101 表示连接插头编号（其中 C 表示连接插头），左侧 C 表示直列型插接器的 C 插脚。

⑨ 表示输出电阻器，这里用来把 TCC 和制动灯开关的信号以一定的电压信号的形式输出给动力控制模块 PCM 的内部控制电路。

⑩ 表示动力控制模块 PCM 是对静电敏感的部件。

⑪ 表示搭铁。

⑫ 表示在自动变速器内部的 TCC 锁止电磁阀，此电磁阀控制液力变矩器内部锁止离合器的结合。它在点火开关处于点火或启动挡时，通过 23 号 10 A 的熔断丝供电。

⑬ 表示带晶体管半导体元件控制的集成电路。这里为动力电控单元 PCM 内部集成的控制电路，控制电磁阀驱动电路，通过 PCM 搭铁。

⑭ 表示输出电阻。PCM 提供 5 V 稳压通过内部串接电阻与自动变速器油温传感器（TFT）连接，同时将自动变速器油温传感器（NTC 型电阻）信号传给 PCM。

⑮ 表示动力控制模块 PCM 的 C2 连接插头的 68 插脚。

⑯ 用虚线表示 4、44、1 插脚均属于 C1 连接插头。

⑰ 表示自动变速器内部的自动变速器油温传感器，它是一个随温度增加阻值减小的 NTC 型电阻。

⑱ 表示部件的名称及所处的位置。该机罩下附件熔断丝接线盒位于发动机的左侧（从车的前面看）。

⑲ 表示导线通往机罩下附件熔断丝接线盒的其他电路，对目前所显示的电气系统没有作用，是一种省略的画法。

思政链接

提升中国制造业质量与标准化水平的战略举措

2024 年 3 月 8 日，国家市场监督管理总局局长罗文在十四届全国人大二次会议第二场 "部长通道" 上表示，2023 年，我国制造业质量竞争力指数达到 85.21，新批准发布国家标准 2 902 项，主要消费品和国际标准一致性程度达到 96%，标志着我国质量和标准化工作迈上了一个新的台阶。

罗文介绍，在质量支撑方面，今年重点抓好三件事情：一是遴选一批质量强国建设领军企业，充分发挥质量在促进企业做大做强中的作用。将重点在信息通信、新能源汽车等领域，遴选一批质量强国建设领军企业，组织召开质量强企经验交流现场推进会，让更多的企业向领军企业学习，加强全面质量管理，推进质量技术攻关，坚定不移地走好以质取胜的发展道路。二是启动一批质量强链标志性项目，充分发挥质量在支撑产业建圈强链中的作用。将围绕集成电路、量子信息等重点产业，启动一批质量强链标志性项目，综合运用计量、标准、检验检测、认证认可等质量工具，着力推动我国产业链供应链质量联动提升。三是培育一批质量强县、强区、强镇，充分发挥质量在推动城市可持续发展中的作用。将探索建立县域质量发展水平综合评价指标体系，大力支持各地通过发挥本地优势，完善质量促进政策措施，培育一批质量强县、强区、强镇，着力打造区域质量发展新优势。

在标准引领方面，罗文表示，将重点抓好以下三方面工作：一是发挥标准在推动大规模设备更新和消费品以旧换新中的牵引作用。将结合实际提高一批技术、能耗、排放标准，加强关键和新兴技术领域标准研制，推动淘汰落后产能。同时将进一步提高汽车、家电等大宗消费品标准水平，更好地满足人民群众对美好生活的需要。二是发挥标准在扩大高水平对外开放中的保障作用。将稳步扩大标准制度型开放，支持外商投资企业依法平等参与标准制定工作，也将积极参与国际标准化活动，持续贡献更多的中国方案和中国智慧。三是发挥标准在支撑产业稳链中的基础作用。将聚焦工业机器人、北斗规模应用等重点产业链，实施一批标准稳链标志性项目，加快研制关键环节技术标准，进一步推动自主研发、自主技术向自主标准转化，不断健全完善我国标准体系，切实提升我国产业链供应链韧性和竞争力。

课后练习

一、填空题

1. ________是指用符号或带注释的框，概略表示汽车电气基本组成、相互关系及其主要特征的一种简图。

2. ________是表现汽车用电设备元件安装位置的图示。

3. ________是指专门用来标记电气设备的安装位置、外形、线路走向等的指示图。

4. ________是用电气图形符号，按工作顺序或功能布局绘制的，详细表示汽车电路的全部组成和连接关系而不考虑实际位置的简图。

二、简答题

1. 汽车电路图的种类有哪些？
2. 简述线束图的概念。

参考文献

[1] 王秋梅，王永浩. 汽车电工电子技术基础 [M]. 北京：机械工业出版社，2024.
[2] 谢光明，刘清. 机车电工技术指导 [M]. 北京：机械工业出版社，2024.
[3] 朱小春. 电动网络与电路分析 [M]. 2 版. 北京：清华大学出版社，2024.
[4] 陈新亚. 汽车为什么会跑：图解汽车构造与原理 [M]. 5 版. 北京：机械工业出版社，2023.
[5] 瑞佩尔. 汽车构造原理从入门到精通 [M]. 北京：化学工业出版社，2023.
[6] 韩冰，李长春. 新能源汽车构造原理与检修 [M]. 北京：西北工业大学出版社，2023.
[7] 刘汉涛. 电动汽车构造原理与故障检修 [M]. 北京：电子工业出版社，2023.
[8] 广东凌泰教育资源股份有限公司. 电动汽车维修手册 [M]. 北京：化学工业出版社，2023.
[9] 李振兴，于文涛. 汽车电气系统检测与维修 [M]. 北京：机械工业出版社，2023.
[10] 刘丽，董杰，张斌. 汽车电工电子技术 [M]. 长春：吉林教育出版社，2023.
[11] 关文达. 汽车构造 [M]. 4 版. 北京：机械工业出版社，2022.
[12] 谢伟钢，范盈圻. 汽车构造与原理 [M]. 北京：机械工业出版社，2021.
[13] 蔡晓兵，于海东. 汽车构造原理与电路 [M]. 北京：化学工业出版社，2019.
[14] 蔡兴旺. 汽车构造与原理实训 [M]. 4 版. 北京：化学工业出版社，2019.